Canetti   Die gerettete Zunge

Elias Canetti
Die gerettete Zunge

Geschichte einer Jugend

Carl Hanser Verlag

ISBN 3-446-12335-0
2. Auflage 1977
Alle Rechte vorbehalten
© 1977 Carl Hanser Verlag München Wien
Umschlag: Klaus Detjen
Umschlagbildnachweis:
Internationale Bildagentur, Zürich
Gesamtherstellung:
May & Co. Nachf. Darmstadt
Printed in Germany

Für Georges Canetti
1911–1971

Teil 1

Rustschuk

1905–1911

Meine früheste Erinnerung

Meine früheste Erinnerung ist in Rot getaucht. Auf dem Arm eines Mädchens komme ich zu einer Tür heraus, der Boden vor mir ist rot, und zur Linken geht eine Treppe hinunter, die ebenso rot ist. Gegenüber von uns, in selber Höhe, öffnet sich eine Türe und ein lächelnder Mann tritt heraus, der freundlich auf mich zugeht. Er tritt ganz nahe an mich heran, bleibt stehen und sagt zu mir: »Zeig die Zunge!« Ich strecke die Zunge heraus, er greift in seine Tasche, zieht ein Taschenmesser hervor, öffnet es und führt die Klinge ganz nahe an meine Zunge heran. Er sagt: »Jetzt schneiden wir ihm die Zunge ab.« Ich wage es nicht, die Zunge zurückzuziehen, er kommt immer näher, gleich wird er sie mit der Klinge berühren. Im letzten Augenblick zieht er das Messer zurück, sagt: »Heute noch nicht, morgen.« Er klappt das Messer wieder zu und steckt es in seine Tasche.

Jeden Morgen treten wir aus der Tür heraus auf den roten Flur, die Türe öffnet sich, und der lächelnde Mann erscheint. Ich weiß, was er sagen wird und warte auf seinen Befehl, die Zunge zu zeigen. Ich weiß, daß er sie mir abschneiden wird und fürchte mich jedesmal mehr. Der Tag beginnt damit, und es geschieht viele Male.

Ich behalte es für mich und frage erst sehr viel später die Mutter danach. Am Rot überall erkennt sie die Pension in Karlsbad, wo sie mit dem Vater und mir den Sommer 1907 verbracht hatte. Für den Zweijährigen haben sie ein Kindermädchen aus Bulgarien mitgenommen, selbst keine fünfzehn Jahre alt. In aller Frühe pflegt sie mit dem Kind auf dem Arm fortzugehen, sie spricht nur bulgarisch, findet sich aber überall in dem belebten Karlsbad zurecht und ist immer pünktlich mit dem Kind zurück. Einmal sieht man sie mit einem unbekannten jungen Mann auf der Straße, sie weiß nichts über ihn zu sagen, eine Zufallsbekanntschaft. Nach wenigen Wochen stellt sich heraus, daß der junge Mann im Zimmer genau gegenüber von uns wohnt, auf der anderen Seite des Flurs. Das Mädchen geht manchmal nachts rasch zu ihm hinüber. Die Eltern fühlen sich für sie verantwortlich und schicken sie sofort nach Bulgarien zurück.

Beide, das Mädchen und der junge Mann, gingen sehr früh von zu Hause fort, auf diese Art müssen sie sich zuerst begegnet sein, so muß es begonnen haben. Die Drohung mit dem Messer hat ihre Wirkung getan, das Kind hat zehn Jahre darüber geschwiegen.

Familienstolz

Rustschuk, an der unteren Donau, wo ich zur Welt kam, war eine wunderbare Stadt für ein Kind, und wenn ich sage, daß sie in Bulgarien liegt, gebe ich eine unzulängliche Vorstellung von ihr, denn es lebten dort Menschen der verschiedensten Herkunft, an einem Tag konnte man sieben oder acht Sprachen hören. Außer den Bulgaren, die oft vom Lande kamen, gab es noch viele Türken, die ein eigenes Viertel bewohnten, und an dieses angrenzend lag das Viertel der Spaniolen, das unsere. Es gab Griechen, Albanesen, Armenier, Zigeuner. Vom gegenüberliegenden Ufer der Donau kamen Rumänen, meine Amme, an die ich mich aber nicht erinnere, war eine Rumänin. Es gab, vereinzelt, auch Russen.

Als Kind hatte ich keinen Überblick über diese Vielfalt, aber ich bekam unaufhörlich ihre Wirkungen zu spüren. Manche Figuren sind mir bloß in Erinnerung geblieben, weil sie einer besonderen Stammesgruppe angehörten und sich durch ihre Tracht von anderen unterschieden. Unter den Dienern, die wir im Laufe jener sechs Jahre im Hause hatten, gab es einmal einen Tscherkessen und später einen Armenier. Die beste Freundin meiner Mutter war Olga, eine Russin. Einmal wöchentlich zogen Zigeuner in unseren Hof, so viele, daß sie mir wie ein ganzes Volk erschienen, und von den Schrecken, mit denen sie mich erfüllten, wird noch die Rede sein.

Rustschuk war ein alter Donauhafen und war als solcher von einiger Bedeutung gewesen. Als Hafen hatte er Menschen von überall angezogen, und von der Donau war immerwährend die Rede. Es gab Geschichten über die besonderen Jahre, in denen die Donau zufror; von Schlittenfahrten über das Eis nach Rumänien hinüber; von hungrigen Wölfen, die hinter den Pferden der Schlitten her waren.

Wölfe waren die ersten wilden Tiere, über die ich erzählen hörte. In den Märchen, die mir die bulgarischen Bauernmädchen erzählten, kamen Werwölfe vor, und mit einer Wolfsmaske vorm Gesicht erschreckte mich eines Nachts mein Vater.

Es wird mir schwerlich gelingen, von der Farbigkeit dieser frühen Jahre in Rustschuk, von seinen Passionen und Schrecken eine Vorstellung zu geben. Alles was ich später erlebt habe, war in Rustschuk schon einmal geschehen. Die übrige Welt hieß dort Europa, und wenn jemand die Donau hinauf nach Wien fuhr, sagte man, er fährt nach Europa, Europa begann dort, wo das türkische Reich einmal geendet hatte. Von den Spaniolen waren die meisten noch türkische Staatsbürger. Es war ihnen unter den Türken immer gut gegangen, besser als den christlichen Balkanslawen. Aber da viele unter den Spaniolen wohlhabende Kaufleute waren, unterhielt das neue bulgarische Regime gute Beziehungen zu ihnen, und Ferdinand, der König, der lange regierte, galt als Freund der Juden.

Die Loyalitäten der Spaniolen waren einigermaßen kompliziert. Sie waren gläubige Juden, denen ihr Gemeindeleben etwas bedeutete. Es stand, ohne Überhitztheit, im Mittelpunkt ihres Daseins. Aber sie hielten sich für Juden besonderer Art, und das hing mit ihrer spanischen Tradition zusammen. Im Lauf der Jahrhunderte seit ihrer Vertreibung hatte sich das Spanisch, das sie untereinander sprachen, sehr wenig verändert. Einige türkische Worte waren in die Sprache aufgenommen worden, aber sie waren als türkisch erkennbar, und man hatte für sie fast immer auch spanische Worte. Die ersten Kinderlieder, die ich hörte, waren Spanisch, ich hörte alte spanische ›Romances‹, was aber am kräftigsten war und für ein Kind unwiderstehlich, war eine spanische Gesinnung. Mit naiver Überheblichkeit sah man auf andere Juden herab, ein Wort, das immer mit Verachtung geladen war, lautete ›Todesco‹, es bedeutete einen deutschen oder aschkenasischen Juden. Es wäre undenkbar gewesen, eine ›Todesca‹ zu heiraten, und unter den vielen Familien, von denen ich in Rustschuk als Kind reden hörte oder die ich kannte, entsinne ich mich keines einzigen Falles einer solchen Mischehe. Ich war keine sechs Jahre alt, als mich mein Großvater vor einer solchen Mesalliance in der Zukunft warnte. Aber mit dieser allgemeinen Diskriminierung war es nicht getan. Es gab unter den Spaniolen selbst die ›guten Familien‹, womit man die meinte, die schon seit langem reich waren. Das stolzeste Wort, das man über einen Menschen hören konnte, war ›es de buena famiglia‹, er ist aus guter Familie. Wie oft und bis zum Überdruß habe ich das von der Mutter gehört. Als sie vom Burgtheater schwärmte und Shakespeare mit mir las, ja viel später noch, als sie von Strindberg sprach, der zu ihrem Leibautor wurde, genierte sie sich nicht, von sich selbst zu sagen, daß sie aus guter Familie stamme, es gebe keine bessere. Sie, der die Literaturen der Kultursprachen, die sie beherrschte, zum eigentlichen Inhalt ihres Lebens wurden, empfand keinen Widerspruch zwischen dieser leidenschaftlichen Universalität und dem hochmütigen Familienstolz, den sie unablässig nährte.

Schon zur Zeit, als ich ihr noch ganz verfallen war – sie schloß mir alle Türen des Geistes auf, und ich folgte ihr blindlings und begeistert –, fiel mir dieser Widerspruch auf, der mich peinigte und verstörte, und in unzähligen Gesprächen, zu jeder Periode meiner Jugend, sprach ich mit ihr darüber und warf es ihr vor, aber es machte ihr nicht den geringsten Eindruck. Ihr Stolz hatte früh seine Kanäle gefunden, die er unbeirrt befuhr, mich aber hat sie durch diese Enge, die ich an ihr nicht begriff, früh gegen jeden Hochmut der Herkunft eingenommen. Ich kann Menschen mit Kastenstolz irgendwelcher Art nicht ernstnehmen, ich betrachte sie wie exotische, aber etwas lächerliche Tiere. Ich ertappe mich bei den umgekehrten Vorurteilen gegen Menschen, die sich auf ihre hohe Herkunft etwas zugute halten. Den wenigen Aristokraten, mit denen ich befreundet war, mußte ich erst nachsehen, daß sie davon sprachen, und hätten sie geahnt, welche Mühe mich das kostete, sie hätten auf meine Freundschaft verzichtet. Alle Vorurteile sind durch andere Vorurteile bestimmt, und am häufigsten sind die, die sich aus ihren Gegensätzen herleiten.

Es kommt dazu, daß die Kaste, zu der meine Mutter sich rechnete, neben ihrer spanischen Herkunft eine des Geldes war. In meiner Familie und besonders in ihrer sah ich, was Menschen durch Geld geschah. Ich fand die am schlechtesten, die sich am willigsten dem Gelde hingaben. Ich lernte alle Übergänge von Geldgier zu Verfolgungswahn kennen. Ich sah Brüder, die einander durch ihre Habgier in jahrelangen Prozessen zugrunde richteten und die weiter prozessierten, als kein Geld mehr da war. Sie waren aus derselben ›guten‹ Familie, auf die die Mutter so stolz war. Sie sah es selbst mit an, wir sprachen oft darüber. Ihr Verstand war durchdringend, ihre Menschenkenntnis an den großen Werken der Weltliteratur geschult, aber auch an den Erfahrungen ihres eigenen Lebens. Sie erkannte die Motive der wahnwitzigen Selbstzerfleischung, in der ihre Familie begriffen war; sie hätte mit Leichtigkeit einen Roman darüber schreiben können: ihr Stolz auf diese selbe Familie blieb unerschüttert. Wäre es Liebe gewesen, ich hätte es eher begriffen. Aber viele der Protagonisten liebte sie gar nicht, über manche war sie empört, für andere empfand sie Verachtung, für die Familie als ganze empfand sie nur Stolz.

Spät habe ich erkannt, daß ich, auf die größeren Verhältnisse der Menschheit übertragen, genau wie sie bin. Ich habe den besten Teil meines Lebens damit zugebracht, dem Menschen, wie er in den historischen Zivilisationen erscheint, auf seine Schliche zu kommen. Ich habe die Macht so erbarmungslos untersucht und zerlegt wie meine Mutter die Prozesse in ihrer Familie. Es gibt wenig Schlechtes, was ich vom Menschen wie der Menschheit nicht zu sagen hätte. Und doch ist mein Stolz auf sie noch immer so groß, daß ich nur eines wirklich hasse: ihren Feind, den Tod.

›Kako la gallinica‹
Wölfe und Werwölfe

Ein eifriges und zugleich zärtliches Wort, das ich oft hörte, war ›la butica‹. So nannte man den Laden, das Geschäft, in dem der Großvater und seine Söhne den Tag zubrachten. Ich wurde selten hingenommen, weil ich zu klein war. Es lag an einer steilen Straße, die von der Höhe der reicheren Viertel Rustschuks stracks zum Hafen hinabführte. An dieser Straße lagen alle die größeren Geschäfte; das des Großvaters befand sich in einem dreistöckigen Haus, das mir stattlich und hoch erschien, die Wohnhäuser auf dem Hügel oben waren einstöckig. Man verkaufte darin Kolonialwaren en gros, es war ein geräumiger Laden, in dem es wunderbar roch. Auf dem Boden standen große, offene Säcke mit verschiedenen Getreidesorten, es gab Säcke mit Hirse, mit Gerste und solche mit Reis. Ich durfte, wenn meine Hände sauber waren, hineingreifen und die Körner fühlen. Das war ein angenehmes Gefühl, ich füllte die Hand mit Körnern, hob sie hoch, roch daran und ließ die Körner langsam wieder herunterrinnen; das tat ich oft, und obwohl es viele andere merkwürdige Dinge im Laden gab, tat ich das am liebsten und war schwer von den Säcken wegzubringen. Es gab Tee und Kaffee und besonders Schokolade. Alles fand sich in großen Mengen und schön verpackt, es wurde nicht einzeln verkauft wie in gewöhnlichen Läden, die offenen Säcke am Boden gefielen mir auch darum besonders, weil sie nicht zu hoch für mich waren und ich beim Hineingreifen die vielen Körner, auf die es ankam, fühlen konnte.

Die meisten Dinge, die es da gab, waren genießbar, aber nicht alle. Es gab Streichhölzer, Seifen und Kerzen. Es gab auch Messer, Scheren, Wetzsteine, Sicheln und Sensen. Die Bauern, die aus den Dörfern einkaufen kamen, standen lange davor und prüften mit den Fingern ihre Schärfe. Ich sah ihnen interessiert und ein wenig ängstlich zu, mir war es verboten, Messer zu berühren. Einmal nahm ein Bauer, den mein Gesicht wohl belustigte, meinen Daumen in die Hand, legte ihn neben seinen und zeigte mir, wie hart seine Haut war. Aber ich bekam nie eine Schokolade zum Geschenk, der Großvater, der hinten in einem Kontor saß, führte ein strenges Regiment und alles war en gros. Zuhause bewies er mir seine Liebe, weil ich seinen vollen Namen trug, auch seinen Vornamen. Im Geschäft sah er mich aber nicht besonders gern, und ich durfte nie lange bleiben. Wenn er eine Anweisung gab, rannte der Angestellte, der sie empfing, eilig davon, und manchmal verließ einer mit Paketen den Laden. Am liebsten mochte ich einen mageren, ärmlich gekleideten älteren Mann, der immer abwesend lächelte. Er hatte unbestimmte Bewegungen und fuhr zusammen, wenn der Großvater etwas sagte. Er schien zu träumen und war ganz anders als die anderen Leute, die ich im Laden sah. Für mich hatte er immer ein freundliches Wort, er sprach so unbestimmt, daß ich ihn nicht verstand, aber ich spürte, daß er mir gut gesinnt war. Er hieß Tschelebon und wurde als armer und hoffnungslos untüchtiger Verwandter aus Mitleid beschäftigt. Ich hörte immer Tschelebon rufen, wie einem Diener, so habe ich ihn in Erinnerung behalten und erfuhr erst viel später, daß er ein Bruder des Großvaters war.

Die Straße vorm großen Tor unseres Hofes war staubig und verschlafen. Wenn es stark regnete, verwandelte sie sich in Schlamm, in dem die Droschken tiefe Spuren hinterließen. Ich durfte nicht auf der Straße spielen, auf unserem großen Hof war mehr als genug Platz und er war sicher. Aber manchmal hörte ich draußen ein heftiges Gackern, das bald lauter und aufgeregter wurde. Dann dauerte es nicht lange, und zum Tor stürzte gackernd und zitternd vor Angst ein Mann in schwarzen, abgerissenen Kleidern herein, auf der Flucht vor den Straßenkindern. Sie waren alle hinter ihm her, riefen »Kako! Kako!« und gackerten wie Hühner. Er fürchtete sich vor Hühnern, und darum verfolgten sie ihn. Er war ihnen einige Schritte voraus und verwandelte sich unter meinen Augen selbst in ein Huhn. Er gackerte heftig, aber in verzweifelter Angst, und machte mit den Armen flatternde Bewegungen. Er stürzte atemlos die Stufen zum Hause des Großvaters hinauf, wagte sich aber nie hinein, sprang auf der anderen Seite herunter und blieb regungslos liegen. Die Kinder blieben gackernd beim Hoftor stehen, sie durften den Hof nicht betreten. Wenn er wie tot dalag, fürchteten sie sich ein wenig und zogen davon. Aber bald stimmten sie draußen ihren Triumphgesang an: »Kako la gallinica! Kako la gallinica!« – »Kako das Hühnchen! Kako das Hühnchen!« – Solange man sie hören konnte, blieb Kako regungslos liegen. Kaum waren sie außer Hörweite, erhob er sich, griff sich ab, sah sich vorsichtig um, horchte noch eine Weile ängstlich und schlich sich dann gekrümmt, aber ganz still aus dem Hof. Jetzt war er kein Huhn mehr, er flatterte und gackerte nicht und war wieder der zerschlagene Idiot des Reviers.

Manchmal, wenn die Kinder nicht weit auf der Straße auf ihn gelauert hatten, begann das unheimliche Spiel von neuem. Meist verzog es sich in eine andere Straße, und ich sah nichts mehr davon. Vielleicht hatte ich Mitleid mit Kako, ich erschrak immer, wenn er sprang, aber wovon ich nie genug bekam, was ich jedesmal in der gleichen Aufregung mit ansah, war seine Verwandlung in ein riesiges schwarzes Huhn. Ich begriff nicht, warum die Kinder ihn verfolgten, und wenn er ganz still nach seinem Sprung am Boden lag, fürchtete ich, er werde nicht aufstehen und nie wieder zum Huhn werden.

Die Donau an ihrem bulgarischen Unterlauf ist sehr breit. Giurgiu, die Stadt gegenüber, gehörte zu Rumänien. Von dort sei, so hieß es, die Amme gekommen, die mich mit ihrer Milch nährte. Sie sei eine starke, gesunde Bäuerin gewesen und nährte zugleich ihr eigenes Kind, das sie mitbrachte. Ich hörte immer Rühmendes von ihr sagen, und obwohl ich mich nicht an sie erinnern kann, behielt um ihretwillen das Wort ›rumänisch‹ für mich einen warmen Klang.

In seltenen Jahren fror die Donau im Winter zu, und man erzählte sich aufregende Geschichten darüber. Die Mutter war in ihrer Jugend öfters auf einem Schlitten nach Rumänien hinübergefahren, sie zeigte mir die warmen Pelze, in die sie dabei eingepackt war. Wenn es sehr kalt wurde, kamen Wölfe von den Bergen herunter und fielen ausgehungert über die Pferde vor den Schlitten her. Der Kutscher suchte sie mit Peitschenhieben zu vertreiben, aber das nützte nichts und man mußte auf sie schießen. Bei einer solchen Fahrt stellte es sich heraus, daß man nichts zum Schießen mitgenommen hatte. Ein bewaffneter Tscherkesse, der als Diener im Hause lebte, hätte mitkommen sollen, aber er war ausgeblieben und der Kutscher war ohne ihn losgefahren. Man hatte Mühe, sich der Wölfe zu erwehren, und geriet in große Gefahr. Wenn nicht zufällig ein Schlitten mit zwei Männern entgegengekommen wäre, die durch Schüsse einen Wolf töteten und die anderen vertrieben, hätte es sehr schlecht ausgehen können. Die Mutter hatte große Angst ausgestanden, sie schilderte die roten Zungen der Wölfe, die so nahe gekommen waren, daß sie noch in späteren Jahren von ihnen träumte.

Ich bettelte oft um diese Geschichte, und sie erzählte sie gern. So wurden Wölfe die wilden Tiere, die meine Phantasie zuerst erfüllten. Der Schrecken vor ihnen wurde genährt durch die Märchen, die ich von den bulgarischen Bauernmädchen hörte. Fünf, sechs von ihnen lebten immer bei uns im Hause. Sie waren ganz jung, vielleicht zehn oder zwölf, und waren von ihren Familien aus den Dörfern in die Stadt gebracht worden, wo man sie als Dienstmädchen in die Häuser der Bürger verdingte. Sie liefen barfuß im Hause herum und waren stets guter Dinge, viel hatten sie nicht zu tun, sie taten

alles zusammen, sie wurden zu meinen frühesten Spielgefährten.

Abends, wenn die Eltern ausgegangen waren, blieb ich mit
ihnen zuhause. An den Wänden des großen Wohnzimmers
liefen ihrer ganzen Länge nach niedere türkische Sofas. Außer
den Teppichen überall und einigen kleinen Tischen waren sie
die einzige ständige Einrichtung dieses Raums, deren ich
mich entsinne. Wenn es dunkel wurde, bekamen die Mädchen Angst. Auf einem der Sofas gleich beim Fenster kauer-
ten wir uns alle dicht zusammen, mich nahmen sie in die Mitte, und nun begannen ihre Geschichten von Werwölfen und
Vampiren. Kaum war eine zu Ende, begannen sie mit der
nächsten, es war schaurig, und doch fühlte ich mich, auf allen
Seiten fest an die Mädchen gepreßt, wohl. Wir hatten solche
Angst, daß niemand aufzustehen wagte, und wenn die Eltern
nach Hause kamen, fanden sie uns alle schlotternd auf einem
Haufen.

Von den Märchen, die ich hörte, sind mir nur die über
Werwölfe und Vampire in Erinnerung geblieben. Vielleicht
wurden keine anderen erzählt. Ich kann kein Buch mit Bal-
kanmärchen in die Hand nehmen, ohne manche von ihnen auf
der Stelle zu erkennen. Sie sind mir in allen Einzelheiten gegenwärtig, aber nicht in der Sprache, in der ich sie gehört
habe. Ich habe sie auf bulgarisch gehört, aber ich kenne sie
deutsch, diese geheimnisvolle Übertragung ist vielleicht das
Merkwürdigste, was ich aus meiner Jugend zu berichten
habe, und da das sprachliche Schicksal der meisten Kinder
anders verläuft, sollte ich vielleicht etwas darüber sagen.

Meine Eltern untereinander sprachen deutsch, wovon ich
nichts verstehen durfte. Zu uns Kindern und zu allen Verwandten und Freunden sprachen sie spanisch. Das war die eigentliche Umgangssprache, allerdings ein altertümliches Spanisch, ich hörte es auch später oft und habe es nie verlernt. Die
Bauernmädchen zuhause konnten nur Bulgarisch, und hauptsächlich mit ihnen wohl habe ich es auch gelernt. Aber da ich
nie in eine bulgarische Schule ging und Rustschuk mit sechs

Jahren verließ, habe ich es sehr bald vollkommen vergessen. Alle Ereignisse jener ersten Jahre spielten sich auf spanisch oder bulgarisch ab. Sie haben sich mir später zum größten Teil ins Deutsche übersetzt. Nur besonders dramatische Vorgänge, Mord und Totschlag sozusagen und die ärgsten Schrecken, sind mir in ihrem spanischen Wortlaut geblieben, aber diese sehr genau und unzerstörbar. Alles übrige, also das meiste, und ganz besonders alles Bulgarische, wie die Märchen, trage ich deutsch im Kopf.

Wie das genau vor sich ging, kann ich nicht sagen. Ich weiß nicht, zu welchem Zeitpunkt, bei welcher Gelegenheit dies oder jenes sich übersetzt hat. Ich bin der Sache nie nachgegangen, vielleicht hatte ich eine Scheu davor, das Kostbarste, was ich an Erinnerung in mir trage, durch eine methodisch und nach strengen Prinzipien geführte Untersuchung zu zerstören. Ich kann nur eines mit Sicherheit sagen: die Ereignisse jener Jahre sind mir in aller Kraft und Frische gegenwärtig – mehr als sechzig Jahre habe ich mich von ihnen genährt –, aber sie sind zum allergrößten Teil an Worte gebunden, die ich damals nicht kannte. Es scheint mir natürlich, sie jetzt niederzuschreiben, ich habe nicht das Gefühl, daß ich dabei etwas verändere oder entstelle. Es ist nicht wie die literarische Übersetzung eines Buches von einer Sprache in die andere, es ist eine Übersetzung, die sich von selbst im Unbewußten vollzogen hat, und da ich dieses durch übermäßigen Gebrauch nichtssagend gewordene Wort sonst wie die Pest meide, mag man mir seinen Gebrauch in diesem einen und einzigen Falle nachsehen.

Das Beil des Armeniers
Die Zigeuner

Die Lust an topographischer Zeichnung, der Stendhal in seinem ›Henry Brulard‹ mit leichter Hand frönt, ist mir nicht gegeben, und zu meinem Leidwesen war ich immer ein schlechter Zeichner. So muß ich die Art, wie die Wohngebäude um unseren Gartenhof in Rustschuk angelegt waren, kurz beschreiben.

Wenn man durch das große Tor von der Straße den Hof betrat, stand gleich rechts das Haus des Großvaters Canetti. Es sah stattlicher aus als die anderen Häuser, es war auch höher. Aber ich könnte nicht sagen, ob es einen oberen Stock besaß, im Gegensatz zu den anderen einstöckigen Häusern. Es wirkte auf alle Fälle höher, weil mehr Stufen zu ihm hinaufführten. Es war auch heller als die anderen Häuser, vielleicht war es hell gestrichen.

Ihm gegenüber, links vom Hoftor, stand das Haus, in dem die älteste Schwester meines Vaters, Tante Sophie, mit ihrem Mann, Onkel Nathan, wohnte. Er hieß mit Zunamen Eljakim, ein Name, der mir nie behagte, vielleicht befremdete er mich, weil er nicht spanisch klang wie die anderen Namen alle. Sie hatten drei Kinder, Régine, Jacques und Laurica. Diese, die jüngste, war immer noch vier Jahre älter als ich, ein Altersunterschied, der eine unheilvolle Rolle spielte.

Neben diesem Haus, in derselben Linie, auch auf der linken Seite des Hofs, stand das unsere, das gleich aussah wie das des Onkels. Zu beiden führten einige Stufen hinauf, die oben in einer Plattform vor der Breite beider Häuser endeten.

Der Gartenhof zwischen diesen drei Häusern war sehr groß, gegenüber von uns, nicht in der Mitte, sondern etwas zur Seite gerückt, stand der Ziehbrunnen für Wasser. Er war nicht ergiebig genug, und der größere Teil des Wassers kam in riesigen Fässern, die von Mauleseln gezogen wurden, aus der Donau. Das Donauwasser konnte man nicht verwenden, ohne es erst abzukochen, und in großen Kesseln stand es dann zum Abkühlen auf der Plattform vorm Haus.

Hinter dem Ziehbrunnen und durch einen Hag vom Hof getrennt, war der Obstgarten. Er war nicht besonders schön, er war zu regelmäßig, vielleicht auch nicht alt genug, es gab viel schönere Obstgärten bei den mütterlichen Verwandten.

Es war die schmälere Seite unseres Hauses, durch die man vom großen Gartenhof aus eintrat. Es erstreckte sich dann weit nach hinten, und obwohl es nur dieses Erdgeschoß besaß, habe ich es als sehr geräumig in Erinnerung. Man konnte auf der entfernteren Seite des Gartenhofs ganz um das Haus herumgehen, an seiner Längsseite entlang, und kam dann hinten in einen kleineren Hof, auf den sich die Küche öffnete. Da lag Holz zum Hacken, Hühner und Gänse liefen umher, in der offenen Küche war immer Betrieb, die Köchin trug Sachen heraus oder holte welche hinein, und das Halbdutzend kleiner Mädchen sprang herum und war geschäftig.

In diesem Küchenhof war oft ein Diener, der Holz hackte, und der, an den ich mich am besten erinnere, war mein Freund, der traurige Armenier. Er sang beim Holzhacken Lieder, die ich zwar nicht verstand, die mir aber das Herz zerrissen. Als ich die Mutter fragte, warum er so traurig sei, sagte sie, schlechte Leute hätten die Armenier in Stambol alle umbringen wollen, er habe seine ganze Familie dort verloren. Von einem Versteck aus habe er mitangesehen, wie seine Schwester umgebracht worden sei. Er sei dann nach Bulgarien geflohen und mein Vater habe ihn aus Mitleid ins Haus genommen. Wenn er jetzt Holz hacke, müsse er immer an seine kleine Schwester denken, und darum singe er diese traurigen Lieder.

Ich faßte eine tiefe Liebe zu ihm. Wenn er Holz hackte, stellte ich mich auf das Sofa am Ende des langen Wohnzimmers, dessen Fenster hier auf den Küchenhof ging. Da bückte ich mich zum Fenster hinaus und sah ihm zu, und wenn er sang, dachte ich an seine Schwester – ich wünschte mir dann immer eine kleine Schwester. Er hatte einen langen schwarzen Schnurrbart und pechschwarze Haare und kam mir besonders groß vor, vielleicht weil ich ihn sah, wenn er den Arm mit der Axt in die Höhe hob. Ich liebte ihn noch mehr als den Geschäftsdiener Tschelebon, den ich ja sehr selten sah. Wir sprachen einige Worte zueinander, aber nur wenige, und ich weiß nicht, in welcher Sprache. Aber er wartete auf mich, bevor er mit dem Holzhacken begann. Sobald er mich sah, lächelte er ein wenig und hob die Axt, und es war schrecklich, mit welchem Zorn er auf das Holz losschlug. Er wurde dann finster und sang seine Lieder. Wenn er die Axt niederlegte, lächelte er mich wieder an, und ich wartete auf sein Lächeln wie er auf mich, der erste Flüchtling in meinem Leben.

Jeden Freitag kamen die Zigeuner. An Freitagen wurde in den jüdischen Häusern alles für den Samstag vorbereitet. Das Haus wurde von oben bis unten geputzt, die bulgarischen Mädchen schossen nur so hin und her, in der Küche war Hochbetrieb, niemand hatte für mich Zeit. Ich war ganz allein und wartete, das Gesicht gegen das Gartenfenster des riesigen Wohnzimmers gedrückt, auf die Zigeuner. Ich lebte in panischem Schrecken vor ihnen. Ich nehme an, es waren die Mädchen, die mir an den langen Abenden im Dunkel auf dem Sofa auch von den Zigeunern erzählt hatten. Ich dachte daran, daß sie Kinder stehlen, und war überzeugt davon, daß sie es auf mich abgesehen hatten.

Aber trotz dieser Angst hätte ich mir ihren Anblick nicht entgehen lassen, es war ein prächtiger Anblick, den sie boten. Das Hoftor war weit für sie geöffnet worden, denn sie brauchten Platz. Sie kamen wie ein ganzer Stamm, in der Mitte hoch aufgerichtet ein blinder Patriarch, der Urgroßvater, wie man mir sagte, ein schöner, weißhaariger alter Mann, er ging sehr langsam auf zwei erwachsene Enkelinnen rechts und links gestützt, in bunte Lappen gekleidet. Um ihn, dicht aneinander gedrängt, waren Zigeuner jedes Alters, sehr wenig Männer, fast alles Frauen, und unzählige Kinder, die ganz kleinen auf dem Arm ihrer Mutter, andere sprangen herum, entfernten sich aber nicht weit vom stolzen Alten, der immer der Mittelpunkt blieb. Der ganze Aufzug hatte etwas unheimlich Dichtes, so viele Menschen, die sich bei ihrer Fortbewegung nah beisammen hielten, bekam ich sonst nie zu Gesicht; und es war auch in dieser sehr farbigen Stadt das Farbigste. Die Lappen, mit denen ihre Kleider zusammengeflickt waren, leuchteten in allen Farben, aber am meisten stach überall Rot hervor. An den Schultern vieler von ihnen baumelten Säcke, und ich betrachtete sie nicht, ohne mir vorzustellen, daß sie gestohlene Kinder enthielten.

Mir kamen diese Zigeuner wie etwas Zahlloses vor, aber wenn ich jetzt das Bild, das ich von ihnen habe, auf ihre Zahl hin zu schätzen versuche, würde ich meinen, daß es nicht mehr als dreißig oder vierzig Menschen waren. Immerhin hatte ich noch nie so viele Menschen im großen Hof gesehen, und da sie sich wegen des Alten so langsam fortbewegten, erfüllten sie ihn, wie mir vorkam, endlos lange. Sie blieben aber nicht hier, sie zogen um das Haus herum in den kleineren Hof vor der Küche, wo auch das Holz aufgeschichtet lag, und ließen sich da nieder.

Ich pflegte auf den Augenblick zu warten, da sie am Hoftor vorn zuerst erschienen, und lief, kaum hatte ich den blinden Alten erblickt, unter gellenden Rufen »Zinganas! Zinganas!« durch das lange Wohnzimmer und den noch längeren Korridor, der es mit der Küche verband, nach hinten. Da stand die Mutter und gab ihre Anweisungen für die Samstaggerichte, manche besondere Leckerbissen bereitete sie selbst. Die kleinen Mädchen, die ich oft auf dem Wege traf, beachtete ich nicht, ich schrie gellend immer weiter, bis ich neben der Mutter stand, die etwas Beruhigendes zu mir sagte. Aber statt bei ihr zu bleiben, rannte ich den ganzen langen Weg wieder zurück, warf einen Blick durchs Fenster auf den Fortschritt der Zigeuner, die nun schon ein wenig weiter waren, und berichtete gleich darüber wieder in der Küche. Ich wollte sie sehen, ich war besessen von ihnen, aber kaum hatte ich sie gesehen, packte mich wieder die Angst, daß sie es auf mich abgesehen hätten, und ich rannte schreiend davon. Das ging so eine ganze Weile hin und her, und ich glaube, ich habe darum ein so heftiges Gefühl für die Ausdehnung des Hauses zwischen den beiden Höfen behalten.

Sobald sie alle an ihrem Ziel vor der Küche angelangt waren, ließ sich der Alte nieder, die anderen gruppierten sich um ihn, die Säcke öffneten sich und die Frauen nahmen, ohne sich um sie zu streiten, alle Gaben entgegen. Sie bekamen große

Holzscheite vom Stoß, darauf schienen sie besonders erpicht, sie bekamen viele Speisen. Von allem, was schon fertig zubereitet war, bekamen sie etwas, man speiste sie keineswegs mit Abfällen ab. Ich war erleichtert, als ich sah, daß sie keine Kinder in den Säcken hatten, und unter dem Schutz meiner Mutter ging ich unter ihnen herum, besah sie mir genau, hütete mich aber davor, den Frauen, die mich streicheln wollten, zu nahe zu kommen. Der blinde Alte aß langsam von einer Schüssel, er ruhte sich aus und ließ sich Zeit. Die anderen berührten kein Gericht, alles verschwand in den großen Säcken, und nur die Kinder durften an den Süßigkeiten, mit denen man sie beschenkt hatte, knabbern. Ich wunderte mich, wie freundlich sie zu ihren Kindern waren, gar nicht wie böse Kinderräuber. Aber an meinem Schrecken vor ihnen änderte das nichts. Nach einer Zeit, die mir sehr lange vorkam, brachen sie auf, der Zug bewegte sich etwas rascher als bei der Ankunft um das Haus und durch den Gartenhof zurück. Ich sah ihnen vom selben Fenster aus zu, wie sie durchs Tor verschwanden. Dann rannte ich zum letztenmal in die Küche zurück, meldete: »Die Zigeuner sind fort«; unser Diener nahm mich bei der Hand, führte mich zum Tor und sperrte es ab und sagte: »Jetzt werden sie nicht wiederkommen.« Das Hoftor blieb sonst tagsüber offen, aber an diesen Freitagen wurde es geschlossen, so wußte eine andere Gruppe von Zigeunern, die vielleicht nachkam, daß ihre Leute schon dagewesen waren, und zog weiter.

Geburt des Bruders

In der frühesten Zeit, als ich noch in einem hohen Kinderstuhl steckte, kam es mir sehr weit bis zum Boden vor und ich hatte Angst herauszufallen. Onkel Bucco, der älteste Bruder meines Vaters, kam zu Besuch, hob mich heraus und stellte mich auf den Boden. Dann machte er ein feierliches Gesicht, legte die flache Hand auf meinen Kopf und sagte: »Yo ti bendigo,

Eliachicu, Amen!« – »Ich segne dich, kleiner Elias, Amen!«
Das sagte er sehr nachdrücklich, mir gefiel der feierliche Ton,
ich glaube, ich kam mir größer vor, wenn er mich segnete.
Aber er war ein Spaßvogel und lachte zu früh; ich spürte, daß
er sich über mich lustig machte, und der große Moment des
Segnens, auf den ich immer wieder hereinfiel, endete in Be-
schämung.

Dieser Onkel wiederholte alles, was er tat, unzählige Male.
Er lehrte mich viele Liedchen und ruhte nicht, bis ich sie von
selber singen konnte. Wenn er wiederkam, fragte er mich danach und richtete mich geduldig dazu ab, mich vor den Erwachsenen zu produzieren. Ich wartete auf seinen Segen,
obwohl er ihn immer gleich zerstörte, und hätte er besser an
sich gehalten, er wäre mir der liebste Onkel geworden. Er
wohnte in Warna, wo er eine Filiale des großväterlichen Ge-
schäfts leitete, und kam nur zu den Festtagen und besonderen
Gelegenheiten nach Rustschuk. Man sprach mit Respekt von
ihm, weil er der ›Bucco‹ war, das war der Ehrentitel des erst-
geborenen Sohnes in jeder Familie. Ich lernte früh, wieviel es
bedeutete, ein erstgeborener Sohn zu sein, und wäre ich in
Rustschuk geblieben, ich wäre auch ein ›Bucco‹ geworden.

Vier Jahre lang blieb ich das einzige Kind, und während
dieser ganzen Zeit trug ich Röckchen wie ein Mädchen. Ich
wünschte mir, wie ein Junge in Hosen zu gehen, und wurde
immer auf später vertröstet. Dann kam mein Bruder Nissim
zur Welt, und zu diesem Anlaß durfte ich die ersten Hosen
tragen. Alles was sich bei dieser Gelegenheit ereignete, erlebte
ich mit großem Stolz in Hosen, und aus diesem Grunde wohl
habe ich es mir in jeder Einzelheit gemerkt.

Es waren viele Leute im Haus, und ich sah ängstliche Gesichter. Ich durfte nicht zur Mutter ins Schlafzimmer, wo
sonst auch mein Kinderbett stand, und trieb mich vor der Tür
herum, um einen Blick von ihr zu erhaschen, wenn jemand
hineinging. Aber man schloß die Türe so rasch wieder, daß
ich sie nie zu Gesicht bekam. Ich hörte eine jammernde
Stimme, die ich nicht erkannte, und wenn ich fragte, wer das

sei, sagte man mir: geh weg! Ich hatte die Erwachsenen noch nie so ängstlich gesehen, und niemand kümmerte sich um mich, was ich nicht gewohnt war. (Es war, wie ich später erfuhr, eine lange und schwierige Geburt und man fürchtete für das Leben der Mutter.) Dr. Menachemoff war da, der Arzt mit dem langen, schwarzen Bart, und auch er, der sonst so freundlich war und mich Liedchen vorsingen ließ, für die er mich belobte, hatte keinen Blick und kein Wort für mich und sah mich böse an, als ich nicht von der Türe wegging. Das Jammern wurde lauter, ich hörte »madre mia querida! madre mia querida!« Ich preßte den Kopf an die Tür, wenn sie aufging, war das Stöhnen so laut, daß mich Entsetzen packte. Plötzlich begriff ich, daß es von meiner Mutter kam, und es war so unheimlich, daß ich sie nicht mehr sehen mochte.

Schließlich durfte ich in das Schlafzimmer hinein, alles lächelte, der Vater lachte, und man zeigte mir einen kleinen Bruder. Die Mutter lag weiß und reglos im Bett. Dr. Menachemoff sagte: »Sie braucht Ruhe!« Es war aber gar nicht ruhig. Fremde Frauen gingen im Zimmer herum, nun war ich wieder für alle da, ich wurde aufgemuntert und die Großmutter Arditti, die selten ins Haus kam, sagte: »Es geht ihr schon besser.« Die Mutter sagte nichts. Ich fürchtete mich vor ihr und lief hinaus und blieb auch nicht mehr an der Türe. Noch lange danach war mir die Mutter fremd, und es hat Monate gedauert, bis ich wieder Vertrauen zu ihr faßte.

Das nächste, was ich vor mir sehe, ist das Fest der Beschneidung. Es kamen viel mehr Leute ins Haus. Ich durfte bei der Beschneidung zusehen. Ich habe den Eindruck, daß man mich absichtlich zuzog, alle Türen waren offen, auch die Haustüre, im großen Wohnzimmer stand ein langer, gedeckter Tisch für die Gäste, und in einem anderen Zimmer, das dem Schlafzimmer gegenüber lag, ging die Beschneidung vor sich. Es waren nur Männer dabei, die alle standen. Der winzige Bruder wurde über eine Schüssel gehalten, ich sah das Messer, und besonders sah ich viel Blut, wie es in die Schüssel träufelte.

Der Bruder wurde nach dem Vater der Mutter Nissim genannt, und man erklärte mir, daß ich der Älteste sei und darum nach meinem väterlichen Großvater heiße. Die Stellung des ältesten Sohnes wurde so sehr herausgestrichen, daß ich vom Augenblick dieser Beschneidung an ihrer bewußt blieb und den Stolz darauf nie mehr los wurde.

An der Tafel ging es dann heiter zu, ich führte meine Hosen spazieren. Ich ruhte nicht, bis jeder der Gäste sie bemerkt hatte, und wenn neue kamen, lief ich ihnen zur Tür entgegen und blieb erwartungsvoll vor ihnen stehen. Es war ein großes Kommen und Gehen, als alle schon da waren, vermißte man noch den Cousin Jacques vom Nachbarhaus. »Er ist fort auf seinem Fahrrad«, sagte jemand, und sein Verhalten wurde mißbilligt. Nach dem Essen kam er staubbedeckt an. Ich sah ihn, wie er vorm Haus vom Fahrrad absprang, er war acht Jahre älter als ich und trug die Uniform eines Gymnasiasten. Er erklärte mir die neue Herrlichkeit, er hatte das Fahrrad erst geschenkt bekommen. Dann versuchte er sich unbemerkt unter die Gäste ins Haus zu schleichen, aber ich platzte damit heraus, daß ich auch ein Fahrrad möchte, Tante Sophie, seine Mutter, stürzte auf ihn zu und nahm ihn ins Gebet. Er drohte mir mit dem Finger und verschwand wieder.

An diesem Tag wurde mir auch bewußt, daß man mit geschlossenem Munde essen müsse. Régine, die Schwester des Fahrradbesitzers, steckte Nüsse in den Mund, ich stand vor ihr und sah gebannt zu ihr hinauf, wie sie mit geschlossenem Mund kaute. Es dauerte lange, und als sie damit fertig war, erklärte sie, ich müsse das jetzt auch so machen, sonst werde man mich wieder in Röckchen stecken. Ich muß es rasch gelernt haben, denn um nichts in der Welt mochte ich meine Hosen wieder hergeben.

Das Haus des Türken
Die beiden Großväter

Manchmal wurde ich ins Haus des Großvaters Canetti hinübergeführt, wenn er im Geschäft war, um der Großmutter
meine Aufwartung zu machen. Sie saß auf dem türkischen
Sofa, rauchte und trank schwarzen Kaffee. Sie war immer zuhause, sie ging nie aus, ich kann mich nicht erinnern, sie damals je außerhalb des Hauses gesehen zu haben. Sie hieß
Laura und kam wie der Großvater aus Adrianopel. Er nannte
sie »Oro«, was eigentlich Gold bedeutete, ich verstand nie ihren Namen. Von allen Verwandten war sie am meisten türkisch geblieben. Sie stand nie von ihrem Sofa auf, ich weiß gar
nicht, wie sie hingelangte, denn ich sah sie nie gehen, und da
seufzte sie von Zeit zu Zeit und trank noch eine Schale Kaffee
und rauchte. Mit einem klagenden Ton empfing sie mich und
entließ mich, ohne etwas zu mir gesagt zu haben, klagend.
Für die Begleitperson, die mich hinbrachte, hatte sie einige
jammernde Sätze. Vielleicht hielt sie sich für krank, vielleicht
war sie es, aber sicher war sie auf orientalische Art sehr faul,
und unter dem teuflisch lebendigen Großvater hatte sie bestimmt zu leiden.

Er war, was ich damals noch nicht wußte, wo immer er erschien, sofort im Mittelpunkt, in seiner Familie gefürchtet,
ein Tyrann, der heiße Tränen weinen konnte, wenn es ihm
behagte, am behaglichsten fühlte er sich in Gesellschaft der
Enkel, die seinen Namen trugen. Unter Freunden und Bekannten, ja in der ganzen Gemeinde, war er für seine schöne
Stimme beliebt, der besonders Frauen erlagen. Wenn er eingeladen war, nahm er die Großmutter nicht mit, ihre Dummheit und ihr ewiges Gejammer waren ihm lästig. Da war er
dann immer bald von einem großen Kreis umringt, erzählte
Geschichten, in denen er viele Rollen spielte, und bei besonderen Gelegenheiten ließ er sich erbitten zu singen.

Es gab, außer der Großmutter Canetti, noch vieles in Rustschuk, was türkisch war. Das erste Kinderliedchen, das ich

lernte, ›Manzanicas coloradas, las que vienen de Stambol‹ –
›Äpfelchen rote, die kommen von Stambol‹, endete auf dem
Namen der Stadt Stambol, von der ich hörte, wie riesig groß
sie sei, und ich brachte sie bald mit den Türken in Verbindung, die man bei uns sah. »Edirne« – so hieß Adrianopel auf
türkisch – die Stadt, von der beide Großeltern Canetti stammten, wurde oft genannt. Der Großvater sang nie endende türkische Lieder, wobei es darauf ankam, daß er manche hohe
Töne besonders lange aushielt; ich hatte die heftigen und ra-
scheren spanischen Lieder viel lieber.

Nicht weit von uns hatten die wohlhabenden Türken ihre
Häuser, man erkannte sie an den engen Gittern vor den Fenstern, die zur Bewachung der Frauen dienten. Der erste
Mord, von dem ich je sprechen hörte, war der Eifersuchts-
mord eines Türken. Auf dem Weg zum Großvater Arditti
führte mich die Mutter an einem solchen Hause vorbei, zeigte
mir ein Gitter in der Höhe und sagte, da oben sei eine Türkin
gestanden und habe einen Bulgaren, der vorüberging, angeschaut. Da sei der Türke, ihr Mann, gekommen und habe sie
erstochen. Ich glaube nicht, daß ich früher wirklich erfaßte,
was ein Toter ist. Aber auf diesem Spaziergang erfuhr ich es,
an der Hand meiner Mutter. Ich fragte sie, ob die türkische
Frau, die man am Boden in einer Blutlache gefunden habe,
nicht wieder aufgestanden sei. »Nie!« sagte sie. »Nie! Sie war
tot, verstehst du?« Ich hörte, aber ich verstand es nicht und
fragte wieder. So zwang ich sie, ihre Antwort ein paarmal zu
wiederholen, bis sie ungeduldig wurde und von etwas anderem sprach. Es war nicht nur die Tote in der Blutlache, was
mich an dieser Geschichte beeindruckte, sondern auch die Eifersucht des Mannes, die zum Mord geführt hatte. An dieser
gefiel mir etwas, und so sehr ich mich dagegen sperrte, daß die
Frau endgültig tot war, die Eifersucht ging widerstandslos in
mich ein.

Ich erfuhr sie am Ende dieses Spaziergangs an mir selber,
als wir beim Großvater Arditti anlangten. Einmal die Woche,
jeden Samstag, gingen wir ihn besuchen. Er wohnte in einem

rötlichen, weitläufigen Hause. Man ging durch eine kleine Seitenpforte links vom Haus in einen alten Garten, der viel schöner war als der unsere. Ein großer Maulbeerbaum stand da, mit niederen Ästen, auf den es sich leicht klettern ließ. Ich durfte noch nicht hinauf, aber die Mutter ging nie daran vorüber, ohne mir einen Ast oben zu zeigen, es war ihr Versteck, wo sie als junges Mädchen zu sitzen pflegte, wenn sie ungestört lesen wollte. Da verkroch sie sich mit ihrem Buch und saß mäuschenstill, und so geschickt stellte sie es an, daß man sie von unten nicht sah, und hörte nicht, wenn man sie rief, weil ihr das Buch so gut gefiel, da oben las sie alle ihre Bücher. Nicht weit vom Maulbeerbaum führten Stufen hinauf ins Haus, die Wohnräume lagen höher als bei uns, aber die Gänge lagen im Dunkel. Da kamen wir durch viele Zimmer bis ins letzte, wo der Großvater in einem Lehnstuhl saß, ein kleiner, bleicher Mann, immer in Schals und Plaids warm eingepackt, er war kränklich.

»Li beso las manos, Señor Padre!« sagte die Mutter – »Ich küsse Ihnen die Hände, Herr Vater!« Dann schob sie mich vor, ich mochte ihn nicht und ich mußte ihm die Hand küssen. Er war nie lustig oder zornig oder zärtlich oder streng wie der andere Großvater, dessen Name ich trug, er blieb sich immer ganz gleich, er saß in seinem Lehnstuhl und rührte sich nicht, er sprach nicht zu mir, schenkte mir nichts und wechselte bloß ein paar Sätze mit der Mutter. Dann kam das Ende des Besuches, das ich haßte, es war jedesmal dasselbe. Er sah mich mit einem schlauen Lächeln an und fragte mich mit leiser Stimme: »Wen hast du lieber, den Großvater Arditti oder den Großvater Canetti?« Er kannte die Antwort, alle Leute, groß und klein, waren dem Großvater Canetti verfallen und ihn mochte niemand. Aber er wollte mich zwingen, die Wahrheit zu sagen, und brachte mich in die peinlichste Verlegenheit, die er genoß, denn jeden Samstag geschah es wieder. Ich sagte erst nichts, sah ihn hilflos an, er stellte seine Frage wieder, bis ich die Kraft zur Lüge fand und »Beide!« sagte. Da hob er drohend den Finger und rief, es war das einzige Laute, was ich je von ihm hörte: »Fálsu!« – »Falscher!«, wobei er den starken Ton auf dem »a« lange hinauszog, das Wort klang drohend und klagend zugleich, ich habe es im Ohr, als wäre ich gestern bei ihm zu Besuch gewesen.

Auf dem Weg durch die vielen Zimmer und Gänge hinaus fühlte ich mich schuldig, weil ich gelogen hatte und war sehr bedrückt; die Mutter, obschon sie unerschütterlich an ihrer Familie hing und diesen rituellen Besuch bei ihrem Vater nie aufgegeben hätte, fühlte sich wohl auch ein wenig schuldig, weil sie mich dieser Anklage, die eigentlich dem anderen Großvater galt, aber mich allein traf, immer wieder aussetzte. Sie führte mich zum Trost in die ›bagtsché‹, den Obst- und Rosengarten hinterm Hause. Da zeigte sie mir alle Lieblings-blumen aus ihrer Mädchenzeit, sog ihren Duft tief ein, sie hatte weite Nüstern und immer bebten ihre Nasenflügel, hob mich auf, damit ich auch an den Rosen rieche, und pflückte, falls etwas reif war, für mich ein wenig Obst, was der Großva-ter nicht wissen durfte, denn es war Sabbat. Es war der wun-derbarste Garten, dessen ich mich entsinne, nicht zu gut ge-halten, ein wenig verwachsen; und daß der Großvater von diesem Sabbat-Obst nichts wissen durfte, daß die Mutter selbst etwas nicht Erlaubtes tat, mir zuliebe, muß mir das Ge-fühl der Schuld genommen haben, denn auf dem Heimweg war ich schon ganz munter und stellte wieder Fragen.

Zuhause erfuhr ich von der Cousine Laurica, daß der Großvater eifersüchtig sei, alle seine Enkel hätten ihren ande-ren Großvater lieber als ihn, und als größtes Geheimnis ver-traute sie mir den Grund dafür an: er sei »mizquin«, geizig, aber das dürfe ich meiner Mutter nicht sagen.

Purim. Der Komet

Das Fest, das wir Kinder am kräftigsten spürten, obwohl wir, ganz klein, noch nicht eigentlich daran teilnahmen, war das Purim-Fest. Es war ein Freudenfest zur Erinnerung an die

Errettung der Juden von Hamán, dem bösen Verfolger. Hamán war eine wohlbekannte Figur und sein Name war in die Umgangssprache eingegangen. Bevor ich erfuhr, daß er ein Mann war, der gelebt und schreckliche Dinge ausgeheckt hatte, kannte ich seinen Namen als Schimpfwort. Wenn ich die Erwachsenen zu lange mit Fragen quälte oder nicht schlafen gehen wollte oder sonst nicht tat, was man von mir wollte, kam ein Stoßseufzer: »Hamán!« Dann wußte ich, daß man keinen Spaß mehr verstand, daß ich ausgespielt hatte, »Hamán« war das letzte Wort, ein Stoßseufzer, aber auch eine Beschimpfung. Ich war sehr erstaunt, als man mir ein wenig später erklärte, daß Hamán ein böser Mann gewesen sei, der alle Juden töten wollte. Aber dank Mordechai und der Königin Esther war es ihm mißlungen und aus Freude darüber feierten die Juden Purim.

Die Erwachsenen verkleideten sich und gingen aus, man hörte Lärm von der Straße, Masken erschienen im Haus, ich wußte nicht, wer sie waren, es war wie im Märchen, nachts blieben die Eltern lange aus, die allgemeine Aufregung teilte sich uns Kindern mit, ich lag wach im Kinderbett und horchte. Manchmal zeigten sich die Eltern maskiert und entlarvten sich dann, das war ein besonderer Spaß, aber lieber noch war es mir, ich wußte nicht, daß sie es waren.

Eines Nachts, ich war schließlich doch eingeschlafen, weckte mich ein riesiger Wolf, der sich über mein Kinderbett neigte. Eine lange, rote Zunge hing ihm aus dem Mund und er fauchte fürchterlich. Ich schrie aus Leibeskräften: »Ein Wolf! Ein Wolf!« Niemand hörte mich, niemand kam, ich schrie immer gellender und weinte. Da kam eine Hand hervor, griff an die Ohren des Wolfs und zog seinen Kopf herunter. Dahinter stand der Vater und lachte. Ich schrie weiter: »Ein Wolf! Ein Wolf!« Ich wollte, daß der Vater ihn verjage. Er zeigte mir die Maske des Wolfes in der Hand, ich glaubte ihm nicht, er konnte lange sagen: »Siehst du nicht, das war ich, das war kein wirklicher Wolf«, ich war nicht zu beruhigen und schluchzte und weinte immer weiter.

So war die Geschichte vom Werwolf wahr geworden. Der Vater wird nicht gewußt haben, was die kleinen Mädchen mir immer erzählten, wenn wir im Dunkeln auf einem Haufen allein waren. Die Mutter machte sich Vorwürfe über ihre Schlittengeschichte, ihm aber hielt sie seine unzähmbare Lust an der Maskerade vor. Er tat nichts lieber als Theaterspielen. Als er in Wien auf der Schule war, hatte er nur einen Wunsch, den, Schauspieler zu werden. Aber er wurde in Rustschuk erbarmungslos ins väterliche Geschäft gesteckt. Da gab es zwar ein Amateurtheater, wo er zusammen mit der Mutter auftrat, doch was war das gemessen an seinen frühen Wiener Träumen. Wahrhaft entfesselt, sagte die Mutter, sei er während des Purim-Fests gewesen. Da habe er mehrmals hintereinander seine Masken gewechselt und alle Bekannten in den sonderbarsten Auftritten überrascht und erschreckt.

Der Wolfsschrecken hielt lange vor, Nacht für Nacht hatte ich böse Träume und weckte die Eltern, in deren Zimmer ich schlief, sehr oft auf. Der Vater suchte mich zu beruhigen, bis ich wieder einschlief, aber dann kam der Wolf im Traume wieder, wir wurden ihn nicht so bald los. Von dieser Zeit an galt ich als gefährdetes Kind, dessen Phantasie nicht überreizt werden dürfe, und die Folge war, daß ich während vieler Monate nur langweilige Geschichten zu hören bekam, die ich alle vergessen habe.

Das nächste Ereignis ist der große Komet und da ich seither nie an das eine ohne das andere gedacht habe, muß ein Zusammenhang bestehen. Ich glaube, das Erscheinen des Kometen hat mich vom Wolf befreit, mein Kinderschrecken ging im allgemeinen Schrecken jener Tage auf, denn nie habe ich die Menschen in solcher Aufregung gesehen wie zur Zeit des Kometen. Auch spielte sich beides, Wolf wie Komet, zur Nachtzeit ab, ein Grund mehr, daß sie in der Erinnerung zusammenrückten.

Alle sprachen vom Kometen, bevor ich ihn sah und ich hörte, das Ende der Welt sei gekommen. Ich stellte mir nichts darunter vor, wohl aber merkte ich, daß die Leute verändert waren, zu flüstern begannen, wenn ich in die Nähe kam und mich mitleidig ansahen. Die bulgarischen Mädchen flüsterten nicht, sie sagten es alles heraus und von ihnen erfuhr ich, auf ihre derbe Art, daß das Ende der Welt gekommen sei. Es war der allgemeine Glaube in der Stadt und er muß eine Weile vorgeherrscht haben, da es sich mir, ohne daß ich mich selbst vor etwas Bestimmtem fürchtete, so tief einprägte. Wieweit die Eltern als gebildete Menschen davon angesteckt waren, vermag ich nicht zu sagen. Aber ich bin sicher, daß sie sich dem allgemeinen Glauben nicht entgegensetzten, sonst hätten sie, nach der früheren Erfahrung, etwas getan, um mich aufzuklären, und sie taten es nicht.

Eines Nachts hieß es, jetzt sei der Komet da und jetzt werde er auf die Erde fallen. Ich wurde nicht schlafen geschickt, ich hörte jemand sagen, das hätte jetzt keinen Sinn, die Kinder sollten auch in den Garten kommen. Im großen Gartenhof standen viele Menschen herum, so viele hatte ich noch nie hier gesehen, alle Kinder aus unseren Häusern und den Nachbarhäusern standen dazwischen, und alle, Erwachsene wie Kinder, starrten zum Himmel hinauf, wo riesig und leuchtend der Komet stand. Ich sehe ihn über den halben Himmel gebreitet. Ich spüre die Anspannung im Nacken, mit der ich seiner ganzen Länge zu folgen versuchte. Vielleicht hat er sich in meiner Erinnerung verlängert, vielleicht nahm er nicht den halben, sondern einen kleineren Teil des Himmels ein. Ich muß anderen, die damals erwachsen und nicht geängstigt waren, die Entscheidung über diese Frage überlassen. Aber es war sehr hell, fast wie bei Tag, und ich wußte sehr wohl, daß es eigentlich Nacht sein sollte, denn ich war zum erstenmal um diese Zeit nicht ins Bett gesteckt worden und das war für mich das eigentliche Erlebnis. Alle standen im Gartenhof, schauten auf den Himmel und warteten. Die Großen gingen kaum hin und her, es war sonderbar ruhig, es wurde nur leise gesprochen, am ehesten bewegten sich noch die Kinder, um die man sich wenig kümmerte. In dieser Erwartung spürte ich wohl etwas von der Angst, von der alle erfüllt waren, denn um sie mir zu nehmen, gab mir jemand einen Zweig mit Kirschen. Ich hatte eine Kirsche im Mund und den Kopf hochgestreckt, als ich dem riesigen Kometen mit den Augen zu folgen suchte und über dieser Anstrengung und vielleicht auch über der wunderbaren Schönheit des Kometen vergaß ich die Kirsche und schluckte den Kern.

Es dauerte sehr lange, niemand wurde es müde und die Menschen standen weiter dicht beisammen. Ich sehe weder Vater noch Mutter dabei, ich sehe niemand von denen, die mein Leben ausmachten, vereinzelt. Ich sehe sie nur alle zusammen, und wenn ich das Wort nicht später so häufig gebraucht hätte, würde ich sagen, ich sehe sie als Masse: eine stockende Masse der Erwartung.

Die Zaubersprache
Das Feuer

Das größte Reinemachen im Haus kam vor Pessach, Ostern. Da wurde alles drunter und drüber gerückt, nichts blieb am selben Fleck und da das Reinemachen früh begann, es dauerte, glaube ich, gegen zwei Wochen, war das die Zeit der größten Unordnung. Niemand hatte Zeit für einen, immer war man jemandem im Weg und wurde auf die Seite geschoben oder weggeschickt, und auch in die Küche, wo die interessantesten Dinge vorbereitet wurden, durfte man höchstens einen kurzen Blick werfen. Ich hatte die braunen Eier am liebsten, die tagelang in Kaffee gekocht wurden.

Für den Seder-Abend wurde der lange Tisch im Wohnzimmer aufgestellt und hergerichtet und vielleicht mußte das Zimmer für diese Gelegenheit so lang sein, der Tisch faßte sehr viel Gäste. Die ganze Familie war für den Seder-Abend versammelt, der in unserem Hause gefeiert wurde. Es war Sitte, zwei, drei fremde Leute von der Straße hereinzuholen, die an die Festtafel gesetzt wurden und an allem teilnahmen.

Am obersten Ende saß der Großvater und las die Haggadah, die Geschichte vom Auszug der Juden aus Ägypten. Es war sein stolzester Augenblick: nicht nur war er über seine Söhne und Schwiegersöhne gesetzt, die ihm Ehre erwiesen und seine Anweisungen alle befolgten, er, der Älteste, mit seinem scharfen Raubvogelkopf, war auch der Feurigste von allen, nichts entging ihm, während er im Singsang las, bemerkte er die geringste Bewegung, jeden kleinsten Vorgang am Tisch und sah durch einen Blick oder durch eine leichte Handbewegung nach dem Rechten. Es war alles sehr warm und dicht, die Atmosphäre einer uralten Erzählung, in der alles genau vorgebildet war und seine Stelle hatte. An den Seder-Abenden bewunderte ich den Großvater sehr, und auch seine Söhne, die es mit ihm nicht leicht hatten, schienen gehoben und heiter.

Als der Jüngste hatte ich meine eigene, nicht unwichtige Funktion, ich mußte das ›Ma-nischtanah‹ sagen. Die Erzählung vom Auszug aus Ägypten ist eingekleidet in die Frage nach dem Anlaß des Festes. Der jüngste der Anwesenden fragt gleich zu Beginn, was diese Vorrichtungen alle bedeuten: das ungesäuerte Brot, die bitteren Kräuter und die anderen ungewohnten Dinge auf der Tafel. Der Erzähler, in diesem Falle der Großvater, beantwortete die Frage des Jüngsten mit der ausführlichen Geschichte des Auszuges aus Ägypten. Ohne meine Frage, die ich auswendig hersagte, wobei ich das Buch in der Hand hielt und mich stellte, als ob ich lese, konnte die Erzählung nicht beginnen. Ihre Einzelheiten waren mir bekannt, man hatte sie mir oft erklärt, aber mich verließ während der ganzen Verlesung nicht das Gefühl, daß der Großvater mir auf meine Frage antwortete. So war es auch für mich ein großer Abend, ich kam mir wichtig, ja unentbehrlich vor, es war ein Glück, daß es keinen jüngeren Vetter gab, der mich von dieser Stelle verdrängt hätte.

Aber obwohl ich jedem Wort und jeder Bewegung des Großvaters folgte, freute ich mich während der ganzen Dauer der Verlesung auf das Ende. Denn da kam das Schönste: die Männer standen alle plötzlich auf und tanzten ein wenig um-

her und sangen tanzend zusammen ›Had gadja, had gadja‹ –
›Ein Lämmlein, ein Lämmlein‹. Das war ein lustiges Lied und
ich kannte es schon gut, aber es gehörte dazu, daß ein Onkel
mich zu sich heranwinkte, sobald es zu Ende war, und mir
jede einzelne Zeile davon ins Spanische übersetzte.

Wenn der Vater vom Geschäft nach Hause kam, sprach er
gleich mit der Mutter. Sie liebten sich sehr in dieser Zeit und
hatten eine eigene Sprache unter sich, die ich nicht verstand,
sie sprachen deutsch, die Sprache ihrer glücklichen Schulzeit
in Wien. Am liebsten sprachen sie vom Burgtheater, da hatten
sie, noch bevor sie sich kannten, dieselben Stücke und dieselben Schauspieler gesehen und kamen mit ihren Erinnerungen
darüber nie zu Ende. Später erfuhr ich, daß sie sich unter solchen Gesprächen ineinander verliebt hatten, und während sie
einzeln nicht imstande gewesen waren, den Traum vom Theater wahrzumachen – beide wären für ihr Leben gern Schauspieler geworden –, gelang es ihnen zusammen, die Heirat
durchzusetzen, gegen die es viele Widerstände gab.

Der Großvater Arditti, aus einer der ältesten und wohlhabendsten Spaniolen-Familien in Bulgarien, widersetzte sich
einer Ehe seiner Jüngsten, die seine Lieblingstochter war, mit
dem Sohn eines Emporkömmlings aus Adrianopel. Der
Großvater Canetti hatte sich selbst heraufgearbeitet, von einem betrogenen Waisenkind, das jung auf die Straße gesetzt
wurde, hatte er es zwar zu Wohlstand gebracht, aber in den
Augen des anderen Großvaters blieb er ein Komödiant und
ein Lügner. »Es mentiroso« – »Er ist ein Lügner«, hörte ich
ihn einmal noch selber sagen, als er nicht wußte, daß ich zuhörte. Der Großvater Canetti hielt sich aber über den Hochmut der Ardittis auf, die auf ihn herabsahen. Sein Sohn
konnte jedes Mädchen zur Frau haben und es schien ihm eine
überflüssige Demütigung, daß er die Tochter gerade dieses
Ardittis heiraten solle. So hielten meine Eltern ihre Verbindung erst geheim und nur allmählich, mit größter Zähigkeit

und unter der tätigen Hilfe ihrer älteren Geschwister und gutgesinnter Verwandter, gelang es ihnen, der Erfüllung ihres Wunsches näherzukommen. Schließlich gaben die beiden Alten nach, aber eine Spannung zwischen ihnen blieb immer bestehen und sie konnten sich nie leiden. In der geheimen Zeit hatten die jungen Leute ihre Liebe unaufhörlich durch deutsche Gespräche genährt, und man kann sich denken, wieviele Bühnenliebespaare dabei eine Rolle spielten.

Ich hatte also guten Grund, mich ausgeschlossen zu fühlen, wenn die Eltern mit ihren Gesprächen anfingen. Sie wurden überaus lebhaft und lustig dabei und ich verband diese Verwandlung, die ich wohl bemerkte, mit dem Klang der deutschen Sprache. Ich hörte ihnen mit der größten Anspannung zu und fragte sie dann, was dies oder jenes bedeute. Sie lachten und sagten, es sei zu früh für mich, das seien Dinge, die ich erst später verstehen könne. Es war schon viel, daß sie mir das Wort ›Wien‹ preisgaben, das einzige. Ich glaubte, daß es sich um wunderbare Dinge handeln müsse, die man nur in dieser Sprache sagen könne. Wenn ich lange vergeblich gebettelt hatte, lief ich zornig davon, in ein anderes Zimmer, das selten benutzt wurde, und sagte mir die Sätze, die ich von ihnen gehört hatte, her, im genauen Tonfall, wie Zauberformeln, ich übte sie oft für mich, und sobald ich allein war, ließ ich alle Sätze oder auch einzelne Worte, die ich eingelernt hatte, hintereinander los, so rasch, daß mich sicher niemand verstanden hätte. Ich hütete mich aber davor, die Eltern das je merken zu lassen, und erwiderte ihr Geheimnis mit meinem.

Ich fand heraus, daß der Vater einen Namen für die Mutter hatte, den er nur gebrauchte, wenn sie deutsch sprachen. Sie hieß Mathilde und er nannte sie Mädi. Einmal stand ich im Garten, verstellte so gut ich es vermochte, meine Stimme und rief laut ins Haus hinein: »Mädi! Mädi!« So rief sie der Vater vom Gartenhof aus, wenn er nach Hause kam. Dann rannte ich rasch ums Haus herum davon und erschien erst nach einer Weile wieder mit unschuldiger Miene. Da stand die Mutter ratlos und fragte mich, ob ich den Vater gesehen hätte. Es war ein Triumph für mich, daß sie meine Stimme für die des Vaters gehalten hatte, und ich hatte die Kraft, die Sache, die sie ihm als unbegreiflich gleich nach seiner Heimkehr erzählte, für mich zu behalten.

Es fiel ihnen nicht ein, mich zu verdächtigen, aber unter den vielen heftigen Wünschen dieser Zeit blieb es für mich der heftigste, ihre geheime Sprache zu verstehen. Ich kann nicht erklären, warum ich dem Vater nicht eigentlich dafür grollte. Wohl aber bewahrte ich einen tiefen Groll gegen die Mutter und er verging erst, als sie mir Jahre später, nach seinem Tod, selber deutsch beibrachte.

Eines Tages war der Gartenhof voller Rauch, einige unserer Mädchen liefen auf die Straße und kamen bald aufgeregt zurück, mit der Nachricht, daß ein Haus in der Nachbarschaft brenne. Es stehe schon ganz in Flammen, es brenne ganz herunter. Gleich leerten sich die drei Häuser um unseren Hof und mit Ausnahme der Großmutter, die sich nie von ihrem Sofa erhob, rannten alle Bewohner hinaus in die Richtung des Feuers. Das geschah so rasch, daß man mich vergaß. Mir wurde ein wenig bang so ganz allein, auch zog es mich selbst – vielleicht zum Feuer, vielleicht noch mehr in die Richtung, in die ich alle laufen sah. Ich lief also zum offenen Hoftor hinaus auf die Straße, die mir verboten war, und geriet in den eiligen Strom der Menschen. Zum Glück sah ich bald zwei unserer größeren Mädchen, und da sie um nichts in der Welt ihre Richtung geändert hätten, nahmen sie mich in die Mitte und zogen mich rasch fort. In einiger Entfernung vom Feuer blieben sie stehen, vielleicht um mich nicht in Gefahr zu bringen, und da sah ich zum erstenmal ein brennendes Haus. Es war schon weit heruntergebrannt, Balken stürzten ein und Funken sprühten. Es ging gegen Abend, es wurde allmählich dunkel und das Feuer schien immer heller. Aber was mir weit mehr Eindruck machte als das brennende Haus, waren die Menschen, die sich darum bewegten. Sie sahen klein und schwarz aus dieser Entfernung aus, es waren sehr viele und sie rannten alle durcheinander. Manche blieben in der Nähe des Hauses, manche entfernten sich und diese trugen alle etwas auf dem Rücken. »Diebe!« sagten die Mädchen, »das sind Diebe! Sie tragen Sachen aus dem Haus fort, bevor man sie erwischt!« Sie waren darüber nicht weniger aufgeregt als über das Feuer, und als sie immer wieder »Diebe!« riefen, teilte sich ihre Aufregung mir mit. Unermüdlich waren die kleinen schwarzen Figuren, tief gebückt bewegten sie sich in alle Richtungen davon. Manche hatten Bündel über die Schultern geworfen, andere liefen gebückt unter der Last eckiger Gegenstände, die ich nicht erkennen konnte, und wenn ich fragte, was sie trügen, wiederholten die Mädchen nur immer: »Diebe! Das sind Diebe!«

Dieser Anblick, der mir unvergeßlich blieb, ist mir später in die Bilder eines Malers aufgegangen, so daß ich nicht mehr sagen könnte, was ursprünglich war und was von ihnen dazu kam. Ich war neunzehn, als ich in Wien vor den Bildern Brueghels stand. Ich erkannte auf der Stelle die vielen kleinen Menschen jenes Feuers aus der Kindheit. Die Bilder waren mir so vertraut, als hätte ich mich immer unter ihnen bewegt. Ich verspürte eine ungeheure Anziehung von ihnen und ging täglich hin. Der Teil meines Lebens, der mit jenem Feuer begann, setzte sich unmittelbar in diesen Bildern fort, als wären keine fünfzehn Jahre dazwischen gelegen. Brueghel ist mir der wichtigste Maler geworden, aber ich habe ihn mir nicht wie vieles spätere durch Betrachtung oder Nachdenken erworben. Ich habe ihn in mir vorgefunden, als hätte er schon lange, sicher daß ich zu ihm kommen müsse, auf mich gewartet.

Kreuzottern und Buchstaben

Eine frühe Erinnerung spielt an einem See. Ich sehe den See, der weit ist, ich sehe ihn durch Tränen. Wir stehen bei einem Boot am Ufer, die Eltern und ein Mädchen, das mich an der

Hand hält. Die Eltern sagen, daß sie in diesem Boot auf dem See fahren wollen. Ich suche mich loszureißen, um ins Boot zu klettern, ich will mit, ich will mit, aber die Eltern sagen, ich darf nicht mit, ich muß mit dem Mädchen, das mich an der Hand hält, zurückbleiben. Ich weine, sie reden mir zu, ich weine immer weiter. Das dauert lang, sie sind unerbittlich, ich beiße das Mädchen, das mich nicht losläßt, in die Hand. Die Eltern sind böse und lassen mich mit ihr zurück, aber jetzt als Strafe. Sie entschwinden im Boot, ich schreie ihnen aus Leibeskräften nach, jetzt sind sie weit weg, der See wird größer und größer, alles verschwimmt in Tränen.

Es war der Wörthersee, ich war drei Jahre alt, das wurde mir lange danach gesagt. Von Kronstadt in Siebenbürgen, wo wir den nächsten Sommer verbrachten, sehe ich Wälder und einen Berg, eine Burg und Häuser auf allen Seiten des Burghügels, ich selber komme in diesem Bild nicht vor, wohl aber sind mir Geschichten über Schlangen in Erinnerung geblieben, die der Vater damals erzählte. Er war, bevor er nach Wien kam, in Kronstadt in einem Pensionat gewesen. Da gab es viele Kreuzottern in der Gegend, und die Bauern wollten sie loswerden. Die Buben lernten, wie man sie fängt, und bekamen für einen Sack mit toten Kreuzottern zwei Kreuzer. Der Vater zeigte mir, wie man die Kreuzottern packt, gleich hinterm Kopf, so daß sie einem nichts tun können, und wie man sie dann totschlägt. Es sei leicht, sagte er, wenn man es einmal verstehe, und gar nicht gefährlich. Ich bewunderte ihn sehr und wollte wissen, ob sie denn im Sack auch wirklich ganz tot wären. Ich befürchtete, daß sie sich tot stellten und plötzlich aus dem Sack hervorschössen. Der war aber fest zugebunden, sagte er, und tot mußten sie sein, sonst hätte man die zwei Kreuzer nicht bekommen. Ich glaubte nicht, daß etwas ganz tot sein könnte.

So verbrachten wir die Sommerferien gleich in drei Jahren hintereinander an Orten der alten österreichisch-ungarischen Monarchie, in Karlsbad, am Wörthersee und in Kronstadt. Zwischen diesen drei weit auseinanderliegenden Punkten, wenn man sie zu einem Dreieck verbindet, war ein guter Teil der alten Monarchie enthalten.

Über den Einfluß Österreichs auf uns schon in dieser frühen Rustschuker Zeit wäre viel zu sagen. Nicht nur waren beide Eltern in Wien in die Schule gegangen, nicht nur sprachen sie untereinander deutsch: der Vater las täglich die ›Neue Freie Presse‹, es war ein großer Augenblick, wenn er sie langsam auseinanderfaltete. Sobald er sie zu lesen begonnen hatte, hatte er kein Auge mehr für mich, ich wußte, daß er dann auf keinen Fall antwortete, auch die Mutter fragte ihn dann nichts, nicht einmal auf deutsch. Ich versuchte herauszubekommen, was es war, das ihn an der Zeitung so fesselte, anfangs dachte ich, es sei der Geruch, und wenn ich allein war und mich niemand sah, kletterte ich auf den Stuhl und roch begierig an der Zeitung. Aber dann beobachtete ich, wie er den Kopf am Blatt entlang bewegte und tat es ihm nach, hinter seinem Rücken, ohne das Blatt vor Augen zu haben, das er auf dem Tisch zwischen beiden Händen hielt, während ich hinter ihm auf dem Boden spielte. Einmal rief ihn ein Besucher, der eingetreten war, an, er drehte sich um und ertappte mich bei meinen imaginären Lesebewegungen. Da sprach er zu mir, noch bevor er sich um den Besucher kümmerte, und erklärte mir, daß es auf die Buchstaben ankomme, viele kleine Buchstaben, auf die er mit dem Finger klopfte. Bald würde ich sie selber lernen, sagte er, und weckte in mir eine unstillbare Sehnsucht nach Buchstaben.

Ich wußte, daß die Zeitung von Wien kam, das war weit weg, vier Tage fuhr man hin auf der Donau. Man sprach oft von Verwandten, die nach Wien fuhren, um berühmte Ärzte zu konsultieren. Die Namen der großen Spezialisten jener Tage waren die allerersten Berühmtheiten, von denen ich als Kind hörte. Als ich später nach Wien kam, war ich verwundert, daß es all diese Namen: Lorenz, Schlesinger, Schnitzler, Neumann, Hajek, Halban als Leute wirklich gab. Ich hatte nie versucht, sie mir leiblich vorzustellen; woraus sie bestanden, das waren ihre Aussprüche, und diese hatten ein solches

Gewicht, die Reise zu ihnen war so weit, die Veränderungen, die ihre Aussprüche bei den Menschen meiner Umgebung bewirkten, so umwälzend, daß sie etwas von Geistern annahmen, die man fürchtet und um Hilfe anruft. Wenn man von ihnen zurückkam, durfte man nur noch bestimmte Sachen essen, und andere waren einem verboten. Ich stellte mir vor, daß sie in einer eigenen Sprache redeten, die niemand verstand und die man erraten mußte. Ich kam nicht auf den Gedanken, daß es dieselbe Sprache war, die ich von den Eltern hörte und heimlich, ohne sie zu verstehen, für mich übte.

Es war oft von Sprachen die Rede, sieben oder acht verschiedene wurden allein in unserer Stadt gesprochen, etwas davon verstand jeder, nur die kleinen Mädchen, die von den Dörfern kamen, konnten Bulgarisch allein und galten deshalb als dumm. Jeder zählte die Sprachen auf, die er kannte, es war wichtig, viele von ihnen zu beherrschen, man konnte durch ihre Kenntnis sich selbst oder anderen Menschen das Leben retten.

In früheren Jahren trugen die Kaufleute, wenn sie auf Reisen gingen, ihr ganzes Geld in Katzen um den Leib geschlungen. So befuhren sie auch die Donaudampfer, und das war gefährlich. Der Großvater meiner Mutter, als er sich auf dem Deck schlafend stellte, überhörte zwei Männer, die auf griechisch einen Mordplan besprachen. Sie wollten, sobald der Dampfer sich der nächsten Stadt näherte, einen Kaufmann in seiner Kabine überfallen und umbringen, seine schwere Geldkatze rauben, die Leiche durch ein Kajütenfenster in die Donau werfen und dann, wenn der Dampfer hielt, sofort das Schiff verlassen. Mein Urgroßvater ging zum Kapitän und erzählte ihm, was er auf griechisch gehört hatte. Der Kaufmann wurde gewarnt, ein Mann der Besatzung verbarg sich heimlich in der Kabine, andere wurden außen postiert, und als die beiden Mordbuben an die Ausführung ihres Planes gingen, wurden sie gepackt und im Hafen, wo sie sich mit ihrem Raub hatten davonmachen wollen, in Ketten der Polizei übergeben. Das kam also davon, daß man zum Beispiel Griechisch verstand, und es gab noch viele andere erbauliche Sprachgeschichten.

Der Mordanschlag

Laurica, meine Cousine, und ich waren unzertrennliche Spielgefährten. Sie war die jüngste Tochter der Tante Sophie vom Nebenhaus, aber vier Jahre älter als ich. Der Gartenhof war unsere Domäne. Laurica achtete darauf, daß ich nicht auf die Straße lief, aber der Gartenhof war groß, und da durfte ich überall hin, nur auf den Rand des Ziehbrunnens durfte ich nicht klettern, da war ein Kind einmal hineingefallen und ertrunken. Wir hatten viele Spiele und verstanden uns gut, es war, als ob der Altersunterschied zwischen uns nicht bestünde. Wir hatten gemeinsame Verstecke, die wir niemandem verrieten, und hoben da kleine Gegenstände zusammen auf, und was immer einer hatte, gehörte auch dem anderen. Wenn ich ein Geschenk bekam, lief ich gleich damit davon und sagte: »Ich muß es Laurica zeigen!« Wir berieten dann darüber, in welches Versteck es käme, und stritten nie. Ich tat, was sie wollte, sie tat, was ich wollte, wir liebten uns so, daß wir immer dasselbe wollten. Ich ließ sie nicht fühlen, daß sie bloß ein Mädchen und ein jüngstes Kind war. Seit der Geburt meines Bruders und seit ich Hosen trug, war ich mir meiner Würde als ältester Sohn sehr bewußt. Vielleicht half das dazu, den Altersunterschied zwischen uns auszugleichen.

Dann kam Laurica in die Schule und blieb den Vormittag weg. Sie ging mir sehr ab. Ich spielte allein und wartete auf sie, und wenn sie nach Hause kam, fing ich sie gleich beim Tor ab und fragte sie aus, was sie in der Schule getan hätte. Sie erzählte mir davon, ich stellte es mir vor und sehnte mich danach, in die Schule zu gehen, um mit ihr zu sein. Nach einiger Zeit kam sie mit einem Schreibheft zurück, sie lernte lesen und schreiben. Sie schlug es feierlich vor meinen Augen auf, es enthielt Buchstaben in blauer Tinte, die mich mehr faszinierten als alles, was ich je gesehen hatte. Aber als ich es berühren wollte, wurde sie plötzlich ernst. Sie sagte, das dürfe ich nicht, das dürfe nur sie, es sei ihr verboten, das Heft aus der Hand zu geben. Ich war von dieser ersten Weigerung tief betroffen. Aber alles, was ich unter zärtlichen Bitten von ihr erlangte, war, daß ich mit Fingern auf Buchstaben zeigen durfte, ohne sie zu berühren, dabei fragte ich, was sie bedeuten. Dieses eine Mal antwortete sie mir und gab mir Auskunft, aber ich merkte, daß sie nicht sicher war und sich widersprach, und da ich über das Zurückhalten des Heftes gekränkt war, sagte ich: »Du weißt es gar nicht! Du bist ein schlechter Schüler!«

Seither hielt sie die Hefte immer von mir fern. Sie hatte deren bald viele, um jedes dieser Hefte beneidete ich sie, sie wußte es wohl, und ein schreckliches Spiel begann. Sie veränderte sich ganz und gar zu mir und ließ mich meine Kleinheit fühlen. Tag für Tag ließ sie mich um die Hefte betteln, Tag für Tag versagte sie sie mir. Sie verstand es, mich hinzuhalten und die Quälerei zu verlängern. Ich wundere mich nicht, daß es zur Katastrophe kam, wenn auch niemand die Form, die sie annahm, vorausgesehen hätte.

Am Tag, den keiner in der Familie je vergaß, stand ich wie immer beim Tor und wartete auf sie. »Laß mich die Schrift sehen«, bettelte ich, kaum war sie erschienen. Sie sagte nichts, ich wußte, jetzt ging es wieder los und niemand hätte uns in diesem Augenblick voneinander trennen können. Sie legte das Ränzel langsam ab, holte die Hefte langsam heraus, blätterte langsam darin und hielt sie mir dann blitzrasch vor die Nase. Ich griff danach, sie zog sie zurück und sprang davon. Aus der Ferne hielt sie mir ein offenes Heft entgegen und rief: »Du bist zu klein! Du bist zu klein! Du kannst noch nicht lesen!«

Ich versuchte sie zu fangen, rannte ihr überall hin nach, ich bettelte, ich flehte um die Hefte. Manchmal ließ sie mich ganz nah an sich herankommen, so daß ich die Hefte schon zu fassen glaubte, und entzog sie und sich im letzten Augenblick.

Durch geschickte Manöver gelang es mir, sie in den Schatten einer nicht sehr hohen Mauer zu jagen, von wo sie mir nicht mehr entkommen konnte. Da hatte ich sie nun und schrie in höchster Erregung: »Gib sie mir! Gib sie mir! Gib sie mir!«, womit ich die Hefte wie die Schrift meinte, beides war für mich eins. Sie hob die Arme mit den Heften hoch über den Kopf, sie war viel größer als ich, und legte sie oben auf die Mauer hin. Ich kam nicht hinauf, ich war zu klein, ich sprang und sprang und japste, es war umsonst, sie stand daneben und lachte höhnisch. Plötzlich ließ ich sie stehen und ging den langen Weg ums Haus herum in den Küchenhof, um das Beil des Armeniers zu holen, mit dem ich sie töten wollte.

Da lag das aufgeschichtete, zerhackte Holz, die Axt lag daneben, der Armenier war nicht da, ich hob die Axt hoch und sie gerade vor mir herhaltend, marschierte ich den langen Weg in den Gartenhof zurück, mit einem Mordgesang auf den Lippen, den ich unaufhörlich wiederholte: »Agora vo matar a Laurica! Agora vo matar a Laurica!« – »Jetzt werde ich Laurica töten! Jetzt werde ich Laurica töten!«

Als ich zurückkam und sie mich sah, das Beil in beiden Händen vor mir hochhaltend, rannte sie kreischend davon. Sie kreischte so laut, als hätte ich mit dem Beil schon zugeschlagen und sie getroffen. Sie kreischte, ohne einmal abzusetzen, und übertönte mit Leichtigkeit meinen Kriegsruf, den ich unaufhörlich, entschlossen, aber nicht besonders laut, vor mich hersagte: »Agora vo matar a Laurica!«

Der Großvater stürzte aus seinem Haus heraus, mit einem Spazierstock bewaffnet, rannte auf mich zu, riß mir das Beil aus der Hand und herrschte mich zornig an. Nun belebten sich alle drei Häuser um den Gartenhof, aus jedem traten Leute, der Vater war verreist, aber die Mutter war da, man trat zu einem Familienrat zusammen und beriet über das mörderische Kind. Ich konnte lange beteuern, daß Laurica mich bis aufs Blut gepeinigt habe, daß ich mit fünf Jahren zur Axt gegriffen hatte, um sie zu töten, war für alle unfaßbar, ja daß ich auch nur imstande gewesen war, die schwere Axt so vor mir herzutragen. Ich glaube, man begriff, daß es mir so sehr um die Schrift zu tun war, es waren Juden, und die »Schrift« bedeutete ihnen allen viel, aber es mußte etwas sehr Schlechtes und Gefährliches in mir sein, das mich dazu bringen konnte, meine Spielgefährtin ermorden zu wollen.

Ich wurde schwer gestraft, aber die Mutter, die selbst sehr erschrocken war, tröstete mich doch und sagte: »Bald wirst du selber lesen und schreiben lernen. Du mußt nicht warten, bis du in der Schule bist. Du darfst es schon vorher lernen.«

Den Zusammenhang meiner Mordabsicht mit dem Schicksal des Armeniers erkannte niemand. Ich liebte ihn, seine traurigen Lieder und Worte. Ich liebte das Beil, mit dem er Holz hackte.

Ein Fluch auf die Reise

Die Beziehung zu Laurica brach aber nicht ganz ab. Sie mißtraute mir und ging mir aus dem Weg, wenn sie aus der Schule kam, und hütete sich wohl, ihr Ränzel vor mir auszupacken. Ich hatte gar kein Interesse mehr an ihrer Schrift. Ich blieb nach dem Mordversuch fest davon überzeugt, daß sie eine schlechte Schülerin sei und sich davor schäme, ihre falschen Buchstaben herzuzeigen. Vielleicht konnte ich meinen Stolz nur retten, indem ich mir das sagte.

Sie nahm eine schreckliche Rache an mir, die sie zwar dann und auch später hartnäckig ableugnete. Alles was ich zu ihren Gunsten einräumen könnte, ist, daß sie vielleicht nicht wußte, was sie getan hatte.

Der Hauptteil des Wassers, das man in den Häusern verwendete, wurde in riesigen Fässern von der Donau heraufgeführt. Ein Maultier zog das Faß, das in eine besondere Art von Gefährt eingebaut war, und ein ›Wasserträger‹, der aber gar nichts trug, ging vorn an der Seite mit einer Peitsche. Das Wasser wurde vorm Hoftor um wenig Geld verkauft, abgeladen und kam in große Kessel, worin es abgekocht wurde. Die Kessel mit dem kochend heißen Wasser wurden vors Haus geschafft, auf eine längliche Terrasse, wo sie zum Abkühlen eine gehörige Weile standen.

Laurica und ich vertrugen uns wieder wenigstens so gut, daß wir manchmal Fangen miteinander spielten. Einmal standen die Kessel mit dem heißen Wasser da, wir liefen zwischen ihnen hin und her, viel zu nahe dran, und als Laurica mich gleich neben einem von ihnen fing, gab sie mir einen Stoß, und ich fiel ins heiße Wasser. Ich war am ganzen Leib, nur am Kopf nicht, verbrüht. Tante Sophie, die das schreckliche Geschrei hörte, holte mich heraus und zog mir die Kleider herunter, die ganze Haut ging mit, man fürchtete für mein Leben, und ich lag unter argen Schmerzen viele Wochen lang zu Bett.

Der Vater war damals in England, und das war das Schlimmste für mich. Ich dachte, ich müsse sterben, und rief laut nach ihm, ich jammerte, daß ich ihn nicht wiedersehen würde, das war ärger als die Schmerzen. An diese habe ich keine Erinnerung, ich fühle sie nicht mehr, wohl aber fühle ich noch die verzweifelte Sehnsucht nach meinem Vater. Ich dachte, er wisse nicht, was mir geschehen war, und schrie, als man das Gegenteil beteuerte. »Warum kommt er nicht? Warum kommt er nicht? Ich will ihn sehen!« Vielleicht zögerte man wirklich, vor wenigen Tagen erst war er in Manchester angekommen, wo er unsere Übersiedlung vorbereiten sollte, vielleicht dachte man, mein Zustand würde sich von selber bessern und er müsse nicht auf der Stelle zurück. Aber selbst wenn er es sofort erfahren und sich ohne zu zögern auf den Rückweg gemacht hatte – die Reise war weit, und er konnte nicht gleich da sein. Von einem Tag auf den anderen vertröstete man mich, und als mein Zustand sich verschlechterte, von Stunde zu Stunde. In einer Nacht, man meinte, ich sei endlich eingeschlafen, sprang ich vom Bett auf und riß mir alles herunter. Statt vor Schmerzen zu stöhnen, schrie ich nach ihm, »Cuando viene? Cuando viene?« – »Wann kommt er? Wann kommt er?« Die Mutter, der Arzt, alle anderen, die sich um mich bemühten, waren mir gleichgültig, ich sehe sie nicht, ich weiß nicht, was sie unternahmen, es muß in diesen Tagen viele und behutsame Verrichtungen an mir gegeben haben, ich faßte sie nicht auf, ich hatte einen einzigen Gedanken, es war mehr als ein Gedanke, es war die Wunde, in die alles einging: der Vater.

Dann hörte ich seine Stimme, er trat von hinten an mich heran, ich lag auf dem Bauch, er rief leise meinen Namen, er ging ums Bett herum, ich sah ihn, er legte mir leicht die Hand aufs Haar, er war es, und ich hatte keine Schmerzen.

Alles was von diesem Augenblick an geschah, ist mir nur aus Erzählungen bekannt. Die Wunde verwandelte sich in ein Wunder, die Heilung setzte ein, er versprach, nicht mehr fortzugehen, und blieb während der nächsten Wochen. Der Arzt war der Überzeugung, daß ich ohne sein Erscheinen und seine weitere Gegenwart gestorben wäre. Er hatte mich schon aufgegeben, aber doch auf der Rückkehr des Vaters bestanden, seine einzige, nicht sehr sichere Hoffnung. Es war der Arzt, der uns alle drei zur Welt gebracht hatte, und er pflegte später zu sagen, daß von allen Geburten, die er erlebt habe, diese Wiedergeburt die schwerste gewesen sei.

Wenige Monate zuvor, im Januar 1911, war mein jüngster Bruder zur Welt gekommen. Die Geburt war leicht gewesen, und die Mutter fühlte sich kräftig genug, ihn selbst zu stillen. Es war ganz anders als das Mal zuvor, von dieser Geburt, vielleicht weil sie so leicht vor sich gegangen war, wurde wenig Aufhebens gemacht, und sie blieb nur kurz im Mittelpunkt der Aufmerksamkeit.

Wohl aber spürte ich, daß große Ereignisse im Gange waren. Die Gespräche der Eltern hatten einen anderen Ton, sie klangen entschlossen und ernst, sie sprachen nicht immer deutsch vor mir, und es war oft von England die Rede. Ich erfuhr, daß der kleine Bruder Georg heißen werde, nach dem neuen König von England. Das gefiel mir gut, weil es etwas Unerwartetes war, aber dem Großvater gefiel es weniger, er wollte einen biblischen Namen und bestand darauf, und ich hörte die Eltern sagen, daß sie nicht nachgeben würden, es sei ihr Kind, und sie würden es so nennen, wie sie wollten.

Die Rebellion gegen den Großvater war wohl schon eine Weile im Gang, die Wahl dieses Namens aber war eine offene Kriegserklärung an ihn. Zwei Brüder der Mutter hatten in Manchester ein Geschäft gegründet, das rasch florierte, der eine von ihnen war plötzlich gestorben, der andere bot meinem Vater an, als sein Kompagnon zu ihm nach England zu kommen. Für die Eltern war das eine erwünschte Gelegenheit, sich von Rustschuk, das ihnen zu eng und zu orientalisch war, und von der noch viel beengenderen Tyrannei des Großvaters zu befreien. Sie sagten auf der Stelle zu, aber die Sache war leichter gesagt als getan, denn nun begann ein erbitterter Kampf zwischen ihnen und dem Großvater, der um keinen Preis einen seiner Söhne hergeben wollte. Ich kannte die Einzelheiten dieses Kampfes nicht, der ein halbes Jahr dauerte, aber ich spürte die veränderte Atmosphäre im Haus und besonders im Gartenhof, wo die Verwandten einander begegnen mußten.

Der Großvater packte mich bei jeder Gelegenheit im Hof, küßte mich ab und weinte, wenn jemand es sehen konnte, heiße Tränen. Ich mochte diese viele Nässe auf meinen Wangen gar nicht, obwohl er immer wieder verkündete, daß ich sein teuerster Enkel sei und er ohne mich nicht leben könne. Die Eltern erkannten, daß er mich gegen England einzunehmen versuchte und erzählten mir, um dem entgegenzuwirken, wie wunderbar es dort sein werde. »Dort sind alle Leute ehrlich«, sagte der Vater, »wenn ein Mann etwas sagt, tut er es auch, er braucht einem gar nicht die Hand darauf zu geben.« Ich war, wie hätte es anders sein können, auf seiner Seite, er hätte mir gar nicht zu versprechen brauchen, daß ich in England gleich in die Schule kommen und Lesen und Schreiben lernen würde.

Zu ihm, besonders aber zur Mutter, führte sich der Großvater ganz anders auf als zu mir. Er hielt sie für die Urheberin des Auswanderungsplans, und als sie ihm einmal sagte: »Ja!

Wir halten dieses Leben in Rustschuk nicht mehr aus! Wir wollen beide weg von hier!«, drehte er ihr den Rücken zu und sprach nicht mehr zu ihr, während der Monate, die wir noch da waren, behandelte er sie wie Luft. Den Vater aber, der noch ins Geschäft mußte, überfiel er mit seinem Zorn, der schrecklich war und von Woche zu Woche schrecklicher wurde. Als er sah, daß er nichts ausrichten konnte, wenige Tage vor der Abreise, verfluchte er ihn feierlich im Gartenhof, seinen Sohn, vor den anwesenden Verwandten, die entsetzt zuhörten. Ich hörte sie, wie sie untereinander darüber sprachen: nichts gäbe es, sagten sie, das furchtbarer sei, als ein Vater, der seinen Sohn verfluche.

Teil 2

Manchester

1911–1913

Tapeten und Bücher
Spaziergang an der Mersey

Während einiger Monate nach seinem Tod schlief ich im Bett des Vaters. Es war gefährlich, die Mutter allein zu lassen. Ich weiß nicht, wer auf den Gedanken kam, mich zum Wächter ihres Lebens einzusetzen. Sie weinte viel, und ich horchte auf ihr Weinen. Ich konnte sie nicht trösten, sie war untröstlich. Aber wenn sie aufstand und sich ans Fenster stellte, sprang ich auf und stellte mich neben sie. Ich umklammerte sie mit meinen Armen und ließ sie nicht los. Wir sprachen nicht, diese Szenen spielten sich nicht in Worten ab. Ich hielt sie sehr fest, und wäre sie zum Fenster hinausgesprungen, sie hätte mich mitziehen müssen. Sie hatte nicht die Kraft, mich mit sich umzubringen. Ich spürte das Nachlassen ihres Körpers, wenn die Spannung wich und sie sich von der Verzweiflung ihres Entschlusses mir zuwandte. Sie drückte meinen Kopf gegen sich und schluchzte lauter. Sie hatte gedacht, daß ich schlafe, und gab sich Mühe, so leise zu weinen, daß ich nicht davon erwache. Sie merkte nicht, daß ich heimlich wachte, so sehr war sie mit ihrem Schmerz beschäftigt, und wenn sie ganz still aufstand und sich ans Fenster schlich, war sie sicher, daß ich fest schliefe. Jahre später, wenn wir über diese Zeit sprachen, gestand sie, daß sie jedesmal überrascht war, als ich gleich neben ihr stand und sie mit meinen Armen umschlang. Sie konnte mir nicht entkommen, ich gab sie nicht her. Sie ließ sich von mir zurückhalten, aber ich spürte, daß ihr meine Wachsamkeit lästig war. In keiner Nacht versuchte sie es mehr als einmal. Nach der Aufregung schliefen wir beide erschöpft ein. Allmählich bekam sie eine Art von Respekt für mich, und sie begann mich in vielem wie einen Erwachsenen zu behandeln.

Nach einigen Monaten übersiedelten wir aus dem Haus in der Burton Road, wo mein Vater gestorben war, in die Palatine Road zu ihrem älteren Bruder. Das war ein großes Haus mit vielen Menschen, und die akute Gefahr war vorüber.

Aber die Zeit vorher in der Burton Road bestand nicht nur aus den furchtbaren nächtlichen Szenen. Tagsüber ging es gedämpft und ruhig zu. Gegen Abend aßen die Mutter und ich an einem kleinen Spieltisch im gelben Salon zu Nacht. Das Tischchen, das eigens dafür hereingebracht wurde – es gehörte nicht eigentlich zum Salon –, war für uns zwei gedeckt. Es gab einen kalten Imbiß, der aus lauter kleinen Leckerbissen bestand, immer war es dasselbe: weißer Schafskäse, Gurken und Oliven, wie in Bulgarien. Ich war sieben, die Mutter war damals siebenundzwanzig. Wir führten ein gesittetes, ernstes Gespräch, es war sehr still, kein Lärm wie im Kinderzimmer, die Mutter sagte zu mir: »Du bist mein großer Sohn«, und erfüllte mich mit der Verantwortung, die ich nachts für sie fühlte. Den ganzen Tag sehnte ich mich nach diesen Abendmahlzeiten. Ich bediente mich selbst, nahm wie sie nur wenig auf meinen Teller, alles spielte sich in sachten, abgezirkelten Bewegungen ab, aber so sehr ich mich der Bewegungen meiner Finger damals entsinne, worüber wir sprachen, das weiß ich nicht mehr, ich habe es bis auf den einen häufig wiederholten Satz: »Du bist mein großer Sohn«, vergessen. Ich sehe das schwache Lächeln der Mutter, wie sie sich zu mir neigte, die Bewegungen ihres Mundes, wenn sie sprach, nicht leidenschaftlich wie sonst, sondern zurückhaltend, ich glaube, daß ich während dieser Mahlzeiten keinen Schmerz in ihr fühlte, vielleicht war er gelöst durch meine verständige Gegenwart. Einmal erklärte sie mir etwas über Oliven.

Die Mutter hatte mir vorher nicht sehr viel bedeutet. Ich sah sie nie allein. Wir waren unter der Obhut einer Gouvernante und spielten immer im Kinderzimmer oben. Meine Brüder waren vier und fünfeinhalb Jahre jünger als ich. Georg, der kleinste, hatte einen kleinen Käfig für sich. Nissim, der mittlere, war verrufen für seine Streiche. Kaum ließ man ihn allein, stellte er etwas an. Er drehte den Wasserhahn im Badezimmer an, und Wasser floß schon die Treppe zum Parterregeschoß hinunter, bevor man es bemerkte; oder er rollte das Klosettpapier auf, bis der Gang oben von Papier ganz bedeckt war. Er erfand immer neue und schlimmere Streiche, und da nichts ihn davon abzubringen vermochte, hieß er nur noch »the naughty boy«.

Ich war der einzige, der in die Schule ging, zu Miss Lancashire in die Barlowmore Road, von dieser Schule will ich später berichten.

Zuhause im Kinderzimmer spielte ich meist allein. Eigentlich spielte ich wenig, ich sprach zu den Tapeten. Die vielen dunklen Kreise im Tapetenmuster erschienen mir als Leute. Ich erfand Geschichten, in denen sie vorkamen, teils erzählte ich ihnen, teils spielten sie mit, ich hatte nie genug von den Tapetenleuten und konnte mich stundenlang mit ihnen unterhalten. Wenn die Gouvernante mit den beiden kleinen Brüdern ausging, trachtete ich allein bei den Tapeten zurückzubleiben. Ihre Gesellschaft war mir die liebste, jedenfalls lieber als die der kleinen Brüder, bei denen gab es immer dumme Aufregungen und Störungen wie die Streiche Nissims. Wenn die Kleinen in der Nähe waren, flüsterte ich bloß zu den Tapetenleuten; war die Gouvernante anwesend, so dachte ich mir meine Geschichten nur aus und bewegte zu ihnen nicht einmal die Lippen. Aber dann verließen sie alle das Zimmer, ich wartete ein bißchen und legte ungestört los. Bald ging es laut und aufgeregt zu, ich weiß nur so viel, daß ich die Tapetenleute zu kühnen Taten zu bereden versuchte, und wenn sie sich weigerten, ließ ich sie meine Verachtung fühlen. Ich munterte sie auf, ich beschimpfte sie, allein hatte ich immer ein wenig Angst, und was ich selber empfand, schrieb ich ihnen zu, *sie* waren die Feigen. Aber sie spielten auch mit und gaben eigene Sätze von sich. Ein Kreis an einer besonders auffälligen Stelle widersetzte sich mir mit eigener Beredsamkeit, und es war kein kleiner Triumph, wenn es mir gelang, ihn zu überreden. Ich war in einer solchen Auseinandersetzung mit ihm begriffen, als die Gouvernante unerwartet früh zurückkam und Stimmen im Kinderzimmer hörte. Sie trat rasch ein und ertappte mich, mein Geheimnis war entdeckt, von da ab wurde ich auf die Spaziergänge immer mitgenommen, man hielt es für ungesund, mich so viel allein zu lassen. Mit der lauten Tapetenherrlichkeit war es aus, aber ich war zäh und gewöhnte mich daran, meine Geschichten still auszudrücken, auch wenn die kleinen Brüder im Zimmer waren. Ich brachte es fertig, mit ihnen zu spielen und mich zugleich auf die Tapetenleute zu beziehen. Nur die Gouvernante, die es sich zur Aufgabe gemacht hatte, mir diese ungesunden Neigungen ganz abzugewöhnen, lähmte mich, in ihrer Gegenwart verstummten die Tapeten.

Die schönsten Gespräche zu dieser Zeit führte ich aber mit meinem wirklichen Vater. Morgens, bevor er in sein Bureau ging, kam er zu uns ins Kinderzimmer und hatte für jeden von uns besondere, treffende Sätze. Er war hell und lustig und erfand immer neue Späße. Morgens dauerten sie nicht lang, er war vor dem Frühstück, das er unten im Speisezimmer mit der Mutter einnahm und hatte die Zeitung noch nicht gelesen. Aber abends kam er mit Geschenken, er brachte jedem etwas mit, keinen einzigen Tag kam er heim, ohne Geschenke für uns mitzubringen. Dann blieb er länger und turnte mit uns. Sein Hauptspaß war, uns alle drei auf seinen ausgestreckten Arm zu stellen. Die beiden Kleinen hielt er dabei fest, ich mußte es lernen, frei zu stehen, und obwohl ich ihn liebte wie keinen Menschen, hatte ich vor diesem Teil der Operation immer ein wenig Angst.

Einige Monate nachdem ich in die Schule gekommen war, geschah etwas Feierliches und Aufregendes, das mein ganzes weiteres Leben bestimmte. Der Vater brachte ein Buch für mich nach Hause. Er nahm mich allein in ein hinteres Zimmer, in dem wir Kinder schliefen, und erklärte es mir. Es war ›The Arabian Nights‹, ›Tausendundeine Nacht‹ in einer Ausgabe für Kinder. Auf dem Einband war ein buntes Bild, ich glaube von Aladin mit der Wunderlampe. Er sprach sehr aufmunternd und ernst zu mir und sagte, wie schön es wäre zu lesen. Er las mir eine Geschichte vor: so schön wie diese seien auch alle anderen Geschichten im Buch. Ich solle nun versuchen, sie zu lesen, und ihm am Abend immer erzählen, was ich gelesen hätte. Wenn ich das Buch fertig hätte, werde er mir ein anderes bringen. Ich ließ mir das nicht zweimal sagen, und obwohl ich in der Schule eben erst lesen gelernt hatte, machte ich mich über das wunderbare Buch gleich her und hatte ihm jeden Abend etwas zu berichten. Er hielt sein Versprechen, immer war ein neues Buch da, keinen einzigen Tag mußte ich mit meiner Lektüre aussetzen.

Es war eine Reihe für Kinder, alle im selben quadratischen Format. Sie unterschieden sich nur durch das farbige Bild auf dem Deckel. Die Lettern waren in allen Bänden gleich groß, es war, als lese man im selben Buch immer weiter. Aber was war das für eine Reihe, es hat nie ihresgleichen gegeben. An alle Titel kann ich mich erinnern. Nach ›Tausendundeine Nacht‹ kamen Grimms Märchen; Robinson Crusoe; Gullivers Travels; Tales from Shakespeare; Don Quijote; Dante; Wilhelm Tell. Ich frage mich, wie es möglich war, Dante für Kinder zu bearbeiten. In jedem Band gab es mehrere farbige Bilder, aber ich mochte sie nicht, die Geschichten waren viel schöner, ich weiß nicht einmal, ob ich die Bilder heute erkennen würde. Es wäre leicht zu zeigen, daß fast alles, woraus ich später bestand, in diesen Büchern enthalten war, die ich dem Vater zuliebe im siebenten Jahr meines Lebens las. Von den Figuren, die mich später nie mehr losließen, fehlte nur Odysseus.

Über jedes Buch sprach ich mit ihm, wenn ich es gelesen hatte. Manchmal war ich so aufgeregt, daß er mich beruhigen mußte. Er sagte mir aber nie nach Art der Erwachsenen, daß Märchen unwahr seien; dafür bin ich ihm besonders dankbar, vielleicht halte ich sie heute noch für wahr. Ich merkte sehr wohl, daß Robinson Crusoe anders war als Sindbad der Seefahrer, aber es fiel mir nicht ein, eine dieser Geschichten für geringer zu halten als die andere. Über Dantes Hölle allerdings hatte ich böse Träume. Als ich die Mutter zu ihm sagen hörte: »Jacques, das hättest du ihm nicht geben sollen, das ist zu früh für ihn«, fürchtete ich, er werde mir nun keine Bücher mehr bringen, und lernte es, meine Träume zu verheimlichen. Ich glaube auch – aber darüber bin ich nicht ganz sicher –, daß meine häufigen Gespräche mit den Tapetenleuten von der Mutter mit den Büchern in Zusammenhang gebracht wurden. Es war die Zeit, in der ich die Mutter am wenigsten mochte. Ich war schlau, Gefahr zu wittern, und vielleicht hätte ich die lauten Tapetengespräche nicht so willig und scheinheilig aufgegeben, wären mir die Bücher und die Gespräche mit meinem Vater darüber nicht das Allerwichtigste auf der Welt gewesen.

Er ließ sich aber durchaus nicht beirren und versuchte es nach Dante mit Wilhelm Tell. Bei dieser Gelegenheit hörte ich zum erstenmal das Wort ›Freiheit‹. Er sagte mir etwas darüber, das ich vergessen habe. Aber er fügte etwas über England hinzu: drum seien wir nach England gezogen, weil man hier frei sei. Ich wußte, wie sehr er England liebte, während das Herz der Mutter an Wien hing. Er bemühte sich, die Sprache richtig zu erlernen, und einmal wöchentlich kam eine Lehrerin ins Haus, die ihm Stunden gab. Ich merkte, daß er seine englischen Sätze anders sagte als das Deutsch, das ihm von Jugend auf geläufig war und das er mit der Mutter meist sprach. Ich hörte ihn manchmal einzelne Sätze sagen und wiederholen. Er sprach sie langsam aus, wie etwas sehr Schönes, sie bereiteten ihm Genuß und er sagte sie wieder. Zu uns Kindern sprach er nun immer englisch, das Spanische, das bis dahin meine Sprache gewesen war, trat in den Hintergrund und ich hörte es nur noch von anderen, besonders älteren Verwandten.

Meine Berichte über die Bücher, die ich las, mochte er nur englisch hören. Ich denke, daß ich durch diese passionierte Lektüre sehr rasche Fortschritte machte. Er freute sich darüber, daß ich ihm fließend erzählte. Was *er* aber zu sagen hatte, hatte besonderes Gewicht, denn er überlegte es wohl, um ja keine Fehler zu machen, und sprach beinahe so, als ob er mir vorlese. Ich habe eine feierliche Erinnerung an diese Stunden, es war ganz anders, als wenn er im Kinderzimmer mit uns spielte und unaufhörlich neue Späße erfand.

Das letzte Buch, das ich von ihm selbst bekam, war über Napoleon. Es war vom englischen Standpunkt aus geschrieben und Napoleon erschien als böser Tyrann, der alle Länder, besonders auch England, unter seine Herrschaft bringen wollte. In diesem Buche las ich noch, als mein Vater starb. Meine Abneigung gegen Napoleon ist mir seither unerschütterlich geblieben. Ich hatte ihm davon zu erzählen begonnen, aber sehr weit war ich noch nicht. Er hatte es mir gleich nach dem Wilhelm Tell gegeben und nach dem Gespräch über Freiheit war es für ihn ein kleines Experiment. Als ich bald in großer Aufregung zu ihm über Napoleon sprach, sagte er: »Wart lieber, es ist zu früh. Du mußt erst weiter lesen. Es kommt noch ganz anders.« Ich weiß ganz sicher, daß Napoleon damals noch nicht Kaiser war. Vielleicht war es eine Prüfung, vielleicht wollte er sehen, ob ich der kaiserlichen Herrlichkeit standhalten würde. Ich las es dann nach seinem Tode fertig, ich las es, wie alle Bücher, die ich von ihm bekommen hatte, unzählige Male wieder. Von Macht hatte ich noch wenig zu spüren bekommen. Meine erste Vorstellung davon entstammte diesem Buch, und ich habe nie den Namen Napoleon hören können, ohne ihn mit dem plötzlichen Tod des Vaters in Verbindung zu bringen. Von allen Opfern Napoleons war für mich das größte und furchtbarste mein Vater.

An Sonntagen nahm er mich manchmal allein auf einen Spaziergang mit. Nicht weit von unserem Hause lief der kleine Fluß Mersey vorbei. Auf der linken Seite war er von einer rötlichen Mauer gesäumt, auf der anderen schlängelte sich ein Pfad durch eine üppige Wiese voller Blumen und hohem Gras. Er hatte mir das Wort für Wiese gesagt, es lautete ›meadow‹, und fragte mich bei jedem Spaziergang danach. Er empfand dieses Wort als besonders schön, es ist für mich das schönste Wort der englischen Sprache geblieben. Ein anderes Lieblingswort von ihm war ›island‹. Es muß für ihn eine eigene Bedeutung gehabt haben, daß England eine Insel war; vielleicht empfand er es als eine Insel der Seligen. Er erklärte es mir, auch als ich es längst schon wußte, zu meiner Verwunderung immer wieder. Auf dem letzten unserer Spaziergänge durch die Wiese am Flusse Mersey sprach er ganz anders zu mir, als ich es gewohnt war. Er fragte mich sehr eindringlich, was ich werden wolle, und ich sagte ohne zu überlegen: »Ein Doktor!« »Du wirst werden, was du gern willst«, sagte er mit einer Zärtlichkeit, die so groß war, daß wir beide stehenblieben. »Du brauchst nicht ein Kaufmann zu werden wie ich und die Onkel. Du wirst studieren und was dir am besten gefällt, wirst du werden.«

Dieses Gespräch habe ich immer als seinen letzten Wunsch betrachtet. Aber ich wußte damals nicht, warum er so verändert war, als er es sagte. Erst als ich mehr über sein Leben erfuhr, begriff ich, daß er dabei an sich selber dachte. Während seiner Schulzeit in Wien war er ein leidenschaftlicher Besucher des Burgtheaters gewesen, und Schauspieler zu werden, war sein größter Wunsch. Sonnenthal war sein Abgott und es gelang ihm, jung wie er war, zu ihm vorzudringen und ihm von seinem Wunsch zu sprechen. Sonnenthal sagte ihm, er habe eine zu kleine Statur für die Bühne, ein Schauspieler dürfe nicht so klein sein. Vom Großvater, der in jeder Äußerung seines Lebens ein Komödiant war, hatte er eine Begabung dafür geerbt, aber der Ausspruch Sonnenthals war für ihn vernichtend, und er begrub seine Träume. Er war musikalisch, hatte eine gute Stimme und über alles liebte er seine Geige. Der Großvater, der seine Kinder als unerbittlicher Patriarch regierte, steckte jeden seiner Söhne früh ins Geschäft, in jeder größeren Stadt Bulgariens sollte es eine Filiale davon geben, unter der Obhut eines seiner Söhne. Als der Vater zu viele Stunden mit seiner Geige verbrachte, wurde sie ihm weggenommen, und er kam gegen seinen Willen gleich ins Geschäft. Er mochte es gar nicht, nichts interessierte ihn weniger als sein Vorteil. Aber er war viel schwächer als der Großvater und fügte sich. Er war schon 29, als es ihm endlich gelang, mit Hilfe der Mutter, aus Bulgarien zu entfliehen und sich in Manchester anzusiedeln. Da hatte er schon eine Familie mit drei Kindern, für die er sorgen mußte, so blieb er Kaufmann. Es war schon ein Sieg für ihn, daß er sich der väterlichen Tyrannei entzogen und Bulgarien verlassen hatte. Zwar war er im Bösen von ihm geschieden und trug seinen Fluch, aber er war in England frei, und entschlossen, mit seinen Söhnen anders zu verfahren.

Ich glaube nicht, daß mein Vater ein sehr belesener Mann war. Musik und Theater bedeuteten ihm mehr als Lektüre. Im Speisezimmer unten stand ein Klavier, und jeden Samstag und Sonntag, wenn der Vater nicht im Bureau war, pflegten die Eltern dort zu musizieren. Er sang und die Mutter begleitete ihn am Klavier. Es waren immer deutsche Lieder, meist Schubert und Loewe. Einem Lied – es hieß ›Das Grab auf der Heide‹ und ich weiß nicht, von wem es war – war ich ganz und gar verfallen. Wenn ich es hörte, öffnete ich die Tür des Kinderzimmers oben, schlich die Treppe hinunter und stellte mich hinter die Speisezimmertür. Ich verstand damals noch nicht Deutsch, aber das Lied war herzzerreißend. Ich wurde hinter der Tür entdeckt und von da ab hatte ich das Recht, im Speisezimmer zuzuhören. Ich wurde eigens für dieses Lied von oben geholt und brauchte nicht mehr heimlich hinunterzuschleichen. Das Lied wurde mir erklärt, wohl hatte ich schon in Bulgarien oft Deutsch gehört und heimlich, ohne es zu verstehen, für mich nachgesprochen, aber dies war das erstemal, daß man mir etwas übersetzte, die ersten Worte Deutsch, die ich erlernte, entstammen dem ›Grab auf der Heide‹. Es handelt von einem Deserteur, der eingefangen wird und vor den Kameraden steht, die ihn erschießen sollen. Er singt davon, was ihn zur Flucht verlockt hat, ich glaube, es war ein Lied aus seiner Heimat, das er hörte. Es endet mit den Worten: »Lebt wohl, ihr Brüder, hier die Brust!« Dann kam ein Schuß und schließlich Rosen auf dem Heidegrab.

Ich wartete zitternd auf den Schluß, es war eine Aufregung, die nie veraltete. Ich wollte es immer wieder hören und quälte den Vater, der es zwei- oder dreimal hintereinander für mich sang. An jedem Samstag, wenn er nach Hause kam, fragte ich ihn, noch bevor er unsere Geschenke ausgepackt hatte, ob er das ›Grab auf der Heide‹ singen würde. Er sagte ›vielleicht‹, aber er war eher unentschlossen, denn meine Versessenheit auf dieses Lied begann ihn zu beunruhigen. Ich wollte es nicht glauben, daß der Deserteur wirklich tot war, ich hoffte auf eine Rettung, und wenn sie es einige Male gesungen hatten und keine Rettung kam, blieb ich vernichtet und verstört zurück. Nachts im Bett fiel er mir ein und ich grübelte über ihn nach. Ich verstand nicht, daß die Kameraden auf ihn geschossen hatten. Er hatte es doch alles so gut erklärt, ich hätte bestimmt nicht auf ihn geschossen. Sein Tod war mir unbegreiflich, er war der erste Tote, den ich betrauerte.

Little Mary. Der Untergang der Titanic
Captain Scott

Bald nach unserer Ankunft in Manchester kam ich in die Schule. Sie befand sich in der Barlowmore Road, etwa zehn Minuten von unserem Haus entfernt. Die Leiterin hieß Miss Lancashire und da die Grafschaft, in der Manchester lag, auch so hieß, staunte ich über den Namen. Es war eine Schule für Knaben und Mädchen, ich fand mich unter lauter englischen Kindern. Miss Lancashire war gerecht und behandelte alle Kinder gleichmäßig freundlich. Sie munterte mich auf, wenn ich auf englisch etwas fließend erzählte, denn darin war ich am Anfang den anderen Kindern unterlegen. Aber lesen und schreiben lernte ich sehr bald, und als ich zuhause die Bücher zu lesen begann, die mir der Vater brachte, merkte ich, daß sie davon nichts hören wollte. Ihr Bemühen ging dahin, daß alle Kinder sich wohlfühlen sollten; um eilige Fortschritte war es ihr nie zu tun. Ich sah sie kein einziges Mal gereizt oder zor-

nig und sie verstand ihre Sache so gut, daß sie nie Schwierigkeiten mit den Kindern hatte. Ihre Bewegungen waren sicher,
aber nicht sportlich, ihre Stimme war gleichmäßig und nie zu
eindringlich. Ich kann mich an keinen Befehl von ihr erinnern. Es gab manches, was man nicht durfte; da es nicht immer wiederholt wurde, fügte man sich gern. Vom ersten Tag
an liebte ich die Schule. Miss Lancashire hatte nicht das Spit-
zige unserer Gouvernante und vor allem hatte sie keine spitze
Nase. Sie war klein und zierlich, mit einem schönen, runden
Gesicht, ihr brauner Kittel reichte bis an den Boden, und da
ich ihre Schuhe nicht sah, fragte ich die Eltern, ob sie welche
habe. Ich war für Spott sehr empfindlich, und als die Mutter
laut über meine Frage herauslachte, nahm ich mir vor, die un-
sichtbaren Schuhe der Miss Lancashire zu finden. Ich paßte
scharf auf, bis ich sie schließlich entdeckte, und berichtete, ein
wenig gekränkt, darüber zuhause.

Alles, was ich damals in England erlebte, bestach mich
durch seine Ordnung. Das Leben in Rustschuk war heftig
und laut gewesen und reich an schmerzlichen Unglücksfällen.
Etwas an der Schule muß mich aber auch angeheimelt haben.
Ihre Räume lagen zu ebener Erde, wie in unserem Haus in
Bulgarien, es gab keinen Stock wie im neuen Manchester-
Haus und hinten öffnete sich die Schule auf einen großen
Garten. Türen und Fenster des Schulzimmers waren immer
offen und bei jeder Gelegenheit waren wir im Garten. Sport
war das weitaus wichtigste Fach, vom ersten Tage an kannten
sich die anderen Knaben in den Regeln aus, als wären sie
Cricket-spielend geboren worden. Donald, mein Freund, gab
nach einiger Zeit zu, daß er mich anfangs für dumm gehalten
habe, weil man mir die Regeln erklären und wiederholen
mußte, bis ich sie endlich begriff. Er sprach erst nur aus Mitleid zu mir, er saß neben mir, aber als er mir dann einmal
Briefmarken zeigte und ich von jeder Marke das Land gleich
wußte, als ich dann gar Marken aus Bulgarien hervorzog, die
er noch nicht kannte, und statt sie mit ihm zu tauschen, ihm
gleich schenkte, »weil ich davon soviel habe«, begann ich ihn

zu interessieren und wir wurden Freunde. Ich glaube nicht, daß ich ihn bestechen wollte, ich war ein sehr stolzes Kind, aber beeindrucken wollte ich ihn sicher, denn ich spürte seine Herablassung.

Unsere Briefmarken-Freundschaft entwickelte sich so rasch, daß wir während der Stunden verstohlen kleine Spiele mit den Marken unter der Bank aufführten. Man sagte uns nichts, auf die freundlichste Weise wurden wir auseinandergesetzt und unsere Spiele auf den Heimweg eingeschränkt.

An seiner Stelle wurde ein kleines Mädchen neben mich gesetzt, Mary Handsome. Ich schloß sie gleich wie eine Briefmarke ins Herz. Ihr Name, der ›hübsch‹ bedeutet, wunderte mich, ich wußte nicht, daß Namen etwas bedeuten könnten. Sie war kleiner als ich und hatte helle Haare, aber das Schönste an ihr waren ihre roten Backen, ›wie Äpfelchen‹. Wir sprachen gleich miteinander und sie antwortete auf alles, aber auch wenn wir nicht sprachen, während der Schulstunden, mußte ich sie immer ansehen. Ich war von ihren roten Backen so sehr verzaubert, daß ich nicht mehr auf Miss Lancashire achtete, ihre Fragen nicht hörte und verwirrt antwortete. Ich wollte die roten Backen küssen und mußte mich zusammennehmen, es nicht zu tun. Nach der Schule begleitete ich sie, sie wohnte in der entgegengesetzten Richtung von mir, und ließ Donald, der sonst immer mit mir fast bis nach Hause gegangen war, ohne Erklärung stehen. Ich begleitete Little Mary, wie ich sie nannte, bis zur Ecke der Straße, in der sie wohnte, küßte sie rasch auf die Backe und lief eilig nach Hause, ohne jemand ein Wort davon zu sagen.

Das wiederholte sich eine Weile, und solange ich sie bloß zum Abschied an der Ecke küßte, geschah nichts, vielleicht schwieg auch sie zuhause darüber. Aber meine Neigung wuchs, die Schule interessierte mich nicht mehr, ich wartete auf den Augenblick, da ich neben ihr gehen würde, und bald wurde mir der Weg bis zur Ecke zu lang und ich versuchte, sie schon vorher auf die rote Backe zu küssen. Sie wehrte sich und sagte: »Du darfst mich erst an der Ecke küssen, zum Abschied, sonst sag ich's meiner Mutter.« Das Wort ›good-bye kiss‹, das sie gebrauchte, während sie sich heftig abwandte, machte einen tiefen Eindruck auf mich und ich ging nun rascher bis zu ihrer Ecke, sie blieb stehen, als ob nichts gewesen wäre und ich küßte sie wie früher. Am nächsten Tag riß mir die Geduld und ich küßte sie gleich, als wir auf der Straße waren. Um ihrem Zorn zuvorzukommen, wurde ich selber zornig und sagte drohend: »Ich werde dich küssen, so oft ich will, ich warte nicht bis zur Ecke.« Sie versuchte davonzulaufen, ich hielt sie fest, wir gingen einige Schritte weiter, ich küßte sie wieder, ich küßte sie immer wieder bis zu ihrer Ecke. Sie sagte nicht good-bye, als ich sie endlich los ließ, sie sagte nur: »Jetzt sag ich's meiner Mutter!«

Ich hatte keine Angst vor ihrer Mutter, meine Passion für ihre roten Backen war nun so groß, daß ich zuhause zum Staunen unserer Gouvernante laut sang: »Little Mary is my sweetheart! Little Mary is my sweetheart! Little Mary is my sweetheart!«

Das Wort ›sweetheart‹ hatte ich von der Gouvernante selbst. Sie gebrauchte es, wenn sie meinen kleinen Bruder Georgie küßte, er war ein Jahr alt und sie führte ihn im Kinderwagen spazieren. »You are my sweetheart«, sagte die Person mit dem knochigen Gesicht und der spitzen Nase und küßte das Kind immer wieder. Ich fragte, was das Wort ›sweetheart‹ bedeute, und alles, was ich erfuhr, war, daß unser Stubenmädchen Edith ein ›sweetheart‹, einen Schatz habe. Was man damit tue? Man küsse ihn, so wie sie den kleinen Georgie. Das hatte mich ermutigt und ich war mir keiner Schuld bewußt, als ich vor der Gouvernante mein Triumphlied anstimmte.

Am nächsten Tag kam Mrs. Handsome in die Schule. Plötzlich stand sie da, eine stattliche Frau, sie gefiel mir noch besser als ihre Tochter, und das war mein Glück. Sie sprach mit Miss Lancashire und dann trat sie zu mir und sagte sehr bestimmt: »Du wirst die kleine Mary nicht mehr nach Hause begleiten. Du hast einen anderen Heimweg. Ihr werdet nicht mehr nebeneinander sitzen und du wirst nicht mit ihr sprechen.« Es klang nicht zornig, sie schien nicht böse, aber es war so bestimmt und doch ganz anders, als meine Mutter es gesagt hätte. Ich nahm es Mrs. Handsome nicht übel, sie war wie ihre Tochter, die ich hinter ihr gar nicht sah, aber an ihr gefiel mir alles, nicht nur die Wangen, besonders gefiel mir ihre Sprache. Englisch hatte in dieser Zeit, als ich zu lesen begann, eine unwiderstehliche Wirkung auf mich, und eine Rede, in der ich eine so wichtige Rolle spielte, hatte mir noch niemand auf englisch gehalten.

Das war das Ende dieser Geschichte, aber es war, wie man mir später erzählte, nicht ganz so einfach abgegangen. Miss Lancashire hatte meine Eltern zu sich gebeten und mit ihnen beraten, ob ich in der Schule bleiben solle. Eine so heftige Passion hatte sie noch nie in ihrer Schule erlebt, sie war ein wenig verwirrt und fragte sich, ob es damit zusammenhängen könne, daß ›orientalische‹ Kinder viel früher reif werden als englische. Der Vater hatte sie beruhigt, er verbürge sich dafür, daß es eine unschuldige Sache sei. Vielleicht hänge es mit den auffallend roten Backen des Mädchens zusammen. Er bat Miss Lancashire, es noch eine Woche zu versuchen, und er behielt recht. Ich glaube nicht, daß ich Little Mary je wieder eines Blickes gewürdigt habe. So wie sie hinter ihrer Mutter stand, war sie für mich in sie aufgegangen. Ich sprach zuhause noch oft mit Bewunderung von Mrs. Handsome. Ich weiß aber nicht, was Mary später auf der Schule tat, wie lange sie blieb, ob man sie wegnahm und in eine andere Schule schickte, meine Erinnerung besteht für die Zeit, in der ich sie küßte.

Wie richtig der Vater vermutet hatte, als er meinte, es hänge mit den roten Backen des Mädchens zusammen, wußte er wohl selber nicht. Ich habe später über diese junge Liebe nachgedacht, die ich nie vergaß, und eines Tages fiel mir das erste spanische Kinderlied ein, das ich in Bulgarien gehört hatte. Ich wurde noch auf dem Arm getragen und ein weibliches Wesen näherte sich mir und sang: »Manzanicas colorados, las que vienen de Stambol« – »Äpfelchen rote, die kommen von Stambol«; dabei kam sie mit dem Zeigefinger meiner Backe immer näher und stieß ihn plötzlich fest hinein. Ich quietschte vor Vergnügen, sie nahm mich in die Arme und küßte mich ab. Das passierte so oft, bis ich das Lied selber singen lernte. Dann sang ich es mit, es war mein erstes Liedchen, und alle, die mich zum Singen bringen wollten, trieben dieses Spiel mit mir. Vier Jahre später fand ich meine eigenen Äpfelchen in Mary wieder, die kleiner war als ich, die ich immer ›klein‹ nannte, und ich wundere mich nur, daß ich den Finger nicht in ihre Wangen stieß, bevor ich sie küßte.

George, der kleinste Bruder, war ein sehr schönes Kind, mit dunklen Augen und pechschwarzen Haaren. Der Vater brachte ihm die ersten Worte bei. Morgens, wenn er ins Kinderzimmer kam, spielte sich ein immer gleicher Dialog zwischen ihnen ab, dem ich gespannt zuhörte. »Georgie?« sagte der Vater, mit einem dringlichen und fragenden Ton in der Stimme, worauf der Kleine »Canetti« erwiderte; »two?« der Vater, »three« das Kind; »four?« der Vater, »Burton« das Kind, »Road« der Vater. Ursprünglich blieb es dabei. Aber allmählich vervollständigte sich unsere Adresse, es kam, mit verteilten Stimmen »West«, »Didsbury«, »Manchester«, »England« dazu. Das letzte Wort hatte ich, ich ließ es mir nicht nehmen, »Europe« anzuhängen.

Geographie war mir nämlich sehr wichtig geworden und die Kenntnisse wurden auf zwei Wegen gefördert. Ich bekam ein »puzzle« zum Geschenk: die farbige Karte Europas, auf Holz aufgeklebt, war in die einzelnen Länder zersägt worden. Man warf die Stücke alle auf einen Haufen und setzte blitzrasch Europa wieder zusammen. So hatte jedes Land seine eigene Form, mit der meine Finger sich vertraut machten und eines Tages überraschte ich den Vater mit der Behauptung: »Ich kann es blind!« »Das kannst du nicht«, sagte er. Ich schloß fest die Augen und fügte Europa blind zusammen. »Du hast geschwindelt«, sagte er, »du hast zwischen den Fingern durchgeschaut.« Ich war beleidigt und bestand darauf, daß er mir die Augen zuhielt. »Fest! Fest!« rief ich aufgeregt und schon war Europa wieder beisammen.» Wirklich, du kannst es«, sagte er und lobte mich, kein Lob ist mir je so teuer gewesen.

Der andere Weg zur Erlernung der Länder war die Briefmarkensammlung. Da ging es nicht mehr bloß um Europa, sondern um die ganze Welt, und die wichtigste Rolle dabei spielten die englischen Kolonien. Auch das Album, in das die Marken hineinkommen sollten, war ein Geschenk des Vaters und als ich es bekam, klebte auf jeder Seite oben links schon eine Marke.

Es war viel von Schiffen und von anderen Ländern die Rede. Robinson Crusoe, Sindbad der Seefahrer, die Reisen Gullivers waren meine allerliebsten Geschichten und dazu kamen die Briefmarken mit den schönen Bildern. Die Mauritius-Briefmarke, die so viel wert war, daß ich es nicht recht verstand, war im Album abgebildet und die erste Frage an mich, wenn ich mit anderen Knaben Briefmarken tauschte, war: »Hast du eine von Mauritius zum Tauschen?« Diese Frage war immer ernst gestellt, ich stellte sie oft selber.

Die beiden Katastrophen, die in diese Zeit fielen und die ich heute als die früheste öffentliche Massentrauer in meinem Leben erkenne, hingen mit Schiffen und Geographie zusammen. Die erste war der Untergang der ›Titanic‹, die zweite der Untergang von Captain Scott am Südpol.

Ich kann mich nicht erinnern, wer zuerst vom Untergang der ›Titanic‹ sprach. Aber unsere Gouvernante weinte beim Frühstück, ich hatte sie noch nie weinen gesehen, und Edith, das Hausmädchen, kam zu uns ins Kinderzimmer, wo wir sie sonst nie sahen, und weinte mit ihr zusammen. Ich erfuhr vom Eisberg, von den furchtbar vielen Menschen, die ertranken, und was mir am meisten Eindruck machte, von der Musikkapelle, die weiterspielte, als das Schiff versank. Ich wollte wissen, was sie gespielt hatten, und bekam eine grobe Antwort. Ich begriff, daß ich etwas Unpassendes gefragt hatte und begann nun mitzuweinen. So weinten wir eigentlich zu dritt zusammen, als die Mutter von unten nach Edith rief, vielleicht hatte sie es eben erst selber erfahren. Dann gingen wir auch hinunter, die Gouvernante und ich, und da standen schon die Mutter und Edith weinend zusammen.

Wir müssen aber dann doch ausgegangen sein, denn ich sehe die Menschen auf der Straße vor mir, es war alles sehr verändert. Die Leute standen in Gruppen beisammen und sprachen aufgeregt, andere traten dazu und hatten etwas zu sagen, mein kleiner Bruder im Kinderwagen, der sonst seiner Schönheit wegen von allen Passanten ein bewunderndes Wort bekam, wurde von niemand beachtet. Wir Kinder waren vergessen, und doch sprach man auch von Kindern, die auf dem Schiff gewesen waren und wie sie und die Frauen zuerst gerettet wurden. Immer wieder war die Rede vom Kapitän, der sich geweigert hatte, das Schiff zu verlassen. Aber das häufigste Wort, das ich hörte, war »iceberg«. Es prägte sich mir ein wie »meadow« und »island«, obwohl ich es nicht vom Vater hatte, das dritte englische Wort, das mir geladen blieb, das vierte war »captain«.

Ich weiß nicht, wann genau die ›Titanic‹ unterging. Aber in der Aufregung jener Tage, die sich nicht so bald legte, suche ich vergeblich nach meinem Vater. Er hätte doch darüber zu mir gesprochen, er hätte ein beruhigendes Wort für mich gefunden. Er hätte mich vor der Katastrophe geschützt, die mit aller Kraft in mich einsank. Jede seiner Regungen ist mir teuer geblieben, aber wenn ich ›Titanic‹ denke, sehe ich ihn nicht, höre ich ihn nicht und fühle nackt die Angst, die mich überkam, als mitten in der Nacht das Schiff auf den Eisberg stieß und im kalten Wasser versank, während die Musikkapelle spielte.

War er nicht in England? Er war manchmal verreist. Auch in die Schule ging ich nicht während dieser Tage. Vielleicht geschah es während der Ferien, vielleicht gab man uns frei, vielleicht dachte niemand daran, Kinder in die Schule zu schicken. Die Mutter hat mich damals bestimmt nicht getröstet, ihr ging die Katastrophe nicht nah genug; und den englischen Menschen in unserem Haushalt, Edith und Miss Bray, fühlte ich mich so nah, als wären sie meine wirkliche Familie. Ich glaube, die englische Gesinnung, die mich durch den ersten Weltkrieg trug, ist in der Trauer und Erregung dieser Tage entstanden.

Das andere öffentliche Ereignis, das in diese Zeit fiel, war ganz anderer Natur, obwohl auch hier das Wort »Captain« eine große Rolle spielte. Aber diesmal war es nicht der Kapitän eines Schiffes, sondern ein Südpolfahrer, und statt durch den Zusammenstoß mit einem Eisberg geschah das Unglück in einer Wüste von Schnee und Eis, der Eisberg war zu einem Kontinent ausgewachsen. Es war auch das Gegenteil einer Panik, keine verzweifelte Masse von Menschen stürzte sich über Bord ins Meer, sondern Captain Scott mit drei Gefährten war in der Eiswüste erfroren. Es war, man könnte sagen: ein rituelles englisches Ereignis, die Männer hatten den Südpol zwar erreicht, aber nicht als erste. Als sie nach unsäglichen Schwierigkeiten und Strapazen ihr Ziel erreichten, fanden sie die norwegische Flagge dort aufgepflanzt vor. Amundsen war ihnen zuvorgekommen. Auf dem Heimweg kamen sie um und blieben eine Weile verschollen. Nun hatte man sie aufgefunden, und in ihren Tagebüchern las man ihre letzten Worte.

Miss Lancashire rief uns in der Schule zusammen. Wir wußten, daß etwas Schreckliches passiert war, und kein einziges Kind lachte. Sie hielt uns eine Rede, in der sie das Unternehmen Captain Scotts schilderte. Sie scheute nicht davor zurück, uns ein Bild von den Leiden der Männer in der Eiswüste zu geben. Manche Einzelheiten davon sind mir geblieben, aber da ich es später alles auf das Genaueste las, traue ich mir nicht zu, das damals Gehörte vom Gelesenen zu unterscheiden. Sie klagte nicht über ihr Schicksal, sie sprach fest und stolz, wie ich sie noch nie gesehen hatte. Wenn es ihre Absicht war, uns die Polarfahrer als Vorbild hinzustellen, so ist ihr das in einem Falle, meinem, bestimmt gelungen. Ich beschloß auf der Stelle, ein Forschungsreisender zu werden, und hielt an diesem Ziel einige Jahre lang fest. Sie endete damit, daß Scott und seine Freunde als wahre Engländer gestorben seien, und das war das einzige Mal während der Jahre in Manchester, daß ich den Stolz auf das Englischsein so offen und unverblümt ausgesprochen hörte. In der Zukunft hörte ich solche Dinge in anderen Ländern viel häufiger, mit einer Art von Unverschämtheit, die mich erbitterte, wenn ich an Miss Lancashires Ruhe und Würde dachte.

Napoleon. Menschenfressende Gäste
Sonntagsfreuden

Das Leben im Haus in der Burton Road war gesellig und heiter. An den Wochenenden gab es immer Gäste. Manchmal wurde ich hereingerufen, die Gäste verlangten nach mir, und es gab allerhand, womit ich mich produzieren konnte. So lernte ich sie alle gut kennen, die Mitglieder der Familie und ihre Freunde. Die spaniolische Kolonie in Manchester war ziemlich rasch gewachsen, und alle hatten sich, nicht weit voneinander entfernt, in den äußeren Wohnvierteln West Didsbury und Withington niedergelassen. Der Export von Baumwollgütern aus Lancashire in den Balkan war ein einträgliches Geschäft. Einige Jahre vor uns waren die ältesten Brüder der Mutter, Bucco und Salomon, nach Manchester gekommen und hatten hier eine Firma gegründet. Bucco, der als einsichtiger Mann galt, starb bald jung, und Salomon, der Harte mit den eiskalten Augen, blieb allein zurück. Er suchte nach einem Kompagnon, und das war die Chance für meinen Vater, der eine so hohe Vorstellung von England hatte. Er trat in die Firma ein und bildete – er war gewinnend und konziliant und verstand gern den Standpunkt anderer Menschen – ein nützliches Gegengewicht zu seinem Schwager. Ich kann diesen Onkel nicht freundlich oder gerecht sehen, er wurde der verhaßte Feind meiner Jugend, der Mann, der für alles stand, was ich verabscheute. Wahrscheinlich scherte er sich gar nicht viel um mich, aber für die Familie war er die Figur des Erfolgs, und Erfolg war Geld. In Manchester bekam ich ihn wenig zu Gesicht, er war viel auf Geschäftsreisen, aber um so mehr war von ihm die Rede. Er hatte sich in England gut eingelebt und genoß unter den Kaufleuten großen Respekt. Von den Nachzüglern in der Familie, aber nicht nur von ihnen, wurde sein Englisch bewundert, das perfekt war. Miss Lancashire nannte manchmal seinen Namen in der Schule. »Mr. Arditti ist ein Gentleman«, sagte sie. Wahrscheinlich meinte sie damit, daß er wohlhabend war und in seinem Benehmen nichts von einem Fremden an sich hatte. Er bewohnte ein großes Haus, viel geräumiger und höher als das unsere, in der Palatine Road, die parallel zu unserer Straße lief, und da es im Gegensatz zu all den rötlichen Häusern, die ich in der Gegend sah, weiß war und hell schimmerte, und vielleicht auch wegen des Namens der Straße, erschien es mir wie ein Palast. Ihn aber, obwohl er gar nicht so aussah, hielt ich schon früh für einen Oger. Es ging Mr. Arditti hin, Mr. Arditti her, unsere Gouvernante verzog ehrerbietig das Gesicht, wenn sie ihn nannte, allerhöchste Verbote führte man auf ihn zurück, und als meine Gespräche mit den Tapetenleuten entdeckt wurden und ich sie unter Berufung auf den Vater, der mir viel erlaubte, zu verteidigen suchte, hieß es, Mr. Arditti werde davon erfahren und das hätte die schrecklichsten Folgen. Sobald sein Name fiel, gab ich auf der Stelle nach und versprach, meine Beziehungen zu den Tapetenleuten abzubrechen. Er war die oberste Autorität unter allen Erwachsenen meiner Umgebung. Als ich über Napoleon las, stellte ich ihn mir genau wie diesen Onkel vor, und die Untaten, die ich ihm zuschrieb, gingen auf Napoleons Rechnung. An Sonntagvormittagen durften wir die Eltern in ihrem Schlafzimmer besuchen, und einmal, als ich eintrat, hörte ich den Vater in seinem getragenen Englisch sagen: »Er geht über Leichen.« Die Mutter bemerkte mich und erwiderte rasch etwas auf deutsch, sie schien zornig, und das Gespräch ging, ohne daß ich es verstand, noch eine Weile weiter.

Wenn die Bemerkung des Vaters sich auf den Onkel bezog,

so muß es sich um geschäftliche Leichen gehandelt haben, zu anderen hatte er schwerlich Gelegenheit. Aber das verstand ich damals nicht, und obwohl ich im Leben Napoleons noch nicht sehr weit war, begriff ich genug von seiner Wirksamkeit, um Leichen, die ich zwar nur aus Büchern kannte, für Leichen zu halten.

Aus der Familie der Mutter waren auch drei Vettern nach Manchester gekommen, drei Brüder. Sam, der älteste, sah wirklich wie ein Engländer aus, er lebte auch schon am längsten im Lande. Mit seinen herabhängenden Mundwinkeln munterte er mich zur richtigen Aussprache schwieriger Worte auf, und wenn ich mit dem Mund grimassierte, um es ihm gleich zu tun, nahm er es freundlich auf und lachte herzlich, ohne mich durch Spott zu verletzen. Miss Lancashires Diktum über jenen anderen, den Oger-Onkel, hatte ich nie anerkannt, und einmal, um es zu bezeugen, stellte ich mich vor Onkel Sam hin und sagte: »*Du* bist ein Gentleman, Onkel Sam!« Vielleicht hörte er es gern, jedenfalls verstand er, *alle* verstanden, denn die ganze Gesellschaft in unserem Speisezimmer verstummte.

Alle diese Verwandten der Mutter, mit einer einzigen Ausnahme, hatten Familien in Manchester gegründet und kamen mit ihren Frauen zu Besuch. Nur Onkel Salomon fehlte, seine Zeit war zu kostbar, und für Gespräche in Anwesenheit von Frauen und gar für Musizieren hatte er keinen Sinn. Er nannte das ›Frivolitäten‹, er hatte immer neue geschäftliche Kombinationen im Kopf, und auch für diese ›Denktätigkeit‹ wurde er bewundert.

Zu diesen Abenden kamen auch andere befreundete Familien. Da war Herr Florentin, den ich wegen seines schönen Namens mochte; Herr Calderon, der den längsten Schnurrbart trug und immer lachte. Der Geheimnisvollste war für mich, als er das erstemal erschien, Herr Innie. Er war dunkler als die anderen, und man sagte, er sei ein Araber, womit man einen arabischen Juden meinte, er war vor kurzem erst aus Baghdad gekommen. Ich hatte ›Tausendundeine Nacht‹ im

Kopf, und als ich ›Baghdad‹ hörte, erwartete ich den Kalifen Harun verkleidet. Die Verkleidung ging aber zu weit, Herr Innie hatte ungeheuer große Schuhe. Mir paßte das nicht und ich fragte ihn, warum er so große Schuhe habe. »Weil ich so große Füße habe«, sagte er, »soll ich sie dir zeigen?« Ich glaubte, er werde nun wirklich die Schuhe ausziehen und erschrak. Denn einer von den Tapetenleuten, der mein besonderer Feind war und sich von allen Unternehmungen, zu denen ich aufrief, ausschloß, zeichnete sich durch ungeheure Füße aus. Ich mochte Herrn Innies Füße nicht sehen und ging rasch, ohne mich zu verabschieden, hinauf ins Kinderzimmer. Ich glaubte nicht mehr, daß er aus Baghdad kam, mit diesen Füßen, stritt es den Eltern gegenüber ab und erklärte ihn für einen Lügner.

Es ging heiter zu unter den Gästen der Eltern, man plauderte und lachte viel, es wurde musiziert, man spielte Karten. Vielleicht wegen des Klaviers hielt man sich meist im Speisezimmer auf. Im gelben Salon, der durch Hausflur und Gang davon getrennt war, waren seltener Gäste. Wohl aber spielten sich hier meine Demütigungen ab, die mit der französischen Sprache zusammenhingen. Es wird die Mutter gewesen sein, die darauf bestand, daß ich als Gegengewicht zum Englischen, dem Vater so teuer, auch schon Französisch lernte. Eine Lehrerin kam, eine Französin, und ich hatte mit ihr Stunden im gelben Salon. Sie war dunkel und dünn und hatte etwas Neidisches, aber über ihr Gesicht haben sich die Gesichter anderer Französinnen gelegt, die ich später kannte, ich kann es nicht mehr in mir finden. Sie kam und ging pünktlich, aber sie gab sich nicht besondere Mühe und brachte mir bloß eine Geschichte über einen Jungen bei, der sich allein im Hause befand und naschen wollte. ›Paul était seul à la maison‹, so lautete der Anfang. Ich wußte die Geschichte bald auswendig und sagte sie den Eltern vor. Dem Jungen widerfuhr beim Naschen allerhand Mißgeschick, und ich sprach die Geschichte so dramatisch wie möglich – die Eltern schienen sehr amüsiert, es dauerte nicht lang und sie lachten beide aus vollem Halse. Mir wurde sonderbar zumute, so lang und so einträchtig hatte ich sie nie lachen gehört, und als es zu Ende war, spürte ich, daß sie mich nur zum Schein lobten. Ich ging gekränkt in das Kinderzimmer hinauf und übte die Geschichte immer wieder für mich, um ja nicht zu stocken und keine Fehler zu machen.

Als nächstes Mal Gäste kamen, placierten sie sich alle im gelben Salon wie für eine Vorstellung, ich wurde heruntergeholt und aufgefordert, die französische Geschichte herzusagen. Ich fing an: »Paul était seul à la maison«, und schon verzogen sich alle Gesichter zum Lachen. Ich wollte es ihnen aber zeigen und ließ mich nicht beirren, ich sprach die Geschichte zu Ende. Als es soweit war, bogen sich alle vor Lachen. Mr. Calderon, der immer der lauteste war, klatschte in die Hände und rief: »Bravo! Bravo!« Onkel Sam, der Gentleman, brachte den Mund nicht mehr zu und fletschte alle seine englischen Zähne. Mr. Innie streckte seine riesigen Schuhe weit vor, lehnte den Kopf nach hinten und heulte. Selbst die Damen, die sonst zärtlich zu mir waren und mich gern auf den Kopf küßten, lachten mit weit offenem Mund, als ob sie mich im nächsten Augenblick verschlingen würden. Es war eine wilde Gesellschaft, ich fürchtete mich, und schließlich begann ich zu weinen.

Dieser Auftritt wiederholte sich öfters; wenn Gäste kamen, wurde ich unter viel Schmeicheleien gebeten, meinen Paul herzusagen, und statt mich zu weigern, gab ich mich jedesmal dazu her und hoffte, meine Quälgeister zu besiegen. Aber es endete immer auf dieselbe Weise, nur daß manche sich daran gewöhnten, die Sache im Chor mitzusagen und mich so zwangen, wenn mir das Weinen zu früh kam und ich schon aufhören wollte, bis zu Ende weiterzumachen. Man erklärte mir nie, was so komisch daran war, Lachen ist mir seither ein Rätsel geblieben, über das ich viel nachgedacht habe, es ist mir bis zum heutigen Tage ein ungelöstes Rätsel geblieben.

Erst später, als ich in Lausanne Französisch sprechen hörte, begriff ich die Wirkung meines ›Paul‹ auf die versammelten

Gäste. Die Lehrerin hatte sich nicht die geringste Mühe gegeben, mir eine richtige französische Aussprache beizubringen. Sie war es zufrieden, daß ich die Sätze, die sie mir vorsprach, behielt und auf englische Weise nachsagte. Die Gesellschaft der versammelten Rustschuker, die in der Schule der ›Alliance‹ zuhause akzentfreies Französisch erlernten und nun mit ihrem Englisch einige Mühe hatten, fanden es unwiderstehlich komisch, dieses englische Französisch zu hören, und genossen, eine schamlose Meute, die Umkehrung ihrer eigenen Schwäche an einem Kind von noch nicht sieben Jahren.

Ich brachte alles, was ich damals erlebte, in Zusammenhang mit den Büchern, die ich las. Es war gar nicht so weit gefehlt, daß ich die hemmungslos lachende Meute der Erwachsenen als Menschenfresser empfand, die ich aus ›Tausendundeine Nacht‹ und ›Grimms Märchen‹ kannte und fürchtete. Am stärksten wuchert die Angst, es ist nicht zu sagen, wie wenig man wäre ohne erlittene Angst. Ein Eigentliches des Menschen ist der Hang, sich der Angst immer auszuliefern. Keine Angst geht verloren, aber ihre Verstecke sind rätselhaft. Vielleicht ist von allem sie es, die sich am wenigsten verwandelt. Wenn ich an die frühen Jahre denke, erkenne ich zuallererst ihre Ängste, an denen sie unerschöpflich reich waren. Viele finde ich erst jetzt, andere, die ich nie finden werde, müssen das Geheimnis sein, das mir Lust auf ein unendliches Leben macht.

Am schönsten waren die Sonntagvormittage, da durften wir Kinder zu den Eltern in ihr Schlafzimmer, beide lagen noch im Bett, der Vater lag näher zur Tür, die Mutter beim Fenster. Ich durfte gleich zu ihm aufs Bett springen, die kleinen Brüder kamen zur Mutter. Er turnte mit mir, fragte mich nach der Schule aus und erzählte mir Geschichten. Es dauerte alles lang, darauf freute ich mich besonders, und immer hoffte ich, es werde kein Ende nehmen. Sonst war alles eingeteilt, es gab Regeln und Regeln, über die die Gouvernante wachte. Aber

ich kann nicht sagen, daß diese Regeln mich quälten, denn jeder Tag endete damit, daß der Vater mit Geschenken nach
Hause kam, die er uns im Kinderzimmer vorführte; und jede
Woche endete mit dem Sonntagvormittag und unseren Spielen und Gesprächen im Bett. Ich achtete nur auf ihn, was die
Mutter mit den kleinen Brüdern bei sich drüben trieb, war
mir gleichgültig, vielleicht sogar ein wenig verächtlich. Seit
ich die Bücher las, die mir der Vater brachte, langweilten mich
die Brüder oder sie störten mich; und daß die Mutter sie uns
nun abnahm und ich den Vater ganz für mich allein hatte, war
das größte Glück. Er war besonders lustig, wenn er noch im
Bett lag, er schnitt Gesichter und sang komische Lieder. Er
spielte mir Tiere vor, die ich erraten mußte, und wenn ich sie
richtig erriet, versprach er zur Belohnung, mich wieder in den
Tiergarten zu führen. Unter seinem Bett war ein Nachttopf,
mit soviel gelber Flüssigkeit darin, daß ich staunte. Das war
aber noch gar nichts, denn einmal stand er auf, stellte sich neben das Bett und ließ sein Wasser. Ich sah dem mächtigen
Strahl zu, es war mir unfaßbar, daß so viel Wasser aus ihm
kam, meine Bewunderung für ihn stieg auf das Höchste.
»Jetzt bist du ein Pferd«, sagte ich, ich hatte auf der Straße
Pferden zugesehen, wenn sie ihr Wasser ließen, und Strahl
und Glied erschienen mir ungeheuer. Er gab es zu: »Jetzt bin
ich ein Pferd«, und unter allen Tieren, die er spielte, machte
mir dieses den größten Eindruck.

Es war immer die Mutter, die der Herrlichkeit ein Ende
machte. »Jacques, es ist Zeit«, sagte sie, »die Kinder werden
zu wild.« Er machte nicht gleich Schluß und schickte mich nie
fort, ohne zum Abschied eine neue Geschichte zu erzählen,
die ich noch nicht kannte. »Denk darüber nach!« sagte er,
wenn ich schon in der Türe stand, die Mutter hatte geläutet,
und die Gouvernante war uns holen gekommen. Ich kam mir
feierlich vor, weil ich über etwas nachdenken sollte, nie vergaß er später, manchmal waren Tage vergangen, mich danach
zu fragen. Er hörte dann besonders ernsthaft zu und billigte
schließlich, was ich gesagt hatte. Vielleicht billigte er es wirk-

lich, vielleicht machte er mir nur Mut, das Gefühl, das ich hatte, wenn er mir auftrug, über etwas nachzudenken, kann ich
nur als ein frühes Gefühl von Verantwortung bezeichnen.

Ich habe mich oft gefragt, ob es zwischen uns so weitergegangen wäre, wenn er länger gelebt hätte. Hätte ich schließlich gegen ihn rebelliert wie gegen die Mutter? Ich kann es mir
nicht vorstellen, sein Bild in mir ist ungetrübt, und ungetrübt
will ich es belassen. Ich glaube, er hatte so sehr unter der Tyrannei seines Vaters gelitten, unter dessen Fluch er während
der kurzen Zeit in England stand, daß er alles, was mich betraf, mit Vorsicht, Liebe und Weisheit bedachte. Er war nicht
bitter, weil er entkommen war, wäre er in Bulgarien geblieben, im Geschäft seines Vaters, das ihn bedrückte, er wäre ein
anderer Mensch geworden.

Der Tod des Vaters
Die letzte Version

Wir waren etwa ein Jahr in England, als die Mutter erkrankte.
Es hieß, daß ihr die Luft in England nicht zusage. Eine Kur in
Bad Reichenhall wurde ihr verschrieben, und im Sommer, es
mag August 1912 gewesen sein, fuhr sie hin. Ich achtete nicht
sehr darauf, sie ging mir nicht ab, aber der Vater fragte mich
nach ihr, und ich mußte etwas sagen. Vielleicht fürchtete er,
daß ihre Abwesenheit für uns Kinder nicht gut sei, und wollte
die ersten Anzeichen einer Veränderung bei uns gleich bemerken. Nach einigen Wochen fragte er mich, ob es mir etwas
mache, daß die Mutter noch länger fortbleibe. Wenn wir Geduld hätten, würde es ihr immer besser gehen und sie käme
uns ganz gesund zurück. Die früheren Male hatte ich etwas
Sehnsucht nach ihr geheuchelt, ich spürte, daß er es von mir
erwartete. Um so ehrlicher gestand ich ihr nun eine längere
Kur zu. Manchmal kam er mit einem Brief von ihr ins Kinderzimmer, zeigte auf ihn und sagte, sie habe geschrieben.
Aber er war nicht derselbe in dieser Zeit, seine Gedanken wa-

ren bei ihr, und er war besorgt. Während der letzten Woche ihrer Abwesenheit sprach er wenig und erwähnte sie nicht vor mir. Er hörte mich nicht so lange an, lachte nicht und erfand keine Späße. Als ich über das letzte Buch, das er mir gegeben hatte, das Leben Napoleons, wieder berichten wollte, war er zerstreut und ungeduldig und schnitt mir das Wort ab, ich dachte, ich hätte etwas Dummes gesagt und schämte mich. Schon am nächsten Tag kam er zu uns so lustig und übermütig wie früher und kündigte uns die Ankunft der Mutter für morgen an. Ich freute mich darauf, weil er sich freute, und Miss Bray sagte etwas zu Edith, was ich nicht verstand: es sei *richtig*, daß die Dame heimkehre. »Warum ist es denn richtig?« fragte ich, aber sie schüttelte den Kopf: »Das verstehst du nicht. Es ist *richtig*!« Als ich die Mutter später über alles genau befragte – es war so vieles dunkel, das mir keine Ruhe gab –, erfuhr ich, daß sie sechs Wochen fortgewesen sei und noch länger bleiben wollte. Der Vater hätte die Geduld verloren und von ihr telegraphisch verlangt, daß sie sofort nach Hause komme.

Am Tag ihrer Ankunft sah ich ihn nicht, er kam abends nicht zu uns ins Kinderzimmer. Doch schon am nächsten Morgen erschien er wieder und brachte den kleinen Bruder zum Sprechen. »Georgie«, sagte er, »Canetti«, sagte der Kleine, »two« der Vater, »three« der Kleine, »four« der Vater, »Burton« der Kleine, »Road« der Vater, »West« der Kleine, »Didsbury« der Vater, »Manchester« der Kleine, »England« der Vater, und ich zum Schluß, sehr überflüssig und laut, »Europe«. So war unsere Adresse wieder beisammen. Es gibt keine Worte, die ich mir besser gemerkt habe, es waren die letzten Worte meines Vaters.

Er ging wie immer zum Frühstück hinunter. Es dauerte nicht lang und wir hörten gellende Rufe. Die Gouvernante stürzte die Treppe hinunter, ich ihr nach. Von der offenen Türe des Speisezimmers sah ich den Vater am Boden liegen. Er lag seiner ganzen Länge nach, zwischen Tisch und Kamin, ganz nah am Kamin, sein Gesicht war weiß, er hatte Schaum um den Mund, die Mutter kniete neben ihm und schrie: »Jacques, sprich zu mir, sprich zu mir, Jacques, Jacques sprich zu mir!« Sie schrie es immer wieder, Leute kamen, die Nachbarn Brockbank, ein Quäkerpaar, Fremde kamen von der Straße. Ich stand bei der Tür, die Mutter griff sich mit den Händen an den Kopf, riß sich Haare aus und schrie immer weiter, ich machte zaghaft einen Schritt ins Zimmer, auf meinen Vater zu, ich begriff es nicht, ich wollte ihn fragen, da hörte ich jemand sagen: »Das Kind muß weg.« Die Brockbanks nahmen mich sanft beim Arm, führten mich auf die Straße und in ihren Vorgarten.

Da nahm mich ihr Sohn Alan in Empfang, er war viel älter als ich und sprach zu mir, als ob nichts geschehen wäre. Er fragte mich nach dem letzten Cricket-Match in der Schule, ich antwortete ihm, er wollte alles genau darüber wissen und fragte, bis ich nichts mehr zu sagen wußte. Dann wollte er wissen, ob ich gut klettern könne, ich sagte ja, er zeigte auf den Baum, der da stand und sich ein wenig schräg gegen unseren eigenen Vorgarten neigte. »Aber auf den kannst du nicht klettern«, sagte er, »auf den bestimmt nicht. Er ist zu schwer für dich. Das traust du dich nicht.« Ich nahm die Herausforderung an, sah mir den Baum an, zweifelte ein wenig, zeigte es aber nicht und sagte: »Doch. Doch. Ich kann es!« Ich trat zum Baum, griff seine Rinde an, umfaßte ihn und wollte mich hinaufschwingen, als sich ein Fenster von unserem Speisezimmer öffnete. Die Mutter streckte sich mit ihrem Oberkörper weit hinaus, sah mich mit Alan beim Baum stehen und schrie gellend: »Mein Sohn, du spielst, und dein Vater ist tot! Du spielst, du spielst, und dein Vater ist tot! Dein Vater ist tot! Dein Vater ist tot! Du spielst, dein Vater ist tot!«

Sie schrie es auf die Straße hinaus, sie schrie es immer lauter, man zerrte sie mit Gewalt ins Zimmer zurück, sie wehrte sich, ich hörte sie schreien, als ich sie nicht mehr sah, ich hörte sie noch lange schreien. Mit ihren Schreien ging der Tod des Vaters in mich ein und hat mich nie wieder verlassen.

Man ließ mich nicht mehr zur Mutter. Ich kam zu den Florentins, die auf halbem Wege zur Schule in der Barlowmore Road wohnten. Arthur, ihr Sohn, war schon ein wenig mein Freund und in den kommenden Tagen wurde unsere Freundschaft unzertrennlich. Herr Florentin und Nelly, seine Frau, zwei herzensgute Menschen, ließen mich keinen Augenblick aus dem Auge, sie fürchteten, ich könnte zur Mutter entlaufen. Sie sei sehr krank, sagte man mir, niemand dürfe sie sehen, bald werde sie ganz gesund sein und dann käme ich wieder zu ihr. Aber sie irrten sich, ich wollte gar nicht zu ihr, ich wollte zu meinem Vater. Über ihn sprachen sie wenig. Am Tage seines Begräbnisses, den man mir nicht verheimlichen wollte, erklärte ich entschlossen, daß ich mit auf den Friedhof wolle. Arthur hatte Bücher mit Bildern von fremden Ländern, er hatte Briefmarken und viele Spiele. Er war Tag und Nacht mit mir beschäftigt, nachts schlief ich im selben Zimmer wie er, und er war so herzlich und erfinderisch und ernst und lustig, daß ich noch heute ein warmes Gefühl habe, wenn ich an ihn denke. Aber am Tage des Begräbnisses verfing nichts, als ich merkte, daß er mich vom Begräbnis zurückhalten wollte, wurde ich zornig und schlug plötzlich auf ihn los. Die ganze Familie bemühte sich um mich, zur Sicherheit wurden alle Türen abgesperrt. Ich tobte und drohte, sie einzubrechen, was an diesem Tage vielleicht nicht über meine Kräfte ging. Schließlich hatten sie einen rettenden Gedanken, der mich allmählich beruhigte. Sie versprachen mir, daß ich den Begräbniszug *sehen* dürfte. Vom Kinderzimmer, wenn man sich vorbeuge, könne man ihn sehen, allerdings nur aus der Ferne.

Ich glaubte ihnen und bedachte nicht, wie ferne es wäre. Als die Zeit kam, beugte ich mich weit zum Fenster des Kinderzimmers hinaus, so weit, daß man mich hinten festhalten mußte. Man erklärte mir, daß der Zug eben um die Ecke der Burton Road in die Barlowmore Road biege und dann sich in entgegengesetzter Richtung von uns zum Friedhof hin bewege. Ich schaute mir die Augen aus und sah nichts. Aber so deutlich schilderten sie mir, was zu sehen sei, daß ich schließlich in der angegebenen Richtung einen leichten Nebel gewahrte. Das sei es, sagten sie, das sei es. Ich war erschöpft von dem langen Kampfe und gab mich zufrieden.

Ich war sieben Jahre alt, als mein Vater starb, und er war noch nicht einunddreißig. Es wurde viel darüber gesprochen, er galt als vollkommen gesund, er rauchte sehr viel, aber das war auch alles, was man für seinen plötzlichen Herzschlag ins Treffen führen konnte. Der englische Arzt, der ihn nach seinem Tod untersuchte, fand nichts. Aber in der Familie hielt man nicht viel von englischen Ärzten. Es war die große Zeit der Wiener Medizin und jedermann hatte bei irgendeiner Gelegenheit einen Wiener Professor zu Rate gezogen. Ich war von diesen Gesprächen wenig berührt, ich *konnte* keinen Grund für seinen Tod anerkennen und so war es für mich besser, man fand keinen.

Aber immer, im Laufe der Jahre, fragte ich die Mutter darüber aus. Was ich von ihr erfuhr, wechselte alle paar Jahre, als ich allmählich heranwuchs, kam Neues hinzu und eine frühere Version erwies sich als ›Schonung‹ für meine Jugend. Da mich nichts so sehr beschäftigte wie dieser Tod, lebte ich gläubig in verschiedenen Etappen. Ich ließ mich in der letzten Erzählung der Mutter nieder, richtete mir's da ein, hielt mich an jedes Detail, als entstamme es einer Bibel, bezog alles darauf, was sich in meiner Umgebung ereignete, aber auch alles, was ich las und dachte. Im Zentrum jeder Welt, in der ich mich fand, stand der Tod des Vaters. Wenn ich dann einige Jahre später etwas Neues erfuhr, fiel die frühere Welt wie Attrappen um mich zusammen, nichts mehr stimmte, alle Schlüsse waren falsch, es war, als bringe mich jemand stürmisch von einem Glauben ab, aber die Lügen, die dieser Jemand nachwies und zerhieb, hatte er mit bestem Gewissen selbst zum Schutze meiner Jugend gelogen. Immer lächelte die Mutter, wenn sie plötzlich sagte: »Das habe ich dir damals nur so gesagt, du warst zu jung. Du hättest es nicht verstehen können.« Ich fürchtete dieses Lächeln, es war anders als ihr Lächeln sonst, das ich um seines Hochmuts, aber auch um seiner Gescheitheit willen liebte. Sie wußte, daß sie mich in Stücke schlug, wenn sie mir etwas Neues über den Tod des Vaters sagte. Sie war grausam und sie tat es gern, und rächte sich so für die Eifersucht, mit der ich ihr das Leben schwer machte.

Alle Fassungen dieses Berichts hat meine Erinnerung bewahrt, ich wüßte nicht, was ich mir verläßlicher gemerkt hätte. Vielleicht kann ich sie einmal komplett niederschreiben. Es würde ein Buch daraus werden, ein ganzes Buch, und jetzt sind es andere Spuren, denen ich folge.

Aber was ich damals schon hörte, das will ich verzeichnen, und auch die letzte Fassung, an die ich heute noch glaube.

Bei den Florentins sprach man davon, daß Krieg ausgebrochen sei, der Balkankrieg. Für die Engländer mag das nicht so wichtig gewesen sein; aber ich lebte unter Menschen, die alle aus den Balkanländern stammten, für die war es ein Krieg zuhause. Herr Florentin, ein ernster, nachdenklicher Mann, vermied es, mit mir über den Vater zu sprechen, aber eines sagte er mir doch, als ich mit ihm allein war. Er sagte es, als wäre es etwas sehr Wichtiges, ich hatte das Gefühl, daß er es mir anvertraue, weil die Frauen, deren es einige in seinem Haushalt gab, nicht dabei waren. Der Vater habe bei jenem letzten Frühstück die Zeitung gelesen und als Überschrift stand darauf, daß Montenegro an die Türkei den Krieg erklärt habe; er wußte, daß dies den Ausbruch des Balkankriegs bedeute und daß viele Menschen nun sterben müßten, und diese Nachricht habe ihn getötet. Ich entsann mich, daß ich den ›Manchester Guardian‹ auf dem Boden neben ihm liegen sah. Er hatte mir, wenn ich eine Zeitung irgendwo im Hause fand, erlaubt, ihm die Überschriften vorzulesen, und hie und da, wenn es nicht zu schwierig war, erklärte er mir, was sie bedeuteten.

Herr Florentin sagte, es gäbe nichts Schlechteres als Krieg, und der Vater sei wie er dieser Meinung gewesen, sie hätten oft darüber gesprochen. In England seien alle Leute gegen Krieg und hier werde es nie mehr einen Krieg geben.

Seine Worte sanken in mich ein, als hätte sie der Vater selbst gesprochen. Ich behielt sie für mich, so wie sie zwischen uns allein gesagt waren, als wären sie ein gefährliches Geheimnis. Wenn in späteren Jahren immer wieder die Rede davon war, daß der Vater ganz jung, vollkommen gesund, ohne jede Krankheit, ganz plötzlich wie vom Blitz getroffen gestorben sei, so wußte ich, und nichts hätte mich je davon abgebracht, daß dieser Blitz eben jene furchtbare Nachricht war, die Nachricht vom Ausbruch des Krieges. Seit damals hat es in der Welt Krieg gegeben und jeder, wo immer er war, und im Bewußtsein meiner Umgebung vielleicht kaum gegenwärtig, traf mich mit der Kraft jenes frühen Verlusts und beschäftigte mich als das *Persönlichste*, das mir geschehen konnte.

Für die Mutter allerdings sah es ganz anders aus, und aus ihrer letzten und endgültigen Version davon, die sie dreiundzwanzig Jahre später, unter dem Eindruck meines ersten Buches preisgab, erfuhr ich, daß der Vater seit dem Abend des vorangegangenen Tages kein Wort mehr mit ihr gewechselt hatte. Sie hatte sich in Reichenhall sehr wohl gefühlt, wo sie sich unter Menschen ihrer eigenen Art, mit ernsthaften geistigen Interessen bewegt hatte. Ihr Arzt sprach mit ihr über Strindberg, und sie begann ihn dort zu lesen, sie hat seither nie aufgehört, Strindberg zu lesen. Der Arzt befragte sie über diese Lektüre, es kam zu immer aufregenderen Gesprächen, sie begann zu begreifen, daß das Leben in Manchester unter den halbgebildeten Spaniolen ihr nicht genügte, vielleicht war das ihre Krankheit. Sie gestand das dem Arzt, und er gestand ihr seine Liebe. Er schlug ihr vor, sich von meinem Vater zu trennen, und seine Frau zu werden. Es geschah, außer in Worten, nichts zwischen ihnen, das sie sich vorzuwerfen hatte, und keinen Augenblick erwog sie im Ernst eine Trennung von meinem Vater. Aber die Gespräche mit dem Arzt bedeuteten ihr mehr und mehr, und sie trachtete den Aufenthalt in Reichenhall zu verlängern. Sie fühlte, wie ihr Gesundheitszustand sich rapid besserte, und hatte darum einen nicht unredlichen Grund, vom Vater eine Verlängerung ihres Kuraufenthaltes zu erbitten. Aber da sie sehr stolz war und ihn nicht belügen mochte, erwähnte sie in ihren Briefen auch die faszinierenden Gespräche mit dem Arzt. Schließlich war sie dem Vater dankbar, als er sie telegraphisch zu einer sofortigen Rückkehr zwang. Sie hätte von selbst vielleicht nicht mehr die Kraft gehabt, sich von Reichenhall zu trennen. Sie kam blühend und glücklich in Manchester an, und um meinen Vater zu versöhnen und vielleicht auch ein wenig aus Eitelkeit, erzählte sie ihm die ganze Geschichte, und wie sie den Antrag des Arztes, bei ihm zu bleiben, zurückgewiesen habe. Der Vater begriff nicht, daß es zu einem solchen Antrag gekommen war, er fragte sie aus, und mit jeder Antwort, die er bekam, wuchs seine Eifersucht: er bestand darauf, daß sie sich schuldig gemacht habe, glaubte ihr nicht und hielt ihre Entgegnungen für Lüge. Schließlich wurde er so zornig, daß er drohte, er werde kein Wort mehr mit ihr sprechen, bevor sie die volle Wahrheit gestanden habe. Den ganzen Abend und die Nacht verbrachte er schweigend, und ohne zu schlafen. Er tat ihr, trotzdem er sie damit quälte, von Herzen leid, aber sie war, im Gegensatz zu ihm, der Überzeugung, daß sie durch ihre Rückkehr ihre Liebe zu ihm bewiesen habe, und war sich keiner Schuld bewußt. Sie hatte dem Arzt nicht einmal erlaubt, sie zum Abschied zu küssen. Sie versuchte alles, um den Vater zum Reden zu bringen, da es ihr nach stundenlangen Bemühungen nicht gelang, wurde sie böse und gab es auf, auch sie verstummte.

Am Morgen, als er zum Frühstück herunterkam, setzte er sich wortlos an den Tisch und nahm die Zeitung. Als er umsank, vom Schlag gerührt, hatte er kein einziges Wort zu ihr gesprochen. Sie dachte erst, er wolle sie erschrecken und noch mehr strafen. Sie kniete auf dem Boden neben ihm nieder und beschwor ihn, immer flehender und verzweifelter, zu ihr zu sprechen. Als sie begriff, daß er tot war, dachte sie, er sei an dieser Enttäuschung über sie gestorben.

Ich weiß, daß die Mutter mir dieses letzte Mal die Wahrheit, so wie sie sie sah, gesagt hat. Es hatte lange, schwere Kämpfe zwischen uns gegeben und sie war oft nahe daran gewesen, mich für immer zu verwerfen. Aber nun begreife sie, so sagte sie, den Kampf, den ich für meine Freiheit geführt habe, nun erkenne sie mein Recht auf diese Freiheit an, trotz des großen Unglücks, das dieser Kampf über sie gebracht habe. Das Buch, das sie gelesen hatte, sei Fleisch von ihrem Fleisch, sie erkenne sich in mir, so wie ich Menschen darstelle, habe sie sie immer gesehen, so, genau so, hätte sie selber schreiben wollen. Ihre Verzeihung sei nicht genug, sie beuge sich vor mir, sie anerkenne mich doppelt als ihren Sohn, ich sei das geworden, was sie sich am meisten gewünscht habe. Sie lebte zu dieser Zeit in Paris, und einen Brief ähnlichen Inhalts hatte sie mir, bevor ich sie besuchte, schon nach Wien geschrieben. Ich war über diesen Brief sehr erschrocken, auch in den Zeiten unserer bittersten Feindschaft hatte ich sie am meisten für ihren Stolz bewundert. Der Gedanke, daß sie sich wegen dieses Romans, so wichtig er mir war, vor mir beuge, war mir unerträglich (es machte meine Vorstellung von ihr aus, daß sie sich vor nichts beugte). Als ich sie wiedersah, mochte sie meine Verlegenheit, Scham und Enttäuschung darüber spüren, und um mich davon zu überzeugen, wie ernst sie es meinte, ließ sie sich dazu hinreißen, mir endlich die volle Wahrheit über den Tod des Vaters zu sagen.

Ich hatte es trotz ihrer früheren Versionen manchmal so vermutet, mir aber dann immer vorgehalten, daß das Mißtrauen, das ich von ihr geerbt hatte, mich irreführe. Um mich darüber zu beruhigen, wiederholte ich mir die letzten Worte meines Vaters im Kinderzimmer. Es waren nicht die Worte eines zornigen oder verzweifelten Menschen. Vielleicht lassen sie darauf schließen, daß er nach einer bösen und schlaflosen Nacht nahe daran war, sich erweichen zu lassen, und vielleicht hätte er doch noch im Speisezimmer zu ihr gesprochen, als der Schock über den Ausbruch des Krieges dazwischen kam und ihn fällte.

Nach einigen Wochen kam ich von den Florentins in die Burton Road, zur Mutter. Nachts schlief ich im Bett des Vaters, neben ihrem, und wachte über ihr Leben. Solange ich ihr leises Weinen hörte, schlief ich nicht ein; wenn sie ein wenig geschlafen hatte und wieder aufwachte, weckte mich ihr leises Weinen. In dieser Zeit kam ich ihr nah, unsere Beziehung war eine andere, ich wurde, mehr als dem Namen nach, der älteste Sohn. Sie nannte und behandelte mich so, ich hatte das Gefühl, als verließe sie sich auf mich, sie sprach zu mir wie zu keinem anderen Menschen, und obwohl sie mir darüber nie etwas sagte, spürte ich ihre Verzweiflung und die Gefahr, in der sie schwebte. Ich nahm es auf mich, sie durch die Nacht zu bringen, ich war das Gewicht, das sich an sie hängte, wenn sie ihre Qual nicht mehr ertrug und das Leben abwerfen wollte. Es ist sehr merkwürdig, daß ich auf diese Weise gleich hintereinander den Tod erlebte und die Angst um ein Leben, das vom Tode bedroht ist.

Untertags hatte sie sich in der Gewalt, es gab viel für sie zu tun, an das sie nicht gewöhnt war, und sie tat es alles. Abends hatten wir unser kleines rituelles Mahl, während dem wir uns gegenseitig mit einer stillen Art von Ritterlichkeit behandelten. Ich folgte jeder ihrer Bewegungen und nahm sie auf, sie deutete mir behutsam, was während des Mahles vorkam. Ich hatte sie früher ungeduldig und herrisch gekannt, hochfahrend, impulsiv, die Bewegung, die mir damals am deutlichsten in Erinnerung blieb, war ihr Läuten nach der Gouvernante, um uns Kinder loszuwerden. Ich hatte sie auf jede Weise merken lassen, daß ich den Vater vorzog, und wenn die Frage aufkam, mit der Kinder so grausam in Verlegenheit gebracht werden: »Wen hast du lieber, Vater oder Mutter?« versuchte ich nicht, mich mit einem »beide« aus der Affäre zu ziehen, sondern zeigte ungescheut und ohne zu zögern auf den Vater. Nun aber waren wir jeder für den anderen, was vom Vater geblieben war, wir spielten, ohne es zu wissen, beide ihn und *seine* Zartheit war es, mit der wir einander wohltaten.

In diesen Stunden habe ich die Stille gelernt, in der man alle Seelenkräfte versammelt. Ich brauchte sie damals mehr als zu irgendeiner anderen Zeit meines Lebens, denn die Nacht, die auf diese Abende folgte, war von schrecklicher Gefahr erfüllt, ich könnte zufrieden mit mir sein, wenn ich meinen Mann immer so gut wie damals gestellt hätte.

An einem Monatstag nach unserem Unglück versammelte man sich im Haus zur Gedenkfeier. Die männlichen Verwandten und Freunde stellten sich an der Wand im Speisezimmer auf, ihre Hüte auf dem Kopf, die Gebetbücher in den Händen. Auf einem Sofa an der Schmalseite, dem Fenster gegenüber, saßen Großvater und Großmutter Canetti, die aus Bulgarien gekommen waren. Ich wußte damals noch nicht, wie schuldig sich der Großvater fühlte. Er hatte den Vater feierlich verflucht, als er ihn und Bulgarien verließ, sehr selten geschieht es, daß ein gläubiger Jude seinen Sohn verflucht, kein Fluch ist gefährlicher und keiner mehr gefürchtet. Der Vater hatte sich dadurch nicht abhalten lassen und nicht viel über ein Jahr nach seiner Ankunft in England war er tot. Wohl erlebte ich, daß der Großvater bei seinen Gebeten laut schluchzte; er hörte zu weinen nicht auf, er konnte mich nicht sehen, ohne mich mit aller Kraft an sich zu drücken, er ließ mich kaum los und badete mich in Tränen. Ich nahm es für Trauer und erfuhr erst viel später, daß es mehr noch als Schmerz das Gefühl seiner Schuld war, er war davon überzeugt, daß er meinen Vater durch seinen Fluch getötet hatte. Mich erfüllten die Vorgänge bei dieser Trauerfeier mit Grauen, weil der Vater nicht dabei war. Immer erwartete ich, er werde plötzlich unter uns stehen und wie die anderen Männer seine Gebete sagen. Ich wußte sehr wohl, daß er sich nicht versteckt hatte, aber wo immer er war, daß er jetzt nicht kam, als alle Männer das Gedenkgebet für ihn sagten, wollte ich nicht begreifen. Unter den Trauergästen war auch Herr Calderon, der Mann mit dem längsten Schnurrbart, der auch dafür bekannt war, daß er immer lachte. Ich erwartete das Schlimmste von ihm. Als er kam, sprach er ungeniert zu den

Männern, die rechts und links von ihm standen, und plötzlich tat er, was ich am meisten gefürchtet hatte, er lachte. Ich ging zornig auf ihn zu und fragte: »Warum lachst du?« Er ließ sich nicht beirren und lachte mich an. Ich haßte ihn dafür, ich wollte, daß er weggeht, ich hätte ihn gern geschlagen. Aber ich hätte das lächelnde Gesicht nicht erreicht, ich war zu klein, ich hätte auf einen Stuhl steigen müssen; und so habe ich ihn nicht geschlagen. Als es vorüber war und die Männer alle das Zimmer verließen, suchte er meinen Kopf zu streicheln, ich schlug seine Hand zurück und kehrte ihm vor Wut weinend den Rücken.

Der Großvater erklärte mir, daß ich als der älteste Sohn den Kaddisch, das Totengebet, für meinen Vater sagen müsse. Jedes Jahr, wenn der Tag wiederkehre, müsse ich den Kaddisch sagen. Wenn ich es je nicht täte, werde sich der Vater verlassen fühlen, als habe er keinen Sohn. Es sei die größte Sünde, die ein Jude begehen könne, den Kaddisch für seinen Vater nicht zu sagen. Er erklärte mir das unter Schluchzen und Seufzen, ich sah ihn während der Tage dieses Besuchs bei uns nie anders. Die Mutter küßte ihm zwar, wie es bei uns Sitte war, die Hand und sagte ehrerbietig zu ihm ›Señor Padre‹. Doch während unserer verhaltenen Abendgespräche erwähnte sie ihn nicht und ich fühlte wohl, daß es unrichtig wäre, sie über ihn zu befragen. Seine unaufhörliche Trauer machte mir großen Eindruck. Aber ich hatte den schrecklichen Ausbruch der Mutter erlebt und nun erlebte ich Nacht für Nacht ihr Weinen. Um sie hatte ich Angst, ihm sah ich zu. Er sprach zu allen Leuten und beklagte sein Unglück. Er beklagte auch uns und nannte uns ›Waisen‹. Aber es klang so, als schäme er sich, Waisen zu Enkeln zu haben, und gegen dieses Gefühl der Scham setzte ich mich zur Wehr. Ich war kein Waisenkind, ich hatte die Mutter und schon hatte sie mich mit der Verantwortung für meine kleinen Brüder betraut.

Sehr lange blieben wir nicht in der Burton Road. Noch im selben Winter übersiedelten wir in das Haus ihres Bruders in der Palatine Road. Da gab es viele große Zimmer und mehr

Menschen. Miss Bray, die Gouvernante, und das Stubenmädchen Edith kamen mit. Die beiden Haushalte wurden für einige Monate zusammengelegt, alles war doppelt, es kam viel Besuch. Abends aß ich nicht mehr mit der Mutter und nachts schlief ich nicht bei ihr. Vielleicht ging es ihr schon besser, vielleicht hielt man es aber auch für klüger, sie nicht meiner alleinigen Bewachung anzuvertrauen. Man versuchte es mit Zerstreuung, Freunde kamen ins Haus oder luden sie zu sich ein. Sie hatte den Beschluß gefaßt, mit uns Kindern nach Wien zu übersiedeln, das Haus in der Burton Road wurde verkauft, es gab manches für die Übersiedlung vorzubereiten. Ihr tüchtiger Bruder, auf den sie große Stücke hielt, beriet sie. Von diesen nützlichen Gesprächen war ich als Kind ausgeschlossen. Ich ging wieder zu Miss Lancashire in die Schule, die mich gar nicht wie ein Waisenkind behandelte. Sie ließ mich etwas wie Respekt fühlen und einmal sagte sie mir sogar, daß jetzt ich der Mann in der Familie sei und das sei das Beste, was ein Mensch sein könne.

Zuhause in der Palatine Road war ich dann wieder im Kinderzimmer, viel größer als das frühere mit den lebenden Tapeten. Sie gingen mir nicht ab, ich hatte unter dem Eindruck der letzten Ereignisse jedes Interesse an ihnen verloren. Da war ich nun wieder mit meinen kleinen Brüdern und der Gouvernante, und Edith, die wenig zu tun hatte, war meistens auch bei uns. Das Zimmer war zu groß, etwas fehlte uns darin, es erschien irgendwie leer, vielleicht hätten mehr Menschen hineingehört, Miss Bray, die Gouvernante, die aus Wales stammte, bevölkerte es mit einer Gemeinde. Sie sang englische Hymnen mit uns, Edith sang mit, eine ganz neue Periode begann für uns, kaum waren wir im Kinderzimmer beisammen, sangen wir los. Miss Bray gewöhnte uns rasch daran, sie war ein anderer Mensch, wenn sie sang, nicht mehr dünn und spitz, ihre Begeisterung teilte sich uns Kindern mit. Wir sangen aus Leibeskräften, auch der Kleinste, der zweijährige George krähte mit. Es war besonders *ein* Lied, von dem wir nie genug bekamen. Es war über das himmlische Jerusalem.

Miss Bray hatte uns davon überzeugt, daß unser Vater jetzt im himmlischen Jerusalem sei und wenn wir das Lied richtig sängen, werde er unsere Stimmen erkennen und sich über uns freuen. Es gab eine wunderbare Zeile darin: »Jerusalem, Jerusalem, hark how the angels sing!« und wenn wir an diese Zeile kamen, glaubte ich meinen Vater dort zu sehen und sang mit solcher Glut, daß ich zu zerbersten meinte. Miss Bray schien aber doch Bedenken zu haben, sie sagte, es könne vielleicht die anderen Leute im Hause stören, und damit uns niemand in unserem Lied unterbreche, sperrte sie das Zimmer ab. In vielen Liedern kam der Herr Jesus vor, sie erzählte uns seine Geschichte, ich wollte über ihn hören, ich hatte nie genug davon und begriff nicht, daß die Juden ihn gekreuzigt hatten. Über Judas war ich mir gleich im klaren, er trug einen langen Schnurrbart und lachte, statt sich seiner Schlechtigkeit zu schämen.

Miss Bray, bei aller Unschuld, muß die Stunden für ihre missionarische Tätigkeit gut ausgesucht haben. Wir blieben ungestört und wenn wir den Geschichten über den Herrn Jesus gut zugehört hatten, durften wir wieder ›Jerusalem‹ singen, um das wir immerfort bettelten. Es war so herrlich und glänzend, daß wir niemand ein Wort davon erzählten. Dieses Treiben blieb lange unentdeckt, es muß Wochen und Wochen gedauert haben, denn ich gewöhnte mich so daran, daß ich schon in der Schule daran dachte, auf nichts freute ich mich so sehr, selbst das Lesen war nicht mehr ganz so wichtig und die Mutter wurde mir wieder fremd, weil sie immer Besprechungen mit dem Napoleon-Onkel hatte und ich ihr zur Strafe für die Bewunderung, mit der sie von ihm sprach, das Geheimnis der Stunden mit Jesus vorenthielt.

Eines Tages wurde plötzlich an der Tür gerüttelt. Die Mutter war unerwartet nach Hause gekommen und hatte draußen zugehört. Es sei so schön gewesen, erzählte sie später, daß sie zuhören mußte, sie wunderte sich, daß andere Leute ins Kinderzimmer geraten seien, denn wir konnten das nicht sein. Schließlich wollte sie doch wissen, wer da ›Jerusalem‹ singe, und versuchte die Tür aufzumachen. Als sie sie versperrt fand, begann sie sich über diese unverschämten fremden Leute in unserem Kinderzimmer zu ärgern und rüttelte immer heftiger. Miss Bray, die mit den Händen ein wenig mitdirigierte, ließ sich aber in diesem Lied nicht stören und wir sangen es zu Ende. Dann öffnete sie ruhig die Tür und stand vor der ›Dame‹. Sie erklärte, daß es den Kindern gut tue zu singen, ob ›die Dame‹ nicht bemerkt habe, wie glücklich wir uns in der letzten Zeit gefühlt hätten. Die schrecklichen Ereignisse lägen nun endlich hinter uns und jetzt wüßten wir, wo wir unseren Vater wiederfinden würden, sie war so erfüllt von diesen Stunden mit uns, daß sie es mutig und ohne jede Scheu auch gleich bei der Mutter versuchte. Sie sprach zu ihr von Jesus und daß er auch für uns gestorben sei. Ich mischte mich, völlig von ihr gewonnen, ein, die Mutter geriet in einen furchtbaren Zorn und fragte Miss Bray drohend, ob sie nicht wisse, daß wir Juden seien, und wie könne sie es wagen, ihre Kinder hinter ihrem Rücken zu verführen? Sie war besonders empört über Edith, die sie gern hatte, die ihr bei ihrer Toilette täglich an die Hand ging, viel mit ihr sprach, auch über ihren Sweetheart, aber darüber, was wir zusammen in diesen Stunden trieben, hatte sie geflissentlich geschwiegen. Sie wurde auf der Stelle entlassen, Miss Bray wurde entlassen, die beiden weinten, wir weinten, schließlich weinte auch die Mutter, aber aus Zorn.

Miss Bray blieb dann doch, George, der Kleinste, hing sehr an ihr und es bestand der Plan, sie um seinetwillen nach Wien mitzunehmen. Aber sie mußte geloben, nie wieder religiöse Lieder mit uns zu singen und über den Herrn Jesus zu schweigen. Edith wäre, wegen unserer baldigen Abreise, auf alle Fälle in naher Zukunft entlassen worden; ihre Kündigung wurde nicht zurückgenommen und die Mutter, die Täuschung von einem Menschen, den sie mochte, aus Stolz nie ertrug, verzieh ihr nicht.

Mit mir aber erlebte sie damals zum erstenmal, was unsere Beziehung für immer kennzeichnen sollte. Sie nahm mich aus dem Kinderzimmer zu sich, und kaum waren wir allein, fragte sie mich im Ton unserer beinahe vergessenen Abende zu zweit, warum ich sie so lange hintergangen hätte. »Ich habe nichts sagen wollen«, war meine Antwort. »Aber warum nicht? Warum nicht? Du bist doch mein großer Sohn. Auf dich habe ich mich verlassen.« »Du sagst mir auch nichts«, sagte ich ungerührt. »Du sprichst mit dem Onkel Salomon und sagst mir nichts.« »Aber das ist mein ältester Bruder. Ich muß mich mit ihm beraten.« »Warum berätst du dich nicht mit mir?« »Es gibt Dinge, von denen du noch nichts verstehst, du wirst sie später kennenlernen.« Es war, als hätte sie in die Luft gesprochen. Ich war eifersüchtig auf ihren Bruder, weil ich ihn nicht mochte. Hätte ich ihn gern gehabt, ich wäre nicht eifersüchtig auf ihn gewesen. Aber er war ein Mann, der »über Leichen geht«, wie Napoleon, ein Mann, der Kriege beginnt, ein Mörder.

Wenn ich es heute bedenke, so halte ich es für möglich, daß ich Miss Bray durch meine Begeisterung für die Lieder, die wir zusammen sangen, selbst befeuerte. Im Hause des reichen Onkels, im ›Palast des Ogers‹, wie ich es für mich nannte, hatten wir einen geheimen Ort, von dem niemand etwas wußte, und es mag sehr wohl mein tiefster Wunsch gewesen sein, die Mutter davon auszuschließen, weil sie sich dem Oger ergeben hatte. Jedes lobende Wort, das sie über ihn sagte, nahm ich als Zeichen ihrer Ergebenheit. Zu dem Entschluß, in allem anders zu sein als er, wurde damals der Grund gelegt; und erst als wir sein Haus verließen und endlich wegfuhren, gewann ich die Mutter wieder für mich und wachte mit den unbestechlichen Augen eines Kindes über ihre Treue.

Deutsch am Genfersee

Im Mai 1913 war alles für die Übersiedlung nach Wien vorbereitet und wir verließen Manchester. Die Reise ging in Etappen vor sich, ich streifte zum erstenmal Städte, die sich später

zu den unermeßlichen Zentren meines Lebens erweitern sollten. In London blieben wir, glaube ich, nur wenige Stunden.
Aber wir fuhren von einem Bahnhof zum anderen durch die
Stadt und ich sah verzückt die hohen, roten Autobusse und
bat flehentlich, oben in einem fahren zu dürfen. Es war nicht
viel Zeit dazu und die Aufregung über die dichtgedrängten
Straßen, die ich als unendlich lange schwarze Wirbel in Erinnerung behalten habe, mündete in die über Victoria Station,
wo unzählige Menschen durcheinanderliefen und nicht an-
einanderstießen.

An die Schiffsfahrt über den Kanal habe ich keine Erinnerung behalten, um so eindrucksvoller war die Ankunft in Paris. Auf dem Bahnhof erwartete uns ein jungverheiratetes
Paar, David, der unscheinbarste und kleinste Bruder meiner
Mutter, eine sanfte Maus, an seiner Seite eine blitzende junge
Frau mit pechschwarzen Haaren und rotgeschminkten Wangen. Da waren sie wieder, die roten Backen, aber so rot, daß
die Mutter mich vor ihrer Künstlichkeit warnte, als ich die
neue Tante auf keine andere Stelle küssen wollte. Sie hieß
Esther und war frisch aus Saloniki importiert, da gab es die
größte spaniolische Gemeinde und junge Männer, die Lust
zum Heiraten hatten, holten sich gern ihre Bräute von dort.
In ihrer Wohnung waren die Zimmer so klein, daß ich sie
frech Puppenzimmer nannte. Onkel David war nicht beleidigt, er lächelte immer und sagte nichts, das genaue Gegenteil
seines mächtigen Bruders in Manchester, der ihn als Kompagnon verächtlich abgelehnt hatte. Er war auf dem Gipfel seines jungen Glücks, vor einer Woche hatten sie geheiratet. Er
war stolz, daß ich der blitzenden Tante auf der Stelle verfiel
und munterte mich immer wieder auf, sie zu küssen. Er
wußte nicht, der Ärmste, was ihm bevorstand, sie entpuppte
sich bald als zähe und unstillbare Furie.

Wir blieben einige Zeit in der Wohnung mit den winzigen
Zimmern zu Gast, und mir war es recht. Ich war neugierig
und durfte der Tante beim Schminken zusehen. Sie erklärte
mir, daß alle Frauen in Paris sich schminkten, sonst würden

sie den Männern nicht gefallen. »Aber du gefällst dem Onkel«, sagte ich, sie sagte darauf nichts. Sie parfümierte sich
und wollte wissen, ob ihr Parfüm gut rieche. Mir waren Par-
füms unheimlich, Miss Bray, unsere Gouvernante, sagte, sie
seien ›wicked‹. So wich ich der Frage der Tante Esther aus
und sagte: »Am besten riechen deine Haare!« Dann setzte sie
sich, ließ die Haare herunter, noch schwärzer als die vielbe-
staunten Locken meines Bruders, und ich durfte, während sie
mit ihrer Toilette beschäftigt war, daneben sitzen und sie bewundern. Das alles spielte sich öffentlich ab, vor den Augen
der Miss Bray, die darüber unglücklich war und ich hörte sie
zur Mutter sagen, dieses Paris sei schlecht für die Kinder.

Unsere Reise ging weiter in die Schweiz, nach Lausanne,
wo die Mutter für den Sommer einige Monate Station machen
wollte. Sie mietete eine Wohnung in der Höhe der Stadt, mit
einer leuchtenden Aussicht auf den See und die Segelboote,
die ihn befuhren. Wir stiegen oft nach Ouchy hinunter, gingen am Seeufer spazieren und hörten der Musikkapelle zu, die
im Park spielte. Es war alles sehr hell, immer ging eine leichte
Brise, ich liebte das Wasser, den Wind und die Segel, und
wenn die Musikkapelle spielte, war ich so glücklich, daß ich
die Mutter fragte: »Warum bleiben wir nicht hier, hier ist es
am schönsten.« »Du mußt jetzt deutsch lernen«, sagte sie,
»du kommst nach Wien in die Schule.« Und obwohl sie das
Wort ›Wien‹ nie ohne Inbrunst sagte, lockte es mich, solange
wir in Lausanne waren, nicht. Denn wenn ich fragte, ob dort
ein See sei, sagte sie »Nein, aber die Donau«, und statt der
Berge im Savoyischen gegenüber gab es in Wien Wälder und
Hügel. Nun hatte ich die Donau schon von klein auf gekannt
und da das Wasser, in dem ich mich verbrüht hatte, der Donau entstammte, war ich nicht gut auf sie zu sprechen. Hier
aber war dieser herrliche See und Berge waren etwas Neues.
Ich wehrte mich hartnäckig gegen Wien, und ein wenig mag
es auch darauf zurückzuführen sein, daß wir etwas länger als
geplant in Lausanne blieben.

Aber der wirkliche Grund war doch, daß ich erst deutsch

lernen mußte. Ich war acht Jahre alt, ich sollte in Wien in die Schule kommen und meinem Alter entsprach dort die 3. Klasse der Volksschule. Es war für die Mutter ein unerträglicher Gedanke, daß man mich wegen meiner Unkenntnis der Sprache vielleicht nicht in diese Klasse aufnehmen würde und sie war entschlossen, mir in kürzester Zeit deutsch beizubringen.

Nicht sehr lange nach unserer Ankunft gingen wir in eine Buchhandlung, sie fragte nach einer englisch-deutschen Grammatik, nahm das erste Buch, das man ihr gab, führte mich sofort nach Hause zurück und begann mit ihrem Unterricht. Wie soll ich die Art dieses Unterrichts glaubwürdig schildern? Ich weiß, wie es zuging, wie hätte ich es vergessen können, aber ich kann auch selbst noch immer nicht daran glauben.

Wir saßen im Speisezimmer am großen Tisch, ich saß an der schmäleren Seite, mit der Aussicht auf See und Segel. Sie saß um die Ecke links von mir und hielt das Lehrbuch so, daß ich nicht hineinsehen konnte. Sie hielt es immer fern von mir. »Du brauchst es doch nicht«, sagte sie, »du kannst sowieso noch nichts verstehen.« Aber dieser Begründung zum Trotz empfand ich, daß sie mir das Buch vorenthielt wie ein Geheimnis. Sie las mir einen Satz Deutsch vor und ließ mich ihn wiederholen. Da ihr meine Aussprache mißfiel, wiederholte ich ihn ein paar Mal, bis er ihr erträglich schien. Das geschah aber nicht oft, denn sie verhöhnte mich für meine Aussprache, und da ich um nichts in der Welt ihren Hohn ertrug, gab ich mir Mühe und sprach es bald richtig. Dann erst sagte sie mir, was der Satz auf englisch bedeute. Das aber wiederholte sie nie, das mußte ich mir sofort ein für allemal merken. Dann ging sie rasch zum nächsten Satz über, es kam zur selben Prozedur; sobald ich ihn richtig ausgesprochen hatte, übersetzte sie ihn, sah mich gebieterisch an, daß ich mir's merke, und war schon beim nächsten. Ich weiß nicht, wieviel Sätze sie mir das erste Mal zumutete, sagen wir bescheiden: einige; ich fürchte, es waren viele. Sie entließ mich, sagte: »Wiederhole dir das für dich. Du darfst keinen Satz vergessen. Nicht einen einzigen. Morgen machen wir weiter.« Sie behielt das Buch, und ich war ratlos mir selber überlassen.

Ich hatte keine Hilfe, Miss Bray sprach nur englisch, und während des übrigen Tages weigerte sich die Mutter, mir die Sätze vorzusprechen. Am nächsten Tag saß ich wieder am selben Platz, das offene Fenster vor mir, den See und die Segel. Sie nahm die Sätze vom Vortag wieder her, ließ mich einen nachsprechen und fragte, was er bedeute. Mein Unglück wollte es, daß ich mir seinen Sinn gemerkt hatte, und sie sagte zufrieden: »Ich sehe, es geht so!« Aber dann kam die Katastrophe und ich wußte nichts mehr, außer dem ersten hatte ich mir keinen einzigen Satz gemerkt. Ich sprach sie nach, sie sah mich erwartungsvoll an, ich stotterte und verstummte. Als es bei einigen so weiterging, wurde sie zornig und sagte: »Du hast dir doch den ersten gemerkt, also kannst du's. Du willst nicht. Du willst in Lausanne bleiben. Ich lasse dich allein in Lausanne zurück. Ich fahre nach Wien, und Miss Bray und die Kleinen nehme ich mit. Du kannst allein in Lausanne bleiben!«

Ich glaube, daß ich das weniger fürchtete als ihren Hohn. Denn wenn sie besonders ungeduldig wurde, schlug sie die Hände über dem Kopf zusammen und rief: »Ich habe einen Idioten zum Sohn! Das habe ich nicht gewußt, daß ich einen Idioten zum Sohn habe!« oder »Dein Vater hat doch auch deutsch gekonnt, was würde dein Vater dazu sagen!«

Ich geriet in eine schreckliche Verzweiflung und um es zu verbergen, blickte ich auf die Segel und erhoffte Hilfe von ihnen, die mir nicht helfen konnten. Es geschah, was ich noch heute nicht begreife. Ich paßte wie ein Teufel auf und lernte es, mir den Sinn der Sätze auf der Stelle einzuprägen. Wenn ich drei oder vier von ihnen richtig wußte, lobte sie mich nicht, sondern wollte die anderen, sie wollte, daß ich mir jedesmal sämtliche Sätze merke. Da das aber nie geschah, lobte sie mich kein einziges Mal und entließ mich während dieser Wochen finster und unzufrieden.

Ich lebte nun in Schrecken vor ihrem Hohn und wiederholte mir untertags, wo immer ich war, die Sätze. Bei den Spaziergängen mit der Gouvernante war ich einsilbig und verdrossen. Ich fühlte nicht mehr den Wind, ich hörte nicht auf die Musik, immer hatte ich meine deutschen Sätze im Kopf und ihren Sinn auf englisch. Wann ich konnte, schlich ich mich auf die Seite und übte sie laut allein, wobei es mir passierte, daß ich einen Fehler, den ich einmal gemacht hatte, mit derselben Besessenheit einübte wie richtige Sätze. Ich hatte ja kein Buch, das mir zur Kontrolle diente, sie verweigerte es mir hartnäckig und erbarmungslos, wohl wissend, welche Freundschaft ich für Bücher empfand und wieviel leichter alles mit einem Buch für mich gewesen wäre. Aber sie hatte die Idee, daß man sich nichts leicht machen dürfe; daß Bücher für Sprachen schlecht seien; daß man sie mündlich lernen müsse und ein Buch erst unschädlich sei, wenn man schon etwas von der Sprache wisse. Sie achtete nicht darauf, daß ich vor Kummer wenig aß. Den Terror, in dem ich lebte, hielt sie für pädagogisch.

An manchen Tagen gelang es mir, mich bis auf ein oder zwei Ausnahmen an alle Sätze und ihren Sinn zu erinnern. Dann suchte ich auf ihrem Gesicht nach Zeichen der Zufriedenheit. Aber ich fand sie nie und das höchste, wozu ich es brachte, war, daß sie mich nicht verhöhnte. An anderen Tagen ging es weniger gut und dann zitterte ich in Erwartung des Idioten, den sie zur Welt gebracht hatte, der traf mich am schwersten. Sobald der Idiot kam, war ich vernichtet und nur mit dem, was sie über den Vater sagte, verfehlte sie ihre Wirkung. Seine Neigung tröstete mich, nie hatte ich ein unfreundliches Wort von ihm bekommen und was immer ich ihm sagte – er freute sich darüber und ließ mich gewähren.

Zu den kleinen Brüdern sprach ich kaum mehr und wies sie schroff, wie die Mutter, ab. Miss Bray, deren Liebling der Jüngste war, die uns aber alle drei sehr mochte, spürte, in welchem gefährlichen Zustand ich war und wenn sie mich dabei ertappte, wie ich alle meine deutschen Sätze übte, wurde sie unmutig und sagte, jetzt sei es genug, ich solle jetzt aufhören, ich wisse schon zu viel für einen Jungen in meinem Alter, sie habe noch nie eine andere Sprache gelernt und komme auch so ganz gut durchs Leben. Überall auf der Welt gäbe es Leute, die Englisch verstünden. Ihre Teilnahme tat mir wohl, aber der Inhalt ihrer Worte bedeutete mir nichts, aus der schrecklichen Hypnose, in der die Mutter mich gefangen hielt, hätte nur sie selber mich erlösen können.

Wohl belauschte ich Miss Bray, wenn sie zur Mutter sagte: »Der Junge ist unglücklich. Er sagt, Madame halten ihn für einen Idioten.« »Das ist er doch!« bekam sie darauf zu hören, »sonst würde ich's ihm nicht sagen!« Das war sehr bitter, es war wieder das Wort, an dem für mich alles hing. Ich dachte an meine Cousine Elsie in der Palatine Road, die zurückgeblieben war und nicht recht sprechen konnte. Von ihr hatten die Erwachsenen bedauernd gesagt: »Sie wird eine Idiotin bleiben.«

Miss Bray muß ein gutes und zähes Herz gehabt haben, denn schließlich war sie es, die mich rettete. Eines Nachmittags, wir hatten uns eben zur Stunde niedergesetzt, sagte die Mutter plötzlich: »Miss Bray sagt, du möchtest gern die deutsche Schrift lernen. Ist das wahr?« Vielleicht hatte ich es einmal gesagt, vielleicht war sie von selber auf die Idee gekommen. Aber da die Mutter während dieser Worte auf das Buch schaute, das sie in der Hand hielt, erfaßte ich gleich meine Chance und sagte: »Ja, das möchte ich. Ich werde es in der Schule in Wien brauchen.« So bekam ich endlich das Buch, um die eckigen Buchstaben daraus zu lernen. Mir die Buchstaben beizubringen, dazu hatte die Mutter schon gar keine Geduld. Sie warf ihre Prinzipien über den Haufen und ich behielt das Buch.

Die schlimmsten Leiden, die einen Monat gedauert haben mögen, waren vorüber. »Aber nur für die Schrift«, hatte die Mutter gesagt, als sie mir das Buch anvertraute. »Sonst üben wir die Sätze mündlich weiter.« Sie konnte mich nicht daran hindern, die Sätze nachzulesen. Ich hatte schon viel von ihr gelernt und irgend etwas *war* daran, an der nachdrücklichen und zwingenden Weise, in der sie mir die Sätze vorsprach. Alles was neu war, lernte ich wie bisher auch weiterhin von ihr. Aber ich konnte, was ich von ihr gehört hatte, später durch Lesen bekräftigen und bestand darum besser vor ihr. Sie hatte keine Gelegenheit mehr, mir »Idiot« zu sagen und war selber erleichtert darüber. Sie hatte sich ernsthaft Gedanken über mich gemacht, erzählte sie nachher, vielleicht war ich der einzige in der weitverzweigten Familie, der für Sprachen kein Geschick hatte. Nun überzeugte sie sich vom Gegenteil und unsere Nachmittage verwandelten sich in lauter Wohlgefallen. Jetzt konnte es sogar vorkommen, daß ich sie in Staunen versetzte und es geschah mitunter gegen ihren Willen, daß ihr ein Lob entfuhr und sie sagte: »Du bist doch mein Sohn.«

Es war eine erhabene Zeit, die jetzt begann. Die Mutter begann mit mir deutsch zu sprechen, auch außerhalb der Stunden. Ich spürte, daß ich ihr wieder nahe war, wie in jenen Wochen nach dem Tod des Vaters. Erst später begriff ich, daß es nicht nur um meinetwillen geschah, als sie mir deutsch unter Hohn und Qualen beibrachte. Sie selbst hatte ein tiefes Bedürfnis danach, mit mir deutsch zu sprechen, es war die Sprache ihres Vertrauens. Der furchtbare Schnitt in ihrem Leben, als sie 27jährig das Ohr meines Vaters verlor, drückte sich für sie am empfindlichsten darin aus, daß ihr Liebesgespräch auf deutsch mit ihm verstummt war. In dieser Sprache hatte sich ihre eigentliche Ehe abgespielt. Sie wußte sich keinen Rat, sie fühlte sich ohne ihn verloren, und versuchte so rasch wie möglich, mich an seine Stelle zu setzen. Sie erwartete sich sehr viel davon und ertrug es schwer, als ich zu Anfang ihres Unternehmens zu versagen drohte. So zwang sie mich in kürzester Zeit zu einer Leistung, die über die Kräfte jedes Kindes ging, und daß es ihr gelang, hat die tiefere Natur meines Deutsch bestimmt, es war eine spät und unter wahrhaftigen Schmerzen eingepflanzte Muttersprache. Bei diesen Schmerzen war es nicht geblieben, gleich danach erfolgte eine Periode des Glücks, und das hat mich unlösbar an diese Sprache gebunden. Es muß auch den Hang zum Schreiben früh in mir genährt haben, denn um des Erlernens des Schreibens willen hatte ich ihr das Buch abgewonnen und die plötzliche Wendung zum Besseren begann eben damit, daß ich deutsche Buchstaben schreiben lernte.

Sie duldete keineswegs, daß ich die anderen Sprachen aufgab, Bildung bestand für sie in den Literaturen aller Sprachen, die sie kannte, aber die Sprache unserer Liebe – und was war es für eine Liebe! – wurde deutsch.

Sie nahm mich nun allein auf Besuche mit, die sie Freunden und Angehörigen in Lausanne abstattete und es ist nicht verwunderlich, daß die beiden Besuche, die mir in Erinnerung geblieben sind, mit ihrer Situation als junge Witwe in Zusammenhang standen. Einer ihrer Brüder war, schon bevor wir nach Manchester zogen, dort gestorben, seine Witwe Linda mit ihren zwei Kindern lebte nun in Lausanne. Es mag auch um ihretwillen gewesen sein, daß die Mutter in Lausanne Station machte. Sie war zum Essen bei ihr eingeladen und ich wurde mit der Begründung mitgenommen, daß Tante Linda in Wien geboren und aufgewachsen sei und ein besonders schönes Deutsch spreche. Ich sei nun schon weit genug, um zu zeigen, was ich könne. Ich ging mit Feuer und Flamme darauf ein, ich brannte darauf, alle Spuren des jüngst erlittenen Hohns für immer und ewig auszumerzen. Ich war so aufgeregt, daß ich die Nacht davor nicht einschlafen konnte und lange deutsche Gespräche mit mir selber führte, die triumphal endeten. Als die Zeit zum Besuch gekommen war, erklärte mir die Mutter, daß ein Herr anwesend sein werde, der täglich zu Tante Linda zum Essen komme. Er heiße Monsieur Cottier, sei ein würdiger, nicht mehr junger Herr und ein hochangesehener Beamter. Ich fragte, ob das der Mann der Tante sei und hörte die Mutter zögernd und ein wenig abwesend sagen: »Vielleicht wird er es einmal werden. Jetzt denkt die Tante noch an ihre beiden Kinder. Sie möchte sie nicht kränken, indem sie so rasch heiratet, obwohl es eine große Stütze für sie wäre.« Ich witterte sofort Gefahr und sagte: »Du hast

drei Kinder, aber ich bin deine Stütze.« Sie lachte: »Was fällt
dir ein«, sagte sie auf ihre hochmütige Art. »Ich bin nicht wie
die Tante Linda. Ich habe keinen Herrn Cottier.«

So war denn das Deutsch gar nicht mehr so wichtig, und ich
hatte meinen Mann auf zwiefache Weise zu stellen. Herr Cottier war ein großer, behäbiger Herr mit einem Spitzbart und
einem Bauch, dem das Essen bei der Tante sehr gut schmeckte. Er sprach langsam und überlegte vor jedem Satz und betrachtete die Mutter mit Wohlgefallen. Er war schon alt und
mir kam vor, daß er sie wie ein Kind behandelte. Er wandte
sich nur an die Mutter, zur Tante Linda sagte er nichts, sie
füllte ihm indessen den Teller immer wieder an, er tat, als ob
er es nicht bemerke und aß ruhig weiter.

»Die Tante ist schön!« sagte ich begeistert auf dem Heimweg. Sie hatte eine dunkle Haut und wunderbar große,
schwarze Augen. »Sie riecht so gut«, sagte ich noch, sie hatte
mich geküßt und roch noch besser als die Pariser Tante. »Ach
was«, sagte die Mutter, »sie hat eine riesige Nase und Elefan-
tenbeine. Aber die Liebe geht durch den Magen.« Das hatte
sie schon während des Essens einmal gesagt und Herrn Cottier dabei spöttisch angeschaut. Ich wunderte mich, daß sie es
wiederholte und fragte sie, was es bedeute. Sie erklärte mir,
ganz hart, daß Herr Cottier gern gut esse, die Tante verstehe
sich auf gute Küche. Darum komme er täglich wieder. Ich
fragte, ob sie darum so gut rieche. »Das ist ihr Parfüm«, sagte
die Mutter, »sie hat sich immer zu stark parfümiert.« Ich
spürte, daß die Mutter sie mißbilligte und obschon sie mit
Herrn Cottier sehr freundlich gewesen war und ihn zum Lachen gebracht hatte, schien sie auch von ihm nicht viel zu halten.

»Bei uns wird niemand zum Essen kommen«, sagte ich
plötzlich, als wäre ich erwachsen und die Mutter lächelte und
munterte mich noch auf: »Das erlaubst du nicht, nicht wahr,
da paßt du schon auf.«

Der zweite Besuch, bei Herrn Aftalion, war ein ganz anderer Fall. Er war unter allen Spaniolen, die die Mutter kannte,

der reichste. »Er ist ein Millionär«, sagte sie, »und noch jung.« Als sie auf meine Frage versicherte, daß er sehr viel reicher als der Onkel Salomon sei, war ich gleich für ihn gewonnen. Er sehe auch ganz anders aus, er sei ein guter Tänzer und ein Ritter. Alles bemühe sich um seine Gesellschaft, so vornehm sei er, er könnte an einem Königshof leben. »Solche Leute gibt es jetzt gar nicht mehr unter uns«, sagte die Mutter, »so waren wir früher, als wir noch in Spanien lebten.« Dann vertraute sie mir an, daß Herr Aftalion sie einmal hätte heiraten wollen, aber sie sei damals schon heimlich mit meinem Vater verlobt gewesen. »Sonst hätte ich ihn vielleicht geheiratet«, sagte sie. Er sei dann sehr traurig gewesen und habe viele Jahre keine andere Frau gewollt. Erst jetzt, vor ganz kurzem, habe er geheiratet und sei mit seiner Frau Frieda, einer berühmten Schönheit, auf der Hochzeitsreise in Lausanne. Er wohne im vornehmsten Hotel und da würden wir ihn besuchen.

Ich war an ihm interessiert, weil sie ihn über den Onkel stellte. Diesen verabscheute ich so sehr, daß mir der Heiratsantrag Herrn Aftalions keinen besonderen Eindruck machte. Ich war begierig, ihn zu sehen, bloß um zu erleben, wie jener Napoleon neben ihm zu einem erbärmlichen Nichts einschrumpfte. »Wie schade«, sagte ich, »daß der Onkel nicht mitkommt!« »Der ist in England«, sagte sie, »der kann doch gar nicht mitkommen.« »Aber es wäre schön, wenn er mitkommt, damit er sieht, wie ein wirklicher Spaniole sein soll.« Diesen Haß gegen ihren Bruder nahm mir die Mutter nicht übel. Obwohl sie seine Tüchtigkeit bewunderte, war es ihr recht, daß ich mich gegen ihn zur Wehr setzte. Vielleicht begriff sie, wie wichtig es für mich war, daß ich ihn nicht an Stelle des Vaters zum Vorbild nahm, vielleicht hielt sie diesen frühen unauslöschlichen Haß für ›Charakter‹, und ›Charakter‹ ging ihr über alles.

Wir kamen in einen Palast von einem Hotel, ich hatte so etwas noch nie gesehen, ich glaube sogar, es hieß ›Lausanne-Palace‹. Herr Aftalion bewohnte eine Suite von riesigen, luxuriös eingerichteten Räumen, ich kam mir vor wie in ›Tausendundeine Nacht‹ und ich dachte mit Verachtung an das Haus des Onkels in der Palatine Road, das mich noch vor einem Jahr so beeindruckt hatte. Eine Doppeltür ging auf und Herr Aftalion erschien, in einem dunkelblauen Anzug, mit weißen Gamaschen, kam übers ganze Gesicht lächelnd auf die Mutter zu und küßte ihr die Hand. »Du bist noch schöner geworden, Mathilde«, sagte er, sie war in Schwarz gekleidet. »Und du hast die schönste Frau«, sagte die Mutter, sie war nie auf den Mund gefallen. »Wo ist sie? Ist Frieda nicht da? Ich habe sie seit dem Institut in Wien nicht mehr gesehen. Ich habe meinem Sohn so viel von ihr erzählt, ich habe ihn mitgebracht, weil er sie unbedingt sehen wollte.« »Sie kommt schon. Sie ist noch nicht ganz fertig mit ihrer Toilette. Ihr beide müßt indessen mit etwas weniger Schönem vorliebnehmen.« Es ging sehr gewählt und artig zu, den großartigen Räumen angemessen. Er erkundigte sich nach den Absichten der Mutter, hörte sehr aufmerksam, aber immer noch lächelnd zu und billigte die Übersiedlung nach Wien mit märchenhaften Worten. »Du gehörst nach Wien, Mathilde«, sagte er, »die Stadt liebt dich, in Wien warst du immer am lebhaftesten und am schönsten.« Ich war nicht ein bißchen eifersüchtig, nicht auf ihn, nicht auf Wien, ich erfuhr, was ich nicht gewußt hatte und was in keinem meiner Bücher vorkam, daß eine Stadt einen Menschen lieben könne, und es gefiel mir. Dann kam Frieda und sie war die größte Überraschung. Eine so schöne Frau hatte ich noch nie gesehen, sie war hell wie der See und prachtvoll gekleidet und behandelte die Mutter, als wäre sie die Fürstin. Sie suchte aus den Vasen die schönsten Rosen zusammen, gab sie dem Herrn Aftalion, und der überreichte sie mit einer Verbeugung meiner Mutter. Es war kein sehr langer Besuch, aber ich verstand auch nicht alles, was gesagt wurde, das Gespräch wechselte zwischen deutsch und französisch ab, und gar so gut war ich in beiden Sprachen, besonders aber im französischen, noch nicht beschlagen. Es kam mir auch vor, als wäre manches, was ich nicht verstehen sollte, auf französisch gesagt, aber während ich sonst auf solche Geheimgespräche der Erwachsenen mit Ingrimm reagierte, hätte ich von diesem Sieger über Napoleon und seiner wunderbar schönen Frau noch ganz anderes freudig hingenommen.

Als wir wir den Palast verließen, schien mir die Mutter ein wenig verwirrt. »Beinahe hätte ich ihn geheiratet«, sagte sie, sah mich plötzlich an und fügte einen Satz hinzu, über den ich erschrak: »Dann wärst du gar nicht auf der Welt!« Ich konnte mir das nicht vorstellen, wie konnte ich nicht auf der Welt sein, ich ging neben ihr. »Ich bin *doch* dein Sohn«, sagte ich trotzig. Ihr tat es vielleicht leid, daß sie so zu mir gesprochen hatte, denn sie blieb stehen und umarmte mich heftig – mitsamt den Rosen, die sie trug und lobte zum Schluß noch die Frieda. »Das war vornehm von ihr. Sie hat Charakter!« Das sagte sie sehr selten und schon gar nicht von einer Frau. Ich war froh, daß ihr die Frieda auch gefallen hatte. Wenn wir in späteren Jahren von diesem Besuch sprachen, pflegte sie zu sagen, sie sei mit dem Gefühl weggegangen, daß alles, was wir gesehen hatten, diese ganze Herrlichkeit, eigentlich ihr gehöre und sie habe sich über sich gewundert, weil sie gar keinen Groll gegen Frieda empfand und ihr neidlos gönnte, was sie keiner anderen Frau gegönnt hätte.

Wir verbrachten drei Monate in Lausanne und manchmal denke ich, eine so folgenreiche Zeit hat es in meinem Leben nie wieder gegeben. Aber das denkt man öfter, wenn man ernsthaft eine Zeit ins Auge faßt, und es ist wohl möglich, daß jede Zeit die wichtigste ist und jede alles enthält. Immerhin, in Lausanne, wo ich überall um mich französisch sprechen hörte, das ich nebenher und ohne dramatische Verwicklungen auffaßte, wurde ich unter der Einwirkung der Mutter zur deutschen Sprache wiedergeboren und unter dem Krampf dieser Geburt entstand die Leidenschaft, die mich mit beidem verband, mit dieser Sprache und mit der Mutter. Ohne diese beiden, die im Grunde ein und dasselbe waren, wäre der weitere Verlauf meines Lebens sinnlos und unbegreiflich.

Im August machten wir uns auf die Reise nach Wien, die wir für einige Stunden in Zürich unterbrachen. Die Mutter ließ die Kleinen unter der Obhut von Miss Bray im Wartesaal zurück und nahm mich in einer Drahtseilbahn auf den Zürichberg mit. Der Ort, wo wir ausstiegen, hieß Rigiblick. Es war ein strahlender Tag und ich sah die Stadt weit ausgebreitet vor mir, sie schien mir ungeheuer, ich begriff nicht, daß eine Stadt so groß sein könne. Das war etwas vollkommen Neues für mich und es war ein wenig unheimlich. Ich fragte, ob Wien auch so groß sei und als ich hörte, »noch viel größer«, glaubte ich es nicht und dachte, die Mutter halte mich zum besten. Der See und die Berge waren abseits, nicht wie in Lausanne, wo ich sie immer unmittelbar vor Augen hatte, dort waren sie im Zentrum, der eigentliche Inhalt jener Aussicht. Häuser sah man nicht so viele, und hier war es die Unzahl der Häuser, die ich bestaunte, sie zogen sich an dem Hang des Zürichbergs hinauf, wo wir standen, und ich unternahm gar keinen Versuch, das Unzählbare zu zählen, was ich sonst gern tat. Ich war befremdet und vielleicht auch erschrocken, ich sagte vorwurfsvoll zur Mutter: »Wir werden sie nicht mehr finden«, und mir schien, wir hätten die ›Kinder‹, wie wir sie unter uns nannten, mit der Gouvernante, die kein Wort einer anderen Sprache verstand, nicht allein lassen dürfen. So war die erste weite Aussicht auf eine Stadt, die ich erlebte, durch ein Gefühl der Verlorenheit gefärbt, und die Erinnerung an diesen ersten Blick auf Zürich, das später zum Paradies meiner Jugend werden sollte, hat mich nie verlassen.

Wir müssen die Kinder und Miss Bray wohl wiedergefunden haben, denn ich sehe uns am nächsten Tag, es war der 18. August, durch Österreich fahren. Alle Orte, an denen wir vorbeifuhren, waren beflaggt und als die Fahnen gar nicht aufhörten, leistete sich die Mutter einen Spaß und sagte, es sei zu Ehren unserer Ankunft. Sie wußte aber selber nicht, was es war, und Miss Bray, die an ihren Union Jack gewöhnt war, wurde immer aufgeregter und gab keine Ruhe, bis die Mutter sich bei Mitreisenden erkundigte. Es war Kaisers Geburtstag.

Franz Joseph, den die Mutter schon vor zwanzig Jahren während ihrer Jugendzeit in Wien als den alten Kaiser gekannt
hatte, war noch am Leben, und alle Dörfer und Städte schienen sich darüber zu freuen. »Wie Queen Victoria«, sagte Miss
Bray und in den vielen Stunden unserer Fahrt bis Wien hörte
ich von ihr Geschichten über die längst verstorbene Königin,
die mich ein wenig langweilten und zur Abwechslung dafür
von der Mutter Geschichten über den noch lebenden Franz
Joseph.

Teil 3

Wien

1913–1916

Das Erdbeben von Messina
Burgtheater zuhause

Draußen vor der Grottenbahn, bevor die Fahrt begann, gab es das Maul der Hölle. Es öffnete sich rot und riesig und zeigte seine Zähne. Kleine Teufel steckten Menschen, die sie an Gabeln aufgespießt hatten, in dieses Maul, das sich langsam und unerbittlich schloß. Aber es öffnete sich wieder, es war unersättlich, nie war es müde, nie hatte es genug, es war, wie Fanny, das Kindermädchen, sagte, Platz in der Hölle, um die ganze Stadt Wien und alle ihre Menschen zu verschlingen. Sie sagte es nicht drohend, sie wußte, daß ich nicht dran glaubte, das Maul der Hölle galt mehr für die kleinen Brüder. Sie hielt sie fest an der Hand und so sehr sie auf ihre Besserung durch den Anblick der Hölle hoffte, sie hätte sie auch nicht für einen Augenblick hergegeben.

Ich setzte mich eilig ins Gefährt, eng an sie gedrückt, damit auch für die Kleinen Platz sei. Es gab vieles in der Grottenbahn, aber nur das eine zählte. Wohl sah ich mir die bunten Gruppen an, die vorher kamen, aber das war nur zum Schein: Schneewittchen, Rotkäppchen und der Gestiefelte Kater, alle Märchen waren beim Lesen schöner, dargestellte Märchen ließen mich kalt. Aber dann kam, worauf ich gewartet hatte, seit wir von zuhause weggegangen waren. Wenn Fanny nicht gleich die Richtung zum Wurstelprater einschlug, zog ich und zerrte ich und bedrängte sie mit hundert Fragen, bis sie nachgab und sagte: »Sekkierst du mich schon wieder, ja gehn mir zu Grottenbahn.« Da ließ ich dann locker und hüpfte um sie herum, rannte ein Stück voraus und wartete ungeduldig, ließ mir von ihr die Kreuzer zeigen, die der Eintritt kostete, denn es war schon passiert, daß wir vor der Grottenbahn standen und sie das Geld zuhause vergessen hatte.

Aber nun saßen wir drin und fuhren an den Märchenbildern vorbei, vor jedem blieb der Zug ein wenig stehen, und so ärgerlich war ich über den überflüssigen Aufenthalt, daß ich dumme Witze über die Märchen riß und den Kleinen den

Spaß verdarb. Dafür waren sie ganz ungerührt, wenn die Hauptsache kam: das Erdbeben von Messina. Da war die Stadt am blauen Meer, die vielen weißen Häuser am Hang eines Berges, fest und ruhig stand alles da, hell erleuchtet in der Sonne, der Zug blieb stehen und nun war die Stadt am Meer zum Greifen nahe. In diesem Moment sprang ich hoch, Fanny, angesteckt von meiner Angst, hielt mich hinten fest: da donnerte es schrecklich, es wurde finster, ein fürchterliches Winseln und Pfeifen war zu hören, der Boden rüttelte, wir wurden geschüttelt, es donnerte wieder, es blitzte laut: alle Häuser von Messina standen grell in Flammen.

Der Zug setzte sich in Bewegung, wir verließen die Trümmerstätte. Was dann noch kam, das sah ich nicht. Taumelnd verließ ich die Grottenbahn und dachte, nun werde alles zerstört sein, der ganze Wurstelprater, die Buden und drüben die riesigen Kastanien. Ich griff an die Rinde eines Baumes und suchte mich zu beruhigen. Ich stieß daran und fühlte seinen Widerstand. Er war nicht zu bewegen, der Baum stand fest, nichts hatte sich geändert, ich war glücklich. Es muß damals gewesen sein, daß ich die Hoffnung auf Bäume setzte.

Unser Haus war das Eckhaus der Josef-Gall-Gasse, Nr. 5, wir wohnten im zweiten Stock, zu unserer Linken trennte ein unbebauter Platz, der nicht sehr groß war, das Haus von der Prinzenallee, die schon zum Prater gehörte. Die Zimmer gingen teils auf die Josef-Gall-Gasse, teils nach Westen auf den unbebauten Platz und die Bäume des Praters. An der Ecke befand sich ein runder Balkon, der die beiden Seiten verband. Von ihm aus sahen wir den Untergang der Sonne, die uns rot und groß sehr vertraut wurde und meinen kleinsten Bruder Georg auf eine besondere Weise anzog. Sobald die rote Farbe auf dem Balkon erschien, lief er flink hinaus und einmal, als er einen Augenblick allein war, ließ er da rasch sein Wasser und erklärte, er müsse die Sonne löschen.

Von hier aus sah man an der gegenüberliegenden Ecke des

leeren Platzes eine kleine Tür, die zum Atelier des Bildhauers Josef Hegenbarth führte. Daneben lag allerhand Schutt, Stein und Holz aus dem Atelier, und immer trieb sich dort ein dunkles kleines Mädchen herum, das uns neugierig ansah, wenn wir von Fanny in den Prater geführt wurden, und gern mit uns gespielt hätte. Sie stellte sich uns in den Weg, steckte einen Finger in den Mund und verzog das Gesicht zu einem Lächeln. Fanny, die blitzblank gewaschen war und Schmutz auch an uns nicht dulden mochte, versäumte nie, sie wegzuweisen: »Geh weg, kleines schmutziges Mädchen!« sagte sie grob zu ihr und verbot uns, mit ihr zu sprechen oder gar zu spielen. Für meine Brüder wurde diese Anrede zum Namen des Kindes, in Gesprächen zwischen ihnen spielte das »Kleine schmutzige Mädchen«, das für sie alles verkörperte, was sie nicht sein durften, eine wichtige Rolle. Manchmal riefen sie laut vom Balkon herunter: »Kleines schmutziges Mädchen!« Sie meinten es sehnsüchtig, aber unten die Kleine weinte. Als die Mutter drauf kam, verwies sie es ihnen streng. Doch die Absonderung war ihr recht und es ist wohl möglich, daß für sie selbst die Rufe und ihre Wirkung zuviel Verbindung mit dem Kinde waren.

Die Wohngegend am Donaukanal hieß der Schüttel, an ihm entlang ging es zur Sophienbrücke, da lag die Schule. Mit der neuen Sprache, die ich auf gewaltsame Weise erlernt hatte, kam ich nach Wien. Die Mutter lieferte mich in der 3. Volksschulklasse ab, beim Herrn Lehrer Tegel. Er hatte ein feistes, rotes Gesicht, auf dem wenig zu lesen war, fast wie eine Maske. Es war eine große Klasse, mit über 40 Schülern, ich kannte niemanden. Ein kleiner Amerikaner kam am selben Tag wie ich als neuer Schüler und wurde mit mir zugleich geprüft, vorher sprachen wir noch rasch drei Sätze englisch miteinander. Der Lehrer fragte mich, wo ich deutsch gelernt hätte. Ich sagte, bei meiner Mutter. Wie lange ich es gelernt hätte? Drei Monate. Ich spürte, daß ihm das sonderbar vorkam, statt eines Lehrers bloß eine Mutter, und nur drei Monate! Er schüttelte den Kopf und sagte: »Da wirst du für uns nicht genug können.« Er diktierte mir einige Sätze, gar nicht viele. Aber die eigentliche Probe, auf die es ihm ankam, war: ›Die Glokken läuten‹, und gleich danach: ›Alle Leute‹. Damit, mit ›läuten‹ und ›Leute‹, wollte er mich zu Fall bringen. Ich kannte aber den Unterschied und schrieb beides ohne zu zögern richtig nieder. Er nahm das Heft in die Hand und schüttelte wieder den Kopf – was wußte er schon vom Lausanner Schreckensunterricht! –, da ich seine Fragen vorher fließend beantwortet hatte, sagte er und es war so ausdruckslos wie alles zuvor: »Ich will es mit dir versuchen.«

Die Mutter, als ich ihr davon erzählte, war aber nicht erstaunt. Sie hielt es für selbstverständlich, daß »ihr Sohn« nicht nur ebensogut, sondern besser deutsch können müsse als die Wiener Kinder. Die Volksschule hatte fünf Klassen, sie fand bald heraus, daß man die fünfte überspringen könne, wenn man gute Zeugnisse hatte, und sagte: »Nach der 4. Klasse, das ist in zwei Jahren, kommst du ins Gymnasium, da lernt man Latein, das wird nicht mehr so langweilig für dich sein.«

Ich habe kaum eine Erinnerung ans erste Wiener Jahr, soweit es um die Schule ging. Erst am Ende dieses Jahres geschah etwas, als der Thronfolger ermordet wurde. Herr Lehrer Tegel hatte ein schwarz umrändertes Extra-Blatt auf seinem Pult. Wir mußten alle aufstehen und er teilte uns das Ereignis mit. Dann sangen wir das Kaiserlied und er schickte uns nach Hause, man kann sich unsere Freude denken.

Paul Kornfeld war der Junge, mit dem ich nach Hause ging, er wohnte auch am Schüttel. Er war groß und dünn und ein wenig ungelenk, seine Beine schienen in verschiedene Richtungen gehen zu wollen, auf seinem langen Gesicht war immer ein freundliches Grinsen. »Mit dem gehst du?« sagte der Herr Lehrer Tegel zu mir, als er uns zusammen vor der Schule sah. »Du kränkst deinen Lehrer.« Paul Kornfeld war ein sehr schlechter Schüler, jede Frage beantwortete er falsch, wenn er überhaupt antwortete, und da er immer dazu grinste, er

116

konnte nicht anders, war ihm der Lehrer aufsässig. Auf dem Heimweg rief uns ein Bursche einmal verächtlich zu: »Jüdelach!« Ich wußte nicht, was das heißt. »Das weißt du nicht«, sagte Kornfeld, er bekam es immer zu hören, vielleicht lag es an seiner auffälligen Art zu gehen. Ich war noch nie als Jude beschimpft worden, weder in Bulgarien noch in England war das üblich. Ich erzählte es der Mutter, die es auf ihre hochmütige Weise abtat: »Das galt dem Kornfeld. Dir gilt das nicht.« Es war nicht etwa so, daß sie mich damit trösten wollte. Aber sie nahm das Schimpfwort nicht an. Wir waren für sie etwas Besseres, nämlich Spaniolen. Sie wollte mich nicht, wie der Lehrer, vom Kornfeld trennen, im Gegenteil. »Du mußt immer mit ihm gehen«, sagte sie, »damit ihn keiner schlägt.« Es war für sie unvorstellbar, daß jemand es wagen würde, mich zu schlagen. Stark waren wir beide nicht, aber ich war viel kleiner. Über die Äußerung des Lehrers sagte sie nichts. Vielleicht war es ihr recht, daß er einen solchen Unterschied zwischen uns machte. Sie wollte mir kein Gefühl der Zugehörigkeit zu Kornfeld geben, aber als der, wie sie meinte, Nicht-Betroffene sollte ich ihn ritterlich schützen.

Das gefiel mir, denn es paßte zu meiner Lektüre. Ich las die englischen Bücher, die ich von Manchester mitgebracht hatte, und es war mein Stolz, sie immer wieder zu lesen. Ich wußte genau, wie oft ich jedes gelesen hatte, einige darunter mehr als vierzigmal, und da ich diese schon auswendig konnte, galt das Wiederlesen nur noch einer Steigerung des Rekords. Die Mutter spürte das und gab mir andere Bücher, sie fand, daß ich schon zu alt für Kinderbücher sei, und unternahm allerhand, um mich für andere Dinge zu interessieren. Da ›Robinson Crusoe‹ zu meinen Lieblingen gehörte, schenkte sie mir Sven Hedins ›Von Pol zu Pol‹. Es gab drei Bände davon und ich bekam sie nach und nach zu besonderen Gelegenheiten. Schon der erste Band war eine Offenbarung. Da kamen Forschungsreisen in alle möglichen Länder vor, Livingstone und Stanley in Afrika, Marco Polo in China. Anhand der abenteuerlichsten Entdeckungsreisen lernte ich die Erde und ihre

Völker kennen. Was der Vater begonnen hatte, setzte die Mutter auf diese Weise fort. Als sie sah, daß die Forschungsreisen alle anderen Interessen bei mir verdrängten, kam sie zur Literatur zurück, und um sie mir schmackhaft zu machen und damit ich nicht bloß läse, was ich nicht verstünde, begann sie mit mir Schiller auf deutsch und Shakespeare auf englisch zu lesen.

So kam sie zu ihrer alten Liebe zurück, zum Theater, und so hielt sie auch die Erinnerung an den Vater wach, mit dem sie früher immer über diese Dinge gesprochen hatte. Sie bemühte sich, mich nicht zu beeinflussen. Nach jeder Szene wollte sie wissen, wie ich sie verstanden hätte, und bevor sie selbst etwas sagte, kam immer ich zu Wort. Aber manchmal, wenn es spät wurde und sie die Zeit vergaß, lasen wir weiter und weiter, ich spürte, daß sie in Begeisterung geriet und nun nicht aufhören würde. Ein wenig hing es auch von mir ab, ob es so weit kam. Je verständiger ich reagierte, je mehr ich zu sagen fand, um so kräftiger stiegen die alten Erlebnisse in ihr auf. Sobald sie von einer jener Begeisterungen zu sprechen begann, die zum innersten Inhalt ihres Lebens geworden waren, wußte ich, daß es noch lange dauern würde; es war dann nicht mehr wichtig, daß ich schlafen ging, sie selber konnte sich so wenig von mir trennen wie ich von ihr, sie sprach dann zu mir wie zu einem erwachsenen Menschen, lobte überschwenglich einen Schauspieler in einer bestimmten Rolle, kritisierte auch etwa einen anderen, der sie enttäuscht hatte, aber das kam seltener vor. Am liebsten sprach sie von dem, was sie ohne Widerstand und mit vollkommener Hingabe aufgenommen hatte. Die Nasenflügel an ihren weiten Nüstern gerieten in heftige Bewegung, ihre großen, grauen Augen sahen nicht mehr mich, ihre Worte waren nicht mehr an mich gerichtet. Ich fühlte, daß sie zum Vater sprach, wenn sie auf diese Weise ergriffen war, und vielleicht wurde ich dann selbst, ohne es zu ahnen, zu meinem Vater. Ich ernüchterte sie nicht durch kindliche Fragen und verstand es, ihre Begeisterung zu schüren.

Wenn sie verstummte, wurde sie so ernst, daß ich keinen Satz mehr wagte. Sie fuhr sich mit der Hand über die ungeheure Stirn, Stille herrschte, mir stockte der Atem. Sie klappte das Buch nicht zu, sondern ließ es offen liegen, so blieb es dann für den Rest der Nacht, wenn wir schlafen gegangen waren. Sie sagte keinen der gewöhnlichen Sätze mehr, wie, daß es schon spät sei, daß ich schon längst im Bett sein sollte, daß ich morgen früh in die Schule müsse, alles, was sonst zu ihren mütterlichen Sätzen gehörte, war ausgetilgt. Es schien natürlich, daß sie die Figur blieb, über die sie gesprochen hatte. Von allen Figuren Shakespeares war die, die sie am meisten liebte, Coriolan.

Ich glaube nicht, daß ich damals die Stücke verstand, die wir zusammen lasen. Gewiß ging vieles davon in mich ein, aber in meiner Erinnerung blieb sie die einzige Figur, es war eigentlich alles ein einziges Stück, das wir zusammen spielten. Die furchtbarsten Ereignisse und Zusammenstöße, die sie mir keineswegs ersparte, setzten sich um in ihre Worte, die als Erklärungen begannen und in eine leuchtende Hingerissenheit mündeten.

Als ich fünf, sechs Jahre später Shakespeare für mich allein las, diesmal in deutscher Übersetzung, war mir alles neu, ich staunte darüber, daß ich es anders, nämlich wie einen einzigen Feuerstrom in Erinnerung hatte. Das mag damit zusammenhängen, daß Deutsch mir indessen die wichtigere Sprache geworden war. Aber nichts hatte sich mir auf jene geheimnisvolle Weise übersetzt wie die frühen bulgarischen Märchen, die ich bei jeder Begegnung in einem deutschen Buch auf der Stelle erkannte und richtig zu Ende zu erzählen vermochte.

Der Unermüdliche

Dr. Weinstock, unser Hausarzt, war ein kleiner Mann mit einem Affengesicht und unermüdlich zwinkernden Augen. Er sah alt aus, obwohl er es nicht war, vielleicht waren es die Affenfalten seines Gesichts, die ihm ein altes Aussehen gaben. Wir Kinder fürchteten ihn nicht, obwohl er ziemlich oft kam und uns in all den üblichen Kinderkrankheiten behandelte. Er war gar nicht streng, schon daß er immer zwinkerte und grinste, nahm einem jede Furcht. Doch er kam gern mit der Mutter ins Gespräch und hielt sich immer dicht an ihr. Sie wich ganz wenig vor ihm zurück, aber er rückte gleich mit der Hand nach, die er ihr beschwichtigend und werbend auf die Schulter oder den Arm legte. Er sagte »Kinderl« zu ihr, was mir sehr widerstrebte, und mochte sich nie von ihr trennen, seine klebrigen Augen hafteten auf ihr, als ob er sie mit ihnen berühre. Ich mochte es nicht, wenn er kam, aber da er ein guter Arzt war und auch sonst niemandem von uns etwas Böses tat, hatte ich keine Waffe gegen ihn. Ich zählte die Male, die er »Kinderl« zu ihr sagte, und meldete, kaum daß er fort war, der Mutter das Resultat. »Heute hat er neunmal ›Kinderl‹ zu dir gesagt«, hieß es, oder »Heute waren es fünfzehnmal«. Sie wunderte sich über diese Zählungen, verwies sie mir aber nicht, da er ihr gleichgültig war, empfand sie meine ›Aufsicht‹ nicht als lästig. Ich muß, ohne noch irgend etwas von solchen Dingen zu ahnen, seine Anrede als Annäherungsversuch empfunden haben, was sie zweifellos war, und sein Bild blieb in mir unauslöschlich haften. Nach anderthalb Jahrzehnten, als er längst aus unserem Leben verschwunden war, machte ich aus ihm einen sehr alten Mann, Dr. Bock, Hausarzt, achtzigjährig.

Wirklich alt war damals schon der Großvater Canetti. Er kam oft nach Wien, uns zu besuchen. Die Mutter kochte selbst für ihn, was sie sonst nicht häufig tat, er wünschte sich immer dasselbe Gericht ›Kalibsbraten‹. Gehäufte Konsonanten bereiteten seiner spanischen Zunge Schwierigkeiten, und aus ›Kalb‹ wurde notgedrungen ›Kalib‹. Er erschien zum Mittagessen, küßte uns ab, wobei auf meine Wange immer warme Tränen liefen, bei der ersten Begrüßung weinte er, denn ich hieß wie er, war eine ›Waise‹ und er sah mich nie, ohne an meinen Vater zu denken. Ich wischte heimlich das

Naß vom Gesicht ab und obwohl ich von ihm fasziniert war, hatte ich jedesmal den Wunsch, daß er mich nie mehr küssen möge. Das Essen begann heiter, beide, der Alte wie die Schwiegertochter waren lebhafte Menschen, und es gab viel zu erzählen. Aber ich wußte, was sich hinter dieser Heiterkeit verbarg, und daß es anders ausgehen würde. Jedesmal, sobald das Essen zu Ende war, kam es zur alten Auseinandersetzung. Er seufzte und sagte: »Ihr hättet nie von Bulgarien weggehen sollen, dann wäre er heute noch am Leben! Aber dir war Rustschuk nicht gut genug. Es mußte England sein. Und wo ist er jetzt? Das englische Klima hat ihn getötet.« Das traf die Mutter schwer, denn sie hatte wirklich von Bulgarien fort wollen und dem Vater die Kraft eingeflößt, sich in dieser Sache gegen *seinen* Vater zu behaupten. »Ihr habt es ihm zu schwer gemacht, Señor Padre«, so redete sie ihn immer an, wie ihren eigenen Vater. »Hättet Ihr ihn ruhig fortgehen lassen, so hätte er sich an das englische Klima gewöhnt. Aber Ihr habt ihn verflucht! Verflucht habt Ihr ihn! Wo hat man das gehört, daß ein Vater seinen Sohn verflucht, *seinen eigenen Sohn*!« Da war dann der Teufel los, er sprang zornig auf, es wurden Sätze gewechselt, die es immer schlimmer machten, er stürmte aus dem Zimmer, packte seinen Stock und verließ die Wohnung, ohne sich für den ›Kalibsbraten‹ zu bedanken, den er vorher beim Essen überschwenglich gelobt hatte, ohne sich von uns Kindern zu verabschieden. Sie aber blieb weinend zurück und konnte sich gar nicht beruhigen. So wie er unter jenem Fluche litt, den er sich nie verzeihen konnte, so standen ihr die letzten Stunden des Vaters vor Augen, die sie sich bitter vorwarf.

Der Großvater wohnte im Hotel Austria in der Praterstraße, manchmal brachte er die Großmutter mit, die sich zu Hause in Rustschuk nie von ihrem Diwan erhob, und wie er das zustande brachte, wie er sie zur Reise beredete und aufs Donauschiff führte – das blieb mir immer ein Rätsel. Da bewohnte er allein oder mit ihr ein Zimmer, immer dasselbe, und außer den beiden Betten war da auch ein Sofa, auf dem ich die Nacht vom Samstag zum Sonntag schlief. Das hatte er sich ausbedungen, für diese Nacht und das Frühstück am Sonntagmorgen gehörte ich ihm, wann immer er in Wien war. Ich kam gar nicht so gern ins Hotel, es war dunkel da und roch muffig, und bei uns zu Hause am Prater war es hell und luftig. Aber dafür war das Frühstück am Sonntag ein großes Ereignis, denn da führte er mich ins Kaffeehaus, ich bekam eine Melange mit Schlag und was das Wichtigste war, einen frischen Kipfel.

Um elf Uhr begann die Talmud-Thora-Schule in der Novaragasse 27, wo man Hebräisch lesen lernte. Er legte Wert darauf, daß ich die Religionsschule besuche, der Mutter traute er in diesen Dingen nicht viel Eifer zu und die Übernachtung bei ihm im Hotel war als Kontrolle gedacht, er wollte sicher sein, daß ich mich jeden Sonntagvormittag in der Schule einfinde, das Kaffeehaus samt dem Kipfel sollte mir die Sache schmackhaft machen. Es war alles ein wenig freier als bei der Mutter, weil er um mich warb, er wünschte sich meine Liebe und gute Gesinnung und außerdem gab es niemanden, noch so klein auf der Welt, den er nicht beeindrucken wollte.

In dieser Schule ging es eher jämmerlich zu, das hing damit zusammen, daß der Lehrer lächerlich schien, ein armer krächzender Mann, der so aussah, als stünde er frierend auf einem Beine, er hatte gar keinen Einfluß auf die Schüler, die taten, was ihnen beliebte. Wohl lernte man Hebräisch lesen und ratschte die Gebete aus den Büchern fließend herunter. Aber wir wußten nicht, was die Worte, die wir lasen, bedeuteten, niemand fiel es ein, sie uns zu erklären. Auch die Geschichten der Bibel wurden uns nicht nahegebracht. Einziges Ziel der Schule war es, uns fließendes Lesen der Gebetbücher beizubringen, damit die Väter oder Großväter im Tempel Ehre mit uns einlegten. Ich beschwerte mich bei der Mutter über die Dummheit dieses Unterrichts, sie bestätigte meine Meinung, wie anders waren unsere gemeinsamen Lektüren! – Aber sie erklärte mir, daß sie mich nur hingehen lasse, damit ich den Kaddisch, das Totengebet für den Vater, richtig beten lerne. An der ganzen Religion sei das das Wichtigste, außer vielleicht auf den Versöhnungstag komme es sonst auf nichts an. Als Frau, die immer abseits sitzen mußte, hatte sie nicht viel übrig für den Kult im Tempel, beten bedeutete ihr nichts und lesen konnte ihr nur wichtig sein, wenn sie verstand, was sie las. Für Shakespeare brachte sie die Inbrunst auf, die sie für ihren Glauben nie empfunden hatte.

Sie war ihrer Gemeinde schon dadurch entronnen, daß sie als Kind die Schule in Wien besucht hatte, und fürs Burgtheater hätte sie sich in Stücke reißen lassen. Vielleicht hätte sie mir alle äußerlichen Verrichtungen einer Religion, die für sie kein Leben mehr hatte, erspart und mir sogar die Sonntagsschule, in der man überhaupt nichts lernen konnte, geschenkt, hätte die starke Spannung, die zwischen ihr und dem Großvater bestand, sie nicht gezwungen, ihm in diesem Punkte, der als Sache der Männer galt, nachzugeben. Sie wollte nie wissen, was in dieser Religionsschule geschah; wenn ich am Sonntag zum Mittagessen nach Hause kam, sprachen wir schon vom Drama, das wir am selben Abend zusammen lesen würden. Das dunkle Hotel Austria, die dunkle Novaragasse waren vergessen, sobald Fanny mir die Wohnungstür öffnete, und das einzige, was die Mutter, sehr gegen ihre Art zögernd fragte, war, was der Großvater gesagt habe, womit sie meinte, ob er etwas über sie gesagt habe. Er tat es nie, aber sie fürchtete, er könnte einmal versuchen, mich gegen sie einzunehmen. Sie hätte es nicht zu fürchten brauchen, denn hätte er es je versucht (wovor er sich wohl hütete), ich wäre nie wieder zu ihm ins Hotel gegangen.

Zu den auffallendsten Eigenschaften des Großvaters gehörte seine Unermüdlichkeit, er, der sonst so orientalisch wirkte, war immer in Bewegung. Kaum wußten wir ihn in Bulgarien, erschien er schon wieder in Wien und reiste bald weiter nach Nürnberg, das bei ihm Nürimberg hieß. Aber er reiste auch in viele andere Städte, an die ich mich nicht erinnere, weil er ihren Namen nicht so falsch aussprach, daß es mir auffiel. Wie oft traf ich ihn zufällig auf der Praterstraße oder einer anderen Straße der Leopoldstadt, in eiliger Bewegung, immer mit seinem silberbeschlagenen Stock, ohne den er nirgendwo hinging, und so eilig er es hatte, seinen Augen, die hin und her schossen, Augen eines Adlers, entging nichts. Alle Spaniolen, die ihm begegneten – und es gab ziemlich viele von ihnen in diesem Teile Wiens, wo auch in der Zirkusgasse ihr Tempel stand – begrüßten ihn mit Respekt. Er war reich, aber er war nicht hochmütig, er sprach zu allen, die er kannte, und hatte immer etwas Überraschendes und Neues zu erzählen. Seine Geschichten machten die Runde; da er viel reiste und alles beobachtete, wofür er Sinn hatte, ausschließlich Menschen, und da er denselben Leuten nie die gleichen Geschichten erzählte und bis ins hohe Alter genau wußte, was er jedem gesagt hatte, war er für seinesgleichen immer amüsant. Für Frauen war er gefährlich, keine, die er einmal ins Auge gefaßt hatte, vergaß er und die Komplimente, die er zu machen verstand – er fand für jede Art von Schönheit neue und besondere Komplimente – blieben haften und wirkten weiter. So alt er wurde, er alterte kaum, seine Leidenschaft für alles Neue und Auffallende, seine raschen Reaktionen, seine herrische und doch einschmeichelnde Art, sein Auge für Frauen, alles blieb immer gleich lebendig.

Er suchte zu allen Menschen in *ihrer* Sprache zu sprechen, und da er diese nur nebenher auf seinen Reisen gelernt hatte, waren seine Kenntnisse, mit Ausnahme der Sprachen des Balkans, zu denen auch sein Spanisch gehörte, höchst mangelhaft. Er zählte gern an den Fingern auf, wieviel Sprachen er spreche, und die drollige Sicherheit, mit der er es bei dieser Aufzählung – Gott weiß wie – manchmal auf 17, manchmal auf 19 Sprachen brachte, war trotz seiner komischen Aussprache für die meisten Menschen unwiderstehlich. Ich schämte mich dieser Szenen, wenn sie sich vor mir abspielten, denn was er da von sich gab, war so fehlerhaft, daß er selbst in meiner Volksschule beim Herrn Lehrer Tegel damit durchgefallen wäre, wie erst bei uns zuhause, wo die Mutter uns mit erbarmungslosem Hohn den kleinsten Fehler verwies. Dafür beschränkten wir uns zuhause auf bloß vier Sprachen, und wenn ich die Mutter fragte, ob es möglich sei, 17 Sprachen zu sprechen, sagte sie, ohne den Großvater zu nennen: »Nein! Dann kann man keine!«

Er hatte, obwohl es eine für ihn völlig fremde Welt war, in der sich ihr Geist bewegte, großen Respekt vor der Bildung der Mutter und besonders dafür, daß sie mit uns streng war und sehr viel von uns verlangte. So tief er ihr dafür grollte, daß sie den Vater mit Hilfe eben dieser Bildung aus Bulgarien weggelockt hatte, so sehr lag ihm daran, daß sie uns damit erfülle. Ich glaube, daß es nicht nur Gedanken an Nützlichkeit und Fortkommen in der Welt waren, die ihn dabei bestimmten, sondern der Impetus seiner eigenen, nie wirklich ausgeschöpften Begabung. Innerhalb seines engen eigenen Lebenskreises hatte er es weit gebracht und von der Macht über seine weitverzweigte Familie hätte er kein Jota aufgegeben, aber er fühlte, daß es unendlich viel außerhalb gab, das sich ihm versagte. Er beherrschte nur die aramäische Schrift, in der das Altspanische geschrieben wurde, und Zeitungen las er nur in dieser Sprache. Sie hatten spanische Namen wie ›El Tiempo‹, ›Die Zeit‹ und ›La Boz de la Verdad‹, ›Die Stimme der Wahrheit‹, waren in hebräischen Lettern gesetzt und erschienen, glaube ich, nur einmal die Woche. Lateinische Lettern las er, aber er fühlte sich unsicher dabei, und so hat er in seinem ganzen langen Leben – er wurde über 90 Jahre alt – in den vielen Ländern, die er bereiste, nie etwas in der Landessprache (geschweige denn ein Buch darin) gelesen. Seine Kenntnisse bezogen sich, abgesehen von seinem Geschäft, das er souverän beherrschte, ausschließlich auf seine eigenen Beobachtungen unter Menschen. Diese konnte er nachmachen und wie ein Schauspieler spielen, und manche Leute, die ich selber kannte, wurden mir durch die Art, wie er sie spielte, so interessant, daß sie mich dann in ihrer wahren Person bitter enttäuschten, während sie mich in seinem Spiel mehr und mehr faszinierten. Dabei hielt er sich in seinen satirischen Szenen vor mir noch zurück, nur in einer Gesellschaft von vielen Erwachsenen, deren Mittelpunkt er war, ließ er sich vollkommen gehen und vermochte sie Stunden und Stunden mit seinen Geschichten zu unterhalten. (Er war schon lange gestorben, als ich seinesgleichen unter den Geschichtenerzählern in Marrakesch wiederfand, und obwohl ich von ihrer Sprache kein Wort verstand, waren sie mir durch die Erinnerung an diesen Großvater vertrauter als alle die unzähligen anderen Menschen, denen ich dort begegnete.)

Seine Neugier, wie ich schon sagte, war immer rege, nie, kein einziges Mal, habe ich ihn müde gesehen, und selbst wenn ich mit ihm allein war, spürte ich, daß er mich unaufhörlich, ohne einen Augenblick auszusetzen, beobachtete. In jenen Nächten, die ich im Hotel Austria bei ihm verbrachte, war mein letzter Gedanke vor dem Einschlafen der, daß er nicht wirklich schlief, und so wenig glaubwürdig es klingen mag, ich habe ihn zu keiner Zeit schlafen gesehen. Morgens war er lange vor mir wach, gewaschen und angezogen, und meist hatte er auch sein Morgengebet verrichtet, das ziemlich lange dauerte. Wachte ich aber nachts aus irgendeinem Grunde auf, so saß er aufgerichtet in seinem Bett, als habe er schon lange gewußt, daß ich jetzt aufwachen würde, und warte nur darauf, daß ich ihm sage, was ich jetzt wolle. Doch gehörte er nicht etwa zu den Leuten, die über Schlaflosigkeit klagen. Im Gegenteil, er wirkte frisch und für alles bereit, ein Teufel an immerwacher Bereitschaft, vielen war er durch dieses Übermaß an Vitalität – bei allem Respekt, den sie vor ihm hatten – ein wenig unheimlich.

Zu seinen Passionen gehörte das Einsammeln von Geld für arme Mädchen, die heiraten wollten und keine Mitgift hatten. Ich sah ihn oft auf der Praterstraße, wenn er jemand anhielt, von dem er zu diesem Zweck Geld wollte. Schon zückte er sein rotledernes Notizbuch, in das die Spenden mit Namen des Gebers eingetragen wurden. Schon nahm er die Geldscheine entgegen und verstaute sie in seiner Brieftasche. Er holte sich nie ein Nein, es wäre eine Schande gewesen, dem Señor Canetti nein zu sagen. Das Ansehen innerhalb der Gemeinde hing davon ab, immer hatten die Leute das Geld für die gar nicht kleinen Spenden bei sich, ein Nein hätte bedeutet, daß man selbst daran war, zu den Armen zu gehören und das wollte keiner von sich sagen lassen. Aber ich glaube, daß es unter diesen Kaufleuten auch echte Generosität gab. Ich bekam oft zu hören, mit verhaltenem Stolz, daß dieser und jener ein guter Mensch sei, womit man meinte, daß er ausgiebig für die Armen spende. Der Großvater war dafür bekannt, daß man ihm besonders gern gab, schon weil er selbst, in seinen runden aramäischen Buchstaben, an der Spitze der Sammlung im Taschenbuch figurierte. Da *er* so gut begonnen hatte, mochte keiner hinter ihm zurückstehen und er hatte sehr bald die Summe für eine ehrenvolle Mitgift beisammen.

In dieser Schilderung des Großvaters habe ich manches zusammengezogen, auch was ich erst in späteren Jahren erlebt oder erfahren habe. So nimmt er hier, in dieser ersten Wiener Periode, mehr Raum ein, als ihm eigentlich zukommt.

Denn das unvergleichlich Wichtigste, das Aufregende und Besondere dieser Zeit waren die Leseabende mit der Mutter und die Gespräche, die sich an jede Lektüre knüpften. Ich kann diese Gespräche nicht mehr im einzelnen wiedergeben, denn ich bestehe zum guten Teil aus ihnen. Wenn es eine geistige Substanz gibt, die man in frühen Jahren empfängt, auf die man sich immer bezieht, von der man nie loskommt, so war es diese. Ich war von blindem Vertrauen zur Mutter erfüllt, die Figuren, über die sie mich befragte, über die sie dann zu mir sprach, sind so sehr zu meiner Welt geworden, daß ich sie nicht mehr auseinandernehmen kann. Alle späteren Einflüsse kann ich in jeder Einzelheit verfolgen. Diese aber bilden eine Einheit von unzerteilbarer Dichte. Seit dieser Zeit, also seit meinem zehnten Lebensjahr, ist es eine Art Glaubenssatz von mir, daß ich aus vielen Personen bestehe, deren ich mir keineswegs bewußt bin. Ich denke, sie bestimmen, was mich an Menschen, denen ich begegne, anzieht oder abstößt. Sie waren das Brot und das Salz der frühen Jahre. Sie sind das eigentliche, das verborgene Leben meines Geistes.

Den Sommer 1914 verbrachten wir in Baden bei Wien. Wir wohnten in einem gelben, einstöckigen Haus, ich weiß nicht in welcher Straße, und teilten dieses Haus mit einem hohen Offizier in Pension, einem Feldzeugmeister, der mit seiner Frau den unteren Stock bewohnte. Es war eine Zeit, in der man nicht umhin konnte, Offiziere zu bemerken.

Einen guten Teil des Tages verbrachten wir im Kurpark, wohin uns die Mutter mitnahm. In einem runden Kiosk, in der Mitte des Parks, spielte die Kurkapelle. Der Kapellmeister, ein dünner Mensch, hieß Konrath, wir Buben nannten ihn auf englisch unter uns ›carrot‹, Karotte. Mit den kleinen Brüdern sprach ich noch ungeniert englisch, sie waren drei und fünf Jahre alt, ihr Deutsch war etwas unsicher, Miss Bray war erst vor wenigen Monaten nach England zurückgefahren. Es wäre ein unnatürlicher Zwang für uns gewesen, untereinander anders als englisch zu sprechen, und man kannte uns im Kurpark als die kleinen englischen Buben.

Es waren immer viele Leute da, schon wegen der Musik, aber Ende Juli, als der Ausbruch des Krieges bevorstand, wurde die Masse von Menschen, die sich in den Kurpark drängte, immer dichter. Die Stimmung wurde erregter, ohne daß ich begriff, warum, und als die Mutter mir sagte, daß wir beim Spielen nicht so laut englisch schreien sollten, nahm ich nicht viel Notiz davon und die Kleinen natürlich noch weniger.

An einem Tage, ich glaube, es war der 1. August, begannen die Kriegserklärungen. Carrot dirigierte, die Kurkapelle spielte, jemand reichte Carrot einen Zettel hinauf, den er öffnete, er unterbrach die Musik, klopfte kräftig mit dem Taktstock auf und las laut vor: »Deutschland hat Rußland den Krieg erklärt.« Die Kapelle stimmte die österreichische Kaiserhymne an, alle standen, auch die, die auf den Bänken gesessen waren, erhoben sich und sangen mit: »Gott erhalte, Gott beschütze unsern Kaiser, unser Land.« Ich kannte die Hymne von der Schule her und sang etwas zögernd mit. Kaum war sie zu Ende, folgte die deutsche Hymne: ›Heil dir im Siegerkranz‹. Es war, was mir, mit anderen Worten, von England als ›God save the King‹ vertraut war. Ich spürte, daß es eigentlich gegen England ging. Ich weiß nicht, ob es aus alter Gewohnheit war, vielleicht war es auch aus Trotz, ich sang, so laut ich konnte, die englischen Worte mit und meine kleinen Brüder, in ihrer Ahnungslosigkeit, taten mir's mit ihren dünnen Stimmchen nach. Da wir dicht gedrängt unter all den Leuten standen, war es unüberhörbar. Plötzlich sah ich wutverzerrte Gesichter um mich, und Arme und Hände, die auf mich losschlugen. Selbst meine Brüder, auch der Kleinste, Georg, bekamen etwas von den Schlägen ab, die mir, dem Neunjährigen, galten. Bevor die Mutter, die ein wenig von uns weggedrängt worden war, es gewahr wurde, schlugen alle durcheinander auf uns los. Aber was mich viel mehr beeindruckte, waren die haßverzerrten Gesichter. Irgend jemand muß es der Mutter gesagt haben, denn sie rief sehr laut: »Aber es sind doch Kinder!« Sie drängte sich zu uns vor, packte uns alle drei zusammen und redete zornig auf die Leute ein, die ihr gar nichts taten, da sie wie eine Wienerin sprach, und uns schließlich sogar aus dem schlimmen Gedränge hinausließen.

Ich begriff nicht ganz, was ich getan hatte, um so unauslöschlicher war dieses erste Erlebnis einer feindlichen Masse. Es hatte die Wirkung, daß ich während des ganzen Krieges, bis 1916 in Wien und dann in Zürich englisch gesinnt blieb. Aber ich hatte von den Schlägen gelernt: ich hütete mich wohl, solange ich noch in Wien war, etwas von meiner Gesinnung merken zu lassen. Englische Worte außer Haus waren uns nun strengstens verboten. Ich hielt mich daran und blieb um so eifriger bei meinen englischen Lektüren.

Die vierte Klasse der Volksschule, die meine zweite in Wien war, fiel schon in den Krieg und alles, woran ich mich erinnere, hängt mit dem Krieg zusammen. Wir bekamen ein gelbes

Heft mit Liedern, die sich in dieser oder jener Weise auf den Krieg bezogen. Es begann mit der Kaiserhymne, die wir täglich als erstes und letztes sangen. Zwei Lieder im gelben Heft gingen mir nahe: »Morgenrot, Morgenrot, leuchtest mir zum frühen Tod«, mein liebstes Lied aber begann mit den Worten: »Drüben am Wiesenrand hocken zwei Dohlen«, ich glaube, es ging weiter: »Sterb ich in Feindesland, fall ich in Polen«. Wir sangen zuviel aus diesem gelben Liederbuch, aber der Ton der Lieder war gewiß noch erträglicher als die abscheulichen komprimierten Haß-Sätzchen, die bis zu uns kleinen Schülern ihren Weg fanden. »Serbien muß sterbien!« »Jeder Schuß ein Russ!« »Jeder Stoß ein Franzos!« »Jeder Tritt ein Britt!« – Als ich zum ersten und einzigen Mal einen solchen Satz nach Hause brachte und zu Fanny sagte: »Jeder Schuß ein Russ!«, beschwerte sie sich darüber bei der Mutter. Vielleicht war es eine tschechische Empfindlichkeit von ihr, sie war keinesweg patriotisch und sang nie mit uns Kindern die Kriegslieder, die ich in der Schule lernte. Vielleicht aber war sie ein vernünftiger Mensch und empfand die Roheit des Satzes »Jeder Schuß ein Russ!« im Munde eines neunjährigen Kindes als besonders anstößig. Es traf sie schwer, denn sie verwies es mir nicht direkt, sondern verstummte, sie ging zur Mutter und sagte ihr, daß sie bei uns nicht bleiben könne, wenn sie von uns Kindern solche Sätze zu hören bekomme. Die Mutter nahm mich unter vier Augen vor und fragte mich sehr ernst, was ich mit diesem Satz meine. Ich sagte: nichts. Die Buben in der Schule sagten solche Sätze, die ganze Zeit, und ich könnte es nicht leiden. Das war nicht gelogen, denn ich war, wie ich schon sagte, englisch gesinnt. »Warum plapperst du es dann nach? Die Fanny mag das nicht hören. Es kränkt sie, wenn du etwas so Häßliches sagst. Ein Russe ist ein Mensch wie du und ich. Meine beste Freundin in Rustschuk war eine Russin. Du erinnerst dich nicht mehr an Olga.« Ich hatte sie vergessen und jetzt fiel sie mir wieder ein. Ihr Name pflegte früher oft bei uns zu fallen. Diese einzige Rüge genügte. Ich wiederholte nie wieder einen solchen Satz, und da die Mutter ihr Mißfallen darüber so deutlich gezeigt hatte, empfand ich Haß gegen jeden bestialischen Kriegssatz, den ich später noch in der Schule hörte, ich hörte sie täglich. Es waren keineswegs alle, die so daherredeten, es waren nur einige, aber die taten es immer wieder. Vielleicht weil sie in einer Minderzahl waren, taten sie sich gern damit hervor.

Fanny kam aus einem mährischen Dorf, eine kräftige Person, alles an ihr war fest, auch ihre Meinungen. Am Versöhnungstag standen fromme Juden am Ufer des Donaukanals und warfen ihre Sünden ins Wasser. Fanny, die mit uns vorüberging, hielt sich darüber auf. Sie dachte sich immer ihren Teil und sagte es gerade heraus. »Sollen sie lieber Sünden nicht machen«, meinte sie, »wegschmeißen kann ich auch.« Das Wort ›Sünde‹ war ihr nicht geheuer und große Gesten mochte sie schon gar nicht. Ihre tiefste Abneigung galt Bettlern und Zigeunern. Bettler und Diebe, das war für sie dasselbe. Sie ließ sich nichts vormachen und haßte Szenen. Hinter aufgeregten Reden witterte sie eine schlechte Absicht. Das Schlimmste für sie war Theater und davon gab es bei uns zu viel. Ein einziges Mal ließ sie sich selbst zu einer Szene hinreißen und die war so grausam, daß ich sie nie vergaß.

Es läutete an unserer Wohnungstür, ich war neben ihr, als sie öffnete. Ein Bettler stand davor, weder alt noch verstümmelt, warf sich vor Fanny auf die Knie und rang die Hände. Seine Frau liege auf dem Totenbett, er habe acht Kinder zuhause, hungrige Mäuler, unschuldige Würmer. »Haben Sie Erbarmen, die Dame! Was können die unschuldigen Würmer dafür!« Er blieb auf den Knien liegen und wiederholte leidenschaftlich seinen Spruch, es war wie ein Lied, und immer sagte er zu Fanny: »die Dame!«. Ihr verschlug es die Rede, eine Dame war sie nicht und wollte sie gar nicht sein, und wenn sie zur Mutter »gnä' Frau« sagte, klang es gar nicht unterwürfig. Eine Weile sah sie sich schweigend den Knienden an, sein Gesang hallte laut und schmelzend im Gange wider. Plötzlich warf sie sich selber auf die Knie und machte ihn nach. Jeden seiner Sätze bekam er in böhmischem Tonfall aus ihrem

Mund zurück und das Duett war so eindrucksvoll, daß ich die Worte mitzusprechen begann. Weder Fanny noch der Bettler ließen sich beirren. Aber schließlich stand sie auf und schlug ihm die Tür vor der Nase zu. Er lag immer noch auf den Knien und durch die geschlossene Tür sang er weiter: »Haben Sie Erbarmen, die Dame, was können die armen Würmer dafür!«

»Schwindler!« sagte Fanny, »hat keine Frau und liegt nicht im Sterben. Hat kein Kind, frißt alles selber. Faul ist, und will selber alles fressen. Junger Mensch! Wann hat acht Kinder gemacht!« Sie war so empört über den Lügner, daß sie der Mutter, die bald nach Hause kam, die ganze Szene vorspielte, ich assistierte ihr beim Kniefall; und noch manchmal spielten wir die Szene zusammen. Ich spielte ihr vor, was sie getan hatte, und wollte sie für ihre Grausamkeit strafen, aber ich wollte es auch besser spielen als sie. So bekam sie von mir die Sätze des Bettlers zu hören und dann nochmals das gleiche in ihrem eigenen Tonfall. Sie wurde wütend, wenn ich mit »Haben Sie Erbarmen, die Dame!« begann, und zwang sich, nicht wieder auf die Knie zu fallen, obschon sie mein eigener Kniefall dazu verlockte. Es war eine Qual für sie, denn sie fühlte sich in ihrer eigenen Sprache verhöhnt und plötzlich war diese feste, kompakte Person ganz hilflos. Einmal vergaß sie sich und gab mir die Ohrfeige, die sie dem Bettler so gern gegeben hätte.

Fanny bekam nun richtige Angst vor Theater. Die abendlichen Lesungen mit der Mutter, die sie in der Küche hören konnte, gingen ihr auf die Nerven. Wenn ich am nächsten Tag etwas darüber zu ihr sagte oder auch nur vor mich hinsprach, schüttelte sie den Kopf und sagte: »Soviel aufgeregt! Wie soll Bub schlafen?« Mit der Zunahme des dramatischen Lebens in der Wohnung wurde Fanny gereizt und als sie eines Tages kündigte, meinte die Mutter: »Die Fanny hält uns für verrückt. Sie versteht das nicht. Diesmal bleibt sie vielleicht noch. Aber ich glaube, wir werden sie bald verlieren.« Ich hing sehr an ihr, auch die kleinen Brüder. Der Mutter gelang es, nicht ohne Mühe, sie umzustimmen. Aber dann verlor sie einmal den Kopf und stellte in ihrer Redlichkeit ein Ultimatum. Sie könne es nicht mehr mitansehen, der Bub schlafe zu wenig. Wenn das Getue abends nicht aufhöre, müsse sie gehen. So ging sie, und wir waren alle traurig. Es kamen öfters Postkarten von ihr, ich, als ihr Quälgeist, durfte sie behalten.

Medea und Odysseus

Odysseus bin ich erst in Wien begegnet, ein Zufall wollte es, daß die Geschichte der Odyssee sich nicht unter den Büchern befand, die mir der Vater in England als erste in die Hand gab. In jener Reihe von Büchern der Weltliteratur, für Kinder nacherzählt, muß sich auch die Odyssee befunden haben, aber sei es, daß sie dem Vater nicht aufgefallen war, sei es, daß er sie absichtlich für etwas später aufhob, ich bekam sie damals nicht zu Gesicht. So habe ich erst deutsch davon erfahren, als mir die Mutter, ich war in meinem zehnten Lebensjahr, Schwabs ›Sagen des Klassischen Altertums‹ zum Geschenk machte.

An unseren Dramen-Abenden stießen wir oft auf die Namen griechischer Götter und Figuren, die sie mir erklären mußte, sie duldete nicht, daß mir etwas unklar blieb, und das hielt uns manchmal lange auf. Vielleicht fragte ich dann auch mehr, als sie zu beantworten vermochte, sie war mit diesen Dingen nur aus zweiter Hand vertraut, durch die Dramen der englischen und französischen, besonders aber der deutschen Literatur. Ich bekam den Schwab mehr als Hilfsmittel zu deren Verständnis, etwas, das ich für mich allein aufnehmen sollte, um den Schwung der Abende, die das Eigentliche waren, nicht durch immerwährende Abschweifungen zu gefährden.

Schon der erste, über den ich so erfuhr, Prometheus, machte mir einen ungeheuren Eindruck: ein Wohltäter der Menschen zu sein – was gab es, das einen mehr verlocken konnte; und dann diese Strafe, die entsetzliche Rache des Zeus. Am Ende aber begegnete mir Herakles als Erlöser, noch bevor ich seine anderen Taten kannte. Dann Perseus und die Gorgo, deren Blick versteinerte; Phaeton, der im Sonnenwagen verbrannte; Dädalus und Ikarus, es war schon Krieg und von Fliegern, die dabei ihre Rolle spielen würden, war oft die Rede; Kadmos und die Drachenzähne, auch diese bezog ich auf den Krieg.

Über alle diese wunderbaren Dinge schwieg ich, ich nahm sie auf, ohne darüber zu berichten. Abends konnte ich merken lassen, daß ich etwas wußte, aber nur, wenn sich eine Gelegenheit dazu ergab. Es war, als könnte ich zu den Erklärungen des Gelesenen meinen Teil beitragen, das im Grunde war die Aufgabe, die ich bekommen hatte. Ich spürte die Freude der Mutter, wenn ich kurz etwas sagte, ohne mich in neue Fragen zu verlieren. Ich behielt manches unerklärt für mich. Vielleicht fühlte ich mich auch gestärkt in einem Zwiegespräch, wo alles Übergewicht auf der anderen Seite lag, und daß ich ihr Interesse wecken konnte, wenn sie sich nicht ganz sicher fühlte, durch Erwähnen dieser oder jener Einzelheit, erfüllte mich mit Stolz.

Es dauerte nicht sehr lange und ich kam an die Argonautensage. Medea ergriff mich mit einer Gewalt, die ich nicht ganz verstehe, und noch weniger, daß ich sie der Mutter gleichsetzte. War es die Leidenschaft, die ich in ihr fühlte, wenn sie von den großen Heroinen des Burgtheaters sprach? War es die Furchtbarkeit des Todes, den ich dunkel als Mord empfand? Ihre wilden Dialoge mit dem Großvater, in die jeder seiner Besuche mündete, ließen sie geschwächt und weinend zurück. Zwar lief er davon, als fühle er sich geschlagen, sein Zorn war ohnmächtig, nicht der eines Siegers, aber auch sie vermochte diesen Kampf nicht zu bestehen, sie geriet in eine hilflose Verzweiflung, die peinigend war, die ich an ihr nicht ertrug. So ist es sehr wohl möglich, daß ich ihr überirdische Kräfte, die einer Zauberin, wünschte. Es ist eine Vermutung, die sich mir jetzt erst aufdrängt: als die Stärkere wollte ich sie sehen, als die Stärkste überhaupt, eine unbezwingliche und unablenkbare Kraft.

Über die Medea schwieg ich nicht, ich vermochte es nicht, und als ich die Sprache darauf brachte, ging ein ganzer Abend damit verloren. Sie ließ sich nicht anmerken, wie sehr sie über die Gleichsetzung erschrak, ich erfuhr das erst in späteren Jahren. Sie erzählte von Grillparzers ›Goldenem Vließ‹, von der Medea am Burgtheater, und es gelang ihr, durch diese sozusagen doppelte Brechung die heftige Wirkung der ursprünglichen Sage auf mich zu mildern. Ich zwang sie zum Geständnis, daß auch sie sich an Jason für seinen Verrat gerächt hätte, an ihm und auch an seiner jungen Frau, aber nicht an den Kindern. Diese hätte sie im Zauberwagen mitgenommen, wohin, das wußte sie nicht zu sagen. Selbst wenn sie ihrem Vater ähnlich gesehen hätten – sie wäre noch stärker als Medea gewesen und hätte sich dazu gebracht, ihren Anblick zu ertragen. So stand sie zum Schluß doch als die Allerstärkste da und hatte Medea in mir überwunden.

Odysseus mag ihr dabei geholfen haben, denn als ich bald danach von ihm erfuhr, verdrängte er alles, was vorangegangen war, und wurde zur eigentlichen Figur meiner Jugend. Die Ilias nahm ich mit Widerstreben auf, weil sie mit dem Menschenopfer der Iphigenie begann; daß Agamemnon darin nachgegeben hatte, erfüllte mich mit heftiger Abneigung gegen ihn; so war ich von Anfang an nicht auf seiten der Griechen. An Helenas Schönheit zweifelte ich, die Namen des Menelaos wie des Paris waren mir gleich lächerlich. Überhaupt war ich von Namen abhängig, es gab Figuren, die ich wegen ihrer Namen allein verabscheute, und andere, die ich für ihre Namen liebte, noch bevor ich ihre Geschichten erfahren hatte: zu diesen gehörten Ajax und Kassandra. Wann diese Abhängigkeit von Namen entstand, vermag ich nicht zu sagen. Sie wurde unbezwinglich bei den Griechen, ihre Götter schieden sich für mich in zwei Gruppen, in die sie durch ihre Namen und seltener nur durch ihren Charakter gerieten. Ich mochte Persephone, Aphrodite und Hera, nichts was

Hera tat, befleckte mir ihren Namen; ich mochte Poseidon und Hephaistos – Zeus hingegen, aber auch Ares und Hades waren mir zuwider. An Athena bestach mich ihre Geburt, Apollo verzieh ich nie das Schinden des Marsyas, seine Grausamkeit verhüllte mir seinen Namen, dem ich heimlich gegen meine Überzeugung anhing. Der Konflikt zwischen Namen und Taten wurde zu einer wesentlichen Spannung für mich, und der Zwang, sie in Übereinstimmung zu bringen, hat mich nie losgelassen. Menschen wie Figuren hing ich um ihrer Namen willen an, und Enttäuschung über ihr Verhalten hat mich zu den umständlichsten Bemühungen veranlaßt, sie zu verändern und mit ihren Namen in Einklang zu bringen. Über andere aber mußte ich abstoßende Geschichten aushekken, die ihre abscheulichen Namen rechtfertigten. Ich wüßte nicht, worin ich ungerechter gewesen wäre; für einen, dem Gerechtigkeit das war, was er zuhöchst bewunderte, hatte diese durch nichts zu beeinflußende Abhängigkeit von Namen etwas wahrhaft Fatales, sie und sie allein empfinde ich als ein Schicksal.

Ich kannte damals keine Menschen, die griechische Namen trugen, so waren sie mir alle neu und überfielen mich mit gesammelter Kraft. Ich konnte ihnen mit einer Freiheit begegnen, die ans Wunderbare grenzte, sie klangen an nichts Vertrautes an, sie vermischten sich mit nichts, als reine Figuren erschienen sie und blieben Figuren; mit Ausnahme der Medea, die mich in Verwirrung stürzte, entschied ich mich für oder gegen jede einzelne von ihnen und immer bewahrten sie eine Wirksamkeit, die sich nicht erschöpfte. Mit ihnen begann ein Leben, über das ich mir bewußt Rechenschaft ablegte, und darin allein hing ich von niemandem ab.

So wurde Odysseus, in den damals alles Griechische für mich mündete, zu einem eigentümlichen Vorbild, das erste, das ich rein zu erfassen vermag, das erste, von dem ich mehr erfuhr als je von einem Menschen, ein rundes und sehr erfülltes Vorbild, das sich in vielen Verwandlungen präsentierte, deren jede ihren Sinn und ihre Stelle hatte. In allen Einzelheiten hat er sich mir einverleibt und mit dem Fortschritt der Zeit gab es nichts an ihm, das mir nicht von Bedeutung wurde. Den Jahren seiner Fahrten entsprach die Zahl der Jahre, während deren er auf mich einwirkte. Zuletzt ging er, für niemand erkennbar, ganz in die ›Blendung‹ ein, womit nicht mehr als eine innerste Abhängigkeit von ihm gemeint ist. So vollkommen diese war und so leicht es für mich heute wäre, sie in allen Details nachzuweisen – ich weiß auch sehr wohl noch, womit seine Einwirkung auf den Zehnjährigen *einsetzte*, was diesen als Neues zuerst erfaßte und beunruhigte. Da war der Augenblick bei den Phäaken, als Odysseus noch unerkannt aus dem Munde des blinden Sängers Demodokos seine eigene Geschichte hörte und heimlich über sie weinte; die List, durch die er sich und seinen Gefährten das Leben rettete, als er sich Polyphem gegenüber Niemand nannte; der Gesang der Sirenen, den er sich nicht entgehen ließ; und die Geduld, mit der er als Bettler die Beschimpfungen der Freier ertrug: alles Verwandlungen, durch die er sich *verringerte*, und im Falle der Sirenen seine unbezwingliche Neugier.

Reise nach Bulgarien

Im Sommer 1915 fuhren wir zu Besuch nach Bulgarien. Die Mutter hatte einen großen Teil ihrer Familie unten, sie wollte ihre Heimat wiedersehen und den Ort, an dem sie sieben Jahre glücklich mit dem Vater gelebt hatte. Schon Wochen vorher war sie in einer Aufregung, die ich nicht verstand, anders als alle Zustände, in denen ich sie bis dahin gekannt hatte. Sie sprach viel von ihrer Kindheit in Rustschuk, und der Ort, an den ich nie gedacht hatte, gewann plötzlich durch ihre Geschichten Bedeutung. Rustschuk wurde von den Spaniolen, die ich in England und Wien kannte, nur mit Verachtung erwähnt, als ein provinzielles Nest ohne Kultur, wo die Leute gar nicht wußten, wie es in ›Europa‹ zugeht. Alle schienen froh, daß sie von dort entronnen waren, und kamen sich als aufgeklärtere und bessere Menschen vor, weil sie nun woanders lebten. Nur der Großvater, der sich nie für etwas schämte, sprach den Namen der Stadt mit feurigem Nachdruck aus, da war sein Geschäft, das Zentrum seiner Welt, da waren die Häuser, die er mit wachsendem Wohlstand erworben hatte. Doch hatte ich gemerkt, wie wenig er von den Dingen, die mich heftig interessierten, wußte – als ich ihm einmal von Marco Polo und China erzählte, sagte er, das seien alles Märchen, ich sollte nur glauben, was ich selber sähe, er kenne diese Lügner; ich begriff, daß er nie ein Buch las, und da er die Sprachen, mit deren Kenntnis er sich brüstete, nur mit lächerlichen Fehlern sprach, war mir seine Treue für Rustschuk gar keine Empfehlung, und seine Reisen von dort in Länder, die nicht mehr zu entdecken waren, erfüllten mich mit Verachtung. Dabei hatte er ein unfehlbares Gedächtnis und überraschte mich einmal, als er zu uns zum Essen kam, mit einer Reihe von Fragen über Marco Polo an die Mutter. Nicht nur fragte er sie, wer das sei, ob dieser Mensch je wirklich gelebt habe, er erkundigte sich nach jeder wunderbaren Einzelheit, die ich ihm berichtet hatte, ohne eine einzige auszulassen, und geriet beinahe in Zorn, als die Mutter ihm erklärte, welche Rolle der Bericht Marco Polos bei der späteren Entdeckung Amerikas gespielt habe. Doch bei der Erwähnung des Irrtums von Kolumbus, der Amerika für Indien gehalten hatte, beruhigte er sich wieder und sagte triumphierend: »Das kommt davon, wenn man einem solchen Lügner glaubt! Da entdecken sie Amerika und glauben, es ist Indien!«

Was er nicht vermocht hatte, mir Interesse für meinen Geburtsort abzunötigen, gelang der Mutter spielend. Bei unseren abendlichen Sitzungen sagte sie plötzlich, wenn sie von einem Buch sprach, das sie besonders liebte: »Das habe ich zum erstenmal auf dem Maulbeerbaum im Garten meines Vaters gelesen.« Einmal zeigte sie mir ein altes Exemplar von Victor Hugos ›Les Misérables‹, da waren noch Flecken von Maulbeeren drin, die sie beim Lesen gegessen hatte. »Sie waren schon sehr reif«, sagte sie, »und ich bin hoch hinaufgeklettert, um mich besser zu verstecken. Da sahen sie mich nicht, wenn ich zum Essen kommen sollte. Ich las den ganzen Nachmittag weiter und war dann plötzlich so hungrig, daß ich mich mit Maulbeeren vollstopfte. Da hast du's leichter. Ich laß dich immer lesen.« »Aber ich muß doch zum Essen kommen«, sagte ich und begann mich für den Maulbeerbaum zu interessieren.

Den würde sie mir zeigen, versprach sie dann, alle unsere Gespräche mündeten jetzt in Reisepläne. Ich war nicht dafür, denn dort würden unsere abendlichen Lektüren für eine Weile aussetzen müssen. Aber dann, ich war noch unter dem Eindruck der Argonautensage und der Figur der Medea, sagte sie: »Wir fahren auch nach Varna, ans Schwarze Meer.« Da brach mein Widerstand zusammen. Zwar war Kolchis am anderen Ende des Schwarzen Meers, aber immerhin, es war dasselbe Meer, und für diesen Anblick war ich bereit, selbst den hohen Preis der Unterbrechung unserer Lektüren zu zahlen.

Wir fuhren mit der Bahn, an Kronstadt vorbei und durch Rumänien. Für dieses Land empfand ich Zärtlichkeit, weil man die rumänische Amme sehr rühmte, die mich genährt hatte. Sie habe mich so gern gehabt wie ihr eigenes Kind und habe später den Weg von Giurgiu über die Donau nicht gescheut, bloß um zu sehen, wie es mir ginge. Dann habe man gehört, daß sie durch einen Unfall in einem tiefen Ziehbrunnen ertrunken sei, und der Vater, wie es seine Art war, habe ihre Familie ausfindig gemacht und heimlich, ohne daß der Großvater es erfuhr, für sie getan, was er nur konnte.

In Rustschuk wohnten wir nicht im alten Haus, das wäre zu nah beim Großvater Canetti gewesen. Wir ließen uns im Haus der Tante Bellina nieder, der ältesten Schwester der Mutter. Sie war die Schönste der drei Schwestern und genoß, aus diesem Grund allein, einige Berühmtheit. Das Unglück, das sie später bis an ihr Lebensende verfolgte, war damals über sie und ihre Familie noch nicht hereingebrochen, aber es kündigte sich schon an. Ich habe sie in der Erinnerung behalten, wie sie damals war, in der Blüte ihrer Schönheit; ich fand sie später als Tizians ›La Bella‹ und ›Venus von Urbino‹ wieder und so kann sich ihr Bild in mir nicht mehr verändern.

Sie wohnte in einem gelben, geräumigen Haus türkischer Bauart, gleich gegenüber dem Hause ihres Vaters, des Großvaters Arditti, der vor zwei Jahren auf einer Reise in Wien gestorben war. Ihre Güte kam ihrer Schönheit gleich, sie wußte wenig und man hielt sie für dumm, weil sie nie etwas für sich wollte und immer schenkte. Da alle ihren geizigen und geldbewußten Vater noch gut in Erinnerung hatten, erschien sie wie aus der Art geschlagen, ein Wunder an Freigebigkeit, sie war außerstande, einen Menschen zu sehen, ohne darüber nachzudenken, womit sie ihm eine besondere Freude machen könnte. Sie dachte sonst nie über etwas nach. Wenn sie schwieg und vor sich hinsah, ohne auf Fragen anderer zu achten, etwas abwesend und mit einem beinahe angestrengten Ausdruck auf ihrem Gesicht, das aber auch dann seine Schönheit nicht verlor, so wußte man, sie überlegt sich ein Geschenk und ist noch mit keinem, das ihr eingefallen ist, zufrieden. Sie schenkte so, daß man überwältigt war, aber sie war eigentlich nie ganz froh, denn es erschien ihr immer zu gering und sie brachte es fertig, sich mit redlichen Worten noch dafür zu entschuldigen. Es war nicht die stolze Art des Schenkens, die ich von spanischen Menschen her gut kenne, die mit einem gewissen Anspruch auf Nobilität einhergeht, sondern es war schlicht und natürlich wie Ein- und Ausatmen.

Sie hatte ihren Cousin geheiratet, Josef, einen cholerischen Mann, der ihr das Leben schwer machte, unter dem sie mehr und mehr zu leiden hatte, ohne sich je das Geringste anmerken zu lassen. Der Obstgarten hinter dem Haus, in dem die Bäume damals mit den wunderbarsten Früchten beladen waren, verzauberte uns beinahe so sehr wie die Geschenke der Tante. Die Räume in ihrem Haus waren hell und doch kühl, es war viel mehr Platz als bei uns in Wien, es gab allerhand zu entdecken. Ich hatte vergessen, wie es sich auf türkischen Diwans lebte, und alles schien mir fremdartig und neu, beinahe als wäre ich nun doch auf einer Forschungsreise in einem exotischen Land, was der heftigste Wunsch meines Lebens geworden war. Der Maulbeerbaum im Garten des Großvaters gegenüber enttäuschte mich, er war gar nicht so hoch, und da ich mir die Mutter so groß vorstellte, wie sie jetzt war, begriff ich nicht, daß man sie damals in ihrem Versteck nicht bemerkt hatte. Aber im gelben Haus, in der Nähe der Tante, fühlte ich mich wohl und drängte nicht auf die Abreise ans Schwarze Meer, die doch als der eigentliche Clou der Reise gedacht war.

Onkel Josef Arditti mit seinem dicken roten Gesicht und den verkniffenen Augen fragte mich immerzu aus, er wußte allerhand und war mit meinen Antworten auf seine Fragen so zufrieden, daß er mir die Wangen tätschelte und sagte: »Merkt auf meine Worte! Aus dem wird noch etwas werden. Ein großer Advokat, wie sein Onkel!« Er war Kaufmann und gar kein Advokat, doch verstand er sich auf die Gesetze in vielen Ländern, die er ausführlich und auswendig zitierte, und zwar in den verschiedensten Sprachen, die er dann gleich für mich ins Deutsche übersetzte. Er versuchte mich hereinzulegen, indem er, vielleicht nach zehn Minuten, denselben Rechtssatz nochmals zitierte, aber leicht abgeändert. Dann sah er mich ein wenig tückisch an und wartete. »Das war aber vorhin anders«, sagte ich, »das war früher *so*!« Ich konnte diese Art von Sätzen nicht leiden, sie erfüllten mich mit einem tiefen Widerwillen gegen alles, was mit ›Recht‹ zusammenhing, aber rechthaberisch war ich auch und wollte überdies sein Lob gewinnen. »Du hast also aufgepaßt«, sagte er dann, »du bist kein Dummkopf wie alle anderen hier«, und zeigte in die Richtung der Zimmer, wo die andern saßen, unter ihnen seine Frau. Doch meinte er nicht nur sie, er hielt die ganze Stadt für dumm, das Land, den Balkan, Europa, die Welt, mit Ausnahme von einigen berühmten Advokaten, die es vielleicht gerade noch mit ihm aufnehmen konnten.

Man munkelte von seinen Zornesausbrüchen, ich wurde davor gewarnt, es sei ganz furchtbar, wenn er in Wut gerate.

Ich solle aber nicht erschrecken, es lege sich dann wieder, man müsse nur ganz still sitzenbleiben, ja kein Wort sagen und wenn er einen dabei ansehe, immer ergeben nicken. Die Mutter warnte mich, daß auch sie und die Tante schweigen würden, wenn es passiere, er sei eben so, da könne man nichts machen. Er habe es dann besonders auf den verstorbenen Großvater abgesehen, aber auch auf dessen noch lebende Witwe, die Großmutter und alle lebenden Geschwister der Mutter, sie selber und die Tante Bellina inbegriffen.

Ich bekam diese Warnung so oft zu hören, daß ich schon neugierig darauf wartete. Aber als es dann kam, eines Tages beim Essen, war es so schrecklich, daß es zur eigentlichen Erinnerung dieser Reise wurde. »Ladrones!« schrie er plötzlich, »Ladrones! Glaubt ihr, ich weiß nicht, daß ihr alle Diebe seid!« Das spanische »Ladrones« klingt viel wuchtiger als »Diebe«, etwa so wie »Diebe« und »Räuber« zusammen. Er beschuldigte nun jedes einzelne Mitglied der Familie, erst die Abwesenden, des Diebstahls, und begann mit dem toten Großvater, seinem Schwiegervater, der ihn von einem Teil der Erbschaft zugunsten der Großmutter ausgeschlossen habe. Dann kam die noch lebende Großmutter an die Reihe, der mächtige Onkel Salomon in Manchester, der solle sich vor ihm hüten. Er werde ihn vernichten, er verstehe sich besser aufs Gesetz, er werde ihm Prozesse in allen Ländern der Welt anhängen, es würde ihm kein Schlupfloch bleiben, in das er sich retten könnte! Mit *dem* Onkel empfand ich gar kein Mitleid und war – ich kann es nicht leugnen – begeistert, daß jemand es mit ihm, dem allgemein Gefürchteten, aufzunehmen wagte. Aber schon ging es weiter, nun kamen die drei Schwestern dran, sogar meine Mutter, sogar die herzensgute Tante Bellina, seine eigene Frau, die heimlich mit ihrer Familie gegen ihn konspiriere. Diese Schurken! Diese Verbrecher! Dieses Gesindel! Zermalmen werde er sie alle. Ihnen das falsche Herz aus dem Leibe reißen! Es den Hunden zum Fraße vorwerfen! Sie würden noch an ihn denken! Um Gnade würden sie winseln! Aber er kenne keine Gnade! Er kenne nur das

Recht. Aber das kenne er gut! Mit ihm solle es einer aufnehmen! Diese Wahnsinnigen! Diese Dummköpfe! »Du hältst dich für gescheit? Was?« wandte er sich plötzlich an meine Mutter. »Aber dein kleiner Junge steckt dich in die Tasche. Der ist wie ich! Der wird dir einmal Prozesse machen! Den letzten Groschen wirst du herausrücken müssen! Sie ist gebildet, sagen sie, dir wird dein Schiller nichts nützen! Auf das Gesetz kommt es an«, er schlug sich heftig mit dem Knöchel gegen die Stirn, »und das Gesetz ist da! da! da! – Das hast du nicht gewußt« – er wandte sich jetzt an mich –, »daß deine Mutter eine Diebin ist! Es ist besser, du weißt es jetzt, bevor sie dich bestiehlt, ihren eigenen Sohn!«

Ich sah die beschwörenden Blicke der Mutter, aber es nützte nun nichts mehr, ich sprang auf und schrie: »Meine Mutter ist keine Diebin! Die Tante auch nicht!« und fing vor Zorn zu weinen an, was ihn aber gar nicht beirrte. Er zog sein Gesicht, das schrecklich aufgedunsen war, in mitleidsüße Falten und wandte sich näher zu mir: »Schweig! Ich habe dich nicht gefragt! Lausbub, blöder! Du wirst es noch erleben. Hier sitze ich, merk dir's, ich, dein Onkel Josef, und sage dir's ins Gesicht. Du tust mir leid mit deinen zehn Jahren, drum sag ich's dir rechtzeitig: deine Mutter ist eine Diebin! Alle, alle sind Diebe! Die ganze Familie! Die ganze Stadt! Nichts als Diebe!«

Mit diesem letzten »Ladrones« brach er ab. Er schlug mich nicht, aber ich hatte bei ihm ausgespielt. »Du bist es nicht wert«, sagte er später, als er sich beruhigt hatte, »daß ich dir das Gesetz beibringe. Du wirst durch Erfahrung lernen müssen. Du verdienst es nicht besser.«

Am meisten wunderte ich mich über die Tante. Sie nahm es hin, als ob nichts geschehen wäre und war schon am selben Nachmittag wieder mit ihren Geschenken beschäftigt. In einem Gespräch zwischen den Schwestern, das ich ohne ihr Wissen belauschte, sagte sie zur Mutter: »Er ist mein Mann. Er war früher nicht so. Seit dem Tod des Señor Padre ist er so geworden. Er verträgt keine Ungerechtigkeit. Er ist ein guter

Mensch. Ihr dürft jetzt nicht weggehen. Das könnte ihn kränken. Er ist sehr empfindlich. Warum sind alle guten Menschen so empfindlich?« Die Mutter meinte, es ginge nicht, wegen dem Jungen, er könne doch nicht solche Sachen über die Familie hören. Sie sei immer stolz auf die Familie gewesen. Es sei die beste Familie der Stadt. Josef gehöre doch selbst zu ihr. Sein eigener Vater sei doch der ältere Bruder des Señor Padre gewesen. »Aber er hat doch nie etwas gegen seinen Vater gesagt! Das tut er nie, nie! Da würde er sich eher die Zunge abbeißen, als etwas gegen seinen Vater zu sagen.« »Aber warum will er dieses Geld? Er ist doch selbst viel reicher als wir!« »Er verträgt keine Ungerechtigkeit. Seit dem Tod des Señor Padre ist er so geworden, er war früher nicht so.«

Wir fuhren doch bald nach Varna. Das Meer – ich kann mich an kein früheres erinnern – war gar nicht wild und stürmisch. Medea zu Ehren hatte ich es gefährlich erwartet, aber in diesen Gewässern war von ihr keine Spur, ich glaube, daß die aufregenden Vorgänge in Rustschuk alle Gedanken an sie zurückgedrängt hatten. Sobald es wirklich schrecklich zuging, unter den Menschen, die mir zunächst standen, verloren die klassischen Figuren, von denen ich sonst so sehr erfüllt war, viel von ihrer Farbe. Seit ich die Mutter gegen die abscheulichen Beschuldigungen ihres Schwagers verteidigt hatte, war sie für mich nicht mehr Medea. Es schien im Gegenteil wichtig, sie in Sicherheit zu bringen, mit ihr zu sein und mit eigenen Augen darauf zu achten, daß nichts Abscheuliches sich an sie hefte.

Wir verbrachten viel Zeit am Strand, am Hafen beschäftigte mich besonders der Leuchtturm. Ein Zerstörer lief in den Hafen ein und es hieß, daß Bulgarien an der Seite der Mittelmächte in den Krieg eintreten werde. In Gesprächen, die die Mutter mit Bekannten führte, hörte ich oft, wie die Leute das für unmöglich erklärten. Nie hätte Bulgarien mit Rußland im Krieg gestanden, seine Befreiung von den Türken verdanke es den Russen, in vielen Kriegen hätten die Russen gegen die

Türken gekämpft und wann immer es den Bulgaren schlecht ging, verließen sie sich auf die Russen. Der General in russischen Diensten, Dimitrijew, gehörte zu den populärsten Figuren des Landes, bei der Hochzeit meiner Eltern war er Ehrengast gewesen.

Die älteste Freundin der Mutter, Olga, war eine Russin. Wir hatten sie und ihren Mann in Rustschuk besucht, sie schienen mir herzlicher und offener als alle Menschen, die ich kannte. Die beiden Freundinnen sprachen miteinander wie junge Mädchen, sie sprachen französisch in einem raschen, jubelnden Ton, ihre Stimmen hoben und senkten sich unaufhörlich, keinen Augenblick blieb es still, es war wie ein Gezwitscher, aber von sehr großen Vögeln. Olgas Mann schwieg respektvoll, in seiner hochgeschlossenen Bluse sah er ein wenig militärisch aus, er schenkte russischen Tee ein und bediente uns mit Leckerbissen, am meisten achtete er darauf, daß das Gespräch der beiden Freundinnen fließend vonstatten ging, ohne daß sie eine Minute ihrer kostbaren Zeit verloren, denn lange war es her seit ihrem letzten Beisammensein, und wann würden sie sich wiedersehen? Ich hörte den Namen Tolstoi, er war erst vor wenigen Jahren gestorben, der Respekt, mit dem man seinen Namen nannte, war derart, daß ich die Mutter später fragte, ob Tolstoi ein größerer Dichter als Shakespeare sei, was sie zögernd und ungern verneinte.

»Jetzt verstehst du, warum ich auf Russen nichts kommen lasse«, sagte sie, »es sind die wunderbarsten Menschen. Die Olga liest jeden freien Augenblick. Mit ihr kann man reden.« »Und mit ihrem Mann?« »Mit ihm auch. Aber sie ist gescheiter. Sie kennt ihre Literatur besser. Das respektiert er. Am liebsten hört er ihr zu.«

Ich sagte dazu nichts, aber ich hatte so meine Zweifel. Ich wußte, daß mein Vater die Mutter für gescheiter gehalten und weit über sich gestellt hatte, und ich wußte auch, daß sie das akzeptierte. Sie war wie selbstverständlich seiner Meinung und wenn sie über ihn sprach – sie sagte immer die schönsten Dinge – erwähnte sie auch ganz naiv, wieviel er von ihrem

Geist gehalten hatte. »Dafür war er musikalischer als du«, pflegte ich dann einzuwenden. »Das schon«, sagte sie. »Er hat auch besser Theater gespielt als du, das sagen alle Leute, er war der beste Schauspieler.« »Schon, schon, er hatte eine Naturbegabung dafür, die hat er vom Großvater geerbt.« »Er war auch lustiger als du, viel, viel lustiger.« Das hörte sie nicht ungern, denn sie hielt auf Ernst und Würde und die pathetischen Töne des Burgtheaters waren ihr in Fleisch und Blut übergegangen. Dann kam immer mein Clou. »Er hatte auch ein besseres Herz. Er war der beste Mensch auf der Welt.« Da gab es nicht Zweifel noch Zögern, da stimmte sie begeistert ein. »Einen Menschen, der so gut ist, wie er es war, wirst du nie auf der Welt finden, niemals, nie!« »Und Olgas Mann?« »Der ist auch gut, das schon, aber nicht zu vergleichen mit deinem Vater.« Und dann kamen die vielen Geschichten über seine Güte, die ich hundertmal gehört hatte und immer wieder hören wollte: wievielen Leuten er half, auch hinter ihrem Rücken, so daß niemand davon wußte, wie sie dann darauf kam und ihn streng fragte: »Jacques, hast du das wirklich getan? Glaubst du nicht, daß das zu viel war?« »Ich weiß nicht mehr«, war seine Antwort, »ich kann mich nicht erinnern.« – »Und weißt du«, so endete immer ihre Aufzählung, »er hatte es wirklich vergessen. Er war so gut, daß er vergaß, was er Gutes tat. Du mußt nicht denken, daß er sonst vergeßlich war. Die Rollen aus Stücken, in denen er gespielt hatte, vergaß er auch nach Monaten nicht. Er vergaß auch nicht, was sein Vater ihm angetan hatte, als er ihm die Geige wegnahm und ihn zwang, ins Geschäft zu kommen. Er vergaß nicht, was ich mochte und konnte mich nach Jahren mit etwas überraschen, das ich einmal flüchtig gewünscht hatte. Aber was er Gutes tat, das verheimlichte er und verheimlichte es so geschickt, daß er's selber vergaß.«

»Das werde ich nie können«, sagte ich, begeistert über den Vater und traurig über mich. »Ich werde es immer wissen.« »Du bist eben mehr so wie ich«, sagte sie, »das ist nicht wirklich gut.« Und dann erklärte sie mir, daß sie zu mißtrauisch

146

sei, um gut zu sein, sie wisse immer gleich, was Leute denken, sie durchschaue sie auf der Stelle, sie errate ihre geheimsten Regungen. Bei einer solchen Gelegenheit nannte sie mir den Namen eines Dichters, der genauso gewesen sei wie sie, er war wie Tolstoi vor kurzem gestorben: Strindberg. Mit diesem Namen rückte sie ungern heraus, sie hatte Strindberg wenige Wochen vorm Tod des Vaters zu lesen bekommen, und der Arzt in Reichenhall, der ihr Strindberg so dringlich empfahl, war der Anlaß zu jener letzten und wie sie manchmal fürchtete, tödlichen Eifersucht des Vaters gewesen. Solange wir noch in Wien lebten, hatte sie Tränen in den Augen, wenn sie den Namen Strindberg fallen ließ, und erst in Zürich hatte sie sich an ihn und seine Bücher so sehr gewöhnt, daß sie seinen Namen ohne übermäßige Erregung aussprechen konnte.

Wir unternahmen Ausflüge von Varna, nach Monastir, in die Nähe von Euxinograd, wo das königliche Schloß war. Das Schloß sahen wir nur aus der Ferne. Seit kurzem, seit dem Ende des zweiten Balkankrieges, lag es nicht mehr in Bulgarien und gehörte zu Rumänien. Grenzüberschreitungen im Balkan, wo bittere Kriege geführt worden waren, galten nicht als Vergnügen, an vielen Stellen waren sie gar nicht möglich und man vermied sie. Aber auf der Fahrt in der Droschke und später, als wir ausstiegen, sahen wir die üppigsten Gemüse- und Obstkulturen, dunkelviolette Eierfrüchte, Paprika, Tomaten, Gurken, riesige Kürbisse und Melonen, ich kam aus dem Staunen nicht heraus, was da alles wuchs. »So ist es hier«, sagte die Mutter, »ein gesegnetes Land. Das ist auch eine Kultur, da braucht sich niemand zu schämen, daß er hier zur Welt kam.«

Aber dann in Varna, wenn die heftigen Regengüsse kamen, war die steile Hauptstraße, die zum Hafen hinunterführte, voll von tiefen Löchern. Unsere Droschke blieb stecken, wir mußten aussteigen, Leute kamen, die dem Kutscher halfen, alle zogen aus Leibeskräften, bis der Wagen wieder frei war, die Mutter seufzte: »Dieselben Straßen wie früher! Das sind orientalische Zustände. Diese Leute werden nie etwas lernen!«

So schwankte sie in ihren Meinungen und machte sich schließlich ganz gern mit uns auf die Rückfahrt nach Wien. Aber da die Lebensmittel in Wien schon nach dem ersten Kriegswinter knapp wurden, deckte sie sich vor der Abreise mit getrocknetem Gemüse ein. Unzählige Stücke der verschiedensten Arten wurden auf Fäden aufgezogen, einen ganzen Koffer füllte sie damit an und war dann sehr erbittert, als die rumänischen Zollbeamten in Predeal, der Grenzstation zu Ungarn, den Inhalt des Koffers auf den Bahnsteig leerten. Der Zug setzte sich in Bewegung, die Mutter sprang auf, aber ihre Schätze blieben unter dem Hohngelächter der Beamten weit zerstreut auf dem Bahnsteig liegen und sie hatte auch den Koffer verloren. Mir schien es unter ihrer Würde, daß sie sich über solche Dinge, die bloß mit Essen zusammenhingen, grämte, und statt eines Trostes bekam sie zu ihrem Verdruß auch das noch von mir zu hören.

Sie führte das Verhalten der rumänischen Beamten auf unsere türkischen Pässe zurück. Aus einer Art von angestammter Treue zur Türkei, wo man sie immer gut behandelt hatte, waren die meisten Spaniolen türkische Staatsbürger geblieben. Die Familie der Mutter allerdings, die ursprünglich aus Livorno kam, stand unter italienischem Schutz und reiste mit ebensolchen Pässen. Wäre sie noch mit ihrem Mädchenpaß unter dem Namen Arditti gereist, meinte die Mutter, so hätten sich die Rumänen gewiß anders benommen. Sie hätten etwas übrig für Italiener, weil ihre Sprache von dort stamme. Am allerliebsten hätten sie Franzosen.

Ich kam mitten aus einem Krieg, den ich nicht anerkennen mochte, aber erst auf dieser Reise begann ich auf unmittelbare Weise etwas von der Allgemeinheit und weiten Verbreitung nationaler Gehässigkeiten zu begreifen.

Die Auffindung des Bösen
Festung Wien

Im Herbst 1915, nach jener bulgarischen Sommerreise, kam ich in die erste Klasse des Realgymnasiums. Es befand sich im selben Gebäude wie die Volksschule, gleich bei der Sophienbrücke. Diese Schule gefiel mir viel besser, wir lernten Latein, etwas Neues, wir hatten mehrere Lehrer, nicht mehr den langweiligen Herrn Tegel, der immer dasselbe sagte und mir von Anfang an dumm erschienen war. Unser Klassenlehrer war Herr Professor Twrdy, ein breiter, bärtiger Zwerg. Wenn er auf dem Katheder saß, legte sich sein Bart über den Tisch und von den Klassenbänken aus sahen wir nur seinen Kopf. Niemand verachtete ihn, so komisch er uns zuerst auch erschienen war – er hatte eine Art, sich über den langen Bart zu streichen, die Respekt einflößte. Vielleicht schöpfte er aus der Geste Geduld, er war gerecht und wurde selten zornig. Er brachte uns die lateinische Deklination bei, hatte bei der Mehrzahl seiner Schüler wenig Glück damit und wiederholte für sie *silva, silvae* unermüdlich.

In dieser Klasse gab es schon mehr Kameraden, die mir interessant erschienen und an die ich mich erinnere. Da war Stegmar, ein Junge, der wunderbar zeichnete und malte, ich war ein schlechter Zeichner und konnte mich an seinen Werken nicht sattsehen. Vor meinen Augen warf er Vögel, Blumen, Pferde und andere Tiere aufs Papier und schenkte mir, sie waren eben erst entstanden, die schönsten Blätter. Am eindrucksvollsten war es, wenn er ein Blatt, über das ich staunte, rasch zerriß, weil es nicht gut genug sei, und es wieder von neuem versuchte. Das passierte ein paarmal, aber schließlich hatte er das Gefühl, daß eines gelungen war, betrachtete es von allen Seiten und händigte es mir dann mit einer bescheidenen und doch ein wenig feierlichen Geste aus. Ich bewunderte sein Können und seine Freigebigkeit, aber es beunruhigte mich, daß ich keinen Unterschied finden konnte, alle Blätter schienen mir gleich gut geraten, und noch mehr als sein Können bewunderte ich die blitzartige Vollstreckung seines Urteils. Es tat mir um jedes Blatt leid, das er zerriß, mich hätte nichts dazu zu bringen vermocht, ein beschriebenes oder bedrucktes Blatt zu zerstören. Es war hinreißend zu sehen, wie rasch und ohne jedes Zögern, ja wie gerne er das tat. Zuhause erfuhr ich, daß Künstler oft so seien.

Ein anderer Schulkamerad, untersetzt, dick und schwarz, war Deutschberger. Seine Mutter hatte eine Gulasch-Hütte im Wurstelprater, und daß er ganz in der Nähe der Grottenbahn wohnte, wo ich noch vor gar nicht langem eine Art von Habitué gewesen war, nahm mich anfangs sehr für ihn ein. Ich dachte, jemand, der da wohne, müsse ein anderer Mensch sein, viel interessanter als wir alle. Aber daß er's war, auf eine andere Weise, als ich hätte wissen können – mit seinen elf Jahren war er schon ein ausgewachsener Zyniker –, das führte bald zu einer bitteren Feindschaft.

Mit einem anderen Kameraden, der mein eigentlicher Freund war, Max Schiebl, dem Sohn eines Generals, gingen wir zu dritt von der Schule durch die Prinzenallee nach Haus. Deutschberger führte das große Wort, er schien alles über das Leben der Erwachsenen zu wissen und teilte es uns in ungeschminkten Worten mit. Für ihn hatte der Prater, wie Schiebl und ich ihn kannten, ein anderes Gesicht. Er schnappte Gespräche auf, wie sie sich zwischen den Besuchern der Gulasch-Hütte abspielten, und hatte eine schmatzende Art, sie vor uns zu wiederholen. Immer fügte er die Kommentare seiner Mutter hinzu, die nichts vor ihm verbarg, er schien keinen Vater zu haben und war ihr einziges Kind. Schiebl und ich waren auf den Heimweg gespannt, Deutschberger legte aber nicht gleich los, erst wenn wir beim Sportplatz des W.A.C., des Wiener Athletik-Clubs, vorbeigekommen waren, fühlte er sich frei, mit seinen wahren Reden zu beginnen. Ich glaube, er brauchte ein wenig Zeit, um sich zurechtzulegen, womit er uns diesmal schockieren würde. Er endete immer mit demselben Satz: »Man kann nicht früh genug lernen, wie es im Leben zugeht, sagt meine Mutter.« Er hatte ein Gefühl für

Wirkung und steigerte jedesmal seine Geschichten. Solange es sich um Gewalttätigkeiten, um Messerstechereien, um Raubüberfälle und Morde handelte, ließen wir ihn gewähren. Er war gegen den Krieg, was mir gefiel, Schiebl aber hörte das nicht gern und suchte ihn durch Fragen auf anderes abzulenken. Ich schämte mich, von diesen Reden zuhause zu berichten, eine Weile blieben sie unser wohlbehütetes Geheimnis, bis Deutschberger seine Siege zu Kopfe stiegen und er sein Äußerstes wagte, das gab eine große Aufregung.

»Ich weiß, wie die Kinder kommen«, sagte er plötzlich eines Tages, »meine Mutter hat's mir gesagt.« Schiebl war ein Jahr älter als ich, die Frage hatte ihn schon zu beschäftigen begonnen und ich schloß mich widerstrebend seiner Neugier an. »Das ist ganz einfach«, sagte Deutschberger, »so wie der Hahn auf der Henne schustert, so schustert der Mann auf der Frau.« Ich, von den Shakespeare- respektive Schillerabenden mit der Mutter erfüllt, geriet in Zorn und schrie: »Du lügst! Das ist nicht wahr! Du bist ein Lügner!« Es war das erste Mal, daß ich mich gegen ihn zur Wehr setzte. Er blieb ganz höhnisch und wiederholte seinen Satz. Schiebl schwieg und die volle Verachtung Deutschbergers entlud sich über mich. »Deine Mutter sagt dir nichts. Sie behandelt dich wie ein kleines Kind. Hast du noch nie einem Hahn zugeschaut? So wie der Hahn usw. Man kann nicht früh genug lernen, wie es im Leben zugeht, sagt meine Mutter.«

Es fehlte nicht viel, ich hätte auf ihn losgeschlagen. Ich verließ die beiden und lief über den leeren Bauplatz ins Haus. Wir aßen immer zusammen an einem runden Tisch, ich beherrschte mich vor den kleinen Brüdern und sagte noch nichts, aber ich konnte nichts essen und war dem Weinen nahe. Sobald es nur ging, zog ich die Mutter auf den Balkon hinaus, wo wir tagsüber unsere ernsten Gespräche führten und sagte ihr alles. Sie hatte natürlich längst meine Aufregung bemerkt, aber als sie ihre Ursache erfuhr, verschlug es ihr die Rede. Sie, die auf alles eine runde und klare Antwort wußte, sie, die mir immer das Gefühl gab, daß auch ich Verantwortung für die Erziehung der Kleinen hätte, sie schwieg, zum erstenmal schwieg sie, sie schwieg so lang, daß mir angst und bange wurde. Dann aber sah sie mir in die Augen und mit der Anrede, die ich von unseren großen Augenblicken kannte, sagte sie feierlich: »Mein Sohn, glaubst du deiner Mutter?« »Ja! Ja!« »Es ist nicht wahr. Er lügt. Das hat ihm seine Mutter nie gesagt. Kinder kommen anders, auf eine schöne Weise. Ich werde es dir später sagen. Du willst es jetzt noch gar nicht wissen!« Ihre Worte nahmen mir auf der Stelle die Lust dazu. Ich wollte es wirklich noch gar nicht wissen. Wenn das andere nur eine Lüge war! Nun wußte ich, daß es eine war – und eine schreckliche Lüge dazu, denn er hatte erfunden, was seine Mutter ihm nie gesagt hatte!

Von diesem Augenblick an haßte ich Deutschberger und behandelte ihn wie den Abschaum der Menschheit. In der Schule, wo er ein schlechter Schüler war, sagte ich ihm nie mehr ein. In der Pause, wenn er zu mir kommen wollte, drehte ich ihm den Rücken zu. Ich sprach nie mehr ein Wort zu ihm. Mit dem gemeinsamen Heimweg war es aus, Schiebl zwang ich, zwischen ihm und mir zu wählen. Ich tat noch Schlimmeres: Als er vom Geographielehrer aufgefordert wurde, auf der Landkarte Rom zu zeigen, zeigte er Neapel; der Lehrer bemerkte es nicht, ich stand auf und sagte: »Er hat Neapel gezeigt, das ist nicht Rom«, und er bekam eine schlechte Note. Das war nun etwas, was ich sonst verachtet hätte, ich stand zu meinen Kameraden und half ihnen, wo ich konnte, auch gegen Lehrer, die ich mochte. Aber die Worte meiner Mutter hatten mich mit solchem Haß gegen ihn erfüllt, daß mir jede Handlung erlaubt schien. Es war das erste Mal, daß ich erfuhr, was blinde Anhängerschaft ist, ohne daß je zwischen der Mutter und mir wieder ein Wort über ihn gefallen wäre. Ich war gegen ihn aufgehetzt und sah einen Bösewicht in ihm, in einer längeren Rede berichtete ich Schiebl von Richard III. und überzeugte ihn davon, daß Deutschberger niemand anderer sei, nur eben noch jung, und man müsse ihm sein Handwerk jetzt schon legen.

So früh hat die Auffindung des Bösen begonnen. Der Hang dazu hat mich lange verfolgt, bis in die späteren Zeiten, als ich ein ergebener Sklave von Karl Kraus wurde und ihm die unzähligen Bösewichte, über die er herfiel, glaubte. Für Deutschberger wurde das Leben in der Schule unerträglich. Er verlor seine Sicherheit, seine flehentlichen Blicke gingen mir überall nach, was hätte er nicht getan, um Frieden zu finden, aber ich war unversöhnlich und es war merkwürdig, wie dieser Haß sich durch seine sichtbare Wirkung auf ihn steigerte, statt sich zu mäßigen. Schließlich kam seine Mutter in die Schule und stellte mich in einer Pause zur Rede. »Warum verfolgst du meinen Sohn?« sagte sie, »er hat dir doch nichts getan. Ihr wart immer Freunde.« Sie war eine energische Frau, mit raschen, kräftigen Worten. Sie hatte, im Gegensatz zu ihm, einen Hals und schmatzte nicht ihre Reden. Es gefiel mir, daß sie mich um etwas bat, um Schonung für ihren Sohn, und so sagte ich ihr, ebenso offen wie sie, den Grund für meine Feindschaft. Ich wiederholte, ohne Scheu vor ihr, den verpönten Satz über Hahn und Henne. Sie wandte sich heftig an ihn, er stand ängstlich hinter ihr: »Hast du das gesagt?« Er nickte jämmerlich mit dem Kopf, aber er leugnete es nicht ab, und damit hatte die ganze Sache für mich ein Ende. Vielleicht hätte ich keiner Mutter, die mich so ernst behandelte wie die eigene, etwas abschlagen können, aber ich spürte auch, wie wichtig er ihr war, und aus Richard III. wurde er wieder zu einem Schuljungen wie ich und Schiebl. Der strittige Satz aber war an seine angebliche Quelle zurückgelangt und hatte damit seine Kraft verloren. Die Verfolgung sackte zusammen, wir wurden nicht wieder Freunde, aber ich ließ ihn in Frieden, so sehr, daß ich keine weitere Erinnerung an ihn habe. Wenn ich an den Rest der Schulzeit in Wien denke, noch etwa ein halbes Jahr, bleibt er mir entschwunden.

Die Freundschaft mit Schiebl aber wurde immer enger. Von Anfang an war alles zwischen uns gut gegangen, doch nun war er der einzige. Er wohnte weiter oben am Schüttel in einer ähnlichen Wohnung wie der unseren. Ihm zuliebe spielte ich auch mit Soldaten und da er sehr viele davon hatte, ganze Armeen mit allen Waffengattungen, Kavallerie und Artillerie, ging ich oft zu ihm nach Hause, wo wir unsere Schlachten austrugen. Es lag ihm sehr daran zu gewinnen und Niederlagen ertrug er schlecht. Er biß sich dann auf die Lippen und verzog unmutig das Gesicht, manchmal versuchte er sie abzuleugnen und ich wurde dann böse. Aber das dauerte nie lange, er war ein wohlerzogener Junge, groß und stolz, und obwohl er seiner Mutter aus dem Gesicht geschnitten war und ich immer wieder über diese Ähnlichkeit staunte, war er durchaus kein Muttersöhnchen. Sie war die schönste Mutter, die ich kannte, und auch die größte. Ich sah sie immer aufrecht, hoch über mir, sie beugte sich zu uns nieder, wenn sie uns eine Jause brachte, dann stellte sie das Tablett mit einer ganz leichten Neigung des Oberkörpers auf den Tisch und richtete sich gleich wieder hoch, bevor sie uns aufforderte, zuzugreifen. Ihre dunklen Augen gingen mir nach, ich träumte zuhause von ihnen, was ich aber Max, ihrem Sohn, nie sagte. Doch fragte ich ihn, ob alle Tirolerinnen schöne Augen hätten, worauf er entschlossen »Ja!« sagte und hinzufügte: »Alle Tiroler auch.« Aber ich merkte das nächste Mal, daß er's ihr gesagt hatte, denn sie schien belustigt, als sie uns die Jause brachte, sah uns, was sie sonst nie tat, ein bißchen beim Spielen zu und erkundigte sich nach meiner Mutter. Als sie gegangen war, fragte ich Max streng: »Sagst du deiner Mutter alles?« Er wurde blutrot, aber er beteuerte das Gegenteil. Er sage ihr nichts, was ich denn von ihm dächte, auch seinem Vater sage er nicht alles.

Der Vater, ein kleiner, schmächtiger Mann, machte mir gar keinen Eindruck. Er war nicht nur kleiner, er schien mir auch älter als die Mutter. Er war ein General außer Dienst, war aber im Krieg für eine besondere Aufgabe wieder eingestellt worden. Er war Inspektor der Befestigungsanlagen um Wien. Im Herbst 1915 waren die Russen über die Karpaten eingebrochen und es gingen Gerüchte, daß Wien bedroht sei. Schiebls Vater nahm uns zwei an schulfreien Tagen auf seine

Inspektionen mit. Wir fuhren nach Neuwaldegg und stapften dann durch den Wald, wo wir an verschiedene kleine ›Forts‹ gelangten, die in den Boden eingelassen waren. Es waren keine Soldaten dort, wir durften alles sehen, wir gingen hinein und während Schiebls Vater hie und da mit seinem Stöckchen auf die dicken Wände klopfte, sahen wir durch die Schlitze hinaus auf den menschenleeren Wald, wo nichts sich regte. Der General sprach wenig, er hatte ein eher mürrisches Gesicht, aber immer wenn er sich zu uns wandte und etwas erklärte, auch auf den Gängen durch den Wald, lächelte er uns an, als ob wir etwas Besonderes wären. Ich fühlte mich nie vor ihm verlegen. Vielleicht sah er künftige Soldaten in uns, er war es, der seinem Sohn jene großen Armeen in Zinn geschenkt hatte, die sich unaufhörlich vermehrten, und er erkundigte sich, wie Max mir sagte, nach unseren Spielen und wollte wissen, wer gewonnen habe. Aber ich war an so ruhige Menschen nicht gewöhnt und als General konnte ich ihn mir schon gar nicht vorstellen. Schiebls Mutter wäre ein wunderschöner General gewesen, ihr zuliebe wäre ich sogar in den Krieg gegangen, aber die Inspektionsausflüge mit dem Vater nahm ich nicht ernst und der Krieg, von dem so viel die Rede war, schien mir am fernsten, wenn er mit seinem Stöckchen an die Wand eines ›Forts‹ klopfte.

In meiner ganzen Schulzeit, auch später, haben mir Väter keinen Eindruck gemacht. Sie hatten für mich etwas Lebloses oder Altes. Mein eigener Vater war noch in mir, der mit mir über so vieles gesprochen, den ich singen gehört hatte. Jung, wie er gewesen war, blieb auch sein Bild, er blieb der einzige Vater. Wohl aber war ich für Mütter empfänglich und staunenswert war die Zahl der Mütter, die mir gefielen.

Im Winter von 1915 auf 1916 wurden die Wirkungen des Krieges schon im täglichen Leben spürbar. Die Zeit der begeistert singenden Rekruten in der Prinzenallee war vorüber. Wenn sie uns jetzt, in kleinen Gruppen, auf unserem Heimweg von der Schule entgegenzogen, wirkten sie nicht mehr so fröhlich wie früher. Sie sangen noch immer »In der Heimat, in der Heimat, da gibt's ein Wiedersehn!«, aber das Wiedersehn erschien ihnen nicht nah. Sie waren nicht mehr so sicher, daß sie zurückkehren würden. Sie sangen »Ich hatt' einen Kameraden«, aber als wären sie selber der gefallene Kamerad, von dem sie sangen. Ich spürte diese Veränderung und sagte es meinem Freunde Schiebl. »Das sind keine Tiroler«, sagte er, »du mußt einmal die Tiroler sehen.« Ich weiß nicht, wo er zu dieser Zeit marschierende Tiroler sah, vielleicht besuchte er mit seinen Eltern Bekannte aus ihrer Heimat und hörte bei ihnen zuversichtliche Reden. Sein Glaube an den guten Ausgang des Krieges war unerschütterlich, es wäre ihm nie eingefallen, daran zu zweifeln. Von seinem Vater kam die Zuversicht nicht, er war ein stiller Mann, der keine großen Worte machte. Bei den Ausflügen, die er mit uns unternahm, sagte er kein einziges Mal: »Wir werden siegen.« Wäre er mein Vater gewesen, ich hätte jede Hoffnung auf Sieg längst aufgegeben. Es war wohl seine Mutter, die den Glauben in ihm aufrechterhielt. Vielleicht sagte auch sie nichts darüber, aber ihr Stolz, ihre Unbeugsamkeit, ihr Blick, mit dem sie einen aufnahm, als könnte unter ihrem Schutz nichts Ungünstiges geschehen – mit dieser Mutter hätte auch ich nie zweifeln mögen.

Einmal kamen wir am Schüttel in die Nähe der Eisenbahnbrücke, die über den Donaukanal führte. Ein Zug hielt drauf, der mit Menschen vollgestopft war. Güterwagen waren mit Personenwagen zusammengekoppelt, in allen standen dicht gedrängt Menschen, die stumm, aber fragend zu uns heruntersahen. »Das sind galizische –« sagte Schiebl, unterdrückte das Wort »Juden« und ergänzte »Flüchtlinge«. Die Leopoldstadt war voll von galizischen Juden, die vor den Russen geflohen waren. In schwarzen Kaftans, mit ihren Schläfenlocken und besonderen Hüten, hoben sie sich auffallend von anderen Leuten ab. Da waren sie nun in Wien, wo sollten sie hin, essen mußten sie auch und mit der Nahrung der Wiener stand es schon nicht mehr zum besten.

Ich hatte noch nie so viele von ihnen in Waggons zusammengepfercht gesehen. Es war ein schrecklicher Anblick, weil der Zug stand. Solange wir auch hinstarrten, er bewegte sich nicht von der Stelle. »Wie Vieh«, sagte ich, »so quetscht man sie zusammen und Viehwaggons sind auch dabei.« »Es sind eben so viele«, sagte Schiebl, sein Abscheu vor ihnen war mit Rücksicht auf mich temperiert, er hätte nichts über die Lippen gebracht, was mich kränken konnte. Aber ich blieb wie festgewurzelt stehen, und während er mit mir stand, fühlte er mein Entsetzen. Niemand winkte uns zu, niemand rief ein Wort, sie wußten, wie ungern man sie empfing und erwarteten kein Wort der Begrüßung. Es waren alles Männer und viele bärtige Alte darunter. »Weißt du«, sagte Schiebl, »unsere Soldaten werden in solchen Waggons an die Front geschickt. Krieg ist Krieg, sagt mein Vater.« Es war der einzige Satz seines Vater, den er je vor mir zitierte, und ich wußte, daß er es tat, um mich aus meinem Schrecken zu reißen. Aber es half nichts, ich starrte und starrte und nichts geschah. Ich wollte, daß der Zug sich in Bewegung setze, das Entsetzlichste war, daß der Zug auf der Brücke noch immer stand. »Kommst du nicht?« sagte Schiebl und zupfte mich am Ärmel. »Magst du jetzt nicht mehr?« Wir waren auf dem Weg zu ihm, um wieder mit Soldaten zu spielen. Ich ging nun doch, aber mit einem sehr schlechten Gefühl, das sich steigerte, als ich die Wohnung betrat und seine Mutter uns die Jause brachte. »Wo wart ihr so lang?« fragte sie. Schiebl zeigte auf mich und sagte: »Wir haben einen Zug mit galizischen Flüchtlingen gesehen. Er stand auf der Franzensbrücke.« »Ach so«, sagte die Mutter und schob uns die Jause zu. »Jetzt seid ihr aber sicher schon hungrig.« Sie ging wieder, zum Glück, denn ich rührte die Jause nicht an und Schiebl, der einfühlende Bursche, hatte auch keinen Hunger. Er ließ die Soldaten stehen, wir spielten nicht, als ich ging, schüttelte er mir herzlich die Hand und sagte: »Aber morgen, wenn du kommst, zeig ich dir was. Ich hab neue Artillerie bekommen.«

Alice Asriel

Die interessanteste Freundin der Mutter war Alice Asriel, deren Familie aus Belgrad stammte. Sie selbst war ganz und gar Wienerin geworden, in Sprache und Art, in allem, was sie beschäftigte, in jeder ihrer Reaktionen. Eine winzige Frau, die kleinste der Freundinnen, von denen keine sehr groß war. Sie hatte geistige Interessen und eine ironische Art, über Dinge mit der Mutter zu sprechen, von denen ich nichts verstand. Sie lebte in der Wiener Literatur der Periode, das universale Interesse der Mutter ging ihr ab. Sie sprach von Bahr und von Schnitzler, in leichter Art, ein wenig flatternd, nie insistent, jedem Einfluß zugänglich, wer immer mit ihr sprach, vermochte sie zu beeindrucken, aber es mußte schon um Dinge dieser Sphäre gehen, was nicht zur Literatur des Tages gehörte, beachtete sie kaum. Es mußten Männer sein, von denen sie erfuhr, was zählte, sie gab etwas auf Männer, die gut sprachen, Gespräche waren ihr Leben, Diskussionen, Meinungsverschiedenheiten, am liebsten hörte sie zu, wenn intellektuelle Männer verschiedener Meinung waren und miteinander stritten. Sie war schon darum Wienerin, weil sie ohne große Anstrengung immer wußte, was in der Welt des Geistes vorging. Aber ebensogern sprach sie über Leute, ihre Liebesgeschichten, ihre Verwicklungen und Scheidungen; sie hielt alles für erlaubt, was mit Liebe zusammenhing, verdammte nicht wie die Mutter, widersprach ihr, wenn sie verdammte, und hatte für die kompliziertesten Verwicklungen eine Erklärung zur Hand. Alles was Menschen taten, erschien ihr natürlich. So wie sie das Leben sah, geschah es ihr auch, als hätte ein böser Geist es darauf abgesehen, ihr selber anzutun, was sie anderen erlaubte. Sie liebte es, Menschen zusammenzubringen, besonders solche verschiedenen Geschlechts, und zuzusehen, wie sie aufeinander wirkten, denn im Partnerwechsel hauptsächlich schien ihr das Glück des Lebens begründet und was sie sich selber wünschte, gönnte sie ebensosehr anderen, ja es sah oft so aus, als ob sie es an diesen erprobe.

Sie hat eine Rolle in meinem Leben gespielt und was ich über sie gesagt habe, entspringt eigentlich späterer Erfahrung. 1915, als ich sie zuerst kennenlernte, fiel mir auf, wie wenig sie vom Krieg berührt war. Sie erwähnte ihn in meiner Gegenwart kein einziges Mal, aber nicht etwa wie die Mutter, die sich mit aller Leidenschaft gegen ihn stellte und vor mir über ihn bloß schwieg, um mir in der Schule keine Schwierigkeiten zu bereiten. Alice wußte nichts mit dem Krieg anzufangen; da sie Haß nicht kannte und jede Sache wie jeden Menschen gelten ließ, vermochte sie sich nicht für ihn zu begeistern und dachte an ihm vorbei.

Damals, als sie uns in der Josef-Gall-Gasse besuchte, war sie verheiratet mit einem Cousin von ihr, der auch aus Belgrad stammte und wie sie zum Wiener geworden war. Herr Asriel war ein triefäugiger kleiner Mann, der für Untüchtigkeit in allen praktischen Dingen des Lebens bekannt war. Von Geschäften verstand er gerade genug, um alles Geld zu verlieren, die Mitgift seiner Frau inbegriffen. Sie lebten noch mit ihren drei Kindern in einer bürgerlichen Wohnung, als er den letzten Versuch machte, sich auf die Beine zu stellen. Er verliebte sich in ihr Dienstmädchen, eine hübsche, einfache und willfährige Person, die sich durch die Aufmerksamkeit ihres Brotherrn geehrt fühlte. Sie verstanden sich, sie war seines Geistes, aber sie war im Gegensatz zu ihm anziehend und beständig, und was ihm die Frau in ihrer leichten, flatterhaften Art nicht geben konnte, fand er an dem Mädchen: Halt und unbedenkliche Treue. Sie war eine ganze Weile seine Geliebte, bevor er sich von der Familie trennte. Alice, die alles für erlaubt hielt, warf ihm nichts vor, sie hätte, ohne mit der Wimper zu zucken, die Menage zu dritt weitergeführt, ich hörte sie zur Mutter sagen, daß sie ihm alles, alles gönne. Nur glücklich solle er sein, mit ihr war er das nicht, denn es gab nichts, das sie voreinander in Schranken hielt. Zu literarischen Gesprächen war er nicht imstande, wenn von Büchern die Rede war, bekam er Migräne. Ihm war alles recht, wenn er nur die Partner solcher Gespräche nicht zu Gesicht bekam und nicht daran teilnehmen mußte. Sie gab es auf, ihm darüber zu berichten, sie war voller Mitgefühl für seine Migränen, sie grollte ihm auch nicht für ihre rapid zunehmende Verarmung. »Er ist eben kein Geschäftsmann«, sagte sie zur Mutter, »muß jeder Mensch ein Geschäftsmann sein?« Wenn vom Dienstmädchen die Rede war, über das die Mutter hart den Stab brach, hatte Alice immer ein verständnisinniges Wort für beide: »Schau, sie ist so lieb zu ihm und bei ihr schämt er sich nicht, daß er alles verloren hat. Vor mir fühlt er sich schuldig.« »Aber er ist doch schuldig«, sagte die Mutter. »Wie kann man so schwach sein. Er ist kein Mann, er ist ein Nichts, er hätte nicht heiraten dürfen.« »Er wollte ja gar nicht heiraten. Die Eltern haben uns verheiratet, damit das Geld in der Familie bleibt. Ich war zu jung und er war schüchtern. Er war zu schüchtern, einer Frau ins Gesicht zu sehen. Weißt du, ich mußte ihn zwingen, mir in die Augen zu schauen, und da waren wir schon eine Weile verheiratet.« »Und was hat er mit dem Geld gemacht?« »Gar nichts hat er gemacht. Er hat's nur verloren. Ist denn Geld so wichtig? Warum soll man Geld nicht verlieren? Gefallen dir deine Verwandten vielleicht besser mit ihrem vielen Geld? Das sind doch Unmenschen, verglichen mit ihm!« »Du wirst ihn immer verteidigen. Ich glaube, du hast ihn noch gern.« »Er tut mir leid, und jetzt hat er endlich sein Glück gefunden. Sie hält ihn für einen großen Herrn. Sie kniet vor ihm. Jetzt sind sie schon so lange zusammen und weißt du, sie küßt ihm die Hand und sagt ihm noch immer ›gnä' Herr‹. Sie putzt jeden Tag die ganze Wohnung, da gibt es gar nichts zu putzen, so rein ist alles, aber sie putzt und putzt und fragt mich, ob ich noch einen Wunsch habe. ›Jetzt ruhen Sie sich aber ein wenig aus, Marie‹, sag ich, ›jetzt ist es genug‹. Ihr ist es nie genug und wenn sie nicht zusammen sind, putzt sie.« »Das ist doch unverschämt. Daß du sie nicht hinausgeworfen hast! Bei mir wäre sie geflogen, sofort, in der ersten Minute.« »Und er? Das kann ich ihm doch nicht antun. Soll ich sein Lebensglück zerstören?«

Diese Gespräche hätte ich gar nicht hören dürfen. Wenn

Alice mit ihren drei Kindern zu uns kam, spielten wir zusammen, die Mutter trank mit ihr Tee, Alice geriet ins Berichten, die Mutter war sehr neugierig, wie es alles weitergehen würde und die beiden, die mich mit den anderen Kindern sahen, kamen nicht auf den Gedanken, daß ich alles hörte. Wenn die Mutter später mir zurückhaltend Andeutungen darüber machte, daß es bei den Asriels nicht zum besten stehe, war ich verschlagen genug, nicht merken zu lassen, daß mir keine Einzelheit entgangen war. Ich hatte aber keine Ahnung davon, was Herr Asriel mit dem Dienstmädchen wirklich trieb. Ich verstand die Worte, so wie sie gesagt wurden, ich dachte, sie standen gern beisammen und witterte nichts dahinter; und doch war mir wohl bewußt, daß alle Einzelheiten, die ich aufgefaßt hatte, nicht für meine Ohren bestimmt waren, und rückte kein einziges Mal mit meiner Kenntnis von ihnen heraus. Ich glaube, es ging mir auch darum, die Mutter auf noch eine andere Weise zu erleben, jedes Gespräch, das sie führte, war mir kostbar, ich wollte mir nichts von ihr entgehen lassen.

Alice bedauerte auch nicht ihre Kinder, die in dieser ungewöhnlichen Atmosphäre lebten. Der älteste, Walter, war zurückgeblieben, er hatte die Triefaugen seines Vaters, seine spitze Nase und ging wie dieser immer etwas zur Seite gebückt. Er sprach ganze, wenn auch nur kurze Sätze und nie mehr als einen Satz auf einmal. Er erwartete keine Antwort auf seine Sätze, verstand aber, was man sagte und war störrisch gehorsam. Er tat, was man ihn zu tun hieß, doch wartete er ein wenig ab, bevor er es tat, so daß man meinte, er habe nicht verstanden. Dann plötzlich, mit einem Ruck, tat er es doch, er hatte verstanden. Er bereitete keine besonderen Schwierigkeiten, doch hieß es, daß er manchmal Wutanfälle habe, man wußte nie, wann sie kommen würden, er beruhigte sich dann bald, aber man konnte es doch nicht riskieren, ihn allein zu lassen.

Hans, sein Bruder, war ein kluger Junge, es war ein Vergnügen, mit ihm ›Dichterquartett‹ zu spielen. Nuni, die jüngste, hielt mit, obwohl ihr diese Zitate noch nichts bedeuten konnten, während Hans und ich darin schwelgten. Wir warfen uns die Zitate nur so an den Kopf, wir kannten sie auswendig, wenn einer von uns mit dem ersten Wort begann, ergänzte der andere blitzrasch den Rest. Keiner kam je mit einem Zitat zu Ende, es war Ehrensache für den andern, dazwischenzufahren und es zu Ende zu sagen. »Die Stätte, die . . .« »ein guter Mensch betrat, ist eingeweiht.« »Gott hilft . . .« »jedem, der sich von Gott will helfen lassen.« »Ein edler . . .« »Mensch zieht edle Menschen an.« Das war unser eigentliches Spiel, da wir beide gleich rasch ratschten, gewann in diesem Wettbewerb keiner, eine Freundschaft entstand, die sich auf Respekt gründete, und nur wenn das Dichterquartett absolviert war, durften wir uns anderen Quartetten und Spielen zuwenden. Hans war dabei, wenn seine Mutter Literaturkenner bewunderte, und hatte es sich angewöhnt, so rasch wie diese zu sprechen. Er verstand es, mit seinem Bruder umzugehen, er war der einzige, der witterte, wann ein Wutanfall bevorstand, und so zuvorkommend und behutsam ging er mit ihm um, daß es ihm manchmal gelang, einen Anfall rechtzeitig zu coupieren. »Er ist gescheiter als ich«, sagte Frau Asriel, in seiner Gegenwart, sie hatte keine Geheimnisse vor ihren Kindern, das gehörte zu ihren Toleranz-Prinzipien, und wenn die Mutter ihr vorhielt: »Du machst den Jungen eingebildet, lob ihn nicht so«, sagte sie: »Warum soll ich ihn nicht loben? Er hat es schwer genug, mit diesem Vater, und sonst«, womit sie den zurückgebliebenen Bruder meinte. Was sie über diesen dachte, behielt sie für sich, so weit ging ihre Offenheit nicht, ihre Rücksicht auf Walter nährte sich vom Stolz auf Hans.

Er hatte einen sehr schmalen, langgestreckten Kopf und hielt sich, vielleicht im Gegensatz zum Bruder, besonders gerade. Er zeigte mit dem Finger auf alles, was er erklärte, auch auf mich, wenn er mir widersprach, das fürchtete ich ein wenig, denn wenn der Finger hochging, war er immer im Recht. Er war so altklug, daß er's mit andern Kindern schwer hatte.

Aber er war nicht frech, und wenn sein Vater, was ich selten erlebte (denn ich sah ihn nur selten), etwas besonders Dummes sagte, verstummte er und zog sich in sich zurück, es war, als wäre er plötzlich verschwunden. Ich wußte dann, daß er sich seines Vaters schämte, ich wußte es, obwohl er nie etwas über ihn sagte, vielleicht eben deswegen. Da war seine kleine Schwester Nuni anders, die vergötterte den Vater und wiederholte jeden seiner Sätze. »Gemein, gut, sagt mein Vater«, erklärte sie plötzlich, wenn sie sich bei unseren Spielen über etwas ärgerte, »aber jetzt *so* gemein!« Das waren *ihre* Zitate, sie bestand aus ihnen und besonders wenn wir ›Dichterquartett‹ spielten, fühlte sie sich veranlaßt, mit ihnen herauszurücken. Das waren die einzigen Zitate, die Hans und ich nie unterbrachen, obwohl wir sie ebenso auswendig kannten wie die der Dichter. Nuni durfte ausreden und für einen, der zugehört hätte, müßten sich die Wahrsprüche des Herrn Asriel unter den verstümmelten der Dichter sonderbar ausgenommen haben. Ihrer Mutter gegenüber war Nuni reserviert, sie ließ sich sonst aus ihrer Reserve schwer herauslocken, man spürte, daß sie es gewohnt war, vieles zu mißbilligen, ein kritisches, aber verhaltenes Kind, von ihrer einzigen abgöttischen Liebe zum Vater getragen.

Es war ein doppeltes Fest für mich, wenn Frau Asriel mit ihren Kindern zum Spielen zu uns kam. Ich freute mich auf Hans, seine Attitüde des Besserwissens gefiel mir, weil ich so scharf aufpassen mußte, ich war scheinbar ganz im Spiel mit ihm enthalten, um mir eine Blamage zu ersparen, die er jedesmal auf die Spitze seines ausgestreckten Fingers trieb. Wenn es mir gelang, ihn in geographischen Dingen zum Beispiel in die Enge zu treiben, kämpfte er hartnäckig bis zum Schluß, er gab nie nach, unser Streit über die größte Insel der Erde blieb unentschieden, Grönland war für ihn ›hors concours‹, wie könne man bei all dem Eis denn wissen, wie groß Grönland sei, statt auf mich, zeigte er mit dem Finger auf die Karte und sagte triumphierend: »Wo hört Grönland auf?« Ich hatte es schwerer als er, denn ich mußte immerwährend

Ausreden erfinden, um ins Speisezimmer zu gehen, wo die Mutter und Frau Asriel ihren Tee einnahmen. Da suchte ich etwas im Bücherschrank, das wir zur Entscheidung unserer Streitfälle brauchten, und ich suchte lang, um möglichst viel vom Gespräch der beiden Freundinnen zu hören. Die Mutter kannte die Intensität der Dinge, die zwischen Hans und mir vorgingen, ich rannte mit solcher Entschiedenheit auf den Bücherschrank zu, blätterte bald in diesem, bald in jenem Buch, stieß Äußerungen des Unmuts aus, wenn ich etwas nicht fand, gab einen gedehnten Pfiff von mir, wenn ich das Gewünschte entdeckte, was sie mir nicht einmal verwies – wie hätte sie denken können, daß ich für etwas anderes aufnahme-fähig war und ihr Gespräch belauschte!

So nahm ich alle Phasen der Ehegeschichte auf, bis zur letzten. »Er will weggehn«, sagte Frau Asriel, »er will mit ihr le-ben.« »Das hat er doch die ganze Zeit getan«, sagte die Mut-ter, »jetzt läßt er euch noch im Stich.« »Er sagt, es geht auf die Dauer so nicht, wegen der Kinder. Er hat ja recht. Der Walter hat etwas bemerkt, er hat sie belauscht. Die beiden andern haben noch keine Ahnung.« »Das glaubst du nur, Kinder merken alles«, sagte die Mutter, während ich unbemerkt lauschte. »Wie will er leben?« »Er macht ein Fahrradgeschäft mit ihr auf. Er hat Fahrräder immer gern gehabt. Es war sein Kindheitstraum, in einem Fahrradgeschäft zu leben. Weißt du, sie versteht ihn so gut. Sie redet ihm zu, seinen Kinder-traum wahrzumachen. Sie wird es alles selber machen müs-sen. Die ganze Arbeit wird auf ihr lasten. Ich könnte das nicht. Das nenn ich wahre Liebe.« »Und du bewunderst noch die Person.« Ich verschwand und als ich zu Hans und Nuni kam, war sie wieder am Zitieren: »›Böse Menschen haben keine Lieder‹, sagt mein Vater.« Ich war betroffen über das eben Gehörte, ich konnte nichts sagen und diesmal war mir bewußt, wie nah es die beiden anging, zu denen ich schwieg. Ich hielt das Buch geschlossen, das ich geholt hatte, um über Hans zu triumphieren und ließ ihn recht behalten.

Paula kam bald, nachdem Fanny gegangen war, ihr Gegenbild: groß und schlank, ein anmutiges Geschöpf, für eine
Wienerin sehr diskret und doch heiter. Am liebsten hätte sie
immer gelacht, da ihr das in ihrer Stellung nicht schicklich
schien, blieb ein Lächeln davon übrig. Sie lächelte, wenn sie
etwas sagte, sie lächelte, wenn sie schwieg, ich stelle mir vor,
daß sie lächelnd schlief und träumte.

Sie machte keinen Unterschied, ob sie zur Mutter sprach
oder zu uns Kindern, ob sie auf der Straße einem Fremden auf
eine Frage Bescheid gab, ob sie eine Bekannte grüßte, selbst
das kleine schmutzige Mädchen, das immer da war, hatte eine
glückliche Zeit mit ihr, sie blieb ohne Scheu vor ihr stehen,
gab ihr ein freundliches Wort, manchmal packte sie ein Zuk-
kerl für sie aus und überraschte die Kleine damit so sehr, daß
sie's nicht anzunehmen wagte. Dann redete sie ihr gut zu und
steckte es ihr leicht in den Mund.

Der Wurstelprater lag ihr nicht sehr, da ging's ihr zu derb
zu, sie hatte es zwar nie gesagt, aber ich spürte es, wenn wir
dort waren; da schüttelte sie unmutig den Kopf, sobald sie
etwas Häßliches hörte und blickte mich vorsichtig von der
Seite an, ob ich's verstanden hätte. Ich stellte mich immer so,
als hätte ich gar nichts gemerkt, und sie lächelte bald wieder.
Ich hatte mich so sehr daran gewöhnt, daß ich alles dazu getan
hätte, damit sie wieder lächle.

In unserem Hause, einen Stock tiefer, genau unter uns,
wohnte der Komponist Karl Goldmark, ein kleiner, zarter
Mann mit schöngescheitelten, weißen Haaren zu beiden Seiten seines dunklen Gesichts. Er ging am Arm seiner Tochter
spazieren, nicht weit, denn er war schon sehr alt, aber täglich
zur selben Stunde. Ich brachte ihn mit Arabien in Verbindung, die Oper, durch die er berühmt geworden war, hieß
›Die Königin von Saba‹. Ich dachte, er käme selber von dort, er
war das Fremdeste in der Gegend und darum das Anziehend-
ste. Ich begegnete ihm nie auf der Treppe oder wenn er von zu

Hause fortging; ich sah ihn nur, wenn er aus der Prinzenallee zurückkam, da war er am Arm der Tochter ein paar Schritte auf und ab gegangen. Ich grüßte ehrerbietig, er senkte leicht den Kopf, das war seine beinahe unmerkliche Art, den Gruß entgegenzunehmen. Wie seine Tochter aussah, weiß ich nicht, sie ist mir nicht durch ihr Gesicht in Erinnerung geblieben. Als er eines Tages nicht kam, hieß es, er sei krank, und dann, in unserem Kinderzimmer hörte ich gegen Abend ein lautes Weinen von unten, das nicht aufhören wollte. Paula, die nicht sicher war, ob ich es gehört hatte, sah mich zweifelnd an und sagte: »Der Herr Goldmark ist gestorben. Er war sehr schwach, da hätte er nicht mehr spazierengehen können.« Das Weinen kam in Stößen und teilte sich mir mit, ich mußte immer hinhören und bewegte mich dazu, im gleichen Rhythmus, aber ohne selber zu weinen, es kam wie aus dem Boden. Paula wurde unruhig: »Jetzt kann die Tochter nicht mehr mit ihm ausgehen. Da ist sie ganz verzweifelt, die Arme.« Sie lächelte auch jetzt, vielleicht um mich zu beruhigen, denn ich merkte, daß es ihr nahe ging, ihr Vater war an der Front in Galizien und sie hatten lange nichts mehr von ihm gehört.

Am Tage des Begräbnisses war die Josef-Gall-Gasse schwarz von Fiakern und Menschen. Wir sahen von oben aus dem Fenster zu, wir dachten, daß kein Fleckchen unten mehr frei sei, aber es kamen immer neue Fiaker und Menschen dazu und fanden doch Platz. »Wo kommen die nur alle her?« »Das ist so, wenn ein berühmter Mann stirbt«, sagte Paula. »Die wollen ihm alle das letzte Geleit geben. Die haben seine Musik so gern.« Ich hatte die Musik nie gehört und fühlte mich ausgeschlossen. Das Gedränge unten nahm ich auf, als sei es bloß etwas zum Zuschauen, vielleicht auch, weil die Leute vom zweiten Stock aus so klein aussahen, sie waren eingezwängt, doch gelang es manchen, den schwarzen Hut voreinander zu ziehen, das erschien uns unpassend, aber Paula hatte auch dafür eine begütigende Erklärung: »Die sind froh, wenn sie jemand kennen unter den vielen Leuten, da spüren sie wieder einen Mut.« Das Weinen der Tochter berührte mich, ich hörte es noch viele Tage nach dem Begräbnis, immer gegen Abend; als es schließlich seltener wurde und dann aufhörte, fehlte es mir, als hätte ich etwas Unentbehrliches verloren.

Bald danach stürzte sich ein Mann vom dritten Stock eines nahen Hauses in der Josef-Gall-Gasse auf die Straße. Die Rettungsgesellschaft kam ihn holen, er war tot, ein großer Blutflecken auf dem Pflaster blieb von ihm, der lange nicht getilgt wurde. Wenn wir vorbeigingen, nahm mich Paula an der Hand und richtete es so ein, daß sie zwischen dem Blut-fleck und mir ging. Ich fragte sie, warum der Mann das getan habe, und sie konnte es nicht erklären. Ich wollte wissen, wann das Begräbnis sei. Es werde keines geben. Er sei allein gewesen und habe keine Angehörigen gehabt. Vielleicht habe er deswegen nicht mehr leben wollen.

Sie sah, wie dieser Selbstmord mich beschäftigte und um mich auf andere Gedanken zu bringen, bat sie die Mutter um die Erlaubnis, mich auf ihrem nächsten Sonntagsausgang nach Neuwaldegg mitnehmen zu dürfen. Sie hatte einen Be-kannten, mit dem wir in der Elektrischen hinausfuhren, einen stillen jungen Mann, der sie bewundernd ansah und kaum ein Wort sagte. Er war so ruhig, daß er gar nicht dagewesen wäre, wenn Paula nicht zu uns beiden zugleich gesprochen hätte, was immer sie sagte, bezog sich auf beide. Sie sprach so, daß sie eine Antwort von uns erwartete, ich gab sie und der Be-kannte nickte. Dann gingen wir ein Stück durch den Wald zur Knödelhütte und er sagte etwas, das ich nicht verstand: »Nächste Woche, Fräulein Paula, jetzt sind's nur noch fünf Tage.« Wir kamen auf eine leuchtende Wiese, die von Men-schen übersät war, sie war riesig, man hätte denken können, es sei Platz genug für alle Leute auf der Welt, aber wir mußten ziemlich lange herumgehen, bis wir einen Platz fanden. Da lagen Familien, die aus Frauen und Kindern bestanden, hie und da junge Paare, meist aber ganze Gruppen von Leuten, die zusammengehörten und etwas spielten, was sie alle in Be-wegung hielt. Einige räkelten sich in der Sonne, auch sie schienen glücklich, viele lachten, hier war Paula zuhause, hier gehörte sie hin. Ihr Freund, der sie sehr verehrte, öffnete nun öfters den Mund, ein bewunderndes Wort gab das andere, er war auf Urlaub, aber er war nicht in Uniform, vielleicht mochte er sie nicht an den Krieg erinnern, er müsse noch mehr an sie denken, sagte er, wenn er nicht bei ihr sei. Männer waren auf der Wiese viel seltener als Frauen, ich sah keinen in Uniform, hätte ich nicht endlich begriffen, daß Paulas Verehrer nächste Woche an die Front zurück müsse, ich hätte vergessen, daß Krieg war.

Das ist meine letzte Erinnerung an Paula, die Wiese in der Nähe von Neuwaldegg, unter sehr vielen Leuten in der Sonne. Ich sehe sie nicht auf der Rückfahrt nach Hause. Mir ist, als sei sie auf der Wiese geblieben, um ihren Freund zurückzuhalten. Ich weiß nicht, warum sie uns verließ, ich weiß nicht, warum sie plötzlich fort war. Wenn ihr das Lächeln nur nicht vergangen ist, wenn ihr Verehrer nur zurückkam, ihr Vater war nicht mehr am Leben, als wir in der Elektrischen hinausfuhren.

Krankheit der Mutter
Der Herr Dozent

Es war die Zeit, als das Brot gelb und schwarz wurde, mit Beimischungen von Mais und anderen, weniger guten Dingen. Man mußte sich anstellen vor den Lebensmittelgeschäften, auch wir Kinder wurden hingeschickt, so kam ein wenig mehr zusammen. Die Mutter begann das Leben schwieriger zu finden. Gegen Ende des Winters kam ihr Zusammenbruch. Ich weiß nicht, was ihre Krankheit damals war, aber sie lag lange Wochen in einem Sanatorium nieder und erholte sich nur langsam. Anfangs durfte ich sie nicht einmal besuchen, doch allmählich wurde es besser und ich fand mich mit Blumen in ihrem Sanatorium auf der Elisabethpromenade ein. Da sah ich dann zum erstenmal ihren Arzt, den Direktor der Anstalt, bei ihr, einen Mann mit einem dichten schwarzen

Bart, der medizinische Bücher geschrieben hatte und Dozent an der Wiener Universität war. Er betrachtete mich mit zuckriger Freundlichkeit aus halbgeschlossenen Augen und sagte: »Also das ist ja der große Shakespeare-Kenner! Und Kristalle sammelt er auch. Von dir hab ich schon viel gehört. Deine Mama redet immer über dich. Du bist schon weit für dein Alter.«

Die Mutter hatte zu ihm über mich gesprochen! Er wußte alles über die Sachen, die wir zusammen lasen. Er *lobte* mich. Die Mutter lobte mich nie. Ich mißtraute seinem Bart und wich ihm aus. Ich fürchtete, er könne mich einmal mit dem Bart *streifen* und dann würde ich mich auf der Stelle in einen Sklaven verwandeln, der ihm alles zutragen müßte. Der Ton seiner Stimme, die ein wenig durch die Nase ging, war wie von Lebertran. Er wollte mir die Hand auf den Kopf legen, vielleicht um mich mit ihr zu loben. Aber ich wich ihr aus, indem ich mich blitzrasch duckte und er schien ein wenig betroffen. »Ein stolzer Junge, den Sie da haben, gnädige Frau, läßt sich nur von Ihnen anrühren!« Dieses Wort »anrühren« ist mir im Sinn geblieben, es hat mich zu meinem Haß gegen ihn bestimmt, einem Haß, wie ich ihn noch nie gekannt hatte. Er tat mir nichts, aber er schmeichelte mir und suchte mich zu gewinnen. Er tat das von nun an mit erfinderischer Zähigkeit, er dachte sich Geschenke aus, mit denen er mich zu überrumpeln suchte, und wie hätte er annehmen sollen, daß der Wille eines noch nicht elfjährigen Kindes dem seinen nicht nur ebenbürtig war, sondern stärker.

Denn er bemühte sich sehr um meine Mutter, sie hatte eine tiefe Neigung in ihm geweckt, wie er ihr sagte – aber das erfuhr ich erst später –, die tiefste seines Lebens. Er wollte sich um ihretwillen von seiner Frau scheiden lassen. Er werde sich der drei Kinder annehmen und ihr bei ihrer Erziehung helfen. Alle drei könnten an der Wiener Universität studieren, der älteste solle aber auf alle Fälle Mediziner werden, und wenn er Lust habe, könne er auch später sein Sanatorium übernehmen. Die Mutter war nicht mehr offen zu mir, sie hütete sich, mir das alles zu sagen, sie wußte, daß es mich *vernichtet* hätte. Ich hatte das Gefühl, daß sie zu lange im Sanatorium blieb, er wollte sie nicht weglassen. »Du bist doch schon ganz gesund«, sagte ich ihr bei jedem Besuch. »Komm nach Haus und ich werde dich pflegen.« Sie lächelte, ich sprach, als wäre ich erwachsen, ein Mann und gar ein Arzt dazu, der alles wisse, was zu tun sei. Am liebsten hätte ich sie aus dem Sanatorium getragen, auf meinen eigenen Armen. »Eines Nachts komm ich dich rauben«, sagte ich. »Es ist aber zugesperrt unten, du kommst nicht herein. Du mußt schon warten, bis der Arzt mir erlaubt, nach Hause zu gehen. Jetzt dauert es nicht mehr lange.«

Als sie nach Hause zurückkam, wurde vieles anders. Der Herr Dozent verschwand nicht aus unserem Leben, er kam sie besuchen, er kam zum Tee. Er brachte mir jedesmal ein Geschenk, das ich dann gleich, kaum war er aus der Wohnung, wegwarf. Kein einziges Geschenk von ihm habe ich länger als für die Dauer seines Besuchs behalten, und es gab Bücher darunter, die ich für mein Leben gern gelesen hätte, und wunderbare Kristalle, die in meiner Sammlung fehlten. Er wußte schon, was er mir schenkte, denn kaum hatte ich begonnen, von einem Buch zu sprechen, das mich lockte, so war es auch schon da, aus seinen Händen legte es sich auf den Tisch in unserem Kinderzimmer, und es war, als sei ein Mehltau auf das Buch gefallen – nicht nur warf ich es dann fort und mußte, was gar nicht so leicht war, die richtigen Orte dafür finden –, ich habe auch später das Buch mit diesem Titel nie gelesen.

Damals setzte die Eifersucht ein, die mich mein Leben lang gequält hat, und die Gewalt, mit der sie mich überkam, hat mich für immer geprägt. Sie wurde zu meiner eigentlichen Leidenschaft, die sich um Überzeugungen und besseres Wissen nicht im geringsten scherte.

»Heute kommt der Herr Dozent zum Tee«, sagte die Mutter mittags beim Essen, was sonst bei uns einfach ›Jause‹ hieß, für ihn hieß es ›Tee‹. Ihr Tee, so hatte er ihr eingeredet, war der beste in Wien, sie verstand sich darauf noch von ihrer englischen Zeit her, und während alle ihre Vorräte im Krieg auf nichts zusammengeschmolzen waren, hatte sie wie durch ein Wunder noch genug Tee im Haus. Ich fragte sie, was sie tun würde, wenn der Tee zu Ende sei, sie sagte, er sei noch lange nicht zu Ende. »Wie lange noch? Wie lange noch?« »Er reicht noch für ein, zwei Jahre.« Sie wußte, wie mir zumute war, aber sie ertrug keine Kontrolle, vielleicht übertrieb sie, um mir das Fragen abzugewöhnen, denn sie lehnte es schroff ab, mir die Vorräte an Tee zu *zeigen*.

Der Herr Dozent bestand darauf, mich bei seiner Ankunft zu begrüßen und er durfte, kaum hatte er der Mutter die Hand geküßt, das Kinderzimmer betreten, in dem ich ihn erwartete. Er begrüßte mich immer mit einer Schmeichelei und packte sein Geschenk aus. Ich sah es fest an, um es gleich genug zu hassen und sagte tückisch: »Danke.« Zu einem Gespräch kam es nicht, der Tee, der auf dem Balkon des Nebenzimmers serviert wurde, wartete, auch wollte er mich in der Beschäftigung mit dem Geschenk nicht stören. Er war überzeugt davon, daß er das Richtige brachte, jedes Haar in seinem schwarzen Bart glänzte. Er fragte: »Was wünschst du dir von mir, wenn ich nächstes Mal komme?« Da ich schwieg, gab er sich selber die Antwort und sagte: »Ich finde es schon heraus, ich hab so meine Methoden.« Ich wußte, was er meinte, er würde die Mutter fragen, und obwohl es mein größter Schmerz war, daß sie's ihm sagen würde, hatte ich jetzt an Wichtigeres zu denken, denn die Zeit zum Handeln war gekommen. Kaum hatte die Tür sich hinter ihm geschlossen, als ich das Geschenk in größter Eile packte und unter den Tisch tat, wo ich es nicht mehr sehen konnte. Dann holte ich einen Stuhl, zog ihn zum Fenster, kniete mich auf das Strohgeflecht des Sitzes nieder und beugte mich, so weit es ging, zum Fenster hinaus.

Denn zu meiner Linken, gar nicht weit von mir entfernt, konnte ich den Herrn Dozenten sehen, wie er unter allerhand Höflichkeiten auf dem Balkon Platz nahm. Er wandte mir den Rücken zu, auf der anderen, entfernteren Seite des Balkons, der einen Bogen bildete, saß die Mutter. Das *wußte* ich aber nur, ich konnte sie nicht sehen, und ebenso wenig wie sie den Teetisch, der zwischen ihnen stand. Aus seinen Bewegungen mußte ich alles erraten, was auf dem Balkon vorging. Er hatte eine beschwörende Art, sich vorzuneigen, wobei er sich, der Krümmung des Balkons wegen, leicht nach links wandte, dann sah ich seinen Bart, den Gegenstand auf der Welt, den ich am tiefsten haßte und ich sah auch, wie er die linke Hand in die Höhe hob und die Finger elegant beteuernd spreizte. Ich wußte immer, wann er einen Schluck Tee nahm und dachte mit Ekel daran, wie er ihn jetzt lobte – er lobte alles, was mit der Mutter zusammenhing. Ich fürchtete, daß er ihr, die sehr schwer zu gewinnen war, durch Schmeicheleien in ihrem von der Krankheit geschwächten Zustand den Kopf verdrehe. Vieles, wovon ich gelesen hatte, das gar nicht in mein Leben passen wollte, wandte ich jetzt auf ihn und sie an und hatte für alles, was ich fürchtete, Worte wie ein Großer.

Ich wußte nicht, was zwischen Mann und Frau geschieht, doch wachte ich darüber, daß nichts geschehe. Wenn er sich zu weit vorbeugte, dachte ich, er wolle sie küssen, obwohl das, schon wegen der Stellung des Teetisches zwischen ihnen, ganz unmöglich gewesen wäre. Von seinen Worten und Sätzen verstand ich nichts, das einzige, was ich zu hören vermeinte, war, selten genug, ein »Aber verehrteste Gnädigste!« Es klang nachhaltig und protestierend, als habe sie ihm ein Unrecht getan und ich freute mich darüber. Am schlimmsten war es, wenn er lange nichts sagte, dann wußte ich, daß sie ihm etwas Längeres erzählte und nahm an, sie sprächen über mich. Dann wünschte ich, daß der Balkon einstürze und er unten auf dem Pflaster zerschmettert liegen bleibe. Es fiel mir nicht ein – vielleicht weil ich sie nicht sah –, daß sie ja mit ihm abgestürzt wäre. Nur was ich sehen konnte, er, nur er, sollte abstürzen. Ich stellte mir vor, wie er unten lag und die Polizei mich fragen kam. »Ich habe ihn heruntergestürzt«, würde ich sagen, »er hat meiner Mutter die Hand geküßt.«

Er blieb etwa eine Stunde zum Tee, mir kam's viel länger vor, ich kauerte hartnäckig auf meinem Stuhl und ließ ihn keinen Augenblick aus den Augen. Sobald er aufstand, sprang ich vom Stuhl herunter, stellte ihn wieder an den Tisch zurück, holte das Geschenk von unten herauf, legte es genau dorthin, wo er's ursprünglich ausgepackt hatte und öffnete die Tür zum Vorzimmer. Da stand er schon, küßte der Mutter die Hand, nahm Handschuhe, Stock und Hut wieder an sich, winkte mir zum Abschied zu, nachdenklicher und nicht so beflissen wie bei seiner Ankunft. Immerhin war er inzwischen abgestürzt und konnte von Glück reden, daß er wieder auf seinen Beinen ging. Er verschwand und ich lief an mein Fenster: da sah ich ihm nach, wie er die kurze Josef-Gall-Gasse bis zu Ende ging und um die Ecke zum Schüttel meinen Blicken entschwand.

Die Mutter war noch erholungsbedürftig, und unsere Leseabende waren seltener geworden. Sie spielte mir nie mehr etwas vor und ließ nur mich laut lesen. Ich gab mir Mühe, Fragen zu finden, die ihr Interesse wecken könnten. Wenn sie eine längere Antwort gab, wenn sie wirklich wie früher etwas erklärte, schöpfte ich Hoffnung und war wieder glücklich. Aber oft war sie nachdenklich und verstummte manchmal, als wäre ich gar nicht da. »Du hörst mir nicht zu«, sagte ich dann, sie zuckte zusammen und fühlte sich ertappt. Ich wußte, daß sie an andere Lektüre dachte, über die sie nicht zu mir sprach.

Sie las Bücher, die der Herr Dozent ihr schenkte, und schärfte mir streng ein, daß sie nichts für mich seien. Den Schlüssel zum Bücherkasten im Speisezimmer, der früher immer stak, so daß ich nach Herzenslust darin rumoren konnte, zog sie jetzt ab. Ein Geschenk von ihm, das sie besonders beschäftigte, waren Baudelaires ›Les Fleurs du Mal‹. Zum erstenmal, seit ich sie kannte, las sie Gedichte. Das wäre ihr früher nicht eingefallen, sie verachtete Gedichte. Dramen waren immer ihre Leidenschaft gewesen und damit hatte sie mich angesteckt. Jetzt nahm sie ›Don Carlos‹ oder ›Wallenstein‹ nicht mehr zur Hand und verzog das Gesicht, wenn ich sie erwähnte. Shakespeare zählte noch, er zählte sogar sehr, aber statt darin zu lesen, suchte sie nur nach bestimmten Stellen, schüttelte unmutig den Kopf, wenn sie sie nicht gleich fand, oder lachte übers ganze Gesicht, wobei erst ihre Nasenflügel bebten, und sagte mir nicht, worüber sie lachte. Romane hatten sie früher schon interessiert, aber sie wandte sich welchen zu, die ich bisher nie bemerkt hatte. Ich sah Bände von Schnitzler, und als sie mir unvorsichtig sagte, nicht nur, daß er in Wien lebe und eigentlich Arzt sei, sondern sogar, daß der Herr Dozent ihn kenne und daß seine Frau eine Spaniolin sei wie wir, war meine Verzweiflung vollkommen.

»Was möchtest du, daß ich werde?« fragte ich einmal, in großer Angst, als wüßte ich, was für eine schreckliche Antwort kommen würde. »Am besten ist Dichter und Arzt zusammen«, sagte sie. »Das sagst du bloß wegen Schnitzler!« »Ein Arzt tut Gutes, ein Arzt hilft Menschen wirklich.« »Wie der Doktor Weinstock, gell?« Das war eine tückische Antwort, ich wußte, daß sie unseren Hausarzt nicht leiden konnte, weil er immer versuchte, den Arm um sie zu legen. »Nein, eben nicht wie der Dr. Weinstock. Glaubst du, daß der ein Dichter ist? Der denkt an nichts. Der denkt nur an sein Vergnügen. Ein guter Arzt versteht etwas von Menschen. Da kann er auch ein Dichter sein und schreibt kein dummes Zeug.« »Wie der Herr Dozent?« fragte ich und wußte, wie gefährlich die Sache nun wurde. Er war kein Dichter, und diesen Schlag wollte ich ihm versetzen. »Es muß nicht wie der Herr Dozent sein«, sagte sie, »aber wie Schnitzler.« »Warum darf ich ihn dann nicht lesen?« Darauf antwortete sie nicht, aber sie sagte etwas, das mich in noch größere Aufregung versetzte. »Dein Vater hätte gern gehabt, daß du ein Arzt wirst.« »Hat er dir das gesagt? Hat er dir das gesagt?« »Ja, oft. Er hat mir's oft gesagt. Das hätte ihm die größte Freude gemacht.« Sie hatte es nie erwähnt, kein einziges Mal seit seinem Tode hatte sie es erwähnt. Ich wußte wohl, was er mir bei jenem Spaziergang am Ufer der Mersey gesagt hatte: »Du wirst werden, was du gern willst. Du brauchst nicht ein Kaufmann zu werden wie ich. Du wirst studieren und was dir am besten gefällt, wirst du werden.« Aber das hatte ich für mich behalten und keinem Menschen, nicht einmal ihr je gesagt. Daß sie jetzt zum erstenmal davon sprach, bloß weil ihr Schnitzler gefiel und der Herr Dozent sich bei ihr einschmeichelte, versetzte mich in Zorn. Ich sprang von meinem Sessel auf, stellte mich böse vor sie hin und schrie: »Ich will kein Arzt sein! Ich will kein Dichter sein! Ich werde Naturforscher! Ich fahre weit weg, wo mich niemand findet!« »Livingstone war auch ein Arzt«, sagte sie höhnisch, »und Stanley hat ihn gefunden!« »Aber du wirst mich nicht finden! Du wirst mich nicht finden!« Es war Krieg zwischen uns und es wurde von Woche zu Woche schlimmer.

Der Bart im Bodensee

Wir lebten um diese Zeit zu zweit allein, ohne die kleinen Brüder. Während der Krankheit der Mutter waren die beiden vom Großvater in die Schweiz geleitet worden. Da hatten Verwandte sie in Empfang genommen und in ein Knaben-Pensionat nach Lausanne gebracht. Ihr Fehlen in der Wohnung machte sich auf manche Arten bemerkbar. Ich hatte das Kinderzimmer, in dem wir uns früher alle drei aufhielten, für mich allein. Ich konnte mir ungestört aushecken, was ich wollte, und der Raum zum Kampf gegen den Herrn Dozenten wurde mir von niemand strittig gemacht. Er warb nur um mich und brachte mir allein Geschenke. Während ich seinen Besuch vom Stuhl am Fenster aus überwachte, brauchte ich mich nicht darum zu kümmern, was in meinem Rücken geschah.

Ich war frei mit meiner Unruhe und konnte jederzeit mit der Mutter sprechen, ohne Rücksicht auf die Kleinen zu nehmen, vor denen man Auseinandersetzungen dieser Art gewiß verborgen hätte. Es wurde dadurch alles offener und wilder. Der Balkon, der früher tagsüber der Ort aller ernsten

Gespräche gewesen war, hatte einen vollkommen veränderten Charakter: ich mochte ihn nicht mehr. Seit der Haß auf den teetrinkenden Herrn Dozenten an diese Lokalität gebunden war, erwartete ich, daß er einstürzen würde. Ich schlich mich, wenn niemand mich sehen konnte, auf ihn hinaus und prüfte die Festigkeit des Steins, allerdings nur auf der Seite, wo er zu sitzen pflegte. Ich hoffte auf Brüchigkeit und war bitter enttäuscht, daß nichts sich regte. Alles schien so fest, wie es immer gewesen war, und auf meine Sprünge antwortete keine Erschütterung, nicht die leiseste.

Die Abwesenheit der Brüder stärkte meine Position. Es war undenkbar, daß wir immer von ihnen getrennt bleiben würden, und eine Übersiedlung in die Schweiz wurde nun häufig erwogen. Ich tat alles, um eine Beschleunigung dieser Reise zu bewirken, und machte der Mutter das Leben in Wien so schwer wie möglich. Die Entschlossenheit und Grausamkeit des Kampfes, den ich führte, bereitet mir noch in der Erinnerung Qualen. Ich war gar nicht sicher, daß ich gewinnen würde. Der Einbruch der fremden Bücher in das Leben der Mutter machte mir viel mehr Angst als der Herr Dozent persönlich. Hinter ihm, den ich verachtete, weil ich ihn kannte und vor seiner glatten, schmeichlerischen Sprache Ekel empfand, stand die Figur eines Dichters, von dem ich keine Zeile lesen durfte, den ich gar nicht kannte, und niemals habe ich einen Dichter so sehr gefürchtet wie damals Schnitzler.

Die Bewilligung zu einer Ausreise aus Österreich war zu jener Zeit keine ganz leichte Sache. Vielleicht hatte die Mutter von den Schwierigkeiten, die dabei zu überwinden waren, eine übertriebene Vorstellung. Sie war noch immer nicht gesund und sollte eine Nachkur machen. Reichenhall, wo sie sich vor vier Jahren rasch erholt hatte, hatte sie in guter Erinnerung. So erwog sie, von Wien nach Reichenhall zu fahren und dort einige Wochen mit mir zu verbringen. Von München aus meinte sie leichter ein Ausreisevisum in die Schweiz zu erlangen. Der Herr Dozent machte sich erbötig, nach München zu kommen, um ihr bei den Formalitäten behilflich zu sein. Seine akademischen Verbindungen und sein Bart würden ihren Eindruck auf die Behörden nicht verfehlen. Ich war Feuer und Flamme für diesen Plan, sobald ich seinen Ernst erfaßte, und stützte nun plötzlich die Mutter auf jede Weise. Nach der unversöhnlichen Feindschaft, die sie von mir erfahren hatte und die sie auf Schritt und Tritt lähmte, fühlte sie große Erleichterung darüber. Wir machten Pläne für die Wochen, die wir allein in Reichenhall verbringen würden. Heimlich hoffte ich darauf, daß wir zu unseren Dramen wiederfinden würden. Diese Abende waren immer seltener geworden und schließlich an ihrer Zerstreutheit und auch an ihrer Schwäche eingegangen. Von Coriolan, wenn es mir nur gelang, ihn wieder zu erwecken, erwartete ich Wunder. Aber ich war zu stolz, ihr zu sagen, wieviel ich auf die Wiederkehr unserer Abende setzte. Jedenfalls würden wir von Reichenhall aus zusammen Ausflüge machen und viel spazierengehen.

An die letzten Tage in Wien kann ich mich nicht erinnern. Ich weiß nicht mehr, wie wir die vertraute Wohnung und den fatalen Balkon verließen. Ich habe auch keine Erinnerung an die Reise. Ich sehe uns erst in Reichenhall wieder. Ein kleiner täglicher Spaziergang führte uns nach Nonn. Da war ein winziger Kirchhof, sehr still, der es ihr schon damals, vor vier Jahren, angetan hatte. Wir gingen zwischen den Grabsteinen umher, lasen die Namen der Toten, die wir bald kannten, und lasen sie trotzdem immer wieder. Da möchte sie begraben sein, sagte sie. Sie war 31, aber ich wunderte mich nicht über ihre Grabgelüste. Wenn wir nur allein waren, ging alles, was sie dachte, sagte oder tat, wie die natürlichste Sache in mich ein. Aus den Sätzen, die sie mir zu solchen Zeiten sagte, bin ich entstanden.

Wir unternahmen auch Ausflüge in die weitere Umgebung, nach Berchtesgaden und an den Königssee. Aber das waren Ausflüge unter dem Einfluß der üblichen Anpreisungen, so intim und persönlich wie Nonn war nichts, das war ihr Ort, und vielleicht machte es mir darum einen so tiefen Eindruck,

weil es von allen ihren Vorstellungen und Launen die einge-
zogenste war, so als hätte sie die ungeheuren Erwartungen,
die sie für ihre drei Söhne hatte, plötzlich aufgegeben und sich
fünfzig Jahre vor der Zeit auf das Altenteil zurückgezogen.
Ich glaube, ihre eigentliche Nachkur bestand in diesen regelmäßigen, kurzen Gängen nach Nonn. Wenn sie auf dem winzigen Kirchhof stand und wieder einmal ihren Wunsch äußerte, spürte ich, daß es ihr besser ging. Sie sah plötzlich gesund
aus, sie hatte Farbe, sie atmete tief ein, ihre Nasenflügel bebten und sie sprach, wenn auch in einer ungewohnten Rolle,
endlich wieder wie im Burgtheater.

So vermißte ich es gar nicht, daß wir die Leseabende nicht
wieder aufnahmen. Statt dessen, zur selben Zeit gegen
Abend, unternahmen wir den genau abgegrenzten Spaziergang nach Nonn und was sie auf dem Wege hin und zurück zu
mir sprach, war wieder so ernst und so voll wie vor der Zeit
ihrer Krankheit. Es war mir dann immer so zumute, als sage
sie alles, als halte sie nichts zurück, der Gedanke an meine elf
Jahre schien ihr gar nicht zu kommen. Etwas Expansives war
dann in ihr, das sich rückhaltlos nach allen Seiten ausbreitete,
und ich allein war der Zeuge, und ich allein bewegte mich darin.

Doch als München sich näherte, meldete sich die Sorge. Ich
fragte aber nicht, wie lange wir da bleiben würden. Um mir
die Angst davor zu nehmen, sagte sie von selber, daß es gar
nicht so lange dauern würde. Dazu käme ja der Herr Dozent.
Mit seiner Hilfe würden wir vielleicht schon in einer Woche
mit allem fertig. Ohne ihn sei es gar nicht sicher, daß uns die
Ausreise bewilligt würde. Ich glaubte ihr, denn noch waren
wir allein.

Schon bei der Ankunft in München brach das Unglück
wieder über mich herein. Er war *vor* uns angekommen und
erwartete uns am Bahnhof. Wir sahen beide zum Coupéfen-
ster hinaus, mit demselben Gedanken, aber ich war es, der den
schwarzen Bart auf dem Perron zuerst entdeckte. Er begrüßte
uns mit einiger Feierlichkeit und erklärte, er bringe uns gleich

ins Hotel ›Deutscher Kaiser‹, wo für die Mutter und mich zusammen, wie sie es gewünscht hätte, ein Zimmer aufgenommen sei. Er habe schon einige gute Freunde verständigt, die sich eine Ehre daraus machen würden, uns Empfehlungen zu geben und auch sonst auf jede Weise behilflich zu sein. Im Hotel stellte es sich heraus, daß auch er da wohnte. Das sei einfacher, damit keine Zeit verloren ginge, bei den vielen gemeinsamen Laufereien, die uns bevorstünden, sei das wichtig. Leider müsse er schon in sechs Tagen nach Wien zurück, das Sanatorium erlaube ihm keine längere Abwesenheit. Ich durchschaute ihn gleich; mit den sechs Tagen wollte er die Wirkung des gleichen Hotels abschwächen, eine Nachricht, die mich zwar wie ein Keulenschlag traf, aber keineswegs lähmte.

Man sagte mir nicht, wo sein Zimmer sei, ich nahm an, daß es sich auf demselben Stockwerk befinden müsse und fürchtete, es könnte dem unseren zu nahe sein. Ich wollte herausfinden, wo dieses Zimmer war, und lauerte ihm auf, als er seinen Schlüssel verlangte. Er nannte keine Zimmernummer, der Portier, als sei er über meine Absicht im Bilde, händigte ihm diskret den Schlüssel ein, ich verschwand, bevor er selber mich bemerkte. Ich fuhr rasch vor ihm im Lift in unseren Stock hinauf und drückte mich auf die Seite, bis er selber nachkam. Sehr bald ging die Lifttür wieder auf, mit dem Zimmerschlüssel in der Hand kam er heraus und ging an mir vorbei, ohne mich zu sehen. Ich hatte mich noch kleiner gemacht als ich war, sein eigener Bart war es, der mich vor seinen Blicken versteckte. An die Wand gedrückt schlich ich ihm nach, es war ein großes Hotel mit langen Gängen, ich nahm mit Erleichterung wahr, daß er sich weit und weiter von unserem Zimmer entfernte. Niemand kam uns entgegen, ich war allein mit ihm, ich beeilte mich, immer in seiner Nähe zu bleiben. Er bog noch um eine Ecke und stand endlich vor seiner Tür, bevor er den Schlüssel ins Schloß steckte, hörte ich ihn seufzen. Er seufzte laut und ich war sehr erstaunt – nie hätte ich erwartet, daß ein solcher Mann seufze, ich war Seufzen nur von der Mutter gewöhnt und wußte, daß es bei ihr etwas bedeutete. In der letzten Zeit hing es mit ihrer Schwäche zusammen, sie seufzte, wenn sie sich schlecht fühlte, und ich bemühte mich, sie zu trösten und versprach ihr eine baldige Wiederkehr ihrer Kräfte. Nun stand er da, Arzt und Schmeichler, Inhaber eines Sanatoriums, Verfasser eines dreibändigen medizinischen Prachtwerkes, das seit einigen Monaten in unserer Wiener Bibliothek stand, das ich nicht aufschlagen durfte, und seufzte erbärmlich. Dann sperrte er auf, trat ins Zimmer, zog die Tür hinter sich zu und ließ den Schlüssel draußen stecken. Ich legte das Ohr ans Schlüsselloch und horchte. Ich hörte seine Stimme, er war allein, ich hatte die Mutter in unserem Zimmer verlassen, wo sie sich ausruhen sollte und ein wenig schlief. Er sprach ganz laut, aber ich verstand ihn nicht. Ich fürchtete, er könnte den Namen der Mutter sagen und lauerte angestrengt darauf. Vor mir hieß sie »meine Gnädigste« oder »meine verehrte Gnädigste«, doch traute ich dieser Anrede nicht und war entschlossen, ihn über eine unerlaubte Nennung ihres Namens zur Rede zu stellen. Ich sah mich, wie ich die Tür plötzlich aufriß, auf ihn zusprang und ihn anherrschte: »Was unterstehen Sie sich?« Ich riß ihm die Brille herunter und zertrat sie in ganz kleine Stücke: »Sie sind ein Kurpfuscher, sie sind kein Arzt! Ich habe Sie entlarvt! Verlassen Sie sofort dieses Hotel oder ich übergebe Sie der Polizei!«

Aber er hütete sich, mir diesen Gefallen zu tun, kein Name kam über seine Lippen. Er sprach, wie ich endlich erfaßte, französisch, es klang wie ein Gedicht, gleich fiel mir der Baudelaire ein, den er ihr geschenkt hatte. So blieb er allein, was er in ihrer Gegenwart war, ein erbärmlicher Schmeichler, ungreifbar, eine Qualle, mich schüttelte der Ekel.

Ich lief rasch den Weg in unser Zimmer zurück und fand die Mutter noch schlafend. Ich setzte mich ans Sofa und bewachte ihren Schlaf. Alle Veränderungen ihres Gesichtes waren mir vertraut und ich wußte, wann sie träumte.

Vielleicht war es für diese sechs Tage gut, daß ich die Lokalitäten aller Beteiligten kannte. Ich war ruhiger nur, wenn ich beide getrennt wußte. *Er* war in meiner Gewalt, sobald ich ihn in seinem Zimmer hörte. Vielleicht übte er die Gedichte ein, die er der Mutter sagte, wenn er mit ihr war. Unzählige Male stand ich vor seiner Tür, von meinem geheimen Treiben spürte er nichts; ich wußte, wann er das Hotel verließ, ich wußte, wann er wieder da war. Zu jeder Zeit hätte ich sagen können, ob er in seinem Zimmer war, und ganz sicher war ich, daß die Mutter es nie betrat. Einmal, als er es für einen Augenblick verließ und es offen war, betrat ich es eilig und sah mich flink um, ob irgendwo ein Bild der Mutter da stand. Aber es war kein Bild da und ich verschwand so rasch wie ich gekommen war und hatte die Frechheit, der Mutter noch zu sagen: »Du mußt dem Herrn Dozenten ein schönes Bild von *uns* lassen, wenn wir wegfahren.« »Von uns beiden, ja,« sagte sie, ein wenig betroffen, »er hat uns sehr geholfen, er verdient es.«

Er tat, was er konnte, auf alle Ämter, wo wegen des Krieges oft Frauen den Dienst versahen, begleitete er die Mutter, erklärte seine Gegenwart mit ihrer krankhaften Schwäche, er war ja wirklich ihr Arzt – so wurde sie überall mit Höflichkeit und Rücksicht behandelt. Ich war immer mit, da konnte ich ihn sozusagen in flagranti dabei beobachten, wie er seine Visitenkarte zückte, in vornehm-lässigem Schwung der Beamtin überreichte und dazu sagte: »Gestatten Sie, daß ich mich vorstelle.« Dann kam alles, was auf der Karte stand, das Sanatorium, dessen Direktor er war, die Beziehung zur Universität Wien usw. und ich wunderte mich, daß er seine Hauptsache nicht hinzufügte: »Ich küsse Ihre Hand, meine Gnädigste.«

Mittags aßen wir zusammen im Hotel. Ich führte mich höflich und gesittet auf und fragte ihn über seinen Studiengang aus. Er staunte über die Unersättlichkeit meines Fragens und dachte, ich wolle nun wirklich dasselbe werden wie er – er mein Vorbild –, und verstand auch das in eine Schmeichelei zu verwandeln. »Sie haben mir nicht zu viel erzählt, gnädige Frau, die Wißbegier Ihres Sohnes ist erstaunlich. Ich begrüße in ihm eine künftige Leuchte der Wiener Medizinischen Fakultät.« Ich aber dachte nicht daran, es ihm nachzutun, ich wollte ihn nur *entlarven*! Ich paßte auf Widersprüche in seinen Antworten auf und hatte, während er ausführlich und etwas pomphaft Auskunft gab, immer nur den einen Gedanken: »Er hat gar nicht wirklich studiert. Er ist ein Kurpfuscher.«

Seine Zeit kam am Abend. Da gewann er spielend, und so wie er nichts über meine heimlichen Aktivitäten gegen ihn wußte, so wußte er auch nicht, wie sehr er über mich gewann. Denn jeden Abend ging die Mutter mit ihm ins Theater, sie war ausgehungert nach Theater, was wir zusammen statt dessen betrieben hatten, konnte ihr nicht mehr genügen, es war ihr gestorben, sie brauchte neues und wirkliches Theater. Ich blieb im Hotelzimmer allein zurück, wenn die beiden ausgingen, aber vorher sah ich ihr zu, wie sie sich für den Abend herrichtete. Sie verbarg nicht, wie sehr sie sich darauf freute. Sie sprach darüber strahlend und offen, schon zwei Stunden vorher, wenn alle ihre Gedanken dem bevorstehenden Abend galten, betrachtete ich sie mit Bewunderung und Staunen: Alle Schwäche war von ihr abgefallen, vor meinen Augen wurde sie schlagkräftig, geistreich und schön wie früher, sie entwickelte neue Gedanken zum Ruhm des Theaters, äußerte Verachtung für Dramen, die nicht auf die Bühne kämen, bloß gelesene Dramen seien tot, ein kümmerlicher Ersatz, und wenn ich, um sie zu erproben und mein Unglück zu vertiefen, noch fragte: »Auch vorgelesene?« sagte sie ungeniert, ohne die leiseste Rücksicht: »Auch vorgelesene! Was kann das schon sein, was *wir* vorlesen! Du weißt nicht, was wirkliche Schauspieler sind!« Dann erging sie sich über die großen Dramatiker, die Schauspieler gewesen seien, zählte sie, von Shakespeare und Molière angefangen, alle auf und verstieg sich bis zur Behauptung, daß andere Dramatiker es gar nicht wirklich seien, die sollten eher Krüppeldramatiker heißen. So ging es weiter, bis sie wohlriechend und wunderbar angezogen, wie ich fand, das Zimmer verließ, mit der letzten grausamen Anweisung, ich solle, damit ich mich in diesem fremden Hotel nicht zu einsam fühle, bald zu Bette gehen.

Ich blieb hoffnungslos zurück, abgeschnitten von dem, was unser Intimstes gewesen war. Ein paar kleine Manöver, die nun folgten, gaben mir zwar Sicherheit, aber halfen sonst wenig. Ich lief zuerst über den langen Gang auf die andere Seite des Hotels, wo das Zimmer des Herrn Dozenten war. Da klopfte ich mehrmals höflich an, versuchte die Tür und erst, als ich ganz gewiß war, daß er sich hier nicht versteckt hatte, ging ich in mein Zimmer zurück. Jede halbe Stunde unternahm ich eine neue Kontrolle. Ich dachte dabei nichts. Ich wußte, daß er im Theater war mit der Mutter, aber ich konnte es nicht oft genug bestätigt haben. Es verstärkte die Qual, die ich über ihren Abfall fühlte, aber es setzte ihr auch eine Grenze. Sie waren schon in Wien hie und da ins Theater gegangen, aber mit diesem unaufhörlichen Fest, Abend für Abend hintereinander, war das nicht zu vergleichen.

Ich hatte in Erfahrung gebracht, wann das Theater zu Ende war und blieb angezogen auf, solange es dauerte. Ich versuchte mir vorzustellen, was sie sahen, aber das war eine vergebliche Bemühung. Sie berichtete nie über die Stücke, in die sie ging, das hätte keinen Sinn, es seien lauter moderne Sachen, die ich doch nicht verstünde. Knapp bevor sie kommen mußten, zog ich mich aus und ging ins Bett. Ich drehte mich zur Wand und stellte mich schlafend. Das Licht auf ihrem Nachttisch, wo ein Pfirsich für sie bereit lag, ließ ich brennen. Sie kam sehr bald, ich fühlte ihre Aufregung, ich roch ihr Parfüm. Die Betten war nicht nebeneinander, sondern der Länge der Wand nach aufgestellt, so daß sie sich in einiger Entfernung von mir bewegte. Sie setzte sich auf ihr Bett, aber nicht für lange. Dann ging sie im Zimmer auf und ab, nicht besonders leise. Ich sah sie nicht, da ich abgewendet lag, aber ich hörte jeden ihrer Schritte. Ich war nicht erleichtert, daß sie da war, ich glaubte nicht an die sechs Tage. Ich sah eine Ewigkeit von Theaterabenden vor mir, den Herrn Dozenten hielt ich jeder Lüge für fähig.

Aber ich irrte mich, die sechs Tage gingen vorüber und alles war zur Reise fertig. Er begleitete uns bis nach Lindau – zum Schiff. Ich spürte die Feierlichkeit der Trennung. Am Kai küßte er der Mutter die Hand, es dauerte etwas länger als sonst, aber niemand weinte. Dann gingen wir aufs Schiff und blieben an der Reling stehen, die Taue wurden gelöst, der Herr Dozent stand da, den Hut in der Hand und bewegte die Lippen. Langsam entfernte sich das Schiff, aber ich sah noch immer, wie seine Lippen sich bewegten. Mein Haß glaubte noch die Worte zu erkennen, die er sagte: »Küß die Hand, Gnädigste.« Dann wurde der Herr Dozent kleiner, der Hut ging in einer eleganten Kurve auf und ab, der Bart blieb pechschwarz, der Bart schrumpfte nicht, jetzt blieb der Hut feierlich in der Höhe des Kopfes, aber in einiger Entfernung von ihm, in der Luft schweben. Ich sah nicht um mich, ich sah nur den Hut, und ich sah den Bart, und mehr und mehr Wasser, das uns davon trennte. Ich starrte noch unbeweglich hin, als der Bart so klein geworden war, daß nur ich ihn erkannt hätte. Dann plötzlich war er verschwunden, der Herr Dozent, der Hut und der Bart und ich sah die Türme von Lindau, die ich vorher nicht bemerkt hatte. Jetzt wandte ich mich zur Mutter, ich hatte Angst, daß sie weine, aber sie weinte nicht, wir fielen uns in die Arme, wir lagen uns in den Armen, sie fuhr mir, was sie sonst nie tat, über die Haare und sagte so weich wie ich sie nie gehört hatte: »Jetzt ist alles gut. Jetzt ist alles gut.« Sie sagte es so oft, daß ich dann doch zu weinen begann, obwohl mir gar nicht danach zumute war. Denn der Fluch unseres Lebens, der schwarze Bart, war verschwunden und untergegangen. Ich riß mich plötzlich von ihr los und begann auf dem Schiff herumzutanzen, rannte zu ihr zurück und riß mich wieder los, und wie gern hätte ich einen Triumphgesang angestimmt, aber ich kannte nur die Kriegs- und Siegeslieder, die ich nicht mochte.

In dieser Stimmung betrat ich Schweizer Boden.

Teil 4

Zürich – Scheuchzerstraße

Der Schwur

In Zürich bezogen wir zwei Zimmer im zweiten Stock der Scheuchzerstraße 68, bei einem älteren Fräulein, das vom Zimmervermieten lebte.

Sie hatte ein großes, knochiges Gesicht und hieß Helene Vogler. Sie nannte gern ihren Namen, auch als wir ihn schon gut kannten, sagte sie uns Kindern oft, wie sie heiße. Immer fügte sie hinzu, daß sie aus guter Familie sei, ihr Vater sei Musikdirektor gewesen. Sie hatte mehrere Brüder, einer, der ganz verarmt war und nichts zu beißen hatte, kam ihre Wohnung putzen. Er war älter als sie, ein schmächtiger, stiller Mann, den sie zu unserer Verwunderung die Hausarbeit machen ließ, wir sahen ihn am Boden knien oder stehend den ›Blocher‹ führen. Das war ein wichtiges Instrument, mit dem wir hier Bekanntschaft machten, und die Parkettböden glänzten, daß wir uns darin spiegeln konnten. Auf deren Zustand war Fräulein Vogler nicht weniger stolz als auf ihren Namen. Sie erteilte dem verarmten Bruder häufig Befehle, manchmal mußte er unterbrechen, was er eben begonnen hatte, weil ihr etwas Wichtigeres eingefallen war. Immer dachte sie daran, was er noch machen müsse, und lebte in Sorge, daß sie etwas Wichtiges vergessen habe. Er tat alles, wie sie es anschaffte, nie äußerte er ein Wort der Widerrede. Wir hatten die Meinung der Mutter übernommen, daß es würdelos für einen Mann sei, schon gar einen in seinem Alter, solche Hausarbeit zu verrichten. »Wenn ich das sehe«, sagte sie kopfschüttelnd, »möchte ich es am liebsten selber machen. Dieser alte Mann!« Aber als sie einmal eine Anspielung darauf machte, war Fräulein Vogler entrüstet. »Er ist selber schuld. Alles hat er schlecht gemacht in seinem Leben. Jetzt muß sich die eigene Schwester seiner schämen.« Er bekam nichts von ihr bezahlt, aber wenn er mit der Arbeit fertig war, bekam er zu essen. Er erschien wöchentlich einmal und Fräulein Vogler sagte: »Einmal die Woche hat er zu essen.« Sie habe es auch schwer und müsse Zimmer vermieten. Das stimmte, sie hatte wirklich kein leichtes Leben. Aber *einen* Bruder hatte sie, auf den sie stolz war. Er war auch Musikdirektor wie der Vater. Wenn er nach Zürich kam, wohnte er im Hotel ›Krone‹ am Limmatquai. Sie fühlte sich sehr geehrt, wenn er sie besuchte, oft kam er lange nicht, aber sie las seinen Namen in der Zeitung und wußte, daß es ihm gut ging. Einmal, als ich von der Schule nach Hause kam, empfing sie mich mit einem roten Kopf und sagte: »Mein Bruder ist da, der Musikdirektor.« Er saß ruhig und behäbig am Tisch in der Küche, so gut genährt wie sein Bruder eingeschrumpft war, sie hatte eigens Leber und Rösti für ihn gekocht, auch er aß allein, während Fräulein Vogler ihn bediente. Der arme Bruder pflegte zu murmeln, wenn er überhaupt etwas äußerte, der behäbige Musikdirektor sprach zwar auch nicht viel, aber was er sagte, kam laut und bestimmt, er war sich der Ehre, die er der Schwester durch seinen Besuch erwies, wohl bewußt und blieb nicht lang. Sobald er mit dem Essen fertig war, erhob er sich, nickte uns Kindern beinahe unmerklich zu, empfahl sich der Schwester mit einem ganz kurzen Gruß und verließ die Wohnung.

Sie war ein gutartiges Geschöpf, auch wenn sie ihre Mukken hatte. Mit Argusaugen wachte sie über ihre Möbel. Täglich mehrmals sagte sie in klagendem Ton zu uns: »Nit Chritzi uf myni Stüehl mache!« Wenn sie ausging, was selten vorkam, wiederholten wir ihren Klageruf zusammen im Chor, aber wir gaben sehr acht auf ihre Stühle, die sie gleich beim Nachhausekommen auf neue Kratzer hin prüfte.

Sie hatte etwas übrig für Künstler und erwähnte mit Genugtuung, daß vor uns in denselben Zimmern ein dänischer Schriftsteller mit Frau und Kind gewohnt habe. Seinen Namen, Aage Madelung, sprach sie so emphatisch aus wie den ihren. Er habe auf dem Balkon, der auf die Scheuchzerstraße hinausging, geschrieben und von oben das Hin und Her auf der Straße beobachtet: er habe jede Person bemerkt und sie nach ihr ausgefragt. In einer Woche habe er mehr über die Leute gewußt als sie in den vielen Jahren, die sie da wohne. Einen Roman, ›Zirkus Mensch‹, habe er ihr mit einer Widmung geschenkt, sie habe ihn leider nicht verstanden. Schade, daß sie Herrn Aage Madelung nicht gekannt habe, als sie jünger war, da sei ihr Kopf noch besser gewesen.

Zwei, drei Monate lang, solange die Mutter auf Suche nach einer größeren Wohnung war, blieben wir beim Fräulein Vogler. Die Großmutter Arditti mit ihrer Tochter Ernestine, einer älteren Schwester der Mutter, wohnten wenige Minuten von uns entfernt in der Ottikerstraße. Jeden Abend, wenn wir Kinder zu Bett gegangen waren, kamen sie zu Besuch. Eines Nachts, ich sah von meinem Bett den Lichtschimmer vom Wohnzimmer, hörte ich ein Gespräch auf spanisch zwischen den Dreien, das ziemlich heftig war, die Stimme der Mutter klang erregt. Ich stand auf, schlich mich an die Tür und sah durchs Schlüsselloch: richtig, da saßen noch die Großmutter und die Tante Ernestine und sprachen, besonders die Tante, rasch auf die Mutter ein. Sie rieten ihr zu etwas, das für sie am besten wäre, und sie schien von diesem Besten nichts wissen zu wollen. Ich verstand nicht, worum es ging, aber eine Unruhe sagte mir, daß es eben das sein könnte, was ich am meisten fürchtete, seit unserer Ankunft in der Schweiz aber für gebannt hielt. Als die Mutter sehr heftig ausrief: »Ma no lo quiero casar! – Aber ich *will* ihn nicht heiraten!« – wußte ich, daß meine Angst mich nicht getrogen hatte. Ich riß die Tür auf und stand plötzlich im Nachthemd unter den Frauen. »*Ich* will nicht!« schrie ich zornig zur Großmutter gewandt, »*ich* will nicht!« Ich stürzte auf die Mutter zu und packte sie so heftig, daß sie – ganz leise – sagte: »Du tust mir weh.« Aber ich ließ sie nicht los. Die Großmutter, die ich nur mild und schwächlich kannte, ich hatte nie ein Wort von ihr gehört, das mir Eindruck gemacht hätte, sagte böse: »Warum schläfst du nicht? Schämst du dich nicht, an der Tür zu horchen?« »Nein, ich schäm mich nicht! Ihr wollt die Mutter beschwatzen! Ich schlaf nicht! Ich weiß schon, was ihr wollt. Ich werde *nie* schlafen!« Die Tante, die Hauptschuldige, die so hartnäckig auf die Mutter eingesprochen hatte, schwieg und funkelte mich an. Die Mutter sagte zärtlich: »Du kommst mich beschützen. Du bist mein Ritter. Jetzt wißt ihr's hoffentlich«, wandte sie sich an die beiden: »*Er will* nicht. Ich will's auch nicht!«

Ich rührte mich nicht von der Stelle, bis die beiden Feinde aufstanden und gingen. Ich war noch immer nicht besänftigt, denn ich drohte: »Wenn die wiederkommen, gehe ich nie mehr schlafen. Ich bleibe die ganze Nacht wach, damit du sie nicht einläßt. Wenn du heiratest, stürze ich mich vom Balkon hinunter!« Es war eine furchtbare Drohung, sie war ernst gemeint, ich weiß mit absoluter Sicherheit, daß ich es getan hätte.

Es gelang der Mutter nicht, mich während dieser Nacht zu beruhigen. Ich ging nicht in mein Bett zurück, wir schliefen beide nicht. Sie versuchte, mich mit Geschichten abzulenken. Die Tante war sehr unglücklich verheiratet gewesen und hatte sich früh von ihrem Mann getrennt. Er litt an einer schrecklichen Krankheit und war dem Wahnsinn verfallen. Noch in Wien war er uns manchmal besuchen gekommen. Ein Irrenwächter brachte ihn in die Josef-Gall-Gasse. »Da sind Zukkerln für die Kinder«, sagte er zur Mutter und überreichte ihr eine große Tüte mit Bonbons. Wenn er zu uns sprechen wollte, sah er immer woanders hin, seine Augen waren starr geöffnet und auf die Tür gerichtet. Seine Stimme kippte über und klang wie Eselgeschrei. Er blieb ganz kurz, der Wärter nahm ihn unterm Arm und zog ihn in das Vorzimmer hinaus und dann aus der Wohnung. »Sie möchte, daß ich nicht so unglücklich bin wie sie. Sie meint es gut. Sie weiß es nicht besser.« »Und da will sie, daß du auch heiratest und unglücklich wirst! *Sie* hat sich vor ihrem Mann gerettet und du sollst *heiraten*!« Dieses letzte Wort war wie ein Stich für mich und ich stieß den Dolch tiefer und tiefer in mich hinein. Das war kein glücklicher Einfall gewesen, mir *diese* Geschichte zu erzählen. Aber es gab überhaupt keine, die mich beruhigt hätte, die Mutter versuchte es mit vielen. Schließlich *schwor* sie, daß sie den beiden nie mehr erlauben würde, so zu ihr zu reden, und wenn sie nicht aufhörten damit, würde sie sie nicht mehr sehen. Das mußte sie nicht einmal, das mußte sie wieder und wieder schwören. Erst als sie beim Andenken meines Vaters schwor, löste sich etwas in mir, und ich begann ihr zu glauben.

Ein Zimmer voll von Geschenken

Großes Kopfzerbrechen bereitete die Frage der Schule. Es war alles anders als in Wien, das Schuljahr begann nicht im Herbst, es begann im Frühling. Die Volksschule, die hier Primarschule hieß, hatte sechs Klassen, ich war in Wien von der vierten gleich ins Realgymnasium gekommen, und da ich dort schon ein Jahr davon hinter mir hatte, hätte ich hier eigentlich in die zweite Klasse der höheren Schule gehört. Aber alle Versuche, das zu erreichen, schlugen fehl. Man hielt sich streng ans Alter, wo immer ich mit der Mutter erschien, die um Aufnahme für mich bat, bekamen wir dieselbe Antwort. Der Gedanke, daß ich durch die Übersiedlung in die Schweiz ein Jahr oder mehr verlieren sollte, ging ihr sehr gegen den Strich, sie mochte sich nicht damit abfinden. Wir versuchten es überall, einmal fuhren wir deswegen sogar nach Bern. Die Antwort war knapp und bestimmt die gleiche, da sie ohne »Gnädige Frau« und sonstige Wiener Höflichkeiten gegeben wurde, erschien sie uns grob, und wenn wir wieder so einen Direktor verließen, war die Mutter verzweifelt. »Wollen Sie ihn nicht prüfen?« hatte sie bittend gefragt. »Er ist seinem Alter voraus.« Aber eben das war es, was man nicht gern hörte: »Wir machen keine Ausnahmen.«

So mußte sie sich zu dem entschließen, was ihr am schwersten fiel. Sie schluckte ihren Stolz und gab mich in die sechste Klasse der Primarschule in Oberstrass. Nach einem halben Jahr würde sie zu Ende sein und dann würde man bestimmen, ob ich für die Kantonsschule reif wäre. Ich fand mich wieder in einer großen Volksschulklasse und fühlte mich zum Herrn Lehrer Tegel in Wien zurückversetzt, nur hieß er hier der Herr Bachmann. Es gab gar nichts zu lernen – in Wien war ich schon zwei Jahre weiter gewesen –, dafür erlebte ich etwas, was wichtiger war, wenn auch seine Bedeutung mir erst später bewußt werden sollte.

Die Mitschüler wurden auf Schweizerdeutsch vom Lehrer aufgerufen und einer dieser Namen klang so rätselhaft, daß ich immer darauf wartete, ihn wiederzuhören. »Sägerich«, mit gedehntem »ä« schien eine Bildung wie Gänserich oder Enterich, aber zu einer Säge konnte es doch kein Männchen geben, das Wort war mir unerklärlich. Herrn Bachmann hatte es dieser Name angetan, er rief den Jungen, der sich weder durch Klugheit noch durch Dummheit hervortat, viel öfters auf als die andern alle. Es war so ziemlich das einzige, worauf ich während des Unterrichts aufpaßte, und da meine Zählmanie um diese Zeit wieder zunahm, zählte ich die Male, die Sägerich aufgerufen wurde. Herr Bachmann ärgerte sich viel mit der Klasse, die schwerfällig und störrisch war, und wenn er von fünf oder sechs Knaben hintereinander keine Antwort bekam, wandte er sich erwartungsvoll Sägerich zu. Der stand dann auf und wußte meist auch nichts. Aber er stand breit und kräftig da, mit einem aufmunterndem Grinsen und zerzausten Haaren, die Hautfarbe seines Gesichts ging ins Rötliche, wie die von Herrn Bachmann, der gern trank, und wenn Sägerich gar antwortete, seufzte Herr Bachmann erleichtert auf, als habe er einen guten Schluck getan, und schleppte die Klasse weiter.

Es dauerte eine Weile, bis ich draufkam, daß der Junge *Segenreich* hieß, und das steigerte die Wirkung von Sägerich, denn die Gebete, die ich in Wien gelernt hatte, begannen alle mit »Gesegnet seist du, Herr« und obwohl sie mir wenig bedeutet hatten – daß ein Junge den »Segen« in seinem Namen trug und gar »reich« daran war, hatte etwas Wunderbares. Der Herr Bachmann, der ein schweres Leben hatte, zuhause wie in der Schule, klammerte sich daran und rief ihn immerwährend zu Hilfe.

Unter den Mitschülern wurde nur Zürichdeutsch gesprochen, der Unterricht in dieser höchsten Klasse der Primarschule war auf Schriftdeutsch, aber Herr Bachmann verfiel oft, nicht nur beim Aufrufen der Namen, in den Dialekt, der ihm wie allen Schülern geläufig war, und so war es ganz selbstverständlich, daß ich ihn auch allmählich erlernte. Ich empfand durchaus keinen Widerstand dagegen, obwohl ich über ihn staunte. Vielleicht hing das damit zusammen, daß in den Gesprächen der Klasse kaum je vom Krieg die Rede war. In Wien spielte mein bester Freund, Max Schiebl, tagtäglich mit Soldaten. Ich hatte mitgespielt, weil ich ihn mochte, aber besonders weil ich so jeden Nachmittag seine schöne Mutter sah, für Schiebls Mutter ging ich täglich in den Zinnsoldatenkrieg, für sie wäre ich auch in den wirklichen Krieg gegangen. In der Schule aber hatte der so ziemlich alles überzogen. Die unbedachten, rohen Reden mancher Mitschüler lernte ich abzuwehren, aber die Lieder über Kaiser und Krieg sang ich täglich mit, unter wachsenden Widerständen, nur zwei von ihnen, die sehr traurig waren, sang ich gern. In Zürich waren die vielen Worte, die sich auf Krieg bezogen, in die Sprache meiner Schulkameraden nicht eingedrungen. So langweilig die Lehrstunden für mich waren, in denen ich nichts Neues erfuhr, so sehr gefielen mir die kräftigen und unverzierten Sätze der Schweizer Knaben. Ich selbst sprach noch wenig zu ihnen, aber ich hörte ihnen begierig zu und unternahm es nur hie und da, einen Satz einzuwerfen, wenn es nämlich einer war, den ich schon so sagen konnte wie sie, ohne sie allzusehr zu befremden. Ich gab es bald auf, solche Sätze zuhause zu produzieren. Die Mutter, die über die Reinheit unserer Sprache wachte und nur Sprachen mit Literaturen gelten ließ, war besorgt, daß ich mein ›reines‹ Deutsch verderben könnte und als ich in meinem Eifer den Dialekt, der mir gefiel, zu verteidigen wagte, wurde sie böse und sagte: »Dazu habe ich dich nicht in die Schweiz gebracht, damit du verlernst, was ich dir über das Burgtheater gesagt habe! Willst du vielleicht so sprechen wie das Fräulein Vogler?« Das war ein scharfer Hieb, denn das Fräulein Vogler fanden wir komisch. Ich spürte aber auch, wie ungerecht es war, denn meine Kameraden in der

Schule sprachen ganz anders als das Fräulein Vogler. Ich übte das Zürichdeutsche für mich allein, gegen den Willen der Mutter und verheimlichte vor ihr die Fortschritte, die ich darin machte. Es war, soweit es um Sprache ging, die erste Unabhängigkeit von ihr, die ich bewies, und während ich in allen Meinungen und Einflüssen ihr noch untertan war, begann ich mich in dieser einzigen Sache als ›Mann‹ zu fühlen.

Doch war ich noch zu unsicher im neuen Gebrauch, um schon wirkliche Freundschaften mit Schweizer Knaben zu schließen. Mein Umgang war ein Junge, der wie ich aus Wien gekommen war, und ein zweiter, der eine Wienerin zur Mutter hatte. Zu ihrem Geburtstag war ich von Rudi eingeladen und geriet da in einen Kreis von ausgelassenen Leuten, der mir viel fremder war als alles, was ich je auf Schweizerdeutsch hörte. Rudis Mutter, eine blonde junge Frau, lebte allein mit ihm, aber viele Männer jeden Alters waren bei der Geburtstagsfeier zugegen und alle schmeichelten der Mutter und stießen an auf ihr Wohl, blickten ihr zärtlich in die Augen, es war, als hätte Rudi viele Väter, aber die Mutter, die etwas angeheitert war, hatte mir, als ich kam, geklagt, daß auch er keinen Vater habe. Sie wandte sich bald diesem, bald jenem Gast zu, sie bog sich wie eine Blume im Wind nach allen Seiten. Bald lachte sie, bald wurde sie weinerlich, und während sie sich Tränen abwischte, lachte sie schon wieder. Es ging laut zu, ihr zu Ehren wurden auch komische Reden gehalten, die ich nicht verstand. Aber ich war sehr verdutzt, wenn eine solche Rede von schallendem Gelächter unterbrochen wurde und Rudis Mutter ohne Grund, wie mir schien, auf ihren Sohn sah und wehmütig sagte: »Armer Junge, er hat keinen Vater.« Keine einzige Frau war bei dem Fest zugegen, ich hatte noch nie soviele Männer mit einer Frau allein erlebt, und alle waren ihr dankbar für etwas und huldigten ihr, aber sie schien gar nicht so glücklich darüber, denn sie weinte mehr als sie lachte. Sie sprach mit Wienerischem Tonfall, unter den Männern waren, wie ich bald erkannte, auch Schweizer, doch keiner verfiel in den Dialekt, alle Reden wurden auf Schriftdeutsch gehalten. Der eine oder der andere von den Männern stand auf, ging mit dem Glas zu ihr hin, sagte beim Anstoßen einen gefühlvollen Satz und gab ihr einen Kuß zum Geburtstag. Rudi führte mich in ein anderes Zimmer und zeigte mir die Geschenke, die seine Mutter bekommen hatte. Das ganze Zimmer war voll von Geschenken, ich wagte nicht recht, sie anzusehen, weil ich nichts mitgebracht hatte. Als ich zu den Gästen zurückkam, rief sie mich zu sich und sagte: »Wie gefallen dir meine Geschenke?« Ich entschuldigte mich stotternd, es täte mir leid, daß ich gar kein Geschenk für sie hätte. Aber sie lachte, zog mich an sich und küßte mich und sagte: »Du bist ein lieber Junge. Du brauchst kein Geschenk. Bis du groß bist, besuchst du mich und bringst mir ein Geschenk. Dann wird mich niemand mehr besuchen«, und schon begann sie wieder zu weinen.

Zuhause wurde ich über diesen Geburtstag ausgefragt. Es schien die Mutter nicht milder zu stimmen, daß es um eine Wienerin ging und daß alle bei ihrem Fest ein »gutes« Deutsch gesprochen hatten. Sie zog sehr ernste Saiten auf, bis zur gewichtigen Anrede »Mein Sohn« und erklärte, daß es sich um lauter »dumme« Leute gehandelt habe, die meiner nicht würdig seien. Ich dürfe diese Wohnung nie wieder betreten. Rudi täte ihr leid mit einer solchen Mutter. Nicht jede Frau sei imstande, ein Kind allein aufzuziehen, und was könne ich von einer Frau halten, die zugleich lache und weine? »Vielleicht ist sie krank«, sagte ich. »Wieso denn krank?« kam es gleich verärgert zurück. »Vielleicht ist sie verrückt?« »Und die vielen Geschenke? Das Zimmer voll von Geschenken?« Ich wußte damals nicht, was die Mutter meinte, aber auch mir war das Zimmer mit den Geschenken von allem das Unangenehmste gewesen. Man konnte gar nicht frei herumgehen darin, so sehr war es mit Geschenken übersät, und hätte Rudis Mutter mir nicht auf so hilfreich-zärtliche Weise über meine Verlegenheit hinweggeholfen, ich hätte sie nicht zu verteidigen gesucht, denn sie gefiel mir gar nicht. »Sie ist nicht krank. Sie hat keinen Charakter. Das ist alles.« Damit war das endgültige Verdikt gesprochen, denn nur auf Charakter kam es an, alles übrige war verglichen damit nebensächlich. »Du darfst den Rudi nichts merken lassen. Er ist ein armer Junge. Kein Vater und eine charakterlose Mutter! Was soll aus ihm werden?«

Ich schlug vor, daß ich ihn manchmal zu uns nach Hause bringe, damit sie sich seiner annehme. »Das wird nichts nützen«, sagte sie, »er wird nur über unser bescheidenes Leben spotten.«

Wir hatten indessen schon eine eigene Wohnung, und sie war wirklich bescheiden. Es war in dieser Züricher Zeit, daß mir die Mutter immer wieder einschärfte, wir müßten ganz einfach leben um durchzukommen. Vielleicht war es ein Erziehungsprinzip von ihr, denn sie war, wie ich jetzt weiß, bestimmt nicht arm. Im Gegenteil, ihr Geld war bei ihrem Bruder gut angelegt, sein Unternehmen in Manchester florierte nach wie vor, er wurde immer reicher. Er betrachtete sie als seinen Schützling, sie bewunderte ihn, und es wäre ihm nicht im Traum eingefallen, sie zu benachteiligen. Aber die Schwierigkeiten der Wiener Kriegszeit, als eine direkte Verbindung mit England nicht möglich war, hatten Spuren in ihr hinterlassen. Sie wollte uns allen dreien eine gute Erziehung geben und zu dieser gehörte es, daß wir uns nicht an das Vorhandensein von Geld gewöhnten. Sie hielt uns sehr knapp, es wurde einfach gekocht. Mädchen hatte sie nach einer Erfahrung, die sie beunruhigte, keines. Sie besorgte selbst den Haushalt; bemerkte von Zeit zu Zeit, daß es ein Opfer sei, das sie für uns bringe, denn sie sei anders aufgewachsen; und wenn ich an das Leben dachte, wie wir es in Wien geführt hatten, erschien der Unterschied so groß, daß ich an die Notwendigkeit für solche Einschränkungen glauben mußte.

Aber diese Art von puritanischem Leben war mir auch viel lieber. Es stimmte mehr mit den Vorstellungen überein, die ich mir von den Schweizern machte. In Wien drehte sich alles um das Kaiserhaus, und von da ging es abwärts zum Adel und zu den sonstigen großen Familien. In der Schweiz gab es weder Kaiser noch kaiserlichen Adel, ich bildete mir ein – was mich dazu veranlaßte, weiß ich nicht –, daß auch Reichtum nicht besonders beliebt sei. Ganz sicher aber war ich, daß es da auf jeden Menschen ankomme, daß jeder zähle. Mit Feuer und Flamme hatte ich mir diese Auffassung zu eigen gemacht, und so war auch nur ein einfaches Leben möglich. Ich sagte mir damals nicht, was für Vorteile dieses Leben für mich brachte. Denn in Wirklichkeit war es so, daß wir die Mutter nun ganz für uns hatten; daß in der neuen Wohnung alles mit ihr verflochten war; daß niemand zwischen uns stand; daß wir sie nie aus dem Auge verloren. Es war ein intimes Zusammenleben von wunderbarer Dichte und Wärme. Alle geistigen Dinge hatten das Übergewicht, Bücher und Gespräche darüber waren das Herz unseres Daseins. Wenn die Mutter in Theater und Vorträge ging, wenn sie Konzerte besuchte, nahm ich so intensiv daran teil, als wäre ich selber dort gewesen. Hie und da, nicht sehr häufig, nahm sie mich mit, aber ich war meist enttäuscht, denn so wie *sie* über Erfahrungen dieser Art berichtete, war es immer viel interessanter.

Spionage

Es war eine kleine Wohnung im zweiten Stock der Scheuchzerstraße 73, in der wir lebten. Ich habe nur drei Zimmer in Erinnerung, in denen wir uns bewegten: aber es muß auch ein schmäleres, viertes Zimmer gegeben haben, da einmal für kurz ein Mädchen bei uns war.

Doch ging es schwer mit Mädchen. Die Mutter konnte sich nicht daran gewöhnen, daß es hier keine Dienstmädchen wie in Wien gab. Ein Dienstmädchen hieß hier Haustochter und aß mit an unserem Tisch. Das war die erste Bedingung, die ein Mädchen stellte, wenn es eintrat. Die Mutter, in ihrer hochfahrenden Art, fand das unerträglich. Sie hatte ihre Mädchen in Wien, wie sie sagte, immer gut behandelt, aber sie lebten in ihrer eigenen Kammer, die wir nie betraten, und aßen für sich in der Küche. »Gnä' Frau« war die selbstverständliche Anrede. Hier in Zürich war es aus mit der gnä' Frau, und die Mutter, die die Schweiz wegen der Friedensgesinnung des Landes so sehr mochte, konnte sich mit den demokratischen Sitten, die bis in ihren engsten Haushalt eingriffen, nicht abfinden. Sie versuchte es bei Tisch mit englisch und begründete den Gebrauch dieser Sprache vor Hedi, der Haustochter, damit, daß die beiden Kleinen es allmählich vergäßen. Es sei notwendig, daß sie es wenigstens bei den Mahlzeiten wieder auffrischten. Das war zwar die Wahrheit, aber es diente auch als Ausrede, um die Haustochter von unseren Gesprächen auszuschließen. Sie schwieg, als ihr das erklärt wurde, aber sie schien nicht beleidigt. Sie schwieg sogar ein paar Tage, aber wie staunte die Mutter, als Hedi eines Mittags einen Fehler, den Georg, der Kleinste, in einem englischen Satze machte und den die Mutter passieren ließ, selber mit unschuldiger Miene *ausbesserte*! »Wieso wissen Sie das?« fragte sie beinahe empört, »können Sie denn englisch?« Hedi hatte es in der Schule gelernt und verstand alles, was wir sagten. »Sie ist eine Spionin!« sagte die Mutter später zu mir, »sie hat sich eingeschlichen! Das gibt es nicht, daß ein Dienstmädchen englisch kann! Warum hat sie's nicht früher gesagt? Sie hat uns belauscht, diese elende Person! Ich laß meine Kinder nicht an einem Tisch mit einer Spionin zusammensitzen!« Und nun erinnerte sie sich daran, daß Hedi nicht allein zu uns gekommen war. Sie war mit einem Herrn erschienen, der sich als ihr Vater vorgestellt hatte, der uns und die Wohnung in Augenschein nahm und sich sehr genau nach den Arbeitsbedingungen seiner Tochter erkundigt hatte. »Ich habe mir gleich gedacht, das kann nicht der Vater sein. Er sah aus wie aus guter Familie. Er hat mich ausgefragt, als ob *ich* eine Stelle suche! *Ich* hätte an seiner Stelle nicht strenger fragen können. Aber der Vater eines Dienstmädchens war das nicht. Sie haben uns eine Spionin ins Haus gesetzt.«

Es gab zwar überhaupt nichts bei uns zu spionieren, aber das störte sie nicht, sie maß uns auf alle Fälle eine Bedeutung bei, die Spionage gerechtfertigt hätte. Umsichtig traf sie ihre Gegenmaßnahmen. »Wir können sie nicht gleich entlassen, das würde auffallen. Wir müssen sie noch 14 Tage dulden. Aber wir müssen aufpassen. Wir dürfen nie etwas gegen die Schweiz sagen, sonst läßt sie uns ausweisen.« Es fiel der Mutter nicht ein, daß niemand von uns je etwas gegen die Schweiz sagte. Im Gegenteil: wenn ich von der Schule berichtete, war sie des Lobes voll und das einzige, was sie gegen die Schweiz auf dem Herzen hatte, war die Institution der Haustochter. Ich mochte Hedi, weil sie nicht kriecherisch war, sie stammte aus Glarus, das eine Schlacht gegen die Habsburger gewonnen hatte, und las manchmal in meiner Schweizergeschichte von Öchsli. Und obwohl ich immer gewonnen war, wenn die Mutter »wir« sagte, »wir müssen dies oder wir müssen jenes«, – es war dann, als würde ich in ihre Entscheidungen gleichberechtigt einbezogen –, machte ich noch einen Rettungsversuch, und zwar einen besonders schlauen, denn ich wußte, womit man die Mutter bestechen konnte: nur mit geistigen Dingen. »Aber weißt du«, sagte ich, »sie liest so gern in meinen Büchern. Sie fragt mich immer, was ich lese. Sie borgt sich auch Bücher von mir aus und spricht mit mir darüber.« Da machte die Mutter ein sehr ernstes Gesicht. »Mein armer Junge! Warum hast du mir das nicht gesagt? Du kennst die Welt noch nicht. Aber du mußt es lernen.« Sie schwieg und ließ mich jetzt ein wenig zappeln. Ich war alarmiert und drängte: »Was ist es? Was ist es?« Es mußte etwas ganz Schreckliches sein, ich kam nicht drauf. Vielleicht war es so schlimm, daß sie mir's überhaupt nicht sagen würde. Aber nun sah sie mich überlegen und mitleidig an und ich spürte, daß sie damit herausrücken würde. »Sie soll eben in Erfahrung bringen, was ich dir zu lesen gebe. Verstehst du nicht? Dazu hat man sie uns ins Haus geschickt. Eine echte Spionin! Hat Geheimnisse mit einem Zwölfjährigen und schnüffelt in seinen Büchern herum. Sagt nicht, daß sie englisch kann und hat sicher schon alle unsere Briefe aus England gelesen!«

Nun fiel mir zu meinem Schrecken ein, daß ich Hedi beim

Aufräumen mit einem englischen Brief in der Hand gesehen hatte, den sie dann rasch weglegte, als ich näherkam. Das berichtete ich jetzt gewissenhaft und wurde feierlich ermahnt. Wie feierlich es gedacht war, erkannte ich daran, daß es mit »mein Sohn« begann. »Mein Sohn, du mußt mir alles sagen. Du glaubst vielleicht, es ist nicht wichtig, aber alles ist wichtig.«

Damit war das Urteil endgültig gefällt. Vierzehn Tage saß das arme Mädchen noch bei uns am Tisch und übte mit uns ihr englisch. »Wie harmlos sie sich gibt!« sagte die Mutter zu mir nach jeder Mahlzeit. »Aber *ich* hab sie durchschaut! Mich täuscht man nicht!« Hedi las weiter in meinem Öchsli und fragte gar, wie ich über dies oder jenes denke. Manches ließ sie sich von mir erklären und sagte ernst und freundlich: »Du bist aber gescheit.« Ich hätte sie gern gewarnt, ich hätte ihr gern gesagt: »Bitte, sei doch keine Spionin!« Aber es hätte nichts genützt, die Mutter war fest entschlossen, sie zu entlassen und begründete das nach vierzehn Tagen damit, daß unsere materielle Lage sich unerwartet verschlechtert habe. Sie sei nicht mehr imstande, sich eine Haustochter zu leisten. Sie bitte sie, das ihrem Vater zu schreiben und zu erklären, damit er sie abhole. Er kam und war nicht weniger streng und sagte zum Abschied: »Da werden Sie jetzt selber etwas arbeiten müssen, Frau Canetti.«

Vielleicht empfand er Schadenfreude darüber, daß es uns nun schlechter ging. Vielleicht mißbilligte er Damen, die nicht selber ihren Haushalt besorgten. Die Mutter sah es anders. »Dem habe ich einen Strich durch die Rechnung gemacht! Der hat sich schön geärgert! Als ob es bei uns etwas zu spionieren gäbe! Natürlich, es ist Krieg und man kontrolliert die Post. Es ist ihnen aufgefallen, daß wir viele Briefe aus England bekommen. Hops, setzen sie uns eine Spionin auf den Hals. – Weißt du, ich versteh's ja. Sie stehen allein in der Welt und müssen sich vor den Mördern schützen.«

Sie sprach oft davon, wie schwer es sei, allein als Frau in der Welt dazustehen, mit drei Kindern. Wie man da auf alles aufpassen müsse! Nun, da sie mit einem Schlag Haustochter und Spionin losgeworden war und sich darüber sehr erleichtert fühlte, übertrug sie dieses militante Gefühl der Einsamkeit, die man unter solchen Schwierigkeiten verteidigen müsse, auf die Schweiz, die von kriegführenden Ländern umgeben war, fest entschlossen, sich nicht in den Krieg hineinziehen zu lassen.

Jetzt begann die schönste Zeit für uns: wir waren allein mit der Mutter. Sie war bereit, den Preis für ihren Hochmut zu zahlen und besorgte, was sie noch nie in ihrem Leben getan hatte, die Hausarbeit selbst. Sie räumte auf, sie kochte, die kleinen Brüder halfen beim Abtrocknen des Geschirrs. Ich übernahm das Amt des Schuheputzens, und da die Brüder in der Küche dabei zusahen, um mich zu verhöhnen – »Schuhputzerli! Schuhputzerli!« heulten sie und tanzten wie Indianer um mich herum –, verzog ich mich mit den schmutzigen Schuhen auf den Küchenbalkon, schloß die Tür und stemmte mich dagegen mit dem Rücken, während ich die Schuhe der Familie putzte. So war ich bei dieser Beschäftigung allein, sah den Kriegstanz der beiden Teufel nicht, ihr Gesang war auch bei geschlossener Balkontür nicht zu überhören.

Verführung durch die Griechen
Schule der Menschenkenntnis

Vom Frühjahr 1917 an besuchte ich die Kantonsschule an der Rämistraße. Sehr wichtig wurde der tägliche Schulweg dorthin und zurück. Zu Beginn dieses Weges, gleich nach der Überquerung der Ottikerstraße, hatte ich immer dieselbe erste Begegnung, die sich mir einprägte. Ein Herr mit einem sehr schönen weißen Kopf ging da spazieren, aufrecht und abwesend, er ging ein kurzes Stück, blieb stehen, suchte nach etwas und wechselte die Richtung. Er hatte einen Bernhardiner, dem er öfters zurief: »Dschoddo komm zum Pápa!« Manchmal kam der Bernhardiner, manchmal lief er weiter

weg, er war es, den der Pápa dann suchte. Aber kaum fand er
ihn, vergaß er ihn wieder und war so abwesend wie zuvor.
Seine Erscheinung in dieser ziemlich gewöhnlichen Straße
hatte etwas Fremdartiges, sein häufig wiederholter Ruf
brachte Kinder zum Lachen, aber nicht in seiner Gegenwart
lachten sie, denn er hatte etwas Ehrfurchtgebietendes, wie er
hoch und stolz vor sich hinsah und niemanden bemerkte, sie
lachten erst zu Hause, wenn sie von ihm erzählten oder wenn
sie in seiner Abwesenheit auf der Straße miteinander spielten.
Es war Busoni, der da gleich in einem Eckhaus wohnte, und
sein Hund, wie ich erst viel später erfuhr, hieß Giotto. Alle
Kinder in der Gegend sprachen von ihm, aber nicht als Busoni, denn sie wußten von ihm nichts, sondern als »Dschoddo-
komm-zum-Pápa!« Der Bernhardiner hatte es ihnen angetan,
noch mehr aber, daß der schöne alte Herr sich als seinen Pápa
bezeichnete.

Auf dem Schulweg, der etwa zwanzig Minuten dauerte, erfand ich lange Geschichten, die von Tag zu Tag fortgesetzt
wurden und sich über Wochen hinzogen. Ich erzählte sie vor
mich hin, nicht zu laut, aber doch so, daß ein Gemurmel zu
hören war, dieses unterdrückte ich nur, wenn ich Leuten begegnete, die mir unangenehm auffielen. Ich kannte den Weg
so gut, daß ich auf nichts mehr um mich achtete, weder rechts
noch links gab es etwas Besonderes zu sehen, wohl aber vor
mir in meiner Geschichte. Es ging da sehr aufregend zu und
wenn die Abenteuer so spannend und unerwartet waren, daß
ich sie nicht mehr für mich behalten konnte, erzählte ich sie
später meinen kleinen Brüdern, die begierig auf die Fortset-
zung drängten. Diese Geschichten hingen alle mit dem Krieg
zusammen, genauer: mit der Überwindung des Krieges. Die
Länder, die Krieg wollten, mußten eines Besseren belehrt,
nämlich so oft besiegt werden, bis sie's aufgaben. Von Frie-
denshelden aufgestachelt, taten sich die anderen, die guten
Länder zusammen und sie waren soviel besser, daß sie
schließlich siegten. Aber leicht war das nicht, es kam zu end-
losen, zähen, bitteren Kämpfen, mit immer neuen Erfindun-

gen, unerhörten Listen. Das Wichtigste an diesen Schlachten war, daß die Toten immer zum Leben zurückkamen. Es gab besondere Zaubermittel, die dafür erfunden und eingesetzt wurden und es machte meinen Brüdern, die sechs und acht Jahre alt waren, keinen kleinen Eindruck, wenn plötzlich alle Toten, auch die der bösen Partei, die von Kriegen nicht ablassen wollte, sich vom Schlachtfeld erhoben und wieder am Leben waren. Um dieses Ende ging es in all den Geschichten, und was immer während der abenteuerlichen Wochen der Kämpfe geschah, der Triumph und die Glorie, die eigentliche Belohnung auch des Erzählers, war der Moment, in dem alle, ohne Ausnahme, wiederauferstanden und ihr Leben hatten.

Die erste Klasse meiner Schule war noch groß, ich kannte niemanden, es war natürlich, daß meine Gedanken anfangs um die wenigen Kameraden kreisten, deren Interessen in eine verwandte Richtung gingen. Wenn sie gar etwas beherrschten, was mir fehlte, faßte ich Bewunderung für sie und ließ sie nicht aus den Augen. Ganzhorn zeichnete sich in Latein aus, und obwohl ich von Wien her einen großen Vorsprung hatte, vermochte er sich wohl mit mir darin zu messen. Doch das war das wenigste: er beherrschte als einziger die griechische Schrift. Er hatte sie für sich allein gelernt, und da er sehr viel schrieb, er betrachtete sich als Dichter, wurde sie zu seiner Geheimschrift. Hefte um Hefte schrieb er damit voll, jedes, das zu Ende war, überreichte er mir, ich blätterte darin, außerstande, ein einziges Wort zu lesen, er überließ es mir nicht lange, kaum hatte ich meine Bewunderung für sein Können ausgesprochen, nahm er mir's wieder weg und begann vor meinen Augen unheimlich rasch ein neues. Von der griechischen Geschichte war er nicht weniger begeistert als ich. Eugen Müller, der sie uns vortrug, war ein wunderbarer Lehrer, aber während es mir um die Freiheit der Griechen zu tun war, ging es Ganzhorn um ihre Dichter. Daß er von der Sprache noch nichts wußte, sagte er nicht gern. Vielleicht hatte er sie auch schon für sich zu lernen begonnen, denn wenn die Rede darauf kam, daß sich von der dritten Klasse ab unsere Wege trennen würden – er wollte ins Literargymnasium –, und ich respektvoll und ein wenig neidisch sagte: »Dann hast du Griechisch!«, erklärte er hochmütig: »Das werde ich schon vorher können.« Ich glaubte ihm, er war kein Prahler, was er ankündigte, führte er immer aus und tat noch vieles, das er gar nicht angekündigt hatte. In seiner Verachtung für alles Gewöhnliche erinnerte er mich an die Haltung, die mir von zuhause her vertraut war. Nur sprach er es nicht aus; wenn von einem Gegenstand die Rede war, der eines Dichters nicht würdig erschien, wandte er sich ab und verstummte. Sein Kopf, lang und schmal, wie zusammengepreßt, sehr hoch und schief gehalten, hatte dann etwas von einem offenen Messer, das aber offen blieb, es klappte nicht zu, eines bösen oder gemeinen Wortes war Ganzhorn nicht fähig. Inmitten der Klasse schien er scharf von ihr geschieden. Keinem, der von ihm abschrieb, war dabei wohl zumute, er stellte sich so, als ob er es nicht bemerke, rückte sein Heft nie näher heran, entfernte es aber auch nicht, da er diese Aktion mißbilligte, überließ er sie in jeder Einzelheit ihrer Durchführung dem anderen.

Als wir von Sokrates erfuhren, machte sich die Klasse den Spaß, mir Sokrates als Spitznamen anzuhängen und sich so vielleicht von dem Ernst seines Schicksals zu entlasten. Das geschah leichthin und ohne jede tiefere Bedeutung, aber es blieb dabei, und Ganzhorn ging dieser Spaß auf die Nerven. Während einer ganzen Weile sah ich ihn mit Schreiben beschäftigt, wobei er manchmal einen prüfenden Blick auf mich warf und feierlich den Kopf schüttelte. Nach einer Woche war er wieder mit einem Heft fertig, sagte aber diesmal, er wolle es mir vorlesen. Es war ein Dialog zwischen einem Dichter und einem Philosophen. Der Dichter hieß Cornutotum, das war er, er nannte sich gern in lateinischer Übersetzung, der Philosoph war ich. Er hatte meinen Namen von hinten gelesen und war so zu den häßlichen zwei Worten Saile Ittenacus gelangt. Dieser war ganz und gar nicht wie Sokrates, sondern ein übler Sophist, einer von den Leuten, die

Sokrates aufs Korn nahm. Aber das war nur eine Nebenwirkung des Dialogs, viel wichtiger war, daß der Dichter den armen Philosophen von allen Seiten übel zauste und schließlich in Stücke hieb, es blieb nichts von ihm übrig. Das also las mir Ganzhorn siegesgewiß vor, ich war nicht im mindesten beleidigt, infolge der Umkehrung des Namens bezog ich es nicht auf mich, auf meinen wirklichen Namen hätte ich mit Empfindlichkeit reagiert. Ich war es zufrieden, daß er mir aus einem der Hefte vorlas, ich fühlte mich erhoben, als hätte er mich in seine griechischen Mysterien eingeweiht. Zwischen uns änderte sich nichts und als er mich nach einer Weile – für seine Verhältnisse zaghaft – fragte, ob ich nicht daran dächte, einen Gegen-Dialog zu schreiben, war ich ehrlich erstaunt: er hatte doch recht, ich war auf seiner Seite, was war schon ein Philosoph neben einem Dichter? Ich hätte gar nicht gewußt, was in einem Gegen-Dialog zu schreiben wäre.

Auf ganz andere Weise war ich von Ludwig Ellenbogen beeindruckt. Er kam mit seiner Mutter aus Wien, auch er hatte keinen Vater. Wilhelm Ellenbogen war ein Mitglied des österreichischen Parlaments, ein berühmter Redner, seinen Namen hatte ich öfters in Wien gehört; als ich den Jungen jetzt danach fragte, war ich betroffen davon, mit welcher Ruhe er sagte: »Das ist mein Onkel.« Es klang so, als ob es ihm gleichgültig wäre. Bald kam ich drauf, daß er in allem so war, er schien mir erwachsener als ich, nicht nur größer, denn das waren so ziemlich alle. Er interessierte sich für Dinge, von denen ich überhaupt nichts wußte, das erfuhr man aber zufällig und nebenher, denn er tat sich damit nicht hervor, sondern hielt sich abseits, ohne Hochmut und ohne falsche Bescheidenheit, so als läge sein Ehrgeiz nicht innerhalb der Klasse. Er war nicht etwa schweigsam, er stellte sich jedem Gespräch, er rückte nur nicht gern mit *seinen* Dingen heraus, vielleicht weil niemand unter uns war, der sich darin auskannte. Mit unserem Lateinlehrer Billeter, der nicht nur seines Kropfes wegen anders war als alle anderen Lehrer, hatte er besondere kleine Gespräche: sie lasen dieselben Bücher, nannten einander ihre Titel, die keiner von uns je gehört hatte, gingen auf sie ein, beurteilten sie und waren oft *einer* Meinung darüber. Ellenbogen sprach sachlich und ruhig, ohne jungenhafte Emotion, eher war es Billeter, der launenhaft wirkte. Wenn ein solches Gespräch einsetzte, hörte die ganze Klasse verständnislos zu, niemand hatte eine Ahnung, wovon die Rede war. Ellenbogen blieb am Ende noch so gleichmütig wie zu Beginn, Billeter aber war eine gewisse Befriedigung über solche Gespräche anzumerken; und vor Ellenbogen, dem zu dieser Zeit nicht wichtig war, was man in der Schule lernte, hatte er Respekt. Ich war sicher, daß Ellenbogen sowieso alles wisse, eigentlich rechnete ich ihn nicht zu den anderen Knaben. Ich mochte ihn, aber eher so, wie ich einen Erwachsenen gemocht hätte; und ein wenig schämte ich mich vor ihm, daß ich mich für manches, besonders für alles, was wir von Eugen Müller in der Geschichtsstunde erfuhren, mit solcher Vehemenz interessierte.

Denn das eigentlich Neue, was mich in dieser Schule zuerst ergriff, war die griechische Geschichte. Wir hatten die Geschichtsbücher von Öchsli, eins über allgemeine und eins über Schweizergeschichte, ich las sie beide gleich durch und ihre Lektüre folgte einander so rasch, daß sie sich mir verquickten. Die Freiheit der Schweizer fiel mir mit der der Griechen zusammen. Beim Wiederlesen nahm ich bald das eine, bald das andere der beiden Bücher vor. Für das Opfer an den Thermopylen entschädigte mich der Sieg von Morgarten. Die Freiheit der Schweizer erlebte ich als Gegenwart und empfand sie an mir selber: weil *sie* über sich bestimmten, weil sie unter keinem Kaiser standen, hatten sie es fertiggebracht, nicht in den Weltkrieg hineingezogen zu werden. Die Kaiser als oberste Kriegsherren waren mir nicht geheuer. Der eine, Franz Joseph, hat mich kaum beschäftigt, er war sehr alt und sagte wenig, wenn er hervortrat, meist nur einen Satz, neben dem Großvater schien er mir leblos und langweilig. Täglich hatten wir »Gott erhalte, Gott beschütze« für ihn gesungen, er schien dieses Schutzes sehr zu bedürfen. Während wir sangen, sah ich nie auf sein Bild, das hinter dem Katheder an der Wand hing, und versuchte auch, mir ihn nicht vorzustellen. Vielleicht hatte ich etwas von der Abneigung Fannys, unseres böhmischen Mädchens, gegen ihn aufgenommen, sie verzog keine Miene, wenn er genannt wurde, es war, als existierte er für sie nicht, und einmal, als ich aus der Schule kam, fragte sie höhnisch: »Habts scho wieder für Kaiser gesungen?« – Wilhelm, den deutschen Kaiser, sah ich in schimmernder Rüstung abgebildet und hörte dazu seine feindlichen Äußerungen gegen England. Wenn England ins Spiel kam, war ich immer Partei und nach allem, was ich in Manchester aufgefaßt hatte, war ich der unerschütterlichen Meinung, daß die Engländer keinen Krieg wollten und daß er es war, der ihn durch den Angriff auf Belgien begonnen habe. Nicht weniger war ich gegen den russischen Zaren eingenommen. Zehnjährig, bei einem Besuch in Bulgarien, hatte ich den Namen Tolstoi gehört, und es wurde mir erklärt, daß er ein wunderbarer Mann sei, der Kriege als Mord betrachtete und sich nicht gefürchtet habe, es seinen Kaisern zu sagen. Man sprach von ihm, der schon einige Jahre tot war, so, als wäre er nicht wirklich gestorben. Nun fand ich mich zum erstenmal in einer Republik, aller Kaiserwirtschaft fern und stürzte mich begierig auf ihre Geschichte. Es war möglich, einen Kaiser loszuwerden, man mußte um seine Freiheit *kämpfen*. Schon lange vor den Schweizern, schon sehr viel früher, war es den Griechen gelungen, sich gegen eine ungeheure Übermacht zu erheben und die Freiheit, die sie sich einmal gewonnen hatten, zu behaupten.

Es klingt mir sehr matt, wenn ich das heute sage, denn damals war ich von dieser neuen Einsicht wie betrunken, ich bestürmte damit jeden, zu dem ich sprach und zu den Namen Marathon und Salamis erfand ich barbarische Melodien, die ich zuhause tausendmal heftig wiedersang, immer nur zu den drei Silben eines solchen Namens, bis Mutter und Brüdern der Kopf davon dröhnte und sie Stillschweigen von mir erzwangen. Die Geschichtsstunden bei unserem Professor Eugen Müller hatten jedesmal dieselbe Wirkung. Er sprach zu uns von den Griechen, seine großen, weitoffenen Augen erschienen mir wie die eines berauschten Sehers, er sah uns gar nicht an, er sah auf das, wovon er sprach, seine Rede war nicht rasch, aber sie setzte nie aus, sie hatte einen Rhythmus wie von schwerflüssigen Wellen, ob zu Lande oder zu Wasser gekämpft worden war, immer fühlte man sich auf dem Meer. Mit den Spitzen der Finger fuhr er sich über die Stirn, die mit leichtem Schweiß bedeckt war, seltener strich er sich über das gekräuselte Haar, als ginge ein Wind. In seiner schlürfenden Begeisterung verfloß die Stunde, wenn er Atem zu neuer Begeisterung einholte, war es, als ob er trinke.

Aber manchmal ging Zeit verloren, nämlich wenn er uns befragte. Er ließ uns Aufsätze schreiben und besprach sie mit uns. Dann tat es einem um jeden Augenblick leid, den er uns sonst wieder aufs Meer genommen hätte. Oft meldete ich mich zu Antworten auf seine Fragen, schon damit es rasch vorüber sei, aber auch um ihm meine Liebe für jeden seiner Sätze zu beweisen. Das mag dann wie ein Teil seiner eigenen Erregung geklungen und die Kameraden, von denen manche langsamer waren, verdrossen haben. Sie kamen aus keinem Kaiserreich, ihnen konnte die griechische Freiheit nicht viel bedeuten. Freiheit war ihnen selbstverständlich und mußte nicht erst stellvertretend von den Griechen für sie gewonnen werden.

In dieser Zeit ging durch die Schule soviel in mich ein wie sonst nur durch Bücher. Was ich lebendig aus dem Mund von Lehrern erlernte, behielt die Gestalt dessen, der es aussprach, und blieb ihm in der Erinnerung immer zugehörig. Aber wenn es auch solche Lehrer gab, durch die ich nichts erlernte – sie machten doch Eindruck durch sich selbst, ihre eigentümliche Gestalt, ihre Bewegung, ihre Art zu sprechen, und besonders auch ihre Abneigung oder Zuneigung, wie man sie eben fühlte. Es gab alle Grade des Wohlwollens und der Wärme, und ich entsinne mich keines einzigen, der sich nicht um Gerechtigkeit bemüht hätte. Aber nicht allen gelang es, diese so zu handhaben, daß Mißfallen oder Wohlwollen ganz verborgen blieben. Dazu kam die Unterschiedlichkeit der inneren Ressourcen, der Geduld, der Empfindlichkeit, der Erwartung. Eugen Müller war schon durch seinen Gegenstand zu einem hohen Maß von Feuer und Erzählungsgabe verpflichtet, aber er brachte etwas mit, was über diese Verpflichtung weit hinausging. So war ich ihm vom ersten Mal an verfallen und zählte die Tage der Wochen nach seinen Stunden.

Fritz Hunziker, der Deutschlehrer, hatte es schwerer, er war eine etwas trockene Natur, vielleicht auch durch seinen nicht ganz klaren Wuchs beeinträchtigt, dessen Wirkung durch die leicht knarrende Stimme nicht verbessert wurde. Er war groß und schmalbrüstig und stand wie auf einem langen Bein, er schwieg geduldig, wenn er auf eine Antwort wartete. Er fiel über niemand her, doch er drang auch in niemand ein, sein Schutz war ein sarkastisches Lächeln, an dem er sich festhielt, oft war's noch da, wenn es schon unpassend wirkte. Er hatte ein ausgeglichenes, vielleicht etwas zu eingeteiltes Wissen, man wurde von ihm nicht hingerissen, aber er führte einen auch nicht irre. Sehr ausgeprägt war sein Sinn für Maß und praktisches Verhalten. Von Frühreife wie von Exaltiertheit hielt er wenig. Ich empfand ihn, das war nicht so ungerecht, als Antipoden Eugen Müllers. Später, da Hunziker nach einer Zeit der Abwesenheit wieder zu uns kam, merkte ich, wie belesen er war, nur fehlten seiner Belesenheit Willkür und Erregung.

Gustav Billeter, der Lateinlehrer, hatte viel mehr Eigenart. Der Mut, mit dem er sich samt seinem riesigen Kropf tagtäglich der Klasse stellte, erfüllt mich heute mit Bewunderung. Er hielt sich gern vorn in der linken Ecke des Klassenzimmers auf, wo er uns die etwas weniger kropfige Seite des Kopfes zuwandte, den linken Fuß erhoben auf einen Schemel gestellt. Da sprach er dann geläufig, sanft und ziemlich leise, ohne überflüssige Erregungen; wenn er zornig wurde, wozu er manchmal Grund hatte, hob er nie die Stimme, sondern sprach nur etwas rascher. Die Anfangsgründe des Lateins, das er unterrichtete, langweilten ihn gewiß, und vielleicht war auch darum sein ganzes Gehaben so menschlich. Es konnte sich niemand, der wenig wußte, durch ihn gedrückt oder gar vernichtet fühlen, und die, die in Latein gut waren, kamen sich nicht besonders wichtig vor. Seine Reaktionen waren nie vorauszusehen, aber man brauchte sie auch kaum zu fürchten. Eine leise und kurze ironische Bemerkung war eigentlich alles, was er einem je versetzte, man verstand sie nicht immer, sie war wie eine geistreiche private Wendung, die er für sich gebrauchte. Er verschlang Bücher, aber von denen, die ihn beschäftigten, hatte ich nie etwas gehört, so habe ich mir keinen einzigen Titel davon gemerkt. Ellenbogen, den er mochte und mit dem er sich gern unterhielt, hatte – ohne seine Ironie – dieselbe überlegene unemotionelle Art und überschätzte nicht die Bedeutung des Lateins, das wir von ihm lernten. Billeter empfand die Ungerechtigkeit des Vorsprungs, den ich vor der Klasse hatte, und sagte mir's einmal sehr deutlich: »Du bist rascher als die andern, Schweizer entwickeln sich langsamer. Aber dann holen sie auf. Du wirst dich später noch wundern.« Doch war er keineswegs fremdenfeindlich, wie ich aus seiner Freundschaft mit Ellenbogen ersah. Ich spürte, daß Billeter eine besondere Offenheit für Menschen hatte, seine Gesinnung war die eines Kosmopoliten, und ich glaube, er muß auch – nicht nur für sich privat – geschrieben haben.

Die Vielfalt der Lehrer war erstaunlich, es ist die erste bewußte Vielfalt in einem Leben. Daß sie so lange vor einem stehen, in jeder ihrer Regungen ausgesetzt, unter unaufhörlicher Beobachtung, Stunde um Stunde wieder der eigentliche Gegenstand des Interesses, und da man sich nicht entfernen darf, immer für dieselbe, genau abgegrenzte Zeit; ihre Überlegenheit, die man nicht ein für allemal anerkennen will, die einen scharfsichtig und kritisch und boshaft macht; die Notwendigkeit, ihnen beizukommen, ohne daß man sich's gar zu schwer machen möchte, denn noch ist man kein ergebener, ausschließlicher Arbeiter geworden; auch das Geheimnis ihres übrigen Lebens, während der ganzen Zeit, die sie nicht als

Schauspieler ihrer selbst vor einem dastehen; und dann noch die Abwechslung in ihrem Auftreten, daß einer nach dem anderen vor einem auftritt, am selben Ort, in derselben Rolle, in derselben Absicht, also eminent vergleichbar – das alles, wie es zusammenwirkt, ist noch eine ganz andere als die deklarierte Schule, eine Schule nämlich auch der Vielfalt von Menschen und wenn man sie halbwegs ernst nimmt, auch die erste bewußte Schule der Menschenkenntnis.

Es wäre nicht schwierig und vielleicht auch reizvoll, ein späteres Leben danach zu durchforschen, welchen und wievielen dieser Lehrer man unter anderen Namen wiederbegegnet ist, welche Menschen man darum mochte, welche man aus einer alten Abneigung nur darum beiseite ließ, welche Entscheidungen man aus einer solchen frühen Kenntnis heraus traf, was man ohne sie wahrscheinlich anders getan hätte. Die frühe, kindliche Typologie nach Tieren, die immer wirksam bleibt, wird überlagert von einer neuen Typologie nach Lehrern. In jeder Klasse finden sich Kameraden, die sie besonders gut nachahmen und den anderen vorspielen, eine Klasse ohne solche Lehrer-Imitatoren hätte etwas Totes.

Da ich sie jetzt an mir vorüberziehen lasse, staune ich über die Verschiedenartigkeit, die Eigenart, den Reichtum meiner Züricher Lehrer. Von vielen habe ich gelernt, wie es ihrer Absicht entsprach, und der Dank, den ich für sie fühle, nach fünfzig Jahren, wird, sonderbar wie es klingen mag, von Jahr zu Jahr größer. Aber auch die, von denen ich nur wenig gelernt habe, stehen als Menschen oder als Figuren so deutlich vor mir, daß ich ihnen eben dafür etwas schulde. Sie sind die ersten Vertreter dessen, was ich später als das Eigentliche der Welt, ihre Bevölkerung, in mich aufnahm. Sie sind unverwechselbar, eine der Qualitäten, die im Rang zuallerhöchst steht; daß sie zugleich auch zu Figuren geworden sind, nimmt ihnen von ihrer Persönlichkeit nichts. Das Fließende zwischen Individuen und Typen ist ein eigentliches Anliegen des Dichters.

Der Schädel
Disput mit einem Offizier

Ich war zwölf, als ich mich für die Freiheitskriege der Griechen passionierte und dasselbe Jahr 1917 war das der russischen Revolution. Schon vor seiner Reise im plombierten Wagen sprach man davon, daß Lenin in Zürich lebte. Die Mutter, die von einem unstillbaren Haß gegen den Krieg erfüllt war, verfolgte jedes Ereignis, das ihm ein Ende bereiten konnte. Politische Verbindungen hatte sie keine, aber Zürich war zu einem Zentrum von Kriegsgegnern der verschiedensten Länder und Richtungen geworden. Als wir einmal an einem Kaffeehaus vorbeigingen, zeigte sie mir den enormen Schädel eines Mannes, der in der Nähe des Fensters saß, ein hoher Stoß von Zeitungen lag neben ihm auf dem Tisch, eine davon hatte er fest gepackt und hielt sie nah vor die Augen. Plötzlich warf er den Kopf zurück und wandte sich einem Manne zu, der neben ihm saß, und sprach heftig auf ihn ein. Die Mutter sagte: »Den schau dir gut an. Das ist Lenin. Von dem wirst du noch hören.« Wir waren stehengeblieben, sie genierte sich ein wenig, daß sie so stand und starrte (solche Unhöflichkeiten pflegte sie mir zu verweisen), aber seine plötzliche Bewegung war in sie gefahren, die Energie des Rucks zum anderen Mann hin hatte sich auf sie übertragen. Ich wunderte mich über die reichlichen schwarzen Kraushaare dieses anderen, die zur Kahlheit Lenins dicht daneben in grellstem Widerspruch standen; noch mehr aber über die Regungslosigkeit der Mutter. Sie sagte: »Komm, wir können doch nicht so stehen«, und zog mich weiter.

Wenige Monate später erzählte sie mir von der Ankunft Lenins in Rußland, und ich begann zu begreifen, daß es sich um etwas besonders Wichtiges handeln müsse. Die Russen hätten genug vom Morden, sagte sie, alle hätten genug vom Morden, und ob mit oder gegen die Regierungen, jetzt werde es bald zu Ende sein damit. Sie nannte den Krieg nie anders als »das Morden«. Seit wir in Zürich waren, sprach sie ganz offen zu mir darüber, in Wien hatte sie sich zurückgehalten, um mir keine Konflikte in der Schule zu bereiten. »Du wirst nie einen Menschen töten, der dir nichts getan hat«, sagte sie zu mir beschwörend, und so stolz sie darauf war, daß sie drei Söhne hatte – ich spürte, mit welcher Sorge es sie erfüllte, daß wir auch einmal zu solchen »Mördern« werden könnten. Ihr Haß gegen den Krieg hatte etwas Elementares: als sie mir einmal den Inhalt des ›Faust‹ erzählte, den sie mir noch nicht zu lesen geben wollte, mißbilligte sie Fausts Pakt mit dem Teufel. Es gäbe nur *eine* Rechtfertigung für einen solchen Pakt: um dem Krieg ein Ende zu machen. Dafür dürfe man sich auch mit dem Teufel verbünden, sonst für nichts.

An manchen Abenden versammelten sich Bekannte der Mutter bei uns, bulgarische und türkische Spaniolen, die der Krieg nach Zürich verschlagen hatte. Meist waren es Ehepaare mittleren Alters, die mir aber alt vorkamen; ich mochte sie nicht sehr, sie waren mir zu orientalisch und sprachen nur über uninteressante Dinge. Einer kam allein, ein Witwer, Herr Adjubel, der war anders als die anderen. Er trug sich aufrecht und hatte Meinungen, die er mit Überzeugung vertrat, und ließ die Heftigkeit der Mutter, die ihn hart bedrängte, ruhig und ritterlich über sich ergehen. Er hatte als bulgarischer Offizier im Balkankrieg mitgekämpft, war schwer verwundet worden und hatte ein unheilbares Leiden davon behalten. Man wußte, daß er starke Schmerzen litt, doch ließ er sich nie etwas davon anmerken. Wenn sie unerträglich wurden, stand er auf, entschuldigte sich mit einer dringlichen Verabredung, verbeugte sich vor der Mutter und verließ ein wenig steif die Wohnung. Dann sprachen die anderen über ihn, erörterten ausführlich die Natur seines Leidens, lobten und bedauerten ihn und taten genau das, was sein Stolz vermieden haben wollte. Ich merkte, wie die Mutter sich bemühte, solchen Gesprächen ein Ende zu setzen. Bis zum letzten Augenblick hatte sie mit ihm gestritten, und da sie bei Diskussionen dieser Art, wenn es nämlich um Krieg ging, sehr scharf und ausfällig werden konnte, nahm sie es alles auf sich und sagte:

»Unsinn! Er hatte gar keine Schmerzen. Er war beleidigt über mich. Er denkt sich, eine Frau, die es nicht erlebt hat, hat kein Recht, so über den Krieg zu sprechen. Er hat recht. Aber wenn keiner von euch ihm die Meinung sagt, muß ich es tun. Er war beleidigt. Aber er ist eben stolz und hat sich auf die höflichste Art empfohlen.« Dann konnte es passieren, daß jemand einen unverschämten Witz machte und sagte: »Sie werden sehen, Mathilde, er hat sich in Sie verliebt und wird noch um Sie anhalten!« »Er soll sich unterstehen!« sagte sie dann gleich mit zornigen Nüstern. »Ich möchte es ihm nicht anraten! Ich achte ihn, weil er ein *Mann* ist, aber das ist auch alles.« Das war ein arger Hieb gegen die anderen anwesenden Männer, die alle mit ihren Frauen da waren. Aber damit war dann das unleidliche Gespräch über die Leiden des Herrn Adjubel zu Ende.

Ich hatte es lieber, wenn er bis zum Schluße blieb. Aus diesen Streitgesprächen erfuhr ich viel, das mir neu war. Herr Adjubel war in einer sehr schwierigen Lage. Er hing an der bulgarischen Armee, vielleicht noch mehr als an Bulgarien. Er war erfüllt von der traditionellen Russenfreundlichkeit der Bulgaren, die ihre Unabhängigkeit von den Türken den Russen verdankten. Daß die Bulgaren nun auf der Seite der Feinde Rußlands standen, machte ihm arg zu schaffen. Er hätte sicher auch unter diesen Umständen gekämpft, aber unter welchen Gewissensqualen! So war es vielleicht gut für ihn, daß er nicht kämpfen konnte. Jetzt aber war die Situation durch die neue Wendung der Dinge in Rußland noch komplizierter geworden. Daß die Russen sich vom Krieg zurückzogen, bedeutete, wie er dachte, den Untergang der Mittelmächte. Die Infektion, wie er es nannte, werde um sich greifen, erst die österreichischen und dann die deutschen Soldaten würden nicht mehr kämpfen wollen. Was aber werde dann aus Bulgarien werden? Nicht nur hätten sie nun für immer das Kainsmal der Undankbarkeit gegen ihre Befreier zu tragen, alle würden wie im Zweiten Balkankrieg sich über sie herstürzen und das Land unter sich aufteilen. Finis Bulgariae!

Man kann sich denken, wie die Mutter jeden Punkt seiner Argumentation ergriff und zerlöcherte. Im Grunde hatte sie alle gegen sich, denn wenn sie auch ein baldiges Ende des Krieges begrüßten – daß es durch die Aktivität der Bolschewiki in Rußland dazu käme, empfanden sie als gefährliche Bedrohung. Es waren alles bürgerliche Menschen, mehr oder weniger vermögend, die unter ihnen, die aus Bulgarien stammten, fürchteten das Übergreifen der Revolution dorthin, die anderen, die aus der Türkei waren, sahen den alten russischen Feind, wenn auch in neuer Verkleidung, schon in Konstantinopel. Der Mutter war das völlig gleichgültig. Für sie kam es nur darauf an, wer den Krieg wirklich beenden wollte. Sie, die aus einer der wohlhabendsten Familien Bulgariens stammte, verteidigte Lenin. Sie konnte keinen Teufel in ihm sehen wie die anderen, sondern einen Wohltäter der Menschheit.

Herr Adjubel, mit dem sie eigentlich stritt, war der einzige, der sie begriff, denn er hatte selbst eine Gesinnung. Einmal fragte er sie, es war der dramatischste Augenblick all dieser Zusammenkünfte: »Und wenn ich ein russischer Offizier wäre, Madame, und entschlossen mit meinen Leuten gegen die Deutschen weiterkämpfen würde – würden Sie mich dann erschießen lassen?« Sie zögerte nicht einmal: »Jeden, der sich dem Ende des Krieges entgegenstellt, würde ich erschießen lassen. Er wäre ein Feind der Menschheit.«

Das Entsetzen der anderen, kompromißbereite Kaufleute mit ihren gefühlvollen Frauen, beirrte sie nicht. Alle redeten durcheinander: »Was? Sie könnten das übers Herz bringen? Sie könnten es übers Herz bringen, den Herrn Adjubel erschießen zu lassen?« »Er ist nicht feig. Er weiß, wie man stirbt, er ist nicht wie ihr alle, nicht wahr, Herr Adjubel?« Er war es, der ihr recht gab. »Ja, Madame, von Ihrem Standpunkt aus hätten Sie recht. Sie haben die Konsequenz eines Mannes. Und Sie sind eine echte Arditti!« Diese letzte Wendung, die eine Huldigung war – sie bezog sich auf ihre Familie, die ich im Gegensatz zu der meines Vaters gar nicht mochte –, gefiel mir weniger, aber ich war, ich muß es sagen, trotz der Heftigkeit dieser Kämpfe auf Herrn Adjubel nie eifersüchtig, und als er bald danach seiner Krankheit erlag, trauerten wir beide um ihn und die Mutter sagte: »Gut für ihn, daß er den Zusammenbruch der Bulgaren nicht mehr erlebt hat.«

Tag- und Nachtlektüren
Das Leben der Geschenke

Vielleicht war es den veränderten Umständen im Haushalt zuzuschreiben, daß es zu den alten Leseabenden nicht mehr kam. Bis wir drei im Bett waren, hatte die Mutter einfach keine Zeit. Mit einer grimmigen Entschlossenheit erfüllte sie ihre neuen Pflichten. Alles was sie tat, kam zur Sprache, ohne reflektierenden Kommentar hätten sie Arbeiten solcher Art zu sehr gelangweilt. Sie stellte sich vor, daß alles am Schnürchen laufen müsse, obwohl ihr das eigentlich gar nicht lag, so suchte und fand sie das Schnürchen in ihren Reden. »Organisieren, Kinder!« sagte sie zu uns, »organisieren!« und wiederholte dieses Wort so oft, daß wir's komisch fanden und im Chor nachsagten. Sie aber nahm dieses Problem des Organisierens sehr ernst und verwies uns jeden Spott darüber. »Ihr werdet schon sehen, wenn ihr im Leben steht, ohne Organisieren kommt ihr nicht weiter!« Sie meinte damit, daß man alles der Reihe nach tat, und bei den simplen Verrichtungen, um die es ging, war nichts einfacher und leichter. Aber das Wort spornte sie an, sie hatte für alles ein Wort, und vielleicht machte es die eigentliche Helligkeit dieses Zusammenlebens damals aus, daß über alles gesprochen wurde.

Aber in Wirklichkeit lebte sie auf den Abend hin, wenn wir im Bett waren und sie endlich zum Lesen kam. Es war die Zeit ihrer großen Strindberg-Lektüren. Ich lag wach im Bett und sah von unter der Tür den Lichtschimmer aus dem Wohnzimmer drüben. Da kniete sie auf ihrem Stuhl, die Ellbogen auf den Tisch, den Kopf auf die rechte Faust gestützt, vor sich den hohen Stoß der gelben Strindbergbände. Zu jedem Geburtstag und zu Weihnachten kam ein Band dazu, es war das, was sie sich von uns wünschte. Besonders aufregend war für mich, daß ich in diesen Bänden nicht lesen durfte. Ich machte nie den Versuch, in einen von ihnen hineinzuschauen, ich liebte dieses Verbot, von den gelben Bänden ging eine Ausstrahlung aus, die ich mir nur durch dieses Verbot erklären kann, und es gab nichts, was mich glücklicher machte, als ihr einen neuen Band zu überreichen, von dem ich nur den Titel kannte. Wenn wir zu Abend gegessen hatten und der Tisch abgeräumt war, wenn die Kleinen schon zu Bett gebracht waren, trug ich den Stoß der gelben Bände für sie auf den Tisch und stapelte sie an der rechten Stelle auf. Wir sprachen dann noch ein wenig, ich spürte ihre Ungeduld, da ich den Stapel vor Augen hatte, verstand ich sie und ging ruhig zu Bett, ohne sie zu quälen. Ich zog die Türe zum Wohnzimmer hinter mir zu, während ich mich auszog, hörte ich sie noch ein wenig hin- und hergehen. Ich legte mich hin und horchte auf das Knarren des Stuhls, den sie bestieg, dann fühlte ich, wie sie den Band in die Hand nahm, und wenn ich sicher war, daß sie ihn aufgeschlagen hatte, wandte ich den Blick auf den Lichtschimmer an der Türe unten. Nun wußte ich, daß sie um nichts in der Welt wieder aufstehen würde, knipste meine winzige Taschenlampe an und las mein eigenes Buch unter der Bettdecke. Das war mein Geheimnis, von dem niemand wissen durfte, und es stand für das Geheimnis ihrer Bücher.

Sie las bis tief in die Nacht hinein, ich mußte mit der Batterie der Taschenlampe haushalten, die ich von meinem bescheidenen Taschengeld bestritt, von einem Bruchteil davon, denn das meiste wurde zäh gespart für Geschenke an die Mutter. So brachte ich es selten auf mehr als eine Viertelstunde. Als ich schließlich entdeckt wurde, gab es einen großen Tumult, Täuschung ertrug die Mutter am schwersten. Es gelang mir zwar, die konfiszierte Taschenlampe zu ersetzen, aber zur Sicherheit waren auch die kleinen Brüder als Wächter eingesetzt worden, sie brannten darauf, mir plötzlich die Decke vom Leib wegzuziehen. Wenn sie aufwachten, war es für sie ein leichtes, von ihren Betten aus zu sehen, ob ich den Kopf unter der Decke hatte. Dann schlichen sie sich lautlos heran, am liebsten zu zweit, und unter der Decke hörte ich nichts und war wehrlos. Plötzlich lag ich ohne Decke da. Ich wußte noch kaum, wie mir geschehen war, und schon dröhnte das Triumphgeheul in meinen Ohren. Die Mutter löste sich, erbittert über die Störung, von ihrem Stuhl, fand den Satz, mit dem sie mich vernichtend traf: »Ich habe also niemand auf der Welt, dem ich vertrauen kann!« und nahm mir das Buch für eine Woche weg.

Die Strafe war hart, denn es ging um Dickens. Das war der Autor, den sie mir damals gab, und nie hatte ich einen Dichter mit größerer Leidenschaft gelesen. Sie begann mit ›Oliver Twist‹ und ›Nicolas Nickleby‹ und besonders der letztere, der ja von den damaligen Schulverhältnissen in England handelt, tat es mir dermaßen an, daß ich nicht mehr aufhören wollte, ihn zu lesen. Als ich ihn fertig hatte, fing ich gleich nochmals von vorne an und las ihn von Anfang zu Ende wieder. Das geschah noch drei- oder viermal, wahrscheinlich häufiger. »Du kennst es doch schon«, sagte sie, »möchtest du jetzt nicht lieber ein anderes?« Aber je besser ich es kannte, um so lieber las ich es wieder. Sie hielt das für eine kindliche Unsitte von mir und führte es auf die frühen Bücher zurück, die ich von meinem Vater hatte und von denen ich manches vierzigmal las, als ich sie schon längst auswendig kannte. Sie suchte mir diese Unsitte abzugewöhnen, indem sie mir neue Bücher verlockend schilderte, von Dickens gab es zum Glück sehr viele. Den ›David Copperfield‹, der ihr Liebling war und den sie auch als das literarisch Beste betrachtete, sollte ich erst als letztes bekommen. Sie steigerte mächtig meine Begier darauf und hoffte, mir mit diesem Köder das ewige Wiederlesen der anderen Romane abzugewöhnen. Ich war zerrissen zwischen der Liebe für das bereits gut Bekannte und der Neugier, die sie auf jede Weise entflammte. »Darüber sprechen wir nicht mehr«, sagte sie unmutig und gab mir einen unsäglich gelangweilten Blick, »darüber haben wir doch gesprochen. Willst du, daß ich dir dieselbe Sache wiedersage? Ich bin nicht wie du. Jetzt sprechen wir erst über das nächste!« Da die Gespräche mit ihr noch immer das wichtigste waren, da ich es schwer ertrug, nicht jede Einzelheit eines wunderbaren Buches mit ihr zu bereden, da ich merkte, daß sie nichts mehr sagen wollte und meine Hartnäckigkeit sie wirklich zu langweilen begann, gab ich allmählich nach und beschränkte mich darauf, jeden Dickens nur zweimal zu lesen. Es tat mir bitter leid, einen Dickens endgültig aufzugeben und ihn vielleicht selber in die Leihbibliothek zurückzutragen, aus der sie ihn hatte. (Wir hatten alles in Wien zurückgelassen, Möbel samt Bibliothek waren dort eingelagert worden, so war sie für das meiste auf den »Lesezirkel Hottingen« angewiesen.) Aber die Aussicht auf die Gespräche mit ihr über den neuen Dickens war stärker und so war es sie selbst, der ich alle Herrlichkeiten verdankte, die mich von meiner Hartnäckigkeit, meiner besten Eigenschaft in diesen Dingen, abbrachte.

Manchmal bekam sie Angst vor den Passionen, die sie in mir schürte, und unternahm dann Versuche, mich auf andere Autoren abzulenken. Ihr größter Fehlschlag in dieser Hinsicht war Walter Scott. Vielleicht hatte sie nicht genug Wärme aufgebracht, als sie zuerst von ihm sprach, vielleicht ist er wirklich so papieren, wie er mir damals vorkam. Ich las ihn nicht nur nicht wieder, nach zwei oder drei seiner Romane weigerte ich mich, ihn überhaupt noch in die Hand zu nehmen, und rebellierte so heftig, daß sie sich über die Entschiedenheit meiner Geschmacksrichtung freute und das Höchste sagte, was ich von ihr zu hören bekommen konnte: »Du bist doch mein Sohn. Ich habe ihn auch nie mögen. Ich dachte, weil du dich so für Geschichte interessierst.« »Geschichte!« rief ich empört, »das ist doch keine Geschichte! Das da sind nur blöde Ritter mit ihren Rüstungen!« Damit war zu unser beider Zufriedenheit das kurze Scott-Intermezzo zu Ende.

Sie gab in allem, was meine geistige Erziehung betraf, wenig auf andere, aber einmal muß ihr doch jemand mit etwas

Eindruck gemacht haben. Vielleicht hatte man ihr etwas in der Schule gesagt, wohin sie wie andere Eltern von Zeit zu Zeit kam, vielleicht wurde sie durch einen der mancherlei Vorträge beunruhigt, die sie besuchte. Jedenfalls erklärte sie eines Tages, ich müsse auch wissen, was andere Buben meines Alters läsen, sonst würde ich mich bald nicht mit meinen Schulkameraden verstehen. Sie abonnierte mich auf den ›Guten Kameraden‹ und so unbegreiflich mir das jetzt erscheint, ich las ihn auch gar nicht ungern, zur selben Zeit wie Dickens. Es gab spannende Dinge darin, wie ›Das Gold am Sacramento‹, über den Schweizer Goldsucher Sutter in Kalifornien, und am aufregendsten eine Erzählung über Sejanus, den Günstling des Kaisers Tiberius. Das war die erste und eigentliche Begegnung mit der späteren römischen Geschichte und dieser Kaiser, den ich als Figur der Macht verabscheute, setzte etwas in mir fort, das fünf Jahre zuvor in England mit der Geschichte Napoleons begonnen hatte.

Ihre Lektüre beschränkte sich nicht auf Strindberg allein, obwohl er das war, was sie zu dieser Zeit am meisten beschäftigte. Eine besondere Gruppe bildeten die gegen den Krieg gerichteten Bücher, die im Rascher Verlag erschienen. Latzko: Menschen im Krieg, Leonhard Frank: Der Mensch ist gut, Barbusse: Das Feuer, waren die drei, über die sie am häufigsten zu mir sprach. Auch diese, wie Strindberg, hatte sie sich als Geschenke von uns gewünscht. Unser Taschengeld allein, das sehr bescheiden war, hätte dafür nicht ausgereicht, obwohl wir es fast alles für diesen Zweck zusammensparten. Aber ich bekam auch einige Rappen täglich, um mir in der Schule beim Pedell einen Krapfen als Zehnerjause zu kaufen. Hungrig war ich, doch war es viel aufregender, dieses Geld zu sparen, bis genug da war, um der Mutter ein neues Buch zu schenken. Zuallererst war ich zu Rascher gegangen, um den Preis zu erfahren, und es war schon ein Vergnügen, diese immer belebte Buchhandlung am Limmatquai zu betreten, die Leute zu sehen, die oft schon nach unseren künftigen Geschenken fragten, und natürlich auch mit einem Blick all die

Bücher zu erfassen, die ich später einmal lesen würde. Es war nicht so sehr, daß ich mir unter diesen Erwachsenen größer und verantwortlicher vorkam, als die Verheißung künftigen Lesestoffs, der nie ausgehen würde. Denn wenn ich damals etwas wie Sorge um die Zukunft überhaupt kannte, so galt sie ausschließlich dem Bücherbestand der Welt. Was geschah, wenn ich alles gelesen hätte? Gewiß, ich las am liebsten wieder und wieder, was ich mochte, aber zur Freude daran gehörte die Gewißheit, daß mehr und mehr nachkommen würde. – Kannte ich den Preis des geplanten Geschenks, so begannen die Rechnungen: wieviel Zehnerjausen mußte ich sparen, um dafür genug zu haben? Es waren immer ein paar Monate: so kam Sümmchen um Sümmchen das Buch zusammen. Die Versuchung, einmal, wie manche meiner Kameraden, einen Krapfen auch wirklich zu kaufen und vor den anderen zu essen, fiel gegen dieses Ziel kaum ins Gewicht. Im Gegenteil, ich stand gern daneben, wenn einer seinen Krapfen verzehrte, und stellte mir dabei mit einer Art von Lustgefühl, ich kann es nicht anders sagen, die Überraschung der Mutter vor, wenn wir ihr das Buch überreichten.

Sie war immer überrascht, obwohl es wieder geschah. Sie wußte auch nie, welches Buch es sein würde. Aber wenn sie mir auftrug, etwas Neues im Lesezirkel Hottingen für sie zu holen und es vergeben war, weil eben alles davon sprach und jeder es wollte, wenn sie den Auftrag wiederholte und ungeduldig wurde, wußte ich, daß es das neue Geschenk werden mußte und setzte es als nächstes Ziel meiner ›Politik‹ ein. Zu diesem Unternehmen gehörte auch eine konsequente Irreführung. Ich fragte weiter danach im ›Lesezirkel‹, kam mit enttäuschter Miene zurück und sagte: »Der Latzko war wieder nicht da!« Die Enttäuschung wuchs, je näher der Tag der Überraschung kam, und am Tag unmittelbar zuvor konnte es passieren, daß ich zornig mit dem Fuß aufstampfte und der Mutter vorschlug, den Lesezirkel Hottingen zum Zeichen des Protests zu verlassen. »Das wird nichts nützen«, sagte sie nachdenklich, »dann bekommen wir erst recht keine Bü-

cher.« Am nächsten Tag schon hatte sie den Latzko funkelna-
gelneu in der Hand, und da sollte sie nicht überrascht sein! Ich
mußte dann zwar versprechen, das nie wieder zu tun und den
Krapfen in der Schule von nun an zu essen, aber sie drohte nie
damit, das Sümmchen, das dafür bestimmt war, zurückzuziehen. Vielleicht gehörte das zu ihrer Politik der Charakterbil-
dung und vielleicht machte ihr das Buch besonders darum
Freude, weil ich es durch kleine tägliche Akte der Entsagung
zusammengespart hatte. Sie selbst war ein Mensch, der mit
Genuß aß, ihr Geschmack für raffinierte Gerichte war hoch-
entwickelt. Sie scheute sich nicht, während unserer puritani-
schen Mahlzeiten von dem zu sprechen, was ihr entging und
war die einzige, die unter ihrem Beschluß, uns an bescheidenes und einfaches Essen zu gewöhnen, zu leiden hatte.

Es war wohl diese besondere Art von Büchern, die etwas
wie eine Politisierung ihrer geistigen Interessen bewirkte.
Von Barbusses ›Feuer‹ war sie lange verfolgt. Sie sprach
mehr zu mir darüber, als sie für recht hielt. Ich bestürmte sie
um die Erlaubnis, es zu lesen, sie blieb hart, in etwas gemil-
derter Form bekam ich es dafür alles von ihr zu hören. Aber
sie war ein Einzelgänger und schloß sich keiner pazifistischen
Gruppe an. Sie hörte Leonhard Ragaz sprechen und kam in
solcher Erregung heim, daß wir beide den größten Teil der
Nacht danach aufblieben. Doch ihre Scheu vor jeder Öffent-
lichkeit, soweit es ihre eigene Person betraf, blieb unüber-
windlich. Sie erklärte es damit, daß sie nur für uns drei lebe,
und was sie selbst nicht auszurichten vermöchte, weil man auf
eine Frau in dieser Männerwelt des Krieges schon gar nicht
höre, dafür würden wir drei erwachsen, jeder wie es seiner
Anlage am besten entspreche, in ihrem Sinn eintreten.

Es fand sich damals vielerlei in Zürich zusammen, und sie
trachtete alles, wovon sie erfuhr, zu verfolgen, nicht nur, was
gegen den Krieg gerichtet war. Sie hatte niemanden, der sie
beriet, sie war geistig wirklich allein, zwischen den Bekannten, die uns manchmal besuchten, erschien sie als die weitaus
Aufgeschlossenste und Klügste, und wenn ich denke, was sie

aus eigenem alles unternahm, muß ich heute staunen. Selbst wenn es um ihre stärkste Überzeugung ging, behielt sie ihr eigenes Urteil. Ich erinnere mich daran, mit welcher Verachtung sie den ›Jeremias‹ von Stefan Zweig abtat: »Papier! Leeres Stroh! Man sieht, daß er nichts selbst erlebt hat. Er sollte lieber den Barbusse lesen, statt dieses Zeug zu schreiben!« Ihr Respekt vor wirklicher *Erfahrung* war ungeheuer. Sie hätte sich gescheut, den Mund über den Krieg, wie er sich faktisch abspielte, vor anderen aufzutun, denn sie war selbst nicht im Schützengraben gewesen; und sie ging so weit zu sagen, es wäre besser, wenn auch Frauen in den Krieg müßten, dann könnten sie ernsthaft gegen ihn kämpfen. So war es wohl, wenn es sich um die Dinge selbst handelte, auch diese Scheu, die sie davon abhielt, den Weg zu Gesinnungsgenossen zu finden. Geschwätz, mündlich oder schriftlich, haßte sie ingrimmig, und wenn ich es wagte, etwas ungenau zu sagen, fuhr sie mir schonungslos über den Mund.

Zu dieser Zeit, in der ich selbst schon zu denken begann, habe ich sie ohne jede Einschränkung bewundert. Ich verglich sie mit meinen Lehrern an der Kantonsschule, von denen ich mehr als einen gelten ließ oder gar verehrte. Nur Eugen Müller hatte ihr Feuer, mit ihrem Ernst verbunden, nur er hatte, wenn er sprach, weit offene Augen wie sie und sah unablenkbar vor sich hin auf den Gegenstand, der ihn übermannte. Ich berichtete ihr über alles, was ich in seinen Stunden erfuhr, und es fesselte sie, weil sie die Griechen nur aus den klassischen Dramen kannte. Von mir lernte sie griechische Geschichte und schämte sich nicht zu fragen. Für einmal waren unsere Rollen vertauscht, sie las nicht selbst Geschichte, weil sie so viel von Kriegen handelte. Aber es konnte passieren, daß sie mich gleich, nachdem wir uns zum Mittagessen niedergesetzt hatten, nach Solon oder nach Themistokles befragte. Solon gefiel ihr besonders, weil er sich nicht zum Tyrannen aufschwang und von der Macht zurückzog. Sie wunderte sich, daß es kein Drama über ihn gäbe, sie kannte keines, das von ihm handelte. Aber sie fand es ungerecht, daß bei den

Griechen von den Müttern solcher Männer kaum je die Rede war. Die Mutter der Gracchen sah sie ungescheut als ihr Vorbild.

Es fällt mir schwer, nicht alles aufzuzählen, was sie beschäftigte. Denn was immer es war, etwas davon ging auf mich über. Nur mir konnte sie alles in jeder Einzelheit berichten. Nur ich nahm ihre strengen Urteile ernst, denn ich wußte, welcher Begeisterung sie entsprangen. Sie verdammte viel, aber nie, ohne sich über das zu verbreiten, was sie dagegen setzte und es heftig, doch überzeugend zu begründen. Zwar war die Zeit der gemeinsamen Lesungen vorüber, die Dramen und großen Darsteller waren nicht mehr der Hauptinhalt der Welt, aber ein anderer und keineswegs geringerer ›Reichtum‹ war an ihre Stelle getreten: das Ungeheuerliche, das jetzt geschah, seine Auswirkungen und seine Wurzeln. Sie war eine mißtrauische Natur und fand in Strindberg, den sie für den gescheitesten aller Menschen hielt, eine Rechtfertigung für dieses Mißtrauen, an das sie sich gewöhnte, und das sie nicht mehr entbehren mochte. Sie ertappte sich dabei, daß sie zu weit ging und mir Dinge sagte, die zur Quelle meines eigenen, noch sehr jungen Mißtrauens wurden. Sie erschrak dann und erzählte mir zum Ausgleich von einer Tat, die sie besonders bewunderte. Meist war es etwas, das mit unfaßbaren Schwierigkeiten verbunden war, aber Großmut spielte immer auch eine Rolle. Während solcher Ausgleichsbemühungen fühlte ich mich ihr am nächsten. Sie dachte, daß ich den Grund für diesen Wechsel im Ton nicht durchschaue. Aber ich war schon ein wenig wie sie und übte mich im Durchschauen. Scheinbar naiv nahm ich die ›edle‹ Geschichte auf, sie gefiel mir immer. Aber ich wußte, warum sie gerade jetzt die Sprache darauf brachte, und behielt dieses Wissen für mich. So hielten wir beide etwas zurück, und da es eigentlich dasselbe war, hatten wir jeder vorm andern das gleiche Geheimnis. Es ist nicht zu verwundern, daß ich sie in solchen Augenblicken, da ich mich ihr *stumm* gewachsen fühlte, am meisten liebte. Sie war sicher, daß sie ihr Mißtrauen wieder vor mir verhüllt habe, ich nahm beides wahr: ihre erbarmungslose Schärfe und ihren Großmut. Was *Weite* ist, wußte ich damals noch nicht, aber ich *empfand* sie: daß man Sovieles und Gegensätzliches in sich fassen kann, daß alles scheinbar Unvereinbare zugleich seine Gültigkeit hat, daß man es fühlen kann, ohne vor Angst darüber zu vergehen, daß man es nennen und bedenken soll, die wahre Glorie der menschlichen Natur, das war das Eigentliche, was ich von ihr lernte.

Hypnose und Eifersucht
Die Schwerverletzten

Sie ging häufig in Konzerte, Musik blieb ihr wichtig, obwohl sie seit dem Tode des Vaters selten das Klavier berührte. Vielleicht waren auch ihre Ansprüche gewachsen, seit sie mehr Gelegenheit hatte, Meister ihres Instruments zu hören, von denen manche damals in Zürich lebten. Ein Konzert von Busoni versäumte sie nie, und es verwirrte sie ein wenig, daß er nah bei uns wohnte. Sie glaubte mir nicht gleich, als ich von meinen Begegnungen mit ihm erzählte, und erst als sie von anderen erfuhr, daß er es wirklich war, nahm sie es hin und verwies es mir, daß ich ihn wie die Kinder der Gegend »Dschoddo-komm-zum-Pápa« statt Busoni nannte. Sie versprach mir, mich einmal in eines seiner Konzerte mitzunehmen, aber nur unter der Bedingung, daß ich ihn nie wieder bei diesem falschen Namen nenne. Er sei der größte Meister des Klaviers, den sie je gehört habe, und es sei ein Unfug, daß die anderen alle ebenso wie er ›Pianisten‹ hießen. Sie ging auch regelmäßig in die Veranstaltungen des Schaichet-Quartetts, nach dem ersten Geiger benannt, und kam immer in einer unerklärlichen Aufregung von dort nach Hause zurück, die ich erst begriff, als sie mir einmal zornig sagte: ein solcher Geiger wäre der Vater gern geworden, es sei sein Traum gewesen, so gut zu sein, daß er in einem Quartett spielen könne. Warum nicht allein in einem Konzert auftreten? habe sie ihn gefragt.

Aber da habe er den Kopf geschüttelt und gemeint, so gut hätte er nie werden können, er kenne die Grenzen seiner Begabung, bis zu einem Quartett hätte er es vielleicht noch gebracht oder zur ersten Geige in einem Orchester, wenn sein Vater ihn nicht schon so früh am Spielen verhindert hätte. »So ein Tyrann war der Großvater, so ein Despot, er hat ihm die Geige weggerissen und ihn geschlagen, wenn er ihn spielen hörte. Einmal hat er ihn zur Strafe über Nacht im Keller anbinden lassen, von seinem ältesten Bruder.« Sie ließ sich gehen, und um die Wirkung ihres Zorns auf mich abzuschwächen, fügte sie traurig hinzu: »Und so bescheiden war der Vater.« Es endete damit, daß sie meine Verwirrung bemerkte – wieso war er denn bescheiden, wenn ihn der Großvater schlug? – und statt zu erklären, daß die Bescheidenheit darin lag, daß er sich nicht mehr zutraute, als vielleicht Konzertmeister zu werden, sagte sie spöttisch: »Da bist du doch eher *mir* nachgeraten!« Das hörte ich nicht gern, ich konnte es nicht leiden, wenn sie vom mangelnden Ehrgeiz des Vaters sprach, so als wäre er nur darum, weil es ihm an Ehrgeiz fehlte, ein guter Mensch gewesen.

Nach dem Besuch der Matthäus-Passion war sie in einer Verfassung, die ich schon darum nicht vergaß, weil sie tagelang kein rechtes Gespräch mit mir zu führen vermochte. Während einer Woche war sie nicht einmal imstande zu lesen. Sie schlug ihr Buch auf, aber sie sah keinen Satz, statt dessen hörte sie den Alt der Ilona Durigo. Eines Nachts kam sie mit Tränen in den Augen zu mir ins Schlafzimmer und sagte: »Jetzt ist es aus mit den Büchern, ich werde nie mehr lesen können«. Ich suchte sie zu trösten, ich schlug ihr vor, neben ihr zu sitzen, während sie lese, dann werde sie die Stimme nicht mehr hören. Das passiere doch nur, weil sie allein sei, wenn ich am Tisch drüben neben ihr säße, könne ich immer etwas sagen, dann würden die Stimmen vergehen. »Aber ich *will* sie doch hören, verstehst du nicht, ich will nie mehr etwas anderes hören!« Es war ein so leidenschaftlicher Ausbruch, daß ich erschrak. Aber ich war auch voller Bewunderung dafür und verstummte. Während der folgenden Tage sah ich sie manchmal fragend an, sie verstand meinen Blick und sagte in einer Mischung von Glück und Verzweiflung: »Ich höre sie noch immer.«

Ich wachte über sie wie sie über mich, und wenn man jemandem so nah ist, gewinnt man ein untrügliches Gefühl für alle Regungen, die mit ihm übereinstimmen. So sehr ich von ihren Passionen überwältigt war, einen falschen Ton hätte ich ihr nicht durchgehen lassen. Es war nicht Anmaßung, sondern Vertrautheit, die mir ein Recht auf Wachsamkeit gab, und ich zögerte nicht, über sie herzufallen, wenn ich einen fremden, ungewohnten Einfluß witterte. Eine Zeitlang ging sie in Vorträge von Rudolf Steiner. Was sie darüber berichtete, klang gar nicht nach ihr, es war, als spräche sie plötzlich in einer fremden Sprache. Ich wußte nicht, wer sie zum Besuch dieser Vorträge animierte, es kam nicht aus ihr, und als sie sich die Bemerkung entschlüpfen ließ, daß Rudolf Steiner etwas *Hypnotisches* habe, begann ich sie mit Fragen über ihn zu bestürmen. Da ich gar nichts über ihn wußte, konnte ich eine Auffassung von ihm nur aus ihren eigenen Berichten gewinnen und erkannte bald, daß er sie durch häufige Zitate aus Goethe gewonnen habe.

Ich fragte sie, ob ihr das denn neu sei, sie müsse das doch schon kennen, sie sage, sie habe alles von Goethe gelesen. »Weißt du, es hat ihn niemand *ganz* gelesen«, bekannte sie ziemlich verlegen, »und ich kann mich an nichts von diesen Sachen erinnern.« Sie schien sehr unsicher, denn ich war es gewöhnt, daß sie jede Silbe ihrer Dichter kannte, eben für ihre mangelhafte Kenntnis eines Autors griff sie andere heftig an und nannte sie »Schwätzer« und »Wirrköpfe«, die alles durcheinander brächten, weil sie zu faul seien, etwas bis auf den Grund zu erfahren. Ich gab mich mit ihrer Antwort nicht zufrieden und fragte weiter: ob sie nun möchte, daß ich auch diese Dinge glaube? Wir könnten doch nicht *verschiedene* Dinge glauben und wenn sie sich nach einigen Vorträgen Steiner anschließe, weil er so hypnotisch sei, dann würde ich mich dazu zwingen, jede Sache, die sie gesagt habe, auch zu glauben, damit uns nichts voneinander trenne. Es muß wie eine Drohung geklungen haben, vielleicht war es nur eine List: ich wollte in Erfahrung bringen, wie stark diese neue Macht sie gepackt hatte, die mir vollkommen fremd war, von der ich nichts gehört oder gelesen hatte, sie brach so plötzlich über uns herein, ich hatte das Gefühl, daß sie nun alles zwischen uns verändern werde. Am meisten fürchtete ich, daß es ihr gleichgültig sein könnte, ob ich mich ihr anschließe oder nicht, das hätte bedeutet, daß es ihr gar nicht mehr so wichtig wäre, was mit mir geschähe. Aber so weit war es keineswegs, denn von meiner »Beteiligung« wollte sie nichts wissen, mit einiger Heftigkeit sagte sie: »Du bist zu jung dazu. Das ist nichts für dich. Du sollst nichts davon glauben. Ich werde dir nie mehr etwas darüber erzählen.« Ich hatte gerade etwas Geld erspart, um ihr einen neuen Strindberg zu kaufen. Ich kaufte statt dessen kurzentschlossen ein Buch von Rudolf Steiner. Ich händigte es ihr feierlich ein, mit den heuchlerischen Worten: »Du interessierst dich doch dafür und du kannst dir nicht alles merken. Du sagst, es ist nicht leicht zu verstehen, man müßte es richtig studieren. Jetzt kannst du es in Ruhe lesen und bist besser vorbereitet für die Vorträge.«

Ihr war das aber gar nicht recht. Warum ich das gekauft hätte, fragte sie immer wieder. Sie wisse noch gar nicht, ob sie es behalten wolle. Vielleicht liege es ihr gar nicht. Sie habe doch noch gar nichts von ihm gelesen. Ein Buch könne man doch nur kaufen, wenn man ganz sicher sei, daß man es behalten wolle. Sie fürchtete, daß ich es nun selber lesen würde und dadurch, wie sie meinte, viel zu früh in eine bestimmte Richtung gedrängt werden könnte. Sie hatte Scheu vor allem, was nicht eigenster Erfahrung entsprang, und mißtraute eiligen Bekehrungen, sie spottete über Leute, die sich zu leicht bekehren ließen, und sagte von solchen oft: »Auch so ein Halm im Wind.« Sie genierte sich für das Wort Hypnose, das sie gebraucht hatte, und erklärte, daß sie das nicht auf sich bezogen habe, es sei ihr aufgefallen, daß die anderen Hörer dort wie unter einer Hypnose standen. Vielleicht sei es besser, wir verschöben das alles auf spätere Zeiten, wenn ich reifer sei und es eher zu begreifen vermöchte. Im Grunde war auch ihr am wichtigsten, was wir unter uns besprechen konnten, ohne Entstellungen und Verrenkungen, ohne etwas vorzumachen, was nicht wirklich schon Teil von uns war. Es war nicht das erste Mal, daß ich spürte, wie sie meiner Eifersucht entgegenkam. Sie hatte auch keine Zeit mehr, wie sie sagte, in diese Vorträge zu gehen, es sei so eine ungelegene Zeit für sie und sie versäume dadurch andere Dinge, von denen sie schon mehr verstehe. So opferte sie mir Rudolf Steiner auf, ohne ihn je wieder zu erwähnen. Ich empfand nicht die Unwürdigkeit dieses Sieges über einen Geist, von dem ich nicht einen einzigen Satz widerlegt hatte, weil ich keinen kannte. Ich hatte seine Gedanken daran gehindert, in ihrem Kopfe Fuß zu fassen, denn ich spürte, daß sie sich auf nichts von dem bezogen, was zwischen uns zur Sprache kam, es war mir nur um eines zu tun, sie von ihr wegzustoßen.

Was aber soll ich über diese Eifersucht denken? Ich kann sie weder billigen noch verdammen, ich kann sie nur verzeichnen. Sie war so früh ein Teil meiner Natur, daß es Fälschung wäre, darüber zu schweigen. Sie hat sich immer gemeldet, wenn ein Mensch mir wichtig wurde, und nur wenige unter solchen gab es, die nicht darunter zu leiden hatten. Sie bildete sich reich und vielseitig aus in der Beziehung zur Mutter. Sie ermöglichte es mir, um etwas zu kämpfen, das in jeder Hinsicht überlegen war, stärker, erfahrener, kenntnisreicher und auch selbstloser. Es fiel mir gar nicht ein, wie selbstsüchtig ich in diesem Kampf war, und wenn mir jemand damals gesagt hätte, daß ich die Mutter unglücklich mache – ich wäre sehr erstaunt gewesen. Sie war es ja, die mir dieses Recht auf sich gab. Sie schloß sich mir aufs engste in ihrer Einsamkeit an, weil sie niemanden kannte, der ihr gewachsen gewesen wäre. Hätte sie mit einem Mann wie Busoni Umgang gehabt, es wäre um mich geschehen gewesen. Ich war ihr darum verfallen, weil sie sich mir ganz darstellte, alle wichtigen Gedan-

ken, die sie beschäftigten, teilte sie mir mit und die Zurückhaltung, mit der sie manches meiner Jugend wegen verdeckte,
war eine scheinbare. Alles Erotische enthielt sie mir hartnäk-
kig vor, das Tabu, das sie auf dem Balkon unserer Wiener
Wohnung darauf gelegt hatte, blieb so wirksam in mir, als
wäre es am Berg Sinai von Gott selbst verkündigt worden. Ich
fragte nicht danach, es beschäftigte mich nie und während sie
mich feurig und klug mit allen Inhalten der Welt erfüllte,
blieb das eine ausgespart, das mich verwirrt hätte. Da ich
nicht wußte, wie sehr Menschen diese Art der Liebe brauchen, konnte ich auch nicht ahnen, was sie entbehrte. Sie war
zweiunddreißig damals und lebte allein, und das erschien mir
so natürlich wie mein eigenes Leben. Wohl sagte sie manchmal, wenn sie böse mit uns wurde, wenn wir sie enttäuschten
oder irritierten, sie opfere ihr Leben für uns, und wenn wir es
nicht verdienten, würde sie uns weggeben in die starke Hand
eines Mannes, der uns Mores lehren würde. Aber ich begriff
nicht, ich konnte nicht begreifen, daß sie an ihr einsames Leben als Frau dabei dachte. Ich sah das Opfer darin, daß sie soviel Zeit an uns wandte, während sie doch lieber immerzu gelesen hätte.

Für dieses Tabu, das im Leben anderer Menschen oft die
gefährlichsten Gegenregungen verursacht, bin ich ihr heute
noch dankbar. Ich kann nicht sagen, daß es mir eine Unschuld
bewahrt hat, denn in meiner Eifersucht war ich nichts weniger als unschuldig. Aber es beließ mir Frische und Naivität
für alles, was ich wissen wollte. Ich lernte auf alle möglichen
Weisen, ohne es je als Zwang oder Belastung zu empfinden,
denn es gab nichts, das mich mehr gereizt oder heimlich beschäftigt hätte. Was immer auf mich zukam, schlug feste
Wurzeln, es war Platz für alles, ich hatte nie das Gefühl, daß
mir etwas vorenthalten wurde, im Gegenteil, mir schien, als
werde mir alles dargeboten, und ich hätte es nur aufzufassen.
Kaum war es in mir, bezog es sich auf anderes, verband sich
damit, wuchs weiter, schuf seine Atmosphäre und rief nach
Neuem. Das eben war die Frische, daß alles Gestalt annahm

und nichts sich bloß summierte. Naiv war vielleicht, daß alles präsent blieb, das Fehlen des Schlafes.

Eine zweite Wohltat, die mir die Mutter während dieser gemeinsamen Züricher Jahre erwies, hatte noch größere Folgen: sie erließ mir die *Berechnung*. Ich bekam nie zu hören, daß man etwas aus praktischen Gründen tue. Es wurde nichts betrieben, was ›nützlich‹ für einen werden konnte. Alle Dinge, die ich auffassen mochte, waren gleichberechtigt. Ich bewegte mich auf hundert Wegen zugleich, ohne hören zu müssen, daß dieser oder jener bequemer, ergiebiger, einträglicher zu befahren sei. Es kam auf die Dinge selber an und nicht auf ihren Nutzen. Genau und gründlich mußte man sein und eine Meinung ohne Schwindeleien vertreten können, aber diese Gründlichkeit galt der Sache selbst und nicht irgendeinem Nutzen, den sie für einen haben könnte. Es wurde kaum darüber gesprochen, was man einmal tun würde. Das Berufliche trat so sehr zurück, daß einem alle Berufe offenblieben. Erfolg bedeutete nicht, daß man für sich selber weiterkam, der Erfolg kam allen zugute, oder es war keiner. Es ist mir rätselhaft, wie eine Frau ihrer Herkunft, des kaufmännischen Ansehens ihrer Familie wohl bewußt, voller Stolz darauf, es nie verleugnend, es zu dieser Freiheit, Weite und Uneigennützigkeit des Blickes gebracht hatte. Ich kann es nur der Erschütterung durch den Krieg zuschreiben, der Teilnahme für alle, die ihre kostbarsten Menschen an ihn verloren, daß sie ihre Grenzen plötzlich hinter sich ließ und zur Großmut selbst wurde, für alles, was dachte, fühlte und litt, wobei die Bewunderung für den leuchtenden Vorgang des Denkens, das jedem gegeben war, den Vorrang hatte.

Einmal erlebte ich sie fassungslos, es ist meine stummste Erinnerung an sie und das einzige Mal, daß ich sie auf der Straße weinen sah, sie war sonst zu beherrscht, um sich öffentlich gehenzulassen. Wir gingen zusammen am Limmatquai spazieren, ich wollte ihr etwas in der Auslage bei Rascher zeigen. Da kam uns eine Gruppe französischer Offiziere entgegen, in ihren auffälligen Uniformen. Manche von ihnen hatten Mühe zu gehen, die anderen paßten sich ihrer Gangart an, wir blieben stehen, um sie langsam passieren zu lassen. »Das sind Schwerverletzte«, sagte die Mutter, »sie sind zur Erholung in der Schweiz. Sie werden ausgetauscht gegen Deutsche.« Und schon kam von der anderen Seite eine Gruppe von Deutschen, auch unter ihnen welche mit Krükken, und die anderen langsam um ihretwillen. Ich weiß noch, wie der Schrecken mir in die Glieder fuhr: was wird jetzt geschehen, werden sie aufeinander losgehen? In dieser Betroffenheit wichen wir nicht rechtzeitig aus und fanden uns plötzlich zwischen den beiden Gruppen, die einander passieren wollten, eingeschlossen, in ihrer Mitte. Es war unter den Arkaden, Platz war wohl genug, aber wir sahen nun ganz nah in ihre Gesichter, wie sie sich aneinander vorbeischoben. Keines war von Haß oder Wut verzerrt, wie ich erwartet hatte. Sie sahen einander ruhig und freundlich an, als wäre es nichts, einige salutierten. Sie gingen viel langsamer als andere Menschen, und es dauerte, so kam es mir vor, eine Ewigkeit, bis sie aneinander vorüber waren. Einer der Franzosen drehte sich noch zurück, hob seine Krücke in die Luft, fuchtelte ein wenig mit ihr und rief den Deutschen, die nun schon vorüber waren, zu: »Salut!« Ein Deutscher, der es gehört hatte, tat es ihm nach, auch er hatte eine Krücke, mit der er fuchtelte, und gab den Gruß auf französisch zurück: »Salut!« Man könnte denken, wenn man das hört, daß die Krücken *drohend* geschwungen wurden, aber es war keineswegs so, man zeigte einander zum Abschied noch, was einem gemeinsam geblieben war: Krücken. Die Mutter war auf den Randstein getreten, stand vor der Auslage und drehte mir den Rücken zu. Ich sah, daß sie zitterte, trat neben sie, ich sah sie vorsichtig von der Seite an, sie weinte. Wir stellten uns, als ob wir die Auslage betrachteten, ich sagte kein Wort, als sie sich gefaßt hatte, gingen wir stumm nach Hause zurück, wir haben auch später nie von dieser Begegnung gesprochen.

Die Gottfried-Keller-Feier

Mit Walter Wreschner, aus der Parallelklasse, schloß ich eine literarische Freundschaft. Er war der Sohn eines Professors für Psychologie, aus Breslau. Er drückte sich immer ›gebildet‹ aus und sprach zu mir nicht im Dialekt. Unsere Freundschaft ergab sich sehr natürlich, wir sprachen über Bücher. Aber da war ein himmelweiter Unterschied zwischen uns, ihn interessierte das Modernste, über das man eben sprach, und das war damals Wedekind.

Wedekind kam manchmal nach Zürich und trat im Schauspielhaus auf, in ›Erdgeist‹. Er war heftig umstritten, es bildeten sich Parteien für oder gegen ihn, die gegen ihn war größer, die für ihn interessanter. Aus eigener Erfahrung wußte ich darüber nichts, und der Bericht der Mutter, die ihn im Schauspielhaus erlebt hatte, war wohl farbig (sie schilderte ausführlich sein Auftreten mit der Peitsche), aber im Urteil keineswegs sicher. Sie hatte etwas in der Art von Strindberg erhofft, und ohne die Verwandtschaft der beiden ganz zu leugnen, meinte sie, daß Wedekind etwas von einem Prediger habe und zugleich von einem Revolverjournalisten, er wolle immer Lärm machen und beachtet werden, es sei ihm gleichgültig, wie er sich bemerkbar mache, wenn man ihn nur bemerke. Strindberg aber bleibe streng und überlegen, obwohl er alles durchschaue. *Er* habe etwas von einem Arzt – aber nicht einer für Heilung und auch nicht einer für Körper. Ich würde erst begreifen, was sie meine, wenn ich ihn später selber läse. Über Wedekind bekam ich so jedenfalls eine sehr unzulängliche Vorstellung, und da ich nicht vorgreifen wollte und überaus geduldig war, wenn ich vom richtigen Menschen gewarnt wurde, konnte er mich noch nicht anziehen.

Wreschner hingegen sprach unaufhörlich von ihm, er hatte sogar ein Stück in seiner Art geschrieben und gab es mir zu lesen. Da wurde auf der Bühne nur so herumgeschossen, plötzlich, ohne Grund, ich verstand nicht warum. Die Sache war mir fremder, als wenn sie auf dem Mond gespielt hätte. Zu dieser Zeit suchte ich in allen Buchhandlungen den ›David Copperfield‹, der als Krönung von anderthalb Jahren Dikkens-Begeisterung und als Geschenk für mich gedacht war. Wreschner kam mit, wenn ich in die Buchhandlungen ging, nirgends war der ›David Copperfield‹ zu finden. Wreschner, den eine so altmodische Lektüre nicht im geringsten interessierte, spottete über mich und meinte, es sei ein schlechtes Zeichen, daß es den Davidl Copperfield, wie er ihn verkleinernd nannte, nirgends gäbe, das bedeute, daß niemand ihn lesen wolle. »Du bist der einzige«, fügte er ironisch hinzu.

Schließlich fand ich den Roman, aber auf deutsch und in Reclam, und sagte Wreschner, wie dumm mir sein Wedekind (den ich nur aus seiner Imitation kannte) vorkomme.

Diese Spannung zwischen uns war aber angenehm, er hörte mir aufmerksam zu, wenn ich von meinen Büchern sprach, auch über den Inhalt des ›Copperfield‹ bekam er alles zu hören; während ich von ihm über die sonderbarsten Dinge erfuhr, die sich in den Wedekind-Stücken abspielten. Es störte ihn nicht, daß ich immer sagte: »Das gibt es nicht, das ist unmöglich!« Im Gegenteil, es machte ihm Freude, mich zu überraschen. Verwunderlich aber erscheint es mir heute, daß ich mich an nichts von dem erinnere, womit er mich staunen machte. Es glitt an mir ab, als wäre es nirgends vorhanden; da es nichts bei mir gab, woran es anknüpfen konnte, hielt ich es alles für dummes Zeug.

Es kam ein Augenblick, da unser beider Hochmut in eins zusammenschlug und wir als eine Partei von zweien gegen eine ganze Masse standen. Im Juli 1919 wurde die Jahrhundertfeier für Gottfried Keller abgehalten. Unsere ganze Schule sollte sich zu diesem Anlaß in der Predigerkirche versammeln. Wreschner und ich gingen von der Rämistraße miteinander zum Predigerplatz hinunter. Wir hatten nie etwas von Gottfried Keller gehört, daß er ein Züricher Dichter war, geboren vor 100 Jahren, war alles, was wir wußten. Es wunderte uns, daß die Feier in die Predigerkirche verlegt war, es war das erste Mal, daß so etwas passierte. Zuhause hatte ich vergeblich gefragt, wer das denn sei: die Mutter kannte nicht einmal den Titel eines einzigen seiner Werke. Auch Wreschner hatte nichts über ihn mitbekommen und meinte nur: »Er ist eben ein Schweizer.« Wir waren heiter gestimmt, weil wir uns ausgeschlossen fühlten, denn uns interessierte nur die Literatur der großen Welt, mich die englische, ihn die neue deutsche. Während des Krieges waren wir etwas wie Feinde gewesen, ich war auf die 14 Punkte Wilsons eingeschworen, er wünschte sich einen Sieg der Deutschen. Aber seit dem Zusammenbruch der Mittelmächte wandte ich mich von den Siegern ab, schon damals empfand ich Antipathie gegen Sieger, und als ich sah, daß die Deutschen nicht so behandelt wurden, wie Wilson es verheißen, ging ich auf ihre Seite über.

So trennte uns jetzt eigentlich nur Wedekind, aber wenn ich auch nichts von ihm verstand, ich zweifelte keinen Augenblick an seinem Ruhme. Die Predigerkirche war gesteckt voll, es herrschte eine feierliche Stimmung. Es gab Musik und dann kam eine große Rede. Ich weiß nicht mehr, wer sie hielt, es muß wohl ein Professor von unserer Schule gewesen sein, aber keiner von unseren eigenen. Ich weiß nur, daß er sich immer mehr in die Bedeutung Gottfried Kellers hineinsteigerte. Wreschner und ich wechselten verstohlen ironische Blicke. Wir glaubten zu wissen, was ein Dichter sei, und wenn wir von einem nichts wußten, war es eben keiner. Aber als der Redner immer größere Ansprüche für Keller machte, als er so von ihm sprach, wie ich es gewohnt war von Shakespeare, Goethe, Victor Hugo, von Dickens, Tolstoi und Strindberg zu hören, packte mich ein Entsetzen, wie ich es kaum zu beschreiben vermag, so als ob man das Höchste, was es auf der Welt gab, den Ruhm der großen Dichter, entheiligt habe. Ich wurde so zornig, daß ich am liebsten etwas dazwischengerufen hätte. Ich glaubte die Andacht der Masse um mich zu spüren, vielleicht auch, weil alles in einer Kirche stattfand, denn ich war mir zugleich sehr wohl dessen bewußt, wie gleichgültig vielen meiner Kameraden Keller war, schon weil ihnen Dichter, überhaupt die, die manchen Schulfach waren, eher lästig fielen. Die Andacht lag in der Art, wie alle es stumm hinnahmen, niemand muckste, auch ich war zu befangen oder zu wohlerzogen, um in einer Kirche zu stören, der Zorn ging nach innen und verwandelte sich in ein Gelübde das nicht weniger feierlich war als die Gelegenheit, der es entsprang. Kaum waren wir aus der Kirche heraus, sagte ich todernst zu Wreschner, der lieber seine spöttischen Bemerkungen gemacht hätte: »Wir müssen schwören, wir müssen beide schwören, daß wir nie Lokalberühmtheiten werden wollen!« Er sah, daß mit mir nicht zu spaßen war, und schwor mir's so zu wie ich ihm, aber ich zweifle, daß er mit ganzem Herzen dabei war, denn den Dickens, den er so wenig gelesen hatte wie ich den Keller, hielt er für *meine* Lokalberühmtheit.

Es mag wohl sein, daß jene Rede wirklich phrasenhaft war, dafür hatte ich früh ein gutes Gespür, aber was mich bis ins Innerste meiner naiven Gesinnung traf, war doch der hohe Anspruch für einen Dichter, den nicht einmal die Mutter gelesen hatte. Mein Bericht machte sie stutzig und sie sagte: »Ich weiß nicht, ich muß jetzt endlich etwas von ihm lesen.« Als ich das nächste Mal in den Lesezirkel Hottingen ging, bat ich, bis zum Schluß reserviert, um die ›Feldleute von Seldwyla‹. Das Fräulein am Schalter lächelte, ein Herr, der selbst etwas holen gekommen war, besserte mich aus, wie einen Analphabeten, es fehlte nicht viel, und er hätte gefragt: »Kannst du schon lesen?« Ich schämte mich sehr und verhielt mich, was Keller betraf, in Zukunft etwas zurückhaltender. Aber noch ahnte ich nicht, mit welchem Entzücken ich eines Tages den ›Grünen Heinrich‹ lesen würde, und als ich, Student und wieder in Wien, Gogol mit Haut und Haaren verfiel, schien mir in der deutschen Literatur, so weit ich sie damals kannte, eine einzige Geschichte wie von ihm: ›Die drei gerechten Kammacher‹. Hätte ich das Glück, im Jahr 2019 am Leben zu sein und die Ehre, zu seiner Zweihundert-Jahr-Feier in der Predigerkirche zu stehen und ihn mit einer Rede zu feiern, ich fände ganz andere Elogen für ihn, die selbst den unwissenden Hochmut eines Vierzehnjährigen bezwingen würden.

Zwei Jahre hielt die Mutter dieses Leben mit uns aus, wir hatten sie ganz für uns, mir schien sie glücklich, weil ich es selber war. Ich ahnte nicht, daß es ihr schwer fiel, und daß ihr etwas fehlte. Aber es wiederholte sich, was zuvor in Wien geschehen war, nach zwei Jahren der Konzentration auf uns begannen ihre Kräfte nachzugeben. Etwas in ihr bröckelte ab, ohne daß ich's merkte. Das Unglück kam wieder in Form einer Krankheit. Da es eine war, die damals alle Welt erfaßte, die große Grippe-Epidemie nämlich im Winter 1918/19, da wir drei sie hatten, wie alle Leute, die wir kannten, Schulkameraden, Lehrer, Freunde, sahen wir nichts Besonderes darin, daß auch sie erkrankte. Vielleicht fehlte es ihr an der richtigen Pflege, vielleicht stand sie zu früh auf: plötzlich stellten sich Komplikationen bei ihr ein und sie hatte eine Thrombose. Sie mußte ins Krankenhaus, wo sie einige Wochen lag, und als sie nach Hause kam, war sie nicht mehr die alte. Sie mußte viel liegen, sie mußte sich schonen, der Haushalt war ihr zuviel, sie fühlte sich beengt und bedrückt in der kleinen Wohnung.

Sie kniete nachts nicht mehr auf ihrem Stuhl, den Kopf in die Faust gestützt, der hohe Stoß gelber Bücher, den ich wie früher vorbereitet hatte, blieb unberührt, Strindberg war in Ungnade. »Ich bin zu unruhig«, sagte sie, »er deprimiert mich, ich kann ihn jetzt nicht lesen.« Nachts, wenn ich schon im Zimmer nebenan zu Bette lag, setzte sie sich ganz plötzlich ans Klavier und spielte traurige Lieder. Sie spielte leise, um mich nicht zu wecken, wie sie dachte, summte noch leiser dazu und dann hörte ich sie weinen und mit meinem Vater sprechen, der nun sechs Jahre tot war.

Die Monate, die folgten, waren eine Zeit allmählicher Auflösung. Durch immer wiederkehrende Schwächezustände überzeugte sie sich und mich davon, daß es so nicht weiterging. Sie würde den Haushalt auflösen müssen. Wir berieten hin und her, was mit den Kindern und mir geschehen müsse.

Die kleinen Brüder gingen beide schon in die Schule in Oberstrass, aber es war noch eine Volksschule und so verloren sie nichts, wenn sie wieder nach Lausanne ins Pensionat kamen, wo sie schon 1916 während einiger Monate gewesen waren. Da konnten sie ihr Französisch verbessern, das noch nicht besonders gut war. Ich aber war schon im Realgymnasium der Kantonsschule, wo ich mich wohl fühlte und die meisten Lehrer mochte. Einen von ihnen liebte ich so sehr, daß ich der Mutter erklärte, ich würde nie wieder in eine Schule gehen, wo er nicht sei. Sie kannte die Heftigkeit dieser Passionen, negativer wie positiver Art, und wußte, daß damit nicht zu spaßen war. So galt es, während der ganzen langen Periode der Überlegungen als ausgemacht, daß ich in Zürich bleiben und da irgendwo in Pension kommen müsse.

Sie selber würde alles tun, um ihre Gesundheit, die schwer erschüttert war, wiederherzustellen. Den Sommer würden wir noch zusammen im Berner Oberland verbringen. Dann, nachdem wir drei an unseren respektiven Orten untergebracht waren, würde sie nach Wien fahren und sich von guten Spezialisten, die es da noch immer gab, gründlich untersuchen lassen. Die würden ihr zu den richtigen Kuren raten und sie würde alle ihre Ratschläge streng befolgen. Vielleicht würde es ein Jahr dauern, bis wir wieder zusammenleben könnten, vielleicht noch länger. Der Krieg war zu Ende, es zog sie nach Wien. Unsere Möbel und Bücher waren in Wien eingestellt, was wußte man, in welchem Zustand diese jetzt nach drei Jahren waren. Es gab soviel Gründe, nach Wien zu fahren, der Hauptgrund war Wien selbst. Man hörte immer wieder davon reden, wie schlecht es in Wien ging. Zu allen privaten Gründen dazu empfand sie etwas wie eine Verpflichtung, dort nach dem Rechten zu sehen. Österreich war zerfallen, das Land, an das sie mit einer Art von Verbitterung gedacht hatte, solange es Krieg führte, bestand nun für sie hauptsächlich aus Wien. Sie hatte den Mittelmächten die Niederlage gewünscht, weil sie davon überzeugt war, daß sie den Krieg begonnen hatten. Nun fühlte sie sich verantwortlich, ja beinahe schuldig für Wien, als hätte ihre Gesinnung die Stadt ins Unglück gestürzt. Eines Nachts sagte sie mir allen Ernstes, sie müsse für sich selber sehen, wie es da sei, der Gedanke, daß Wien ganz zugrundegehen könnte, sei ihr unerträglich. Ich begann, wenn auch noch unklar, zu begreifen, daß das Abbröckeln ihrer Gesundheit, ihrer Klarheit und Festigkeit, ihrer Gesinnung für uns mit dem Ende des Krieges, den sie doch so leidenschaftlich gewünscht hatte, und dem Zusammenbruch Österreichs zusammenhing.

Wir hatten uns mit dem Gedanken der kommenden Trennung abgefunden, als wir noch einmal zusammen nach Kandersteg fuhren, für den Sommer. Ich war es gewohnt, mit ihr in großen Hotels zu sein, seit ihrer frühen Jugend ging sie in keine anderen. Sie mochte die gedämpfte Atmosphäre, die Höflichkeit, mit der man bedient wurde, die wechselnden Gäste, die man vom eigenen Tisch aus während der Table d'Hôte ohne zu auffällige Neugier betrachten konnte. Zu uns mochte sie über alle diese Leute sprechen, sich in Vermutungen über sie ergehen, zu bestimmen versuchen, welcher Herkunft sie waren, sie leise mißbilligen oder hervorheben. Sie war der Meinung, daß ich auf diese Weise etwas von der großen Welt erfahre, ohne ihr zu nahe zu kommen, denn dazu sei es zu früh.

Den Sommer zuvor waren wir in Seelisberg gewesen, auf einer Terrasse hoch über dem Urnersee. Da stiegen wir oft mit ihr durch den Wald zur Rütliwiese hinunter, anfangs Wilhelm Tell zu Ehren, aber sehr bald, um die stark duftenden Zyklamen zu pflücken, deren Geruch sie liebte. Blumen, die nicht dufteten, sah sie nicht, es war, als ob sie nicht existierten, um so heftiger war ihre Passion für Maiglöckchen, Hyazinthen, Zyklamen und Rosen. Sie sprach gern davon und erklärte es mit den Rosen ihrer Kindheit im väterlichen Garten. Die Naturgeschichtshefte, die ich aus der Schule brachte und mit Eifer zu Hause ausführte – eine wahre Anstrengung für einen schlechten Zeichner –, schob sie von sich, nie gelang es mir, sie dafür zu interessieren. »Tot!« sagte sie,

»das ist alles tot! Es riecht nicht, es macht einen nur traurig!«
Von der Rütliwiese aber war sie hingerissen: »Kein Wunder,
daß die Schweiz hier entstanden ist! Unter diesem Zyklamen-
geruch hätte ich alles geschworen. Die haben schon gewußt,
was sie verteidigen. Für diesen Duft wäre ich bereit, mein Leben hinzugeben.« Plötzlich gestand sie, daß ihr am ›Wilhelm
Tell‹ immer etwas gefehlt habe. Nun wisse sie, was es sei: der
Geruch. Ich wandte ein, daß damals vielleicht noch keine
Waldzyklamen da waren. »Natürlich waren sie da. Sonst
gäbe es doch die Schweiz nicht. Glaubst du, die hätten sonst
geschworen? Hier, hier war es, und dieser Geruch hat ihnen
die Kraft zum Schwur gegeben. Glaubst du, es gab sonst
keine Bauern, die von ihren Herren unterdrückt wurden?
Warum war es gerade die Schweiz? Warum diese inneren
Kantone? Auf der Rütliwiese ist die Schweiz entstanden und
jetzt weiß ich, woher die ihren Mut nahmen.« Zum erstenmal
gab sie ihre Zweifel an Schiller preis, damit hatte sie mich verschont, um mich nicht zu verwirren. Unter der Einwirkung
dieses Geruchs warf sie ihre Bedenken über Bord und vertraute mir etwas an, was sie schon lange bedrückte: Schillers
faule Äpfel. »Ich glaube, er war anders, als er die ›Räuber‹
schrieb, damals brauchte er keine faulen Äpfel.« »Und Don
Carlos? Und der Wallenstein?« »Ja, ja«, sagte sie, »es ist
schon gut, daß du das kennst. Du wirst noch drauf kommen,
daß es Dichter gibt, die sich ihr Leben *leihen*. Andere *haben*
es, wie Shakespeare.« Ich war so empört über ihren Verrat an
unseren Wiener Abenden, an denen wir beide gelesen hatten,
Shakespeare *und* Schiller, daß ich etwas respektlos sagte: »Ich
glaube, du bist betrunken von den Zyklamen. Drum sagst du
Sachen, die du sonst nie denkst.«
   Sie ließ es dabei bewenden, sie mochte spüren, daß etwas
Richtiges dran war, es gefiel ihr, wenn ich eigene Schlüsse zog
und mich nicht überrumpeln ließ. Ich behielt auch dem Ho-
telleben gegenüber einen klaren Kopf und ließ mich durch die
feinen Gäste, selbst die, die es wirklich waren, keineswegs bestechen.

Wir wohnten im ›Grand Hotel‹, manchmal, wenigstens in den Ferien, meinte sie, müsse man so leben, wie es einem gemäß sei. Auch sei es gar nicht schlecht, sich früh schon an den Wechsel der Verhältnisse zu gewöhnen. In der Schule sei ich auch mit den verschiedenartigsten Kameraden zusammen. Drum sei ich doch gern dort. Sie hoffe, ich sei nicht deswegen gern dort, weil ich leichter als andere lerne.

»Aber das willst du doch! Du würdest mich verachten, wenn ich in der Schule schlecht wäre!«

»Das meine ich nicht. Daran denke ich nicht einmal. Aber du redest gern mit mir und möchtest mich nie langweilen und dazu mußt du vieles wissen. Ich kann doch nicht mit einem Hohlkopf reden. Ich muß dich ernstnehmen.«

Das sah ich schon ein. Aber die Verbindung mit dem Leben in einem noblen Hotel begriff ich darum doch nicht ganz. Ich erkannte sehr wohl, daß es mit ihrer Herkunft zusammenhing, mit dem, was sie »eine gute Familie« nannte. Es gab schlechte Menschen in ihrer Familie, mehr als einen, sie sprach darüber ganz offen zu mir. In meiner Gegenwart hatte sie ihr Cousin und Schwager als ›Diebin‹ beschimpft, sie angeschrien und auf die niederträchtigste Weise beschuldigt. War er nicht aus derselben Familie? Und was war daran gut? Er wollte mehr Geld, als er schon hatte, so hatte sie es schließlich erklärt. Immer wenn ihre ›gute Familie‹ zur Sprache kam, stieß ich an eine Wand. Da war sie wie vernagelt, unerschütterlich und keinem Einwand zugänglich. Manchmal geriet ich in eine solche Verzweiflung darüber, daß ich sie heftig packte und schrie: »Du bist du! Du bist viel mehr als jede Familie!«

»Und du bist frech. Du tust mir nur weh. Laß mich los!«

Ich ließ sie los, aber vorher sagte ich noch: »Du bist mehr als jeder andere Mensch auf der Welt! Ich weiß es! Ich weiß es!«

»Du wirst schon einmal anders reden. Ich werde dich nicht daran erinnern.«

Ich kann aber nicht sagen, daß ich mich im ›Grand Hotel‹ unglücklich fühlte, es passierte zuviel. Man kam, wenn auch nur allmählich, mit Leuten ins Gespräch, die weit gereist waren. Als wir in Seelisberg waren, erzählte uns ein alter Herr von Sibirien, und wenige Tage später lernten wir ein Ehepaar kennen, das den Amazonenstrom befahren hatte. Im Sommer darauf, in Kandersteg, wo wir natürlich wieder in einem ›Grand Hotel‹ wohnten, saß am Nebentisch ein sehr schweigsamer Engländer, der immer im selben Dünndruckband las, Mr. Newton. Die Mutter ruhte nicht, bis sie herausbekam, daß es ein Band Dickens war, ausgerechnet der ›David Copperfield‹. Mein Herz flog ihm zu, aber das machte ihm keinen Eindruck. Er schwieg wochenlang weiter, dann nahm er mich mit zwei anderen Kindern gleichen Alters auf einen Ausflug mit. Sechs Stunden waren wir zusammen unterwegs, ohne daß er mehr als – hie und da – eine Silbe von sich gegeben hätte. Als er uns bei der Rückkehr ins Hotel den respektiven Eltern übergab, bemerkte er: Mit Tibet sei diese Landschaft des Berner Oberlands nicht zu vergleichen. Ich starrte ihn an, als sei er Sven Hedin persönlich, aber mehr erfuhr ich nie.

Hier in Kandersteg kam es zu einem Ausbruch der Mutter, der mir mehr als ihre Schwächezustände, mehr als alle unsere Beratungen in Zürich bewies, wie unheimlich die Dinge waren, die in ihr vorgingen. Eine Familie aus Mailand traf im Hotel ein: die Frau eine schöne und üppige italienische Gesellschaftsdame, der Mann ein Schweizer Industrieller, der schon lange in Mailand lebte. Sie hatten einen leibeigenen Maler, Micheletti mit sich – »ein berühmter Maler«, der nur für die Familie malen durfte und immer von ihr bewacht wurde: ein kleiner Mann, der sich so aufführte, als trüge er leibliche Fesseln, dem Industriellen für sein Geld, der Dame für ihre Schönheit hörig. Er bewunderte die Mutter und machte ihr eines Abends beim Verlassen des Speisesaals ein Kompliment. Er wagte es zwar nicht, ihr zu sagen, daß er ihr Porträt malen möchte, doch hielt sie es für sicher und sagte, als wir im Lift zu uns hinauffuhren: »Er wird mich malen! Ich werde unsterblich!« Dann ging sie in ihrem Hotelzimmer oben auf und ab und wiederholte: »Er wird mich malen! Ich werde unsterblich!« Sie konnte sich nicht beruhigen, noch lange – die

›Kinder‹ waren schon schlafen gegangen – blieb ich mit ihr auf, sie war nicht imstande, sich zu setzen, wie auf einer Bühne ging sie unaufhörlich im Zimmer auf und ab, deklamierte und sang und sagte eigentlich nichts, nur immer wieder in allen Tonarten: »Ich werde unsterblich!«

Ich suchte sie zu beruhigen, ihre Aufregung befremdete und erschreckte mich. »Aber er hat dir doch gar nicht gesagt, daß er dich malen will!« »Mit den Augen hat er's gesagt, mit den Augen, mit den Augen! Er konnte es doch nicht aussprechen, die Dame stand dabei, wie hätte er's sagen sollen! Sie bewachen ihn, er ist ihr Sklave, er hat sich ihnen verschrieben, für eine Rente hat er sich verschrieben, alles was er malt, gehört ihnen, sie zwingen ihn zu malen, was *sie* wollen. Ein großer Künstler und so schwach! Aber mich will er malen. Er wird den Mut dazu finden und es ihnen sagen! Er wird ihnen drohen, daß er nie wieder etwas malt! Er wird es erzwingen. Er wird mich malen und ich werde unsterblich!« Dann ging es wieder los, der letzte Satz als Litanei. Ich schämte mich für sie und fand es erbärmlich, und als der erste Schrecken vorüber war, wurde ich zornig und griff sie auf jede Weise an, bloß um sie zu ernüchtern. Sie sprach nie über Malerei, es war die eine Kunst, die sie kaum interessierte, von der sie nichts verstand. Um so beschämender war es, wie wichtig sie ihr plötzlich wurde. »Du hast doch kein Bild von ihm gesehen! Vielleicht würde es dir gar nicht gefallen, was er malt. Du hast doch noch nie seinen Namen gehört. Woher weißt du, daß er so berühmt ist?« »Sie haben's selber gesagt, seine Sklavenhalter, sie haben sich nicht gescheut, es zu sagen: ein berühmter Porträtmaler aus Mailand, und halten ihn gefangen! Er schaut mich immer an. Er schaut von ihrem Tisch immer zu mir herüber. Er schaut sich die Augen nach mir aus, er kann nicht anders. Er ist ein Maler, es ist eine höhere Gewalt, ich habe ihn inspiriert und er muß mich malen!«

Sie wurde von vielen angeschaut, und nie auf eine billige oder unverschämte Weise. Es konnte ihr nichts bedeuten, denn sie sprach nie davon, ich dachte, sie bemerke es nicht, sie war immer mit irgendwelchen Gedanken beschäftigt, ich bemerkte es wohl, mir entging kein Blick, der ihr galt, und vielleicht war es Eifersucht und nicht nur Respekt, warum ich ihr nie ein Wort darüber sagte. Aber jetzt holte sie es auf eine schreckliche Weise nach, ich schämte mich für sie nicht, weil sie unsterblich werden wollte (das verstand ich schon, obwohl ich nie geahnt hätte, wie heftig, ja wie gewaltig dieser Wunsch in ihr war), aber daß sie seine Erfüllung in die Hände eines anderen legte, noch dazu eines, der sich verkauft hatte, den sie selbst als unwürdigen Sklaven empfand, daß es von der Feigheit dieser Kreatur abhängen sollte und von der Laune seiner Herren, der reichen Familie aus Mailand, die ihn wie einen Hund an der Leine hielten und ihn vor aller Augen ungescheut zurückpfiffen, wenn er mit irgendwem ein Gespräch begann: das fand ich entsetzlich, das fand ich eine Demütigung der Mutter, die ich nicht ertrug, und in meinem Zorn, den sie immer weiter anfachte, zerbrach ich ihre Hoffnung, indem ich ihr erbarmungslos bewies, daß er jeder Frau, in deren Nähe er beim Verlassen des Speisesaals geriet, Komplimente machte, und zwar immer nur kurz, bis seine Herren ihn am Arme packten und wegzerrten.

Sie gab aber nicht gleich nach, wie eine Löwin kämpfte sie um ihr Kompliment von Micheletti, widerlegte, was ich eben bewiesen hatte, warf mir jeden einzelnen Blick an den Kopf, den er ihr je gegönnt hatte, sie hatte keinen versäumt und keinen vergessen, in den wenigen Tagen seit der Ankunft der Mailänder hatte sie, wie sich herausstellte, überhaupt nichts anderes registriert, auf seine Komplimente hatte sie gelauert, und es eigens so eingerichtet, daß sie zur selben Zeit wie er den Ausgang des Speisesaals erreichte, seine Herrin, die schöne Gesellschaftsdame, haßte sie zwar wie die Pest, räumte aber ein, daß sie ihre Motive begreife, sie wolle eben selbst sooft wie möglich von ihm gemalt sein, und er, ein etwas leichtfertiger Mensch, der seinen Charakter kenne, habe sich freiwillig in diese Sklaverei begeben, um nicht zu verkommen, seiner Kunst zuliebe, die ihm über alles gehe, und er habe recht daran getan, es sei geradezu weise von ihm gewesen, was wisse unsereins schon von den Versuchungen eines Genies, und alles, was wir in einem solchen Falle tun könnten, sei, beiseite zu treten und ruhig zu warten, ob es Gefallen an uns finde und wir zu seiner Entfaltung etwas beitragen könnten. Im übrigen sei sie ganz sicher, daß er sie malen und unsterblich machen wolle.

Seit Wien, seit den Teebesuchen des Herrn Dozenten, hatte ich keinen solchen Haß mehr gegen sie empfunden. Dabei war es so plötzlich gekommen, es hatte genügt, daß der Schweizer aus Mailand am Abend seiner Ankunft vor einer Gruppe von Hotelgästen eine Bemerkung über den kleinen Micheletti fallen ließ. Er wies auf seine weißen Gamäschchen, schüttelte den Kopf und sagte: »Ich weiß nicht, was die Leute mit ihm haben. Jeder in Mailand will von ihm gemalt sein, er hat auch nicht mehr als zwei Hände, oder?«

Vielleicht spürte die Mutter etwas von meinem Haß, sie hatte ihn damals in Wien während böser Wochen erfahren, und trotz des Wahns, in dem sie jetzt befangen war, empfand sie meine Gegnerschaft erst als störend und dann als gefährlich. Hartnäckig bestand sie auf dem Porträt, an das sie glauben mußte, noch als ich spürte, wie ihre Kräfte nachließen, wiederholte sie die immerselben Worte. Aber plötzlich blieb sie auf ihrem Gang durchs Zimmer drohend vor mir stehen und sagte höhnisch: »Du bist doch nicht neidisch auf mich? Soll ich ihm sagen, daß er uns nur zusammen malen darf? Pressiert es dir so? Willst du dir's nicht selber verdienen?«

Diese Beschuldigung war so niedrig und so falsch, daß ich nichts darauf erwidern konnte. Es verschlug mir wohl die Rede, aber keinen Gedanken. Da sie mich während ihrer Sätze endlich angesehen hatte, las sie ihre Wirkung auf meinem Gesicht, brach zusammen und verfiel in heftiges Klagen: »Du glaubst, ich bin verrückt. Du hast dein ganzes Leben vor dir. Mein Leben ist zu Ende. Bist du ein alter Mann, daß du mich nicht verstehst? Ist dein Großvater in dich gefahren? Er hat mich immer gehaßt. Aber dein Vater nicht, dein Vater nicht. Wäre er am Leben, er würde mich jetzt vor dir schützen.«

Sie war so erschöpft, daß sie zu weinen anfing. Ich umarmte sie und streichelte sie und gestand ihr aus Mitleid das Bild zu, das sie sich ersehnte. »Es wird sehr schön sein. Du mußt allein darauf sein. Du ganz allein. Alle Leute werden es bewundern. Ich werde ihm sagen, daß er dir's schenken muß. Aber besser wär's, es kommt in ein Museum.« Dieser Vorschlag gefiel ihr und sie beruhigte sich allmählich. Aber sie fühlte sich sehr schwach, ich half ihr zu Bett. Ihr Kopf lag matt und erschöpft auf dem Kissen. Sie sagte: »Heute bin ich das Kind und du die Mutter«, und schlief ein.

Am nächsten Tag mied sie ängstlich Michelettis Blicke. Ich beobachtete sie besorgt. Ihre Begeisterung war verraucht, sie erwartete nichts. Der Maler machte anderen Frauen Komplimente und wurde von seinen Wächtern weggezogen. Sie bemerkte es nicht. Nach wenigen Tagen verließ die Mailänder Gesellschaft das Hotel, die Dame war mit irgend etwas unzufrieden. Als sie fort waren, kam Herr Loosli, der Hotelier, an unseren Tisch und sagte zur Mutter, daß er solche Gäste nicht möge. Der Maler sei gar nicht so berühmt, er habe sich erkundigt. Die Herrschaften seien offenbar auf Aufträge für ihn aus gewesen. Er führe ein solides Haus und für Abenteurer sei das nicht der richtige Ort. Mr. Newton, am Tisch nebenan, sah von seinem Dünndruckband auf, nickte und verschluckte einen Satz. Das war für ihn viel und wurde von Herrn Loosli und uns als Mißbilligung verstanden. Die Mutter sagte zu Herrn Loosli: »Er hat sich nicht korrekt benommen.« Der Hotelier setzte seinen Rundgang fort und entschuldigte sich auch bei anderen Gästen. Alles schien über den Fortgang der Mailänder erleichtert.

Teil 5

Zürich – Tiefenbrunnen

1919–1921

Die guten Jungfern der Villa ›Yalta‹
Dr. Wedekind

Die Herkunft des Namens Yalta war mir unbekannt, er
klang mir aber vertraut, weil er etwas Türkisches hatte. Das
Haus lag draußen in Tiefenbrunnen, sehr nah beim See, nur
durch eine Straße und eine Eisenbahnlinie von ihm getrennt,
es lag, ein wenig erhöht, in einem baumreichen Garten. Über
eine kurze Auffahrt gelangte man vor die linke Seite des Hauses, an jeder seiner vier Ecken stand eine hohe Pappel, so dicht
beim Haus, daß es war, als ob sie es trügen. Sie nahmen dem
vierschrötigen Gebilde etwas von seiner Schwere, sie waren
noch ziemlich weit draußen vom See aus sichtbar und be-
zeichneten seine Stelle.

Der vordere Garten war durch Efeu und immergrüne
Bäume von der Straße abgeschirmt, da gab es Plätze genug,
wo man sich verstecken konnte. Eine mächtige Eibe stand
näher beim Haus, mit breiten Ästen, als wären sie zum Klettern hingestellt, im Nu war man oben.

Hinterm Haus führten einige Steinstufen zu einem alten
Tennisplatz hinauf, er wurde nicht mehr instandgehalten,
sein Boden war uneben und rauh, er war zu allem, nur nicht
zum Tennisspielen geeignet und diente zu sämtlichen öffentlichen Aktivitäten. Ein Apfelbaum neben den Steinstufen war
ein Wunder an Fruchtbarkeit, als ich einzog, war er so sehr
mit Äpfeln überladen, daß man ihn vielfach stützen mußte.
Wenn man die Stufen hinaufsprang, fielen Früchte zu Boden.
Links in einem kleinen Nebenhaus, dessen Mauer mit Spalie-
ren überzogen war, wohnte ein Cellist mit seiner Frau zur
Miete, vom Tennisplatz aus hörte man ihn üben.

Der eigentliche Obstgarten begann erst dahinter. Er war
reich und trug viel, neben dem einen Apfelbaum, den man
seiner Lage wegen immer im Auge behielt, kam er aber nicht
so sehr zur Geltung.

Von der Auffahrt trat man ins Haus durch eine große Halle
ein, nüchtern wie ein ausgeräumtes Schulzimmer. An einem

langen Tisch saßen da gewöhnlich einige junge Mädchen über Aufgaben und Briefen. Die Villa ›Yalta‹ war lange Zeit ein Mädchenpensionat gewesen. Vor kurzem hatte man sie in eine Pension verwandelt, die Insassen waren auch weiterhin junge Mädchen aus aller Herren Länder, die aber keinen Unterricht mehr im Haus bekamen und auswärtige Institutionen besuchten, doch gemeinsam aßen und von den Damen behütet wurden.

Das lange Speisezimmer im Untergeschoß, wo es immer muffig roch, war nicht weniger kahl als die Halle. Zum Schlafen hatte ich ein kleines Dachzimmer im zweiten Stock, schmal und karg eingerichtet, durch die Bäume des Gartens sah ich den See.

Der Bahnhof Tiefenbrunnen war nah, von der Seefeldstraße, an der das Haus lag, führte eine Passerelle über die Eisenbahnlinie zu ihm hinüber. Zu gewissen Zeiten des Jahres ging die Sonne eben auf, wenn ich auf der Passerelle oben stand, obschon ich spät und in Eile war, versäumte ich nie, stehenzubleiben und der Sonne meine Reverenz zu erweisen. Dann stürzte ich die Holzstufen zum Bahnhof hinunter, sprang in den Zug und fuhr eine Station durch den Tunnel nach Stadelhofen. Auf der Rämistraße rannte ich zur Kantonsschule hinauf, blieb aber überall stehen, wo es etwas zu sehen gab, und kam immer spät in der Schule an.

Den Heimweg ging ich zu Fuß, über die höhergelegene Zollikerstraße, meist in Gesellschaft eines Kameraden, der auch in Tiefenbrunnen wohnte. Wir waren in wichtige Gespräche vertieft, es tat mir leid, wenn wir draußen anlangten und uns trennen mußten. Von den Damen und jungen Mädchen, unter denen ich lebte, sprach ich zu ihm nie, ich fürchtete, er könnte mich für so viel Weiblichkeit verachten.

Trudi Gladosch, die Brasilianerin, lebte schon seit sechs Jahren in der ›Yalta‹, sie war Pianistin und ging aufs Konservatorium und sie gehörte zum Bestand des Hauses. Es war schwer, das Haus zu betreten, ohne sie üben zu hören. Ihr Zimmer war oben und sie übte zumindest sechs Stunden am

Tag, oft länger. Man gewöhnte sich so sehr daran, daß ihre Töne einem fehlten, wenn sie aufhörte. Winters war sie immer in mehrere Pullover gewickelt, denn sie fror erbärmlich. Sie litt unter dem Klima, an das sie sich nie gewöhnte. Ferien gab es für sie keine, Rio de Janeiro, wo ihre Eltern lebten, war zu weit, in sechs Jahren war sie nie zu Hause gewesen. Sie sehnte sich danach, aber nur wegen der Sonne. Über die Eltern sprach sie nie, sie erwähnte sie höchstens, wenn ein Brief von zuhause kam, und das war sehr selten, ein-, zweimal im Jahr. Der Name Gladosch war tschechisch, der Vater war von Böhmen nach Brasilien ausgewandert, gar nicht besonders lange her, sie selbst war schon in Brasilien geboren. Trudi hatte eine hohe, etwas krähende Stimme; wir diskutierten gern, es gab nichts, worüber wir nicht diskutierten. Sie hatte eine Art sich aufzuregen, die mich reizte. Viele edle Meinungen hatten wir gemeinsam, in der Verachtung für alles Käufliche waren wir ein Herz und eine Seele; aber ich bestand darauf, mehr zu wissen als sie, die immerhin fünf Jahre älter war als ich, und wenn sie, aus einem sozusagen wilden Lande stammend, die Sache des Gefühls gegen das Wissen vertrat und ich die Notwendigkeit auch des Wissens verteidigte, das sie als schädlich und korrumpierend empfand, gerieten wir uns unweigerlich in die Haare. Das führte bis zu wirklichen Raufereien, ich suchte sie an den Händen niederzuzwingen, wobei ich immer die Arme ausgestreckt hielt und sie nicht zu nahe kommen ließ, denn sie strömte, besonders während unserer Dispute, einen starken Geruch aus, der mir unerträglich war. Vielleicht wußte sie gar nicht, wie unleidlich sie roch, und die unkörperliche Art unserer Raufereien mag sie sich mit meiner Scheu vor ihren reiferen Jahren erklärt haben. Im Sommer trug sie, was sie ihr Merida-Kleid nannte, ein weißes, hemdartiges Gebilde, mit einem runden Halsausschnitt, wenn sie sich bückte, sah man ihre Brust, was ich zwar bemerkte, aber es bedeutete mir nichts, und nur als ich eines Tages einen riesigen Furunkel auf ihrer Brust gewahrte, empfand ich plötzlich ein ganz heißes Mitleid für sie, so als sei sie aussätzig und ausgestoßen. Ausgestoßen war sie, denn ihre Familie hatte seit Jahren die Pension für sie nicht bezahlt und vertröstete das Fräulein Mina immer wieder auf nächstes Jahr. Trudi fühlte, daß sie eine Art von Gnadenbrot aß, und hatte aus diesem Grunde eine besonders innige Beziehung zu Cäsar, dem alten Bernhardiner, der meist nur noch schlief und übel roch. Ich kam bald darauf, mit einiger Betretenheit, daß Trudi und Cäsar ähnlich rochen.

Wir waren aber Freunde und ich hatte sie gern, denn wir konnten über alles miteinander sprechen. Eigentlich waren wir tonangebend, sie durch ihr ewiges Üben und die sechsjährige Erfahrung im Haus, ich als Benjamin und einziges männliches Wesen. Sie war die älteste der Pensionärinnen, ich der jüngste. Sie kannte die Damen des Hauses von allen Seiten, ich nur von den besten. Sie haßte Heuchelei und nahm sich kein Blatt vor den Mund, wenn sie einer der Damen auf etwas gekommen war. Aber sie war weder tückisch noch böse oder gehässig, ein gutartiges, doch etwas penetrantes Wesen, wie dazu geboren, zurückgesetzt oder mißachtet zu sein, von ihren Eltern offenbar früh an dieses Schicksal gewöhnt, und natürlich, was mich schon sehr kränkte, als ich drauf kam, unglücklich verliebt. Peter Speiser, ein viel besserer Pianist als sie, in seinem äußeren Gehaben schon der fertige und selbstbewußte Konzert-Virtuose, den sie vom Konservatorium her kannte, ging auch in die Kantonsschule, er war in einer Parallelklasse von mir und er war der erste Mensch, über den Trudi und ich miteinander sprachen. Ich war zu naiv, um zu merken, warum sie so gern die Rede auf ihn brachte, und erst nach einem halben Jahr, als ich zufällig ein Briefkonzept von ihr an ihn herumliegen fand, das ich las, fielen mir die Schuppen von den Augen. Ich stellte sie zur Rede und sie gestand, daß sie ihn unglücklich liebe.

Während dieser ganzen Zeit hatte ich Trudi als eine natürliche Art von Besitz betrachtet, um den man sich keine besondere Mühe gab, der immer da war und einem einfach gehörte, wobei aber ›gehören‹ einen noch völlig harmlosen Inhalt hatte. Daß sie mir gar nicht gehörte, merkte ich erst nach ihrem Geständnis. Nun war mir, als hätte ich sie verloren, und als etwas Verlorenes wurde sie mir wichtig. Ich sagte mir, daß ich sie verachte. Denn der Bericht über den Versuch, Peter für sich zu interessieren, klang jämmerlich. Sie dachte nur an Unterwürfigkeit, ihre Instinkte waren die einer Sklavin. Sie wollte von ihm getreten sein, sie warf sich ihm – brieflich – zu Füßen. Aber ihm, der stolz und hochmütig war, fiel es leicht, sie nicht zu beachten. Er sah sie nicht zu seinen Füßen, und wenn er sie trat, war es ein Zufall, den er nicht bemerkte. Sie selbst war nicht ohne ihre Art von Stolz, sie hütete ihr Gefühl, wie sie Gefühle überhaupt ernst nahm und achtete, sie trat für die Unabhängigkeit der Gefühle ein, das war ihr Patriotismus; meinen für die Schweiz, für die Schule, für das Haus, in dem wir beide lebten, teilte sie nicht, sie empfand ihn als unreif, Peter war ihr wichtiger als die ganze Schweiz. Unter ihren Musikkollegen, sie hatten denselben Lehrer, war er der Beste, seine Karriere galt als gesichert, von zu Hause wurde auf jede Weise für ihn gesorgt, er war verwöhnt und immer schön angezogen, er hatte eine Künstlermähne und einen großen Mund, den er voll nahm, ohne daß es unnatürlich wirkte, aber er war auch gleichmäßig freundlich, in seinem Alter schon leutselig, übersah niemanden, denn jeder ist zum Spenden von Applaus befähigt, doch den leidenschaftlich gefärbten Applaus der Trudi litt er nicht. Als er begriff, wie sie zu ihm stand, – nach vielen Liebesbriefen an ihn, die sie nicht abschickte und in ihrer nachlässigen Art zu vernichten vergaß, sandte sie ihm einen, den sie ins reine geschrieben hatte, – sprach er nicht mehr zu ihr und grüßte sie nur noch kühl aus der Ferne. Es war zu dieser Zeit – Trudi klagte mir ihr Leid, es war Sommer und sie hatte das ewige Merida-Kleid an, – daß sie sich nach vorn beugte, um das Maß ihrer Unterwürfigkeit unter Peters Willen zu bekunden, und ich das riesige Furunkel auf ihrer Brust gewahrte und mein Mitleid für sie entbrannte.

Fräulein Mina schrieb sich mit *einem* ›n‹, sie hatte, wie sie sagte, mit Minna von Barnhelm nichts zu tun, ihr voller Name war Hermine Herder. Sie war das Oberhaupt des vierblättrigen Kleeblatts, das die Pension betrieb, und sie war auch die Einzige unter den Vieren, die einen Hauptberuf hatte, auf den sie sich nicht wenig zugute hielt, sie war Malerin. Ihr etwas zu runder Kopf saß tief zwischen den Schultern auf einem kurzen Körper, so direkt saß er darauf, als hätte es noch nie einen Hals gegeben, welch überflüssige Einrichtung. Der Kopf war sehr groß, zu groß für den Körper, das Gesicht war von unzähligen roten Äderchen durchzogen, die sich besonders auf den Wangen häuften. Sie war 65, aber sie wirkte unverbraucht, wer ihr ein Kompliment über die Frische ihres Geistes machte, bekam zu hören, daß das Malen sie jung erhalten habe. Sie sprach langsam und deutlich, so wie sie auch ging, sie war immer dunkel gekleidet, und ihre Schritte unterm Rock, der bis zum Boden reichte, bemerkte man nur, wenn sie die Treppe in den zweiten Stock hinaufstieg, ins ›Spatzennest‹, ihr Atelier, wohin sie sich zum Malen zurückzog. Da malte sie nichts als Blumen und nannte sie ihre Kinder. Sie hatte mit Illustrationen zu botanischen Büchern begonnen, sie verstand sich auf die Eigenart der Blumen und genoß das Vertrauen von Botanikern, die sie für ihre Bücher gern heranzogen. Sie sprach von ihnen wie von guten Freunden, zwei Namen, die sie häufig nannte, waren die der Professoren Schröter und Schellenberg. Die ›Alpenflora‹ Schröters war das am besten bekannte ihrer Werke. Professor Schellenberg kam noch zu meiner Zeit ins Haus und brachte eine interessante Flechte oder ein besonderes Moos mit, das er Fräulein Herder umständlich, wie in einer Vorlesung, auf Schriftdeutsch erklärte.

Ihre geruhsame Art hing wohl mit dem Malen zusammen. Sobald sie mich ein wenig mochte, wurde ich ins ›Spatzennest‹ geladen, wo ich ihr beim Malen zusehen durfte. Da wunderte ich mich dann sehr darüber, wie langsam und getragen es zuging. Schon der Geruch des Ateliers machte es zu einem eigenen Ort, mit keinem anderen vergleichbar, ich schnupperte danach, kaum daß ich es betrat, aber wie alles, was hier vor sich ging, geschah auch das Schnuppern bedächtig. Sobald sie den Pinsel in die Hand nahm, begann sie über ihre Taten zu berichten. »Und jetzt nehme ich etwas Weiß, ein ganz klein wenig Weiß. Ja, ich nehme Weiß, weil es hier nicht anders geht, ich muß eben Weiß nehmen.« Dabei wiederholte sie den Namen der Farbe, so oft sie nur konnte, das war auch eigentlich alles, was sie sagte. Dazwischen nannte sie immer wieder die Blumen, die sie malte, und zwar bei ihrem botanischen Namen. Da sie jede Art fein säuberlich für sich allein malte und ungern mit anderen vermischte, – denn so hatte sie's schon immer mit den botanischen Illustrationen gehalten –, lernte man diese lateinischen Namen von ihr, zusammen mit den Farben. Sonst sagte sie nichts, weder über den Standort, noch über den Bau und die Funktionen der Pflanze, alles was wir von unserem Lehrer für Naturgeschichte lernten, alles was uns neu und berückend war und wir in unsere Hefte zeichnen mußten, ließ sie aus, und so hatten die Besuche im Spatzennest etwas Rituelles, das sich aus dem Terpentingeruch, den reinen Farben auf der Palette und den lateinischen Namen für Blumen zusammensetzte. Fräulein Mina sah in dieser Verrichtung etwas Ehrwürdig-Heiliges, und einmal, in einem feierlichen Augenblick, vertraute sie mir an, sie sei eine Vestalin und habe darum nicht geheiratet, wer sein Leben der Kunst gewidmet habe, der müsse auf das Glück gewöhnlicher Menschenkinder verzichten.

Fräulein Mina war friedlich gesinnt und tat niemandem etwas zuleide, das hing schon mit den Blumen zusammen. Sie hatte keine schlechte Meinung von sich, auf ihren Grabstein wünschte sie sich einen Satz: »Sie war gut«.

Wir wohnten nah am See und gingen rudern; Kilchberg war gleich gegenüber, wir ruderten einmal hin, um das Grab Conrad Ferdinand Meyers zu besuchen, der um diese Zeit zu meinem Dichter wurde. Ich war betroffen von der Einfachheit der Inschrift auf dem Grabstein. Da stand nichts von

›Dichter‹, da trauerte niemand, da war er niemand unvergeßlich, da stand nur: ›Hier ruht Conrad Ferdinand Meyer. 1825–1898‹. Ich begriff, daß jedes Wort den Namen nur verringert hätte, und hier wurde mir zum erstenmal bewußt, daß es auf den Namen allein ankam, daß er allein trug und neben ihm alles Übrige verblaßte. Bei der Heimfahrt, ich war nicht an der Reihe mit Rudern, brachte ich kein Wort hervor, die Schweigsamkeit der Inschrift hatte sich auf mich übertragen, doch plötzlich zeigte es sich, daß ich nicht der Einzige war, der an das Grab dachte, denn Fräulein Mina sagte: »Ich möchte nur einen Satz auf meinem Grab: sie war gut.« In diesem Augenblick mochte ich Fräulein Mina gar nicht, denn ich spürte, daß der Dichter, dessen Grab wir eben besucht hatten, ihr nichts bedeutete.

Sie sprach oft von Italien, das sie gut kannte. In früheren Jahren war sie Erzieherin bei den Grafen Rasponi gewesen und die jüngere Gräfin, ihr damaliger Zögling, lud sie alle zwei Jahre einmal zu sich ein, auf die Rocca di Sant Arcangelo, in die Nähe von Rimini. Die Rasponis waren kultivierte Leute, interessante Menschen verkehrten bei ihnen, denen Fräulein Mina im Laufe der Jahre begegnet war. Aber an Leuten, die wirklich berühmt waren, fand Fräulein Mina immer etwas auszusetzen. Sie war mehr für die stillen Künstler, die im Verborgenen blühten, vielleicht dachte sie dabei an sich. Es war auffallend, daß nicht nur sie, sondern auch Fräulein Rosy und die anderen Damen des Hauses jeden Dichter gelten ließen, der etwas veröffentlicht hatte. Wenn es eine Reihe von Vorlesungen gab, bei der die mittlere oder jüngere Generation der Schweizer Dichter auftrat, ging zumindest Fräulein Rosy, die mehr für Literatur als für Malerei zuständig war, regelmäßig hin und gab uns dann am nächsten Tag in der Halle einen ausführlichen Bericht über die Eigenheiten des Mannes. Da war man todernst und selbst wenn man seine Gedichte nicht verstand, so gefiel einem doch dies oder jenes an der Art des Mannes, seine Schüchternheit, wenn er sich verbeugte, oder seine Konfusion, wenn er sich versprach.

Sehr verschieden war die Haltung zu Leuten, die in aller Munde waren. Die sah man mit ganz anderen, mit kritischen Augen und nahm ihnen besonders jede Eigenschaft übel, die von den eigenen abstach.

Als das Haus noch ein Mädchenpensionat war, vor gar nicht vielen Jahren, luden die Damen hie und da Dichter ein, die für die Mädchen aus ihren Werken vorlasen. Carl Spitteler kam eigens aus Luzern herüber und fühlte sich unter den Mädchen wohl. Er spielte gern Schach und suchte sich als Partnerin die beste Spielerin Lalka, eine Bulgarin, aus. Da saß er nun in der Halle, ein Mann von über siebzig Jahren, stützte den Kopf auf die Hand, betrachtete das Mädchen und sagte langsam, nicht nach jedem ihrer Züge, aber doch öfter, als es sich gehörte: »Sie ist schön, und sie ist gescheit.« Zu den Damen hatte er gar nichts gesagt, er hatte sich überhaupt nicht um sie gekümmert, er war ihnen unhöflich oder doch einsilbig vorgekommen, und da saß er nun vor der Lalka, sah sie lange an und wiederholte ein übers andere Mal: »Sie ist schön, und sie ist gescheit.« Das vergaß man ihm nicht, es wurde oft erzählt, mit einer Entrüstung, die sich von Mal zu Mal steigerte.

Unter den vier Damen gab es eine, die gut *war*, die es aber nie von sich gesagt hätte. Sie malte nicht und ging nie zu Vorträgen und arbeitete am liebsten im Garten. Da traf man sie gewöhnlich an, wenn es die Jahreszeit zuließ, ein freundliches Wort hatte sie immer, aber dann eben nur ein Wort und nicht gleich Lektionen, ich kann mich nicht erinnern, von ihr je den lateinischen Namen einer Blume gehört zu haben, obwohl sie tagsüber immer mit Pflanzen beschäftigt war. Frau Sigrist war die ältere Schwester des Fräulein Mina, und mit ihren 68 Jahren sah sie wirklich alt aus. Sie hatte ein sehr verwittertes, ein ganz verrunzeltes Gesicht; sie war Witwe und hatte eine Tochter, die Tochter war eben Fräulein Rosy, die immer Lehrerin gewesen war und im Gegensatz zu ihrer Mutter unaufhörlich redete.

Man dachte nie daran, daß die eine Tochter und die andere

Mutter war, man wußte es, aber es ging in die tägliche Vorstellung von ihnen nicht ein. Die vier Damen bildeten eine Einheit, die man mit keinem Mann in Verbindung brachte. Es fiel einem nie ein, daß sie Väter gehabt hatten, es war so, als wären sie ohne Vater auf die Welt gekommen. Frau Sigrist war die mütterlichste der vier, auch die toleranteste, von der ich kein Vorurteil und kein Verdammungsurteil hörte, aber sie äußerte nie den Anspruch einer Mutter. Ich hörte sie nie ›meine Tochter‹ sagen, hätte ich es nicht von Trudi erfahren, ich hätte nie etwas davon gemerkt. So war auch das Mütterliche unter den vier Damen sehr eingeschränkt worden, beinahe so, als wäre es nicht statthaft, ein wenig unanständig. Frau Sigrist war die ruhigste der vier, die sich nie zur Geltung brachte, sie gab nie Anweisungen, nie ordnete sie etwas an, vielleicht hörte man von ihr einen Laut der Zustimmung, aber auch das nur, wenn man sie allein im Garten traf, im Wohnzimmer, wo die vier abends zusammensaßen, blieb sie meist stumm. Sie saß ein wenig am Rand, den runden Kopf, der nicht ganz die Ausmaße des Kopfes von Fräulein Mina hatte, etwas geneigt, immer im gleichen Winkel, mit ihren tiefen Runzeln sah sie wie eine Großmutter aus, aber das sagte man nicht, und auch daß sie und Fräulein Mina Schwestern waren, kam nie zur Sprache.

Die dritte war Fräulein Lotti, eine Cousine, vielleicht eine arme Cousine, denn sie hatte am wenigsten Autorität. Sie war die schmalste und unscheinbarste, klein wie die beiden Schwestern, beinahe eben so alt, ihre Züge scharf, ihr Gehaben wie ihr Ausdruck ungescheut die einer alten Jungfer. Ein wenig war sie zurückgesetzt, denn sie hatte keine geistigen Ansprüche. Sie sprach nie über Bilder oder Bücher, das überließ sie den anderen. Man sah sie immer nähen, darauf verstand sie sich, während ich neben ihr stand und auf einen Knopf wartete, den sie mir annähte, gab sie ein paar resolute Sätze von sich, in ihren kleinen Verrichtungen verriet sie mehr Energie als andere in den größten. Sie war am wenigsten herumgekommen und hatte noch Bindungen an die nähere

Umgebung der Stadt. Eine jüngere Base von ihr wohnte in einem Bauernhaus in Itschnach, die besuchten wir manchmal auf einem längeren Spaziergang. Fräulein Lotti, die viel im Hause zu tun hatte (sie half auch in der Küche), kam dann nicht mit, sie hatte keine Zeit, was sie streng und ohne Wehleidigkeit sagte, denn das Ausgeprägteste an ihr war ihr Pflichtgefühl. Sie setzte ihren Stolz darein, sich Dinge zu versagen, an denen ihr besonders viel lag. Wenn wieder einmal ein Ausflug nach Itschnach besprochen wurde, hieß es im Haus: vielleicht, vielleicht komme sie diesmal mit, man dürfe ihr nur nicht zusetzen, wenn es einmal so weit wäre und sie uns versammelt im Garten stehen sehe, werde sie sich uns plötzlich anschließen. Es ist wahr, daß sie dann immer zu uns trat, aber nur um sehr ausführliche Grüße an die Base aufzutragen. Ob sie nicht selber mitkomme? Ja, was uns nur einfalle! Da sei Arbeit im Haus für drei Tage und bis morgen sollte sie gemacht sein! Doch nahm sie den Besuch, zu dem sie sich nie verleiten ließ, sehr ernst. Sie legte Wert auf die Grüße, die wir von der Base zurückbrachten, und auf einen ausführlichen Bericht über die Ereignisse dort, mit verteilten Rollen. Wenn ihr etwas nicht paßte, stellte sie Fragen oder schüttelte den Kopf. Es waren wichtige Augenblicke im Leben von Fräulein Lotti, es waren eigentlich die einzigen Ansprüche, die sie stellte, wenn man sie zu lange ohne Berichte von ihrer Base ließ, nahm ihre Bissigkeit zu und sie wurde unerträglich. Das passierte aber selten, es gehörte zur Routine des Hauses, daß man daran dachte, ohne daß es je offen zur Sprache kam.

Es bleibt die Jüngste und Größte der vier, die ich schon erwähnt habe, Fräulein Rosy. Sie war im besten Alter, noch keine vierzig, kräftig und rüstig, eine Gymnastikerin, unseren Spielen auf dem Tennisplatz stand sie vor. Sie war durch und durch Lehrerin und redete gern. Sie redete viel, in einem zu gleichmäßigen Tempo, und was immer sie erklärte, geriet zu ausführlich. Sie war an Vielem interessiert, besonders an den jüngeren Schweizer Dichtern, denn sie hatte auch Deutsch unterrichtet. Es war aber gleichgültig, wovon sie sprach, denn es klang immer, als wäre es dasselbe. Sie sah es als ihre Schuldigkeit an, auf alles einzugehen, und es gab schwerlich etwas, worauf sie nicht erwidert hätte. Doch kam man selten dazu, sie etwas zu fragen, denn sie war zu jeder Zeit von selber dabei, sich über etwas zu verbreiten, unerschöpflich waren ihre Initiativen. Von ihr erfuhr man, was seit Anbeginn der Zeit in der ›Yalta‹ geschehen war, sämtliche Pensionärinnen aus aller Herren Länder lernte man kennen, womöglich mit den Eltern, die manchmal, leider nicht immer, zur Antrittsvisite mit erschienen waren, man erfuhr von ihren Verdiensten und ihren Unzulänglichkeiten, ihren späteren Schicksalen, ihrer Undankbarkeit, ihrer Treue. Es konnte passieren, daß man nach einer Stunde gar nicht mehr zuhörte, was aber Fräulein Rosy nie erkannte, denn wenn sie aus irgendeinem Grunde abbrechen mußte, merkte sie sich genau, wo sie stehengeblieben war, und setzte später unbeirrbar an der richtigen Stelle fort. Einmal im Monat zog sie sich auf zwei Tage zurück. Sie blieb auf ihrem Zimmer und kam nicht zum Essen herunter, sie habe ›Schädelbrummen‹, das war ihre etwas burschikose Bezeichnung für ›Kopfweh‹. Man hätte denken können, daß das Tage der Erleichterung waren; aber weit gefehlt, sie ging uns allen ab und sie tat uns auch leid, denn wenn die Monotonie ihrer Reden *uns* schon fehlte, – wie erst mußten sie ihr selber abgehen, da sie zwei volle Tage allein und stumm auf ihrem Zimmer verbrachte!

Sie betrachtete sich nicht als Künstlerin wie Fräulein Mina, der standen die obersten Rechte zu, und es galt als natürlich, daß *sie* sich für den größten Teil des Tages ins ›Spatzennest‹ zurückzog, während die drei anderen immerwährend mit einer praktischen Arbeit beschäftigt waren. Fräulein Mina schrieb auch die Rechnungen für die Pensionäre, die sie in regelmäßigen Abständen an die Eltern sandte. Sie schrieb immer einen längeren Brief dazu, worin sie betonte, wie ungern sie Rechnungen schreibe, denn ihre Sache waren die Blumen, die sie malte, und nicht das Geld. Darin ging sie auch auf das Verhalten und die Fortschritte der Zöglinge ein und ließ deutlich das tiefere Interesse spüren, das sie daran nahm. Es war alles sehr gefühlvoll, selbstlos und edel.

Insgesamt nannte man die vier Damen ›die Fräulein Herder‹, obwohl zwei von ihnen nun andere Namen trugen. Nach der Herkunft von der weiblichen Linie her war er aber richtig. Als Einheit erschienen sie zusammen beim schwarzen Kaffee, im Wohnzimmer; wenn das Wetter schön war, in der Veranda davor; und abends bei einem Glas Bier. Da waren sie für sich, es war Feierabend und man durfte nicht mit irgendwelchen Anliegen kommen. Es galt als besondere Vergünstigung, daß ich das Wohnzimmer betreten durfte. Hier roch es nach Kissen und alten Kleidern, denen nämlich, die die Damen anhatten, nach halb vertrockneten Äpfeln, und der Jahreszeit entsprechend auch nach Blumen. Diese wechselten, wie die jungen Mädchen, die als Pensionärinnen im Hause lebten, der Grundgeruch, der zu den vier Damen gehörte, blieb derselbe und behielt immer die Oberhand. Mir war er nicht unangenehm, denn ich wurde mit Wohlwollen behandelt. Zwar sagte ich mir, daß an dieser Menage etwas Lächerliches sei, lauter Frauen, und mit der einen Ausnahme von Frau Sigrist lauter alte Jungfern, aber das war pure Heuchelei, es hätte mir, als dem einzigen männlichen Wesen unter ihnen allen, den Alten wie den Jungen, gar nicht besser gehen können, ich war etwas Besonderes für sie, bloß weil ich, wie es auf Schweizerisch hieß, ein ›Jüngling‹ war, und bedachte nicht, daß jeder andere ›Jüngling‹ an meiner Stelle etwas ebenso Besonderes gewesen wäre. Ich tat im Grunde, was ich wollte, ich las und lernte, wozu ich Lust hatte. Dazu betrat ich auch abends das Wohnzimmer der Damen: es enthielt einen Bücherschrank, in dem ich nach Herzenslust wühlen durfte. Bebilderte Bücher sah ich mir dort gleich an, andere holte ich mir in die Halle zum Lesen. Da war Mörike, dessen Gedichte und Erzählungen ich mit Entzücken las, da waren die dunkelgrünen Bände von Storm und die roten von Conrad Ferdinand Meyer. Für eine Zeitlang wurde dieser zu meinem liebsten Dichter, der See verband mich mit ihm, zu allen Tages-

und Abendzeiten, das häufige Glockenläuten, die reichen Obsternten, aber auch die historischen Gegenstände, Italien besonders, von dessen Kunst ich jetzt endlich erfuhr und von dem mir auch mündlich viel berichtet wurde. In diesem Bücherkasten stieß ich zuerst auf Jacob Burckhardt und machte mich über die ›Kultur der Renaissance‹ her, ohne daß ich damals schon viel davon aufzufassen vermochte. Für einen Vierzehnjährigen war es ein Buch mit zuviel Facetten, es setzte Erfahrung und Überlegung in Lebensbereichen voraus, von denen manche mir noch ganz verschlossen waren. Aber eine Art von Ansporn ist mir dieses Buch schon damals geworden, nämlich ein Ansporn zu Weite und Vielfalt, und eine Bestärkung meines Mißtrauens vor der Macht. Ich sah verwundert, wie bescheiden, ja wie kümmerlich meine Wißbegier war, verglichen mit der eines solchen Mannes, und daß es da Grade gab und Steigerungen unerhörter Art, von denen ich mir nie hätte träumen lassen. Er selbst als Figur konnte mir hinter diesem Buch nicht erscheinen, er verlor sich und löste sich darin auf, und ich entsinne mich der Ungeduld, mit der ich ihn in den Bücherschrank zurücklegte, so als hätte er sich mir in eine andere, kaum bekannte Sprache entzogen.

Das Werk, das ich mit wahrem Neid betrachtete, ein ›Prachtwerk‹, hieß: ›Die Wunder der Natur‹, in drei Bänden, und sah so kostbar aus, daß ich nicht hoffen konnte, es je selber zu besitzen. Ich wagte auch nicht zu fragen, ob ich es in die Halle mitnehmen dürfe, die Mädchen interessierten sich nicht dafür und es wäre eine Entweihung gewesen. So besah ich es nur im Wohnzimmer der Damen. Eine Stunde lang saß ich manchmal ganz still da und betrachtete Bilder von Radiolarien, Chamäleons und Seeanemonen. Da die Damen Feierabend hatten, störte ich sie nie mit Fragen, ich zeigte ihnen nichts, wenn ich etwas besonders Aufregendes entdeckt hatte, ich behielt es für mich und staunte allein, was mir gar nicht so leicht fiel, wenigstens einen Ausruf hätte man sich gern entfahren lassen, auch hätte es mir Spaß gemacht zu erleben, daß sie von etwas nichts wußten, was sie seit vielen Jahren schon bei sich im Schranke stehen hatten.

Zu lange sollte ich aber da nicht sitzen bleiben, denn es hätte die Mädchen in der Halle draußen auf den Gedanken bringen können, daß ich bevorzugt würde. Nun, das wurde ich wohl, aber sie nahmen's mir nicht übel, solange es um Zuneigung und Beachtung ging. Nur in einem Punkte hätte es böses Blut gegeben, und das war das Essen. Es war nämlich nicht besonders gut und reichhaltig. Die Damen aßen bei sich abends noch ein Stück Brot zu ihrem Bier, und niemand sollte auf den Gedanken kommen, daß ich bei ihnen noch etwas extra bekäme, was auch nie der Fall war, denn solcher Vergünstigungen hätte ich mich geschämt.

Viel wäre über die Mädchen zu erzählen, doch habe ich nicht vor, sie jetzt alle zu schildern. Trudi Gladosch, die Brasilianerin, habe ich schon vorgestellt. Sie war die Wichtigste, denn sie war immer da und schon lange, bevor man kam, war sie bereits dagewesen. So war sie eigentlich nicht typisch und wenig bezeichnend für die anderen, niemand sonst kam von so weit her wie sie. Es gab Mädchen aus Holland, Schweden, England, Frankreich, Italien, Deutschland, aus der welschen und der deutschen Schweiz. Als Gast zum ›Auffüttern‹ kam eine Studentin aus Wien (es war die Hungerzeit nach dem ersten Weltkrieg) und immer wieder einzelne Wiener Kinder. – Diese Pensionärinnen waren aber nicht alle zugleich da, die Bevölkerung wechselte in Laufe der zwei Jahre, nur Trudi wechselte nie, und da ihr Vater, wie ich schon sagte, ihre Pension schuldig blieb, war die Situation für sie eine recht peinliche.

Alle arbeiteten zusammen am großen Tisch in der Halle, da machten sie ihre Aufgaben und schrieben ihre Briefe. Wenn ich ungestört sein mußte, durfte ich ein kleines Schulzimmer im hinteren Teil des Hauses benutzen.

Bald nach meinem Einzug in die ›Yalta‹ hörte ich von den Damen den Namen »Wedekind«; nur ging hier dem Namen ein ›Doktor‹ voraus, was mich ein wenig verwirrte. Man schien ihn gut zu kennen, er kam öfters ins Haus, nach allem, was ich von ihm gehört hatte, von Wreschner, von der Mutter und auch sonst, der Name lag damals in der Luft, begriff ich nicht recht, was er hier zu suchen hätte. Er war vor kurzem gestorben, aber man sprach wie von einem Lebenden. Der Name war von Vertrauen getragen, er klang wie der eines Menschen, auf den man sich verließ, er habe, hieß es mit großem Respekt, beim letzten Besuch diesen und jenen Ausspruch getan, und wenn er nächstes Mal komme, müsse man ihn über etwas Wichtiges befragen. Ich war mit Blindheit geschlagen, vom Namen, der in meinen Augen nur *einem* zukam, geblendet, ich wagte es nicht einmal, sonst nicht auf den Mund gefallen, Genaueres zu erfragen, und legte mir die Sache so zurecht, daß es sich um einen Fall von Doppelleben handeln müsse. Die Damen wußten offenbar nicht, was er geschrieben hatte, ich kannte es ja auch nur vom Hörensagen, er war also nicht wirklich gestorben und praktizierte, nur seinen Patienten bekannt, als Arzt in dem näher der Stadt zu gelegenen Teil der Seefeldstraße, an der auch wir wohnten.

Dann wurde eines der Mädchen krank und Dr. Wedekind wurde gerufen. Ich wartete neugierig auf ihn in der Halle. Er kam, er sah streng und gewöhnlich aus, wie einer von den wenigen Lehrern, die ich nicht mochte. Er ging zur Patientin hinauf, kam bald zurück und äußerte sich entschieden zu Fräulein Rosy, die ihn unten erwartete, über die Krankheit des Mädchens. Er setzte sich in der Halle an den langen Tisch, schrieb ein Rezept nieder, erhob sich und verwickelte sich stehend in ein Gespräch mit Fräulein Rosy. Er sprach Schweizerisch wie ein Schweizer, die Täuschung der Doppelrolle war vollkommen, ich begann ihn, obwohl er mir gar nicht sympathisch war, um dieser schauspielerischen Leistung willen ein wenig zu bewundern. Da hörte ich ihn sehr dezidiert sagen – ich weiß nicht mehr, wie er darauf zu sprechen kam –, der Bruder sei immer das schwarze Schaf der Familie gewesen, das könne man sich gar nicht vorstellen, wie der ihm in seinem Beruf geschadet habe. Manche Patienten seien aus Angst vor dem Bruder nie mehr in seine Ordination gekommen. Andere hätten ihn gefragt: das sei doch nicht möglich, daß so ein Mensch sein Bruder sei. Er habe darauf immer nur ein und dasselbe gesagt: ob sie denn noch nie davon gehört hätten, daß jemand in einer Familie mißraten sei. Es gebe Betrüger, Scheckfälscher, Hochstapler, Gauner und ähnliches Gesindel, und solche Leute kämen oft, wie er aus seiner ärztlichen Erfahrung bestätigen könne, aus den anständigsten Familien. Dazu seien ja die Gefängnisse da und er sei dafür, daß man sie ohne Rücksicht auf ihre Herkunft auf das strengste bestrafe. Jetzt sei er tot, er könnte einiges über diesen Bruder sagen, das sein Bild in den Augen anständiger Menschen nicht besser mache. Aber er schweige lieber und denke sich: gut, daß er weg ist. Besser wäre es, er hätte nie gelebt. Er stand da, sicher und fest, und sprach mit solchem Ingrimm, daß ich auf ihn zuging, zornvergessen mich vor ihm aufpflanzte und sagte: »Aber er war doch ein Dichter!« »Das ist es eben!« fuhr er mich an. »Das gibt die falschen Vorbilder. Merk dir, Jüngling, es gibt gute und es gibt schlechte Dichter. Mein Bruder war einer von den schlechtesten. Es ist besser, man wird überhaupt kein Dichter und lernt etwas Nützliches! – Was ist mit unserem Jüngling hier los?« wandte er sich noch an Fräulein Rosy: »Macht er auch schon solches Zeug?« Sie verteidigte mich, er wandte sich ab, er gab mir nicht die Hand, als er fortging. Es war ihm gelungen, mich lange, bevor ich Wedekind las, mit Zuneigung und Respekt für ihn zu erfüllen, und während der zwei Jahre in der ›Yalta‹ wurde ich kein einziges Mal krank, um nicht von diesem beschränkten Bruder behandelt zu werden.

Phylogenie des Spinats. Junius Brutus

Einen guten Teil dieser beiden Jahre verbrachte die Mutter in Arosa, im Waldsanatorium, ich sah sie, wie ich ihr schrieb, in großer Höhe oberhalb Zürichs schweben und blickte, wenn ich an sie dachte, unwillkürlich in die Höhe. Die Brüder waren am Genfer See, in Lausanne, so war die Familie nach der Dichte der kleinen Wohnung in der Scheuchzerstraße ziemlich weit auseinandergerückt und bildete ein Dreieck: Arosa-Zürich-Lausanne. Zwar gingen jede Woche Briefe hin und her, in denen, zumindest von mir aus, alles besprochen wurde. Aber die meiste Zeit war ich von der Familie unabhängig und so trat Neues an ihre Stelle. Für die tägliche Regel des Lebens sprang anstatt der Mutter das Komitee – so könnte man es nennen – der vier Damen ein. Es wäre mir nie eingefallen, sie an ihre Stelle zu setzen, aber faktisch waren sie es, an die ich mich wandte, wenn ich die Erlaubnis zum Ausgang oder sonst etwas erlangen wollte. Ich war viel freier als früher, sie kannten die Art meiner Wünsche und versagten mir nichts. Nur wenn es zuviel wurde, wenn ich an drei Tagen hintereinander zu Vorträgen ausgegangen war, wurde Fräulein Mina bedenklich und sagte beinahe zaghaft nein. Aber das geschah selten, so viel Vorträge, die für mich zugänglich waren, gab es gar nicht und meist war es mir selber lieber, freie Zeit zu Hause zu behalten, denn nach jedem Vortrag, worum es auch ging, gab es eine Menge zu lesen. Was immer man berührte, löste Wellen von Neuem aus, die sich nach allen Seiten hin verbreiteten.

Jede neue Erfahrung empfand ich physisch, als Gefühl körperlicher Erweiterung. Es gehörte dazu, daß man schon manches andere wußte, daß das Neue aber in keiner Weise damit zusammenhing. Etwas, das von allem Übrigen separiert war, siedelte sich dort an, wo vorher nichts war. Eine Türe ging plötzlich auf, wo man nichts vermutet hatte, und man fand sich in einer Landschaft mit eigenem Licht, wo alles neue Namen trug und sich weiter und weiter, bis ins Unendliche erstreckte. Da bewegte man sich nun staunend, dahin, dorthin, wie es einen gelüstete, und es war, als wäre man noch nie woanders gewesen. ›Wissenschaftlich‹ wurde damals für mich zu einem Zauberwort. Es bedeutete nicht wie später, daß man sich beschränken mußte, daß man ein Recht auf etwas erwarb, indem man auf alles Übrige verzichtete, sondern es war im Gegenteil Erweiterung, Befreiung von Grenzen und Beschränkungen, wahrhaft neue Gegenden, die anders besiedelt waren, und sie waren nicht erfunden, wie in Märchen und Geschichten, wenn man ihren Namen erwähnte, waren sie nicht zu bestreiten. Mit den viel älteren Geschichten, an denen ich festhielt, als hinge an ihnen das Leben, hatte ich schon meine Schwierigkeiten. Sie wurden belächelt, vor den Kameraden zum Beispiel konnte man damit nicht herausrücken, manchen von ihnen waren alle Geschichten schon vergangen, das Erwachsenwerden bestand darin, daß man höhnische Bemerkungen über sie machte. Ich behielt die Geschichten alle, indem ich sie weiterspann und von ihnen ausgehend neue für mich erfand, aber nicht weniger verlockten mich die Gebiete des Wissens. Ich malte mir aus, daß es neue Fächer in der Schule gäbe, zu den alten dazu, für manche erfand ich Namen, so sonderbare, daß ich sie nie laut auszusprechen wagte und auch später als Geheimnis hütete. Aber etwas an ihnen blieb unbefriedigend, sie galten nur für mich allein, sie bedeuteten niemandem etwas und gewiß spürte ich auch, wenn ich sie für mich ausspann, daß ich in sie nichts hineintun konnte, was ich nicht schon wußte. Die Sehnsucht nach Neuem wurde durch sie nicht wirklich erfüllt, das mußte man sich dort holen, wo es unabhängig von einem bestand, und diese Funktion hatten damals die ›Wissenschaften‹.

Es waren auch durch die veränderten Lebensumstände Kräfte frei geworden, die lange gebunden waren. Ich *bewachte* die Mutter nicht mehr wie in Wien und in der Scheuchzerstraße. Vielleicht war das auch ein Grund zu ihren periodischen Krankheiten gewesen. Ob wir es wahrhaben wollten oder nicht, solange wir zusammenlebten, waren wir einander Rechenschaft schuldig. Jeder wußte nicht nur, was der andere tat, jeder spürte auch die Gedanken des anderen, und was das Glück und die Dichte dieses Verständnisses ausmachte, war auch seine Tyrannei. Nun hatte sich diese Bewa-

chung auf Briefe reduziert, in denen man sich mit einiger
Klugheit sehr wohl verbergen konnte. Sie jedenfalls schrieb
mir keineswegs alles über sich: es gab nur Krankheitsberich-
te, die ich glaubte und auf die ich einging. Von einigen der
Menschen, die sie kennenlernte, erzählte sie mir bei ihren Besuchen, in den Briefen stand recht wenig davon. Sie tat gut
daran, denn wenn ich etwas über eine Figur in ihrem Sanatorium erfuhr, stürzte ich mich mit gesammelter Kraft darauf
und riß sie in Stücke. Sie lebte unter vielen neuen Menschen,
von denen manche ihr geistig etwas bedeuteten, es waren reife
und kranke Menschen, meist älter als sie, aber eben durch die
besondere Art ihrer Muße artikuliert und fesselnd. Im Umgang mit ihnen kam sie sich wirklich krank vor und erlaubte
sich die besondere Art der genauen Selbstbeobachtung, die sie
sich früher um unseretwillen versagt hatte. So war auch sie frei
von uns, wie ich von ihr und den Brüdern, und beider Kräfte
entwickelten sich auf unabhängige Weise.

Von den neugewonnenen Herrlichkeiten wollte ich ihr
aber nichts verheimlichen. Über jeden Vortrag, den ich hörte
und der mich erfüllte, berichtete ich ihr sachlich und ausführlich. Sie bekam Dinge zu hören, die sie nie interessiert hatten:
über die Buschmänner der Kalahari z. B., über die Tierwelt
Ostafrikas, über die Insel Jamaika; aber auch über die Bauge-
schichte Zürichs oder das Problem der Willensfreiheit. Die
Kunst der Renaissance in Italien – das ging noch an –, sie hatte
vor, im Frühjahr nach Florenz zu fahren und bekam von mir
genaue Instruktionen darüber, was sie unbedingt sehen müsse. Für ihre geringe Erfahrung auf dem Gebiete der bildenden
Kunst genierte sie sich wohl und ließ sich darüber nicht ungern zuweilen belehren. Aber mit Hohn bedachte sie meine
Berichte über primitive Völker oder gar Naturgeschichte. Da
sie mir selber wohlweislich so viel verheimlichte, nahm sie an,
ich täte dasselbe. Sie war fest davon überzeugt, daß ich durch
diese vielen seitenlangen Berichte über Dinge, die sie zutiefst
langweilten, Persönliches, das mich beschäftigte, verdecken
wolle. Immer wieder verlangte sie wirkliche Nachrichten aus

meinem Leben statt der ›Phylogenie des Spinats‹, wie sie alles, das nach Wissenschaft klang, höhnisch nannte. Daß ich mich für einen Dichter halten wollte, nahm sie nicht ungern hin, und gegen die Pläne zu Dramen und Gedichten, die ich ihr unterbreitete, oder gar gegen ein fertiges, ihr gewidmetes Drama, das ich ihr schickte, bockte sie nicht. Ihren Zweifel am Wert dieses Machwerks behielt sie für sich; vielleicht war auch ihr Urteil unsicher, da es um mich ging. Aber unerbittlich lehnte sie alles ab, das nach ›Wissenschaft‹ klang, davon mochte sie in Briefen auf keinen Fall etwas hören, das hatte mit mir überhaupt nichts zu tun und war ein Versuch, sie irrezuführen.

Damals entstanden die ersten Keime der späteren Entfremdung zwischen uns. Als die Wißbegier, die sie auf jede Weise gefördert hatte, eine Richtung nahm, die ihr fremd war, begann sie an meiner Wahrhaftigkeit und an meinem Charakter zu zweifeln und fürchtete, ich könnte dem Großvater nachgeraten, den sie für einen abgefeimten Komödianten hielt: ihr unversöhnlichster Feind.

Immerhin war das ein langsamer Prozeß, es mußte Zeit vergehen, ich mußte genug Vorträge besucht haben, damit sich die Berichte darüber und ihre Wirkung auf sie akkumulierten. Weihnachten 1919, drei Monate nach meinem Einzug in die ›Yalta‹, stand sie noch unter dem Eindruck des ihr gewidmeten Dramas ›Junius Brutus‹. Seit Anfang Oktober hatte ich Abend für Abend daran geschrieben, im Schulzimmer hinten, das man mir zum Lernen eingeräumt hatte, blieb ich täglich nach dem Abendessen bis 9 Uhr oder länger auf. Die Schulaufgaben hatte ich alle längst gemacht, und wen ich wirklich täuschte, das waren die ›Fräulein Herder‹. Sie hatten keine Ahnung davon, daß ich täglich zwei Stunden an einem Drama für die Mutter schrieb. Das war ein Geheimnis, davon durfte niemand etwas erfahren.

Junius Brutus, der die Tarquinier gestürzt hatte, war der erste Konsul der römischen Republik. Ihre Gesetze nahm er so ernst, daß er die eigenen Söhne wegen Teilnahme an einer

Verschwörung gegen die römische Republik zum Tod verurteilte und hinrichten ließ. Ich hatte die Geschichte aus Livius und sie machte einen unauslöschlichen Eindruck auf mich, weil ich sicher war, daß mein Vater an Brutus' Statt seine Söhne begnadigt hätte. Und doch war *sein* eigener Vater imstande gewesen, ihn wegen Ungehorsams zu verfluchen. In den Jahren seither hatte ich erlebt, wie er selber über diesen Fluch nicht hinwegkam, den die Mutter ihm bitter vorwarf. Im Livius stand nicht viel über diese Sache, ein kurzer Abschnitt. Ich erfand eine Frau des Brutus dazu, die mit ihm um das Leben der Söhne kämpft. Sie richtet bei ihm nichts aus, ihre Söhne werden hingerichtet, aus Verzweiflung stürzt sie sich von einem Fels in den Tiber. Das Drama endet in einer Apotheose der Mutter. Die letzten Worte – sie sind Brutus selbst in den Mund gelegt, er hat eben von ihrem Tod erfahren – lauten: »Dem Vater Fluch, der seine Söhne mordet!«

Es war eine doppelte Huldigung an die Mutter, die eine war mir bewußt und beherrschte mich während der Monate der Niederschrift so sehr, daß ich meinte, sie würde aus Freude darüber gesunden. Denn ihre Krankheit war geheimnisvoll, man wußte nicht recht, was sie hatte, kein Wunder, daß ich versuchte, ihr mit solchen Mitteln beizukommen. Von der verborgenen zweiten Huldigung ahnte ich nichts: der letzte Satz enthielt eine Verurteilung des Großvaters, der nach der Überzeugung eines Teils der Familie und besonders der Mutter seinen Sohn durch seinen Fluch getötet hatte. So stellte ich mich im Kampfe zwischen Großvater und Mutter, den ich in Wien erlebt hatte, entschieden auf ihre Seite. Vielleicht hat sie auch diese verborgene Botschaft empfangen, wir sprachen nie darüber und ich kann es darum nicht für sicher sagen.

Es mag junge Dichter gegeben haben, die mit 14 Jahren Talent verrieten. Ich gehörte bestimmt nicht zu ihnen. Das Drama war erbärmlich schlecht, in Jamben geschrieben, die jeder Beschreibung spotten, ungeschickt, holprig und aufgeblasen, von Schiller nicht eben beeinflußt, sondern in jeder Einzelheit bestimmt, aber so, daß alles lächerlich wurde, von

Moral und Edelmut triefend, geschwätzig und seicht, so als sei es durch sechs Hände gegangen, jede weniger begabt als die frühere und der Ursprung darum nicht mehr zu erkennen. Es ist nicht geraten für ein Kind, in den Gewändern eines Erwachsenen feierlich einherzuschreiten, und ich hätte dieses Machwerk auch nie erwähnt, wenn es nicht etwas verriete, das im Kern echt war: das frühe Entsetzen über ein Todesurteil und den Befehl, durch den es vollstreckt wurde. Der Zusammenhang zwischen Befehl und Todesurteil, zwar anderer Natur, als ich damals wissen konnte, hat mich später während Jahrzehnten beschäftigt und bis zum heutigen Tage nicht losgelassen.

Unter großen Männern

Ich beendete das Drama rechtzeitig und schrieb es in den Wochen vor Weihnachten ins reine. Die Fortführung einer solchen längeren Arbeit, die ich am 8. Oktober begann und am 23. Dezember abschloß, erfüllte mich mit einem neuartigen Hochgefühl. Schon früher hatte ich Geschichten über Wochen fortgesponnen und nach und nach meinen Brüdern erzählt, aber da ich sie nicht niederschrieb, sah ich sie nicht vor mir. ›Junius Brutus‹, ein Trauerspiel in 5 Akten, in einem schönen, hellgrauen Heft, erstreckte sich über 121 Seiten und zählte 2298 ›Blankverse‹. Daß ich eine Tätigkeit, die mir während immerhin zehn Wochen die wichtigste war, vor den Damen und Mädchen der ›Yalta‹, sogar vor Trudi, die meine Vertraute war, geheim hielt, erhöhte ihre Bedeutung. Während so viel anderes, neues auf mich eindrang, das ich mit Leidenschaft ergriff, schien mir der eigentliche Sinn meines Lebens in den täglichen zwei Stunden enthalten zu sein, die der Verherrlichung der Mutter galten. Die wöchentlichen Briefe an sie, in denen über alles mögliche berichtet wurde, gipfelten in der stolz verschnörkelten Namensunterschrift, und unter dieser stand: »in spe poeta clarus.« Sie hatte in keiner Schule

Latein gelernt, erriet aber, dank ihrer Kenntnis romanischer Sprachen, ziemlich viel davon. Doch da ich besorgt war, daß sie ›clarus‹ als ›klar‹ mißverstehen könnte, setzte ich auch die deutsche Übersetzung darunter.

Es muß angenehm gewesen sein, die Sache, an der ich damals nicht zweifelte, gleich zweimal, lateinisch und deutsch, vor mir zu sehen, in eigener Schrift und in einem Brief an die Mutter, deren höchste Verehrung Dichtern galt. Aber es war nicht mehr die Liebe zu ihr allein, die zu jener Zeit diesen Ehrgeiz nährte. Die eigentliche Schuld, wenn man es Schuld nennen will, trug der Pestalozzi-Schülerkalender. Seit drei Jahren begleitete er mich nun und während ich alles las – es gab eine Unmenge von interessanten Dingen, die man daraus erfuhr –, war etwas darin zu einer Art Gesetzestafel für mich geworden: die Bilder der großen Männer im eigentlichen Kalender. Es gab 182 davon, auf je zwei Tage kam einer, nämlich ein einprägsam gezeichnetes Porträt, und darunter die Lebenszahlen und einige knappe Sätze über Leistung und Werke. Schon 1917, als mir der Kalender zum erstenmal in die Hände geriet, erregte er mein Entzücken: da waren die Weltreisenden, denen meine Bewunderung galt, Kolumbus, Cook, Humboldt, Livingstone, Stanley, Amundsen. Da waren auch die Dichter: der erste, auf den mein Blick fiel, als ich den Kalender öffnete, war zufällig Dickens; es war auch das erste Bild, das ich von ihm sah, links oben auf der Seite zum 6. Februar, und als Ausspruch von ihm daneben, unter dem Datum: »Schenk dem Niedrigsten im Menschengewühl einen Blick!« – ein Satz, der mir so selbstverständlich wurde, daß es heute Mühe kostet, mir vorzustellen, daß er je für mich neu war; – aber auch Shakespeare war da und Defoe, dessen Robinson Crusoe zu den frühesten englischen Vaterbüchern gehört hatte; Dante und Cervantes ebenso; Schiller natürlich, Molière und Victor Hugo, von denen die Mutter oft sprach; Homer, der mir aus ›Sagen des klassischen Altertums‹ vertraut war, und Goethe, dessen ›Faust‹ mir trotz vielen Erzählungen darüber zu Hause immer vorenthalten wurde; Hebel, dessen

›Schatzkästlein‹ wir in der Schule als Lesebuch in Stenographie verwandten, und viele andere, die ich durch Gedichte aus dem Deutsch-Lesebuch kannte. Walter Scott, den ich nicht leiden mochte, wollte ich entfernen und begann ihn mit Tinte zu überschmieren. Es war mir aber nicht geheuer dabei und so gab ich, als ich eben damit angefangen hatte, die Absicht grimmig bekannt. »Das ist eine Lausbüberei«, sagte die Mutter. »Er kann sich nicht dagegen wehren. Damit wirst du ihn nicht aus der Welt schaffen. Er ist einer der berühmtesten Dichter und er wird überall weiter drin stehen. Und wenn jemand deinen Kalender sieht, kannst du dich schämen.« Ich schämte mich, schon bevor es soweit war, und hörte sofort mit der Vernichtungsarbeit auf.

Es war ein wunderbares Leben, das ich mit diesen großen Männern führte. Alle Völker waren vertreten und alle Gebiete. Von den Musikern wußte ich schon ein wenig, ich nahm Klavierstunden und ging in Konzerte. Da gab es Bach, Beethoven, Haydn, Mozart und Schubert. Die Wirkung der Matthäus-Passion hatte ich an der Mutter erlebt. Von den andern spielte ich selber schon Stücke und hörte sie sonst. Die Namen der Maler und Bildhauer erfüllten sich erst in der Yalta-Zeit mit Inhalt, während zwei oder drei Jahren hatte ich ihre Bilder mit Scheu betrachtet und mich vor ihnen schuldig gefühlt. Sokrates war da, Plato, Aristoteles und Kant. Da gab es Mathematiker, Physiker und Chemiker, und Naturforscher, von denen ich noch nie gehört hatte. Die Scheuchzerstraße, in der wir wohnten, war nach einem von ihnen benannt, es wimmelte geradezu von Erfindern. Es ist kaum zu sagen, wie reich dieser Olymp war. Jeden einzelnen Arzt führte ich der Mutter vor und ließ sie spüren, wie hoch sie über dem Herrn Dozenten standen. Am schönsten war es, daß Eroberer und Feldherren eine überaus kümmerliche Rolle spielten. Es war die bewußte Politik des Kalendermachers, die Wohltäter der Menschheit zu versammeln und nicht die Zerstörer. Alexander der Große, Cäsar und Napoleon waren wohl abgebildet, ich kann mich an keinen anderen von dieser Sorte erinnern, und auch an diese erinnere ich mich nur, weil sie 1920 aus dem Kalender hinausflogen. »Das ist nur in der Schweiz möglich«, sagte die Mutter. »Ich bin froh, daß wir hier leben.«

Vielleicht ein Viertel der großen Männer im Kalender waren Schweizer. Von den meisten von ihnen hatte ich nie etwas gehört. Ich gab mir keine Mühe, etwas über sie zu erfahren, mit einer merkwürdigen Art von Neutralität nahm ich sie hin, der, nach dem der Kalender hieß, Pestalozzi, gab aus für viele. Mit den andern mochte es ebenso sein. Aber es war auch möglich, daß sie dastanden, weil es ein Schweizer Kalender war. Ich hatte Ehrfurcht vor der Geschichte der Schweizer, als Republikaner waren sie mir so lieb wie die alten Griechen. So hütete ich mich davor, irgendeinen von ihnen zu bezweifeln und trug mich mit der Hoffnung, daß das Verdienst jedes einzelnen sich auch für mich noch herausstellen würde.

Es ist keine Übertreibung zu sagen, daß ich mit diesen Namen lebte. Es verging kein Tag, an dem ich nicht unter diesen Bildern blätterte, und die Sätze, die sich darunter fanden, kannte ich auswendig. Je bestimmter sie klangen, um so besser gefielen sie mir. Es wimmelte von Superlativen, unzählige ›größte Dies‹ und ›größte Das‹ sind mir in Erinnerung geblieben. Eine Steigerung davon gab es auch, sie lautete der größte Dies oder Das »aller Zeiten.« Böcklin war einer der größten Maler aller Zeiten, Holbein der größte Bildnismaler aller Zeiten. In Forschungsreisen kannte ich mich aus, und es war mir nicht recht, daß Stanley als größter Afrikaforscher figurierte, ich hatte Livingstone viel lieber, weil er auch Arzt war und sich gegen die Sklaverei empörte. Auf allen anderen Gebieten schluckte ich, was ich las. Es fiel mir auf, daß bei zwei Männern ›groß‹ durch ›gewaltig‹ ersetzt war, Michelangelo und Beethoven hatten ihre Sonderstellung.

Es ist schwer zu entscheiden, ob dieser Stimulus ein günstiger war, daß er mich zu großmäuligen Hoffnungen bestimmte, ist nicht zu bezweifeln. Ich habe mich nie gefragt, ob ich ein Recht darauf hätte, mich unter diesen Herrschaften aufzuhalten. Ich blätterte im Kalender, wo ich sie fand, sie gehörten mir, es waren meine Heiligenbilder. Immerhin steigerte dieser Umgang nicht nur den Ehrgeiz, von dem ich die Hauptportion ohnehin durch die Mutter mitbekommen hatte. Es war eine reine Verehrung, von der man erfüllt war, man nahm sie nicht leicht, der Abstand zu den verehrten Figuren schien unermeßlich. Ihr schweres Leben bewunderte man nicht weniger als ihre Leistung. Und obwohl man sich auf rätselhafte Weise herausnahm, es dem einen oder anderen von ihnen gleichtun zu wollen – es blieb die große Menge der anderen, auf Gebieten tätig, von denen man überhaupt nichts wußte, über deren Arbeitsprozesse man nur staunen konnte, die man nie nachvollziehen würde, und sie waren, aus eben diesem Grunde, das eigentliche Wunder. Die Reichhaltigkeit der Geister, die Vielfalt ihrer Leistungen, eine Art von Gleichberechtigung, in der sie hier figurierten, die Verschiedenheit ihrer Herkunft, ihrer Sprachen, der Zeiten, in denen sie gelebt hatten, aber auch die Unterschiedlichkeit ihrer Lebensdauer – manche von ihnen waren ganz jung gestorben – ich wüßte nicht, was mir je ein stärkeres Gefühl von der Weite, dem Reichtum und der Hoffnung der Menschheit gegeben hätte, als diese Versammlung von 182 ihrer besten Köpfe.

Fesselung des Ogers

Am 23. Dezember ging der ›Junius Brutus‹ nach Arosa ab, mit einem langen Brief, der Instruktionen darüber enthielt, wie die Mutter es lesen solle: erst in einem Zug, um einen allgemeinen Eindruck zu gewinnen, dann aber ein zweitesmal, stückweise, mit einem Bleistift in der Hand, um zu den Einzelheiten kritisch Stellung zu nehmen und mir darüber zu berichten. Es war ein großer Augenblick, Anspruch und Erwartung hochgespannt, und wenn ich mir vergegenwärtige, wie elend dieses ›Werk‹ war, wie es auch nicht zu den geringsten Hoffnungen berechtigte, und besonders, wie rasch ich das selber wußte, muß ich das Mißtrauen, das ich später gegen alles empfand, was ich sicher und hochmütig niederschrieb, von dieser Zeit her datieren.

Der Absturz kam schon am nächsten Tag, bevor die Mutter das Drama in Händen hatte. Ich war mit der Großmutter und der Tante Ernestine verabredet, die noch in Zürich wohnten und die ich einmal wöchentlich besuchte. Nach jener stürmischen Nachtszene beim Fräulein Vogler, in der ich sozusagen um die Hand meiner Mutter kämpfte und sie gewann, hatte sich meine Beziehung zu den beiden verändert. Sie wußten, daß es keinen Zweck hatte, der Mutter zu einer neuen Heirat zuzureden, sie weigerte sich entschieden zu tun, was mich vernichtet hätte. Es entstand sogar etwas wie Sympathie zwischen dieser mittleren Schwester der Mutter und mir, sie begann zu begreifen, daß ich aus der Art der Ardittis geschlagen und entschlossen war, mich nicht aufs Geldverdienen zu verlegen, sondern einen ›idealen‹ Beruf zu ergreifen.

Ich traf die Großmutter allein, sie empfing mich mit einer großen Nachricht, der Onkel Salomon aus Manchester sei gekommen, die Tante werde gleich mit ihm zurück sein. Da war er also in Zürich eingetroffen, der Oger der englischen Kindheit, den ich sechseinhalb Jahre nicht gesehen hatte, seit wir Manchester verlassen hatten. Dazwischen lagen Wien und der Weltkrieg, der mit der Hoffnung auf Wilson und seine 14 Punkte geendigt hatte, und nun, vor kurzem, die große Enttäuschung: Versailles. Es war oft vom Onkel die Rede gewesen, die Bewunderung der Mutter für ihn war nicht geringer geworden. Aber sie galt seinem kommerziellen Erfolg ausschließlich, und so viel Wichtigeres hatte sich seither zwischen ihr und mir abgespielt, so große Figuren waren an unseren Leseabenden aufgetaucht, und dann in der realen Welt der Ereignisse, die ich mit Eifer verfolgte, daß der Onkel und seine Macht in meinen Augen einschrumpften. Wohl betrachtete ich ihn nach wie vor als Monstrum, als die Verkörperung alles Verwerflichen, und sein Bild hatte sich mir zu etwas Brutalem und Scheußlichem, das ganz dazu paßte, gestaltet – aber ich hielt ihn nicht mehr für gefährlich. Ich würde ihm schon beikommen. Als die Tante kam und sagte, er warte unten auf uns, er wolle uns ausführen, empfand ich eine Art von Hochgefühl, ich, mit vierzehn Jahren Dramatiker – das Drama schon in der Post – wollte mich ihm stellen und mit ihm messen.

Ich erkannte ihn gar nicht, er sah feiner aus, als ich erwartet hatte, sein Gesicht war auf den ersten Blick nicht unschön und jedenfalls nicht das eines Ogers. Ich wunderte mich, daß er noch fließend deutsch sprach, nach all den Jahren in England, es war zwischen uns eine neue Sprache. Ich empfand es beinahe als vornehm von ihm, daß er mich nicht zwang, englisch mit ihm zu sprechen, seit einiger Zeit war ich mit dem Englischen ein wenig aus der Übung gekommen, für das ernste Gespräch, das zu erwarten war, fühlte ich mich deutsch sicherer.

»Welches ist die feinste Konditorei in Zürich?« fragte er gleich, »dahin will ich euch ausführen.« Tante Ernestine nannte Sprüngli, sie war sparsam von Natur und scheute sich, den Huguenin zu nennen, der als noch feiner galt. Wir gingen zu Fuß durch die Bahnhofstraße zum Sprüngli, die Tante, die etwas zu besorgen hatte, blieb ein wenig zurück und wir stürzten uns, wie es sich unter Männern gehört, gleich in die Politik. Ich griff die Alliierten, und da er von dort kam, besonders England auf das heftigste an, Versailles sei ungerecht und widerspreche allem, was Wilson verheißen habe. Er gab mir dies oder jenes zu bedenken, ziemlich ruhig, ich spürte, daß meine Heftigkeit ihn amüsierte, er wollte sich einmal anhören, wes Geistes Kind ich sei, und ließ mich reden. Aber obwohl er so wenig sagte, merkte ich, daß er sich zu Wilson nicht recht äußern wollte. Zu Versailles sagte er: »Da spielen wirtschaftliche Dinge eine Rolle. Davon verstehst du noch nichts«, und »umsonst führt kein Land vier Jahre lang Krieg.« Was mich aber wirklich traf, war die Frage: »Was denkst du von Brest-Litowsk? Glaubst du, die Deutschen hätten es anders gemacht, wenn sie gesiegt hätten? Sieger ist

Sieger.« Dabei richtete er zum erstenmal seine Augen voll auf mich: sie waren eisig und blau, ich erkannte ihn wieder.

Im Sprüngli kam Tante Ernestine nach. Auf seine hochmütige Art bestellte er Schokolade und Patisserie für uns, rührte selber nichts davon an, es lag vor ihm, als sei es nicht vorhanden, sagte, er sei auf wichtigen Reisen und habe wenig Zeit, wolle aber doch in den nächsten Tagen die Mutter in Arosa besuchen. »Was ist diese Krankheit?« fragte er noch und gab sich gleich die Antwort: »Ich bin nie krank, ich habe keine Zeit.« Aber er habe uns alle so lange nicht gesehen und müsse das jetzt nachholen. »Ihr habt keinen Mann in der Familie, das geht nicht.« Es klang nicht übelwollend, wenn auch etwas eilig. »Und was *machst* du?« sagte er plötzlich zu mir, als hätten wir noch überhaupt nicht miteinander gesprochen. Der Ton lag auf »*machst*«, auf »*machen*« kam es an, alles andere war für ihn Geschwätz gewesen. Ich spürte, daß es ernst wurde, und zögerte ein wenig. Die Tante half mir, sie hatte Augen wie Samt und konnte, wenn es sein mußte, auch so reden. »Weißt du«, sagte sie, »er will studieren.« »Das gibt's nicht, er wird a Gschäftsmann.« Er sagte »a«, er sagte nicht »ein«, obwohl er sehr gut deutsch sprach, und mit »Gschäft« statt »Geschäft« trat er entschiedener in seine Sphäre ein. Es folgte eine lange Predigt über die Berufung der Familie zum Geschäft. Alle waren Geschäftsleute gewesen, und wie weit man es darin bringen könne, dafür sei er ein lebender Beweis. Der einzige, der es mit etwas anderem versucht habe, sein Cousin, der Doktor Arditti, habe es bald bereut. Ein Arzt verdiene nichts und sei ein Laufbursche der reichen Leute. Bei jeder Kleinigkeit müsse er gelaufen kommen, und dann hätten die Leute erst nichts. »Wie dein Vater«, sagte er, »und jetzt deine Mutter.« Drum habe der Doktor Arditti den Beruf bald aufgegeben und sei wieder Geschäftsmann wie sie alle. 15 Jahre habe der Dummkopf verloren, mit Studium und den Krankheiten von Leuten, die ihn nichts angingen. Aber jetzt habe er sich doch gemacht. Vielleicht wird er noch ein reicher Mann, trotz der 15 Jahre. »Frag ihn! Er wird dir dasselbe sagen!«

Dieser Doktor Arditti, das schwarze Schaf der Familie, lief mir immer in die Quere. Ich verachtete ihn unsäglich, diesen Verräter an einem wirklichen Beruf, und hütete mich wohl, ihn etwas zu fragen, obwohl er um diese Zeit in Zürich lebte.

Die Tante spürte, was mir geschah, vielleicht war sie auch erschrocken, weil er auf so herzlose Weise meinen Vater genannt hatte. »Weißt du«, sagte sie, »er ist so wißbegierig.« »Schon gut! Eine allgemeine Bildung, eine Handelsschule, hierauf eine Lehrzeit im Geschäft, dann kann er eintreten!« Er sah vor sich hin, auf das, was er wollte, mich würdigte er nicht mehr eines Blickes, wandte sich aber dann zu seiner Schwester und lächelte sogar, als er zu ihr, so, wie wenn es wirklich nur für sie bestimmt wäre, sagte: »Weißt du, ich will alle meine Neffen in meinem Geschäft versammeln. Der Nissim wird ein Geschäftsmann, der Georg auch, bis dann mein Frank groß ist, können sie mit ihm an der Spitze Geschäfte machen!«

Frank an der Spitze! Ich ein Geschäftsmann! Ich hatte Lust, auf ihn loszuspringen und ihn zu schlagen. Ich beherrschte mich und empfahl mich, obwohl ich noch Zeit hatte. Ich ging hinaus auf die Straße, den Kopf wie Feuer, und lief in diesem zornigen Taumel den Weg nach Tiefenbrunnen zurück, so rasch, als sei mir das elende Geschäft auf den Fersen. Das erste Gefühl, das festere Gestalt annahm, war mein Stolz. »Frank an der Spitze, ich ein Commis, ich, ich«, und dann folgte mein Name. In diesem Augenblick zog ich mich auf den Namen zurück, wie immer, wenn ich in Gefahr war. Ich gebrauchte ihn selten und ließ mich nicht gern bei ihm nennen. Er war das Reservoir meiner Kraft, vielleicht wäre es jeder Name gewesen, der einem allein zugehörte, aber dieser war es noch mehr. Ich wiederholte den Satz der Empörung immer wieder für mich. Doch schließlich blieb der Name allein übrig. Als ich draußen anlangte, hatte ich ihn Hunderte von Malen für mich hingesagt und mir so viel Kraft aus ihm geholt, daß mir niemand etwas anmerkte.

Es war der Abend des 24. und in der ›Yalta‹ stand die

Weihnachtsfeier bevor. Seit Wochen sprach man von nichts anderem. Die Vorbereitungen wurden geheim betrieben, es war, wie mir Trudi sagte, das größte Ereignis des Jahres. Sie, die Heuchelei mit solcher Vehemenz bekämpfte, versprach mir, daß es wunderschön sein würde. Zu Hause hatten wir zwar immer Geschenke ausgetauscht, aber das war auch alles. Die Mutter war nicht gläubig und machte zwischen den Religionen keinen Unterschied. Eine Aufführung von ›Nathan der Weise‹ im Burgtheater hatte ihre Haltung in diesen Dingen für immer bestimmt. Aber ihre Erinnerung an die Bräuche zu Hause, vielleicht auch ihre natürliche Würde, hinderten sie daran, das Weihnachtsfest als Ganzes zu übernehmen. So blieb es bei dem etwas kümmerlichen Kompromiß der Geschenke.

In der ›Yalta‹ war jetzt alles geschmückt, die Halle, in der wir uns meist aufhielten, sonst etwas kahl und nüchtern, leuchtete in warmen Farben und duftete nach Tannenreisern. In einem viel kleineren Raum, dem ›Empfangszimmer‹ gleich dahinter, begann die Feier. Da stand das Klavier, das bei Hauskonzerten Dienst tat. Darüber hing an der Wand ein Bild, das mir wegen der kleinen Proportionen des Raumes immer riesig vorkam: der Heilige Hain von Böcklin. Ich hatte es anfangs für ein Original gehalten und mit Scheu betrachtet, als das erste ›wirkliche‹ Bild in einem Privathaus, auf das ich aufmerksam wurde. Aber dann offenbarte mir Fräulein Mina eines Tages, daß es von ihr sei, eine eigenhändige Kopie. Es stammte aus ihrer frühen Zeit, als sie sich noch nicht ausschließlich ihren Blumenkindern widmete; und es war so getreu, daß alle Besucher des Hauses, die nicht darüber aufgeklärt wurden, es für ein Original hielten. Da saß Fräulein Mina nun vor ihrem Werk und begleitete uns zu den Weihnachtsliedern. Sie war gewiß nicht die beste Klavierspielerin, über die das Haus verfügte, aber das Gefühl, das sie für die Lieder aufbrachte, war ansteckend. Wir standen alle dicht nebeneinandergedrängt im Raum, es war nicht viel Platz, und sangen aus Leibeskräften. Nach ›Stille Nacht, heilige Nacht‹

und ›O du fröhliche, o du selige . . .‹ durfte jeder noch ein Lied vorschlagen, das ihm passend schien und das er gern hatte. Es dauerte ziemlich lange, bis alle Liederwünsche erfüllt waren, und mir gefiel besonders, daß es lange dauerte und niemand sich beeilte. Es war keinem anzumerken, daß Geschenke warteten, eigene und auch die Überraschungen, die man sich für die anderen ausgedacht hatte. Doch dann formierte sich die Prozession in den hintersten Raum des Hauses, im Gänsemarsch, nun schon etwas eiliger, der Kleinste, ein Wiener Ferienknabe, ging voran, ich, in jenen Wochen der Zweitjüngste, gleich danach, so dem Alter nach bis zum Letzten. Dann stand man endlich vor dem großen Tisch, jedes Geschenk war hübsch eingepackt, und als Draufgabe bekamen alle ein paar Spottverse von mir, es gab keine Gelegenheit zum Reimen, die ich versäumte. Da fand ich die Statuette eines Tuareg, hoch auf einem Kamel, in kühner Bewegung, und darunter die Worte »Dem Afrikareisenden«, samt Namen. Auch die Bücher kamen meiner Vorstellung von einer besseren Zukunft entgegen: Nansens ›Eskimoleben‹, ›Alt-Zürich‹ mit Ansichten aus früher Zeit, ›Sisto e Sesto‹, Reiseskizzen aus Umbrien. So war vieles vereinigt, was mich zu dieser Zeit lockte und beschäftigte, und der Onkel, der nichts von alledem ahnte, dessen eisige, häßliche Sätze ich noch während der Weihnachtslieder hörte, war endlich gebannt und verstummte.

Nach dem Festessen wurde noch bis spät in die Nacht musiziert. Eine frühere Pensionärin, eine Sängerin, war da zu Gast, Herr Gamper, Cellist am städtischen Orchester, der mit seiner Frau in einem kleinen Nebengebäude wohnte, spielte, als Begleiterinnen taten sich unsere Pianistinnen, Trudi und eine Holländerin hervor. Es war so schön, daß ich von Rache träumte. Ich fesselte den Onkel auf einen Stuhl und zwang ihn, dabeizusitzen. Musik hatte er schon in Manchester nicht ertragen. Er hielt nicht lange still und versuchte aufzuspringen. Aber ich hatte ihn so gut auf den Stuhl gebunden, daß er nicht fortkonnte. Schließlich vergaß er, daß er ein Gentleman war, und hopste mitsamt dem Stuhl auf seinem Rücken zum Haus hinaus, ein lächerlicher Anblick – vor allen Mädchen, Herrn Gamper und den Damen. Ich wünschte mir, die Mutter hätte ihn so gesehen, und nahm mir vor, ihr morgen alles zu schreiben.

Wie man sich verhaßt macht

In diesen ersten Winter der Trennung von Mutter und Brüdern fiel eine Krise in der Schule. Während der vergangenen Monate hatte ich bei einigen der Kameraden eine ungewohnte Zurückhaltung gespürt, die sich aber nur bei einem oder zweien von ihnen zu ironischen Bemerkungen artikulierte. Ich hatte keine Ahnung, worum es ging, es fiel mir nicht ein, daß mein eigenes Verhalten irgendwen reizen konnte, es hatte sich nichts darin geändert, und die Kameraden waren mit wenigen Ausnahmen dieselben, die ich nun schon seit über zwei Jahren kannte. Schon im Frühjahr 1919 war die Klasse viel kleiner geworden, die wenigen, die Griechisch lernen wollten, gingen ins Literargymnasium. Die anderen, die sich für Latein und andere Sprachen entschieden, wurden auf vier Parallelklassen des Realgymnasiums verteilt.

Bei dieser Umgliederung waren einige Neue zu uns gestoßen, einer der Neuen, Hans Wehrli, wohnte in Tiefenbrunnen, wir hatten denselben Heimweg und kamen uns näher. Sein Gesicht sah aus, als wäre die Haut nah über die Knochen gespannt, es hatte etwas Eingefallenes und Gefurchtes und wirkte darum älter als das der anderen. Aber nicht nur darum schien er mir erwachsener: er war nachdenklich und kritisch und machte nie Bemerkungen über Mädchen, womit manche der anderen schon begonnen hatten. Auf dem Heimweg unterhielten wir uns immer nur über ›wirkliche‹ Dinge, worunter ich damals alles verstand, was mit Wissen und Künsten und der weiteren Welt zusammenhing. Er konnte ruhig zuhören und dann plötzlich sehr lebhaft mit eigenen Meinungen reagieren, die er klug begründete. Diese Abwechslung von Ruhe und Lebhaftigkeit gefiel mir, denn Ruhe war meine Sache nicht, ich war vor Menschen immer lebhaft. Seine Raschheit empfand ich als seine persönlichste Eigenschaft, er wußte gleich, was gemeint war, ohne daß man viel sagen mußte, und war sofort mit seiner Antwort zur Hand, die zustimmend oder auch ablehnend sein konnte; daß seine Reaktionen nicht vorauszusehen waren, belebte unsere Gespräche. Aber nicht weniger als der äußere Verlauf dieser Gespräche beschäftigte mich sein Selbstbewußtsein, dessen Wurzeln ich nicht kannte. Von seiner Familie wußte ich nur, daß sie die große Mühle in Tiefenbrunnen betrieb, die das Mehl für das Brot der Züricher mahlte. Das schien mir etwas sehr Nützliches, es war eine Tätigkeit ganz anderer Art, als was ich sonst unter dem »Geschäft«, das mich bedrohte, vom Onkel her fürchtete und haßte. Ich machte sehr bald, sobald ich jemand ein wenig besser kannte, aus meiner Abneigung gegen alles, was mit Geschäft und bloßem persönlichen Vorteil zusammenhing, kein Hehl. Er schien das zu verstehen, denn er nahm es ruhig hin und kritisierte mich nie dafür; gleichzeitig fiel mir auf, daß er nie etwas gegen seine Familie sagte. Ein Jahr später hielt er in der Schule einen Vortrag über die Schweiz auf dem Wiener Kongreß. Da erfuhr ich, daß einer seiner Vorfahren die Sache der Schweiz auf dem Wiener Kongreß vertreten hatte, und ich begann zu begreifen, daß er ein ›historischer‹ Mensch war. Ich hätte es damals nicht in klaren Ausdrücken sagen können: aber ich spürte, daß er in Frieden mit seiner Herkunft lebte.

Bei mir war die Sache komplizierter. Der Vater stand als guter Geist am Anfang meines Lebens, und das Gefühl für die Mutter, der ich so ungefähr alles schuldete, schien noch unerschütterlich. Aber dann gleich kam der Kreis derer, besonders auf der Seite der Mutter, gegen die ich das tiefste Mißtrauen hegte. Mit ihrem erfolgreichen Bruder in Manchester begann es, doch es blieb nicht bei ihm. Im Sommer 1915, beim Besuch in Rustschuk, kam der schreckliche verrückte Cousin der Mutter dazu, der davon überzeugt war, daß jedes einzelne

Mitglied der Familie ihn bestehle, und der dann bis an sein Lebensende nur noch in Prozessen atmen konnte. Dann war der Doktor Arditti, der einzige der Sippschaft, der einen, wie ich dachte, »schönen« Beruf gewählt hatte, einen nämlich, in dem man für die anderen Menschen lebte: aber diesen Beruf eines Arztes hatte er verraten und betrieb nun Geschäfte, wie die anderen alle. Auf väterlicher Seite war es weniger nackt, und selbst der Großvater, der seine Tüchtigkeit und in gewissen Situationen seine Härte ausgiebig bewiesen hatte, hatte so viele andere Eigenschaften, daß sein Gesamtbild komplexer und faszinierender war. Ich hatte auch nicht den Eindruck, daß er mich zum Geschäft vergewaltigen wolle. Das Unglück, das er angerichtet hatte, war schon geschehen, der Tod meines Vaters war ihm in die Knochen gefahren und alles was er dort schlecht getan hatte, kam nun mir zugute. Aber so sehr er mich beeindruckte, bewundern konnte ich ihn nicht, und so erstreckte sich für mich, von ihm beginnend nach rückwärts, eine Geschichte von Vorfahren, die auf dem Balkan ein orientalisches Leben führten, anders als *ihre* Vorfahren in Spanien, 400 oder 500 Jahre früher. Auf diese hätte man stolz sein können, auf Ärzte, Dichter und Philosophen, aber darüber gab es nur allgemeine Nachrichten, die mit der Familie im besonderen nichts zu tun hatten.

In diese Zeit einer empfindlichen, prekären und ungewissen Beziehung zur eigenen Herkunft fiel nun ein Ereignis, das gewiß von außen gesehen sehr unbedeutend erscheinen muß, aber doch für meine weitere Entwicklung eingreifende Folgen hatte. Ich kann es nicht übergehen, so ungern ich davon spreche, denn es war das einzige peinliche Ereignis der fünf Züricher Jahre, an die ich sonst mit einem Gefühl überschwenglicher Dankbarkeit zurückdenke; und daß es nicht in der Fülle des Freudigen völlig versunken ist, hängt bloß mit späteren Ereignissen in der Welt zusammen.

In den Jahren der Kindheit hatte ich persönlich nie Animosität als Jude zu spüren bekommen. In Bulgarien wie in England waren solche Dinge, wie ich glaube, damals unbekannt.

Was ich in Wien davon bemerkte, ging nie gegen mich, und die Mutter, wann immer ich ihr etwas berichtete, das ich davon gehört oder gesehen hatte, pflegte mit der Unverfrorenheit ihres Kastenstolzes alles so zu deuten, als ginge es gegen andere, aber nie gegen Spaniolen. Das war um so sonderbarer, als unsere ganze Geschichte sich ja auf die Vertreibung aus Spanien gründete, aber indem man die Verfolgungen mit solchem Nachdruck in eine ferne Vergangenheit zurückverlegte, meinte man sie vielleicht von der Gegenwart eher fernzuhalten.

In Zürich hatte sich Billeter, der Lateinprofessor, einmal darüber aufgehalten, daß ich zu rasch aufstreckte, wenn etwas zu beantworten war; als ich einem etwas langsamen Luzerner Jungen, Erni, mit der Antwort zuvorkam, bestand er darauf, daß Erni sich selbst auf die Antwort besinne, ermunterte ihn und sagte: »Denk nur nach, Erni, du kommst schon drauf. Wir lassen uns nicht alles von einem Wiener Juden wegnehmen.« Das war etwas scharf, und im Augenblick mußte es mich kränken. Aber ich wußte, daß Billeter ein guter Mann war, daß er einen schwerfälligen Jungen vor einem raschen schützen wollte, und obwohl es gegen mich ging, hatte ich ihn im Grunde gern dafür und suchte meinen Eifer etwas zu dämpfen.

Was aber soll man von diesem Eifer des Sichhervortuns denken? Sicher spielte eine größere Lebhaftigkeit dabei mit, das Rasche des Spanischen, das ich als Kind gesprochen hatte und das mir als etwas absonderliches Tempo auch in den langsameren Sprachen wie dem Deutschen oder gar dem Englischen geblieben war. Das kann aber nicht alles gewesen sein: am wichtigsten war doch das Bestehenwollen vor der Mutter. Sie erwartete Antworten auf der Stelle, was man nicht gleich bei der Hand hatte, galt für sie nicht. Das Tempo, in dem sie mir damals in Lausanne während wenigen Wochen deutsch beigebracht hatte, schien ihr durch den Erfolg dieser Methode gerechtfertigt. So spielte sich später alles im selben Tempo ab. Im Grunde ging es bei ihr und mir wie in Dramen auf der

Bühne zu: der eine sprach, der andere entgegnete, lange Pausen waren eine Ausnahme und hatten dann etwas ganz Besonderes zu bedeuten. Zwischen uns waren solche Ausnahmen nicht gegeben, während unserer Szenen spielte sich alles Schlag auf Schlag ab, der eine hatte seinen letzten Satz noch kaum beendet, und schon setzte der andere zu seiner Entgegnung ein. Durch diese Fertigkeit bestand ich vor der Mutter.

So ergab sich, zu einer natürlichen Lebhaftigkeit, die Notwendigkeit, sie zu steigern, um vor der Mutter zu bestehen. In der veränderten Situation der Schulklasse führte ich mich auf wie zu Hause. Zum Lehrer benahm ich mich so, als wäre er die Mutter. Der einzige Unterschied war, daß ich aufstrekken mußte, bevor ich mit der Antwort herausplatzte. Aber dann kam sie gleich und die anderen hatten das Nachsehen. Es fiel mir nie ein, daß dieses Gehabe ihnen auf die Nerven gehen oder sie gar verletzen könnte. Das Verhalten der Lehrer solchen Raschheiten gegenüber war verschieden. Manche empfanden es als Erleichterung des Unterrichts, daß einige Schüler jederzeit reagierten. Es kam ihrer eigenen Arbeit zugute, die Atmosphäre stockte nicht, es geschah etwas, sie mochten das Gefühl haben, daß ihr Vortrag gut sei, wenn er gleich die richtigen Reaktionen auslöste. Andere empfanden es als ungerecht und befürchteten, daß gewisse schwerfällige Naturen eben an den gegensätzlichen Reaktionen solcher, die sie immer vor Augen hätten, die Hoffnung aufgeben könnten, es überhaupt zu etwas zu bringen. Diese, die nicht ganz im Unrecht waren, verhielten sich kühl zu mir und betrachteten mich als eine Art von Übel. Es gab aber auch welche, die sich darüber freuten, daß dem *Wissen* Ehre geschah, und es waren diese, die den Motiven zu meiner flagranten Regsamkeit noch am ehesten auf der Spur waren.

Denn ich glaube, zum Wissen gehört, daß es sich zeigen will und sich mit einer bloßen verborgenen Existenz nicht begnügt. Gefährlich scheint mir das stumme Wissen, denn es wird immer stummer und schließlich geheim und muß sich dann dafür, daß es geheim ist, rächen. Das Wissen, das in Erscheinung tritt, indem es sich anderen mitteilt, ist das gute Wissen, wohl sucht es Beachtung, aber es wendet sich gegen niemanden. Die Ansteckung, die von Lehrern und Büchern ausgeht, sucht sich zu verbreiten. In dieser unschuldigen Phase bezweifelt es sich nicht, es faßt zugleich Fuß und breitet sich aus, es strahlt und will alles mit sich erweitern. Man schreibt ihm die Eigenschaften des Lichtes zu, die Geschwindigkeit, mit der es sich ausbreiten möchte, ist die höchste, und man ehrt es, indem man es als Aufklärung bezeichnet. In dieser Form haben es die Griechen gekannt, bevor es durch Aristoteles in Schachteln gezwängt wurde. Man mag nicht glauben, daß es gefährlich war, bevor es zertrennt und verwahrt wurde. Als der reinste Ausdruck für ein Wissen, das unschuldig war, weil es ausstrahlen mußte, erscheint mir Herodot. Seine Einteilungen sind die der Völker, die verschieden sprechen und leben. Er bekräftigt die Einteilungen nicht, wenn er von ihnen erzählt, sondern schafft Platz für das Verschiedenste in sich und schafft Platz in den anderen, die durch ihn davon erfahren. In jedem jungen Menschen, der von hunderterlei Dingen hört, steckt ein kleiner Herodot, und es ist wichtig, daß man ihn nicht darüber zu erheben sucht, weil man Beschränkung auf einen Beruf von ihm erwartet.

Nun spielt sich der wesentliche Teil eines Lebens, das zu wissen beginnt, in der Schule ab, es ist die erste öffentliche Erfahrung eines jungen Menschen. Er mag sich auszeichnen wollen, aber viel mehr noch will er Wissen strahlen, sobald es ihn ergreift, damit es ihm nicht zum bloßen Besitz werde. Die Kameraden, die langsamer sind als er, müssen glauben, daß er sich bei den Lehrern einschmeichelt, und halten ihn für einen Streber. Doch er hat keinen Punkt im Auge, den er erlangen will, eben über solche Punkte will er hinaus und die Lehrer in seinen Freiheitsdrang hineinziehen. Nicht mit den Kameraden mißt er sich, sondern mit den Lehrern. Er träumt davon, diesen die Nützlichkeiten auszutreiben, er will sie überwinden. Nur die unter ihnen, die sich den Nützlichkeiten nicht

ergeben haben, die ihr Wissen um seiner selbst willen verströmen, liebt er mit überschwenglicher Liebe, diesen huldigt
er, wenn er rasch auf sie reagiert, diesen dankt er unaufhörlich
für ihr unaufhörliches Verströmen.

Aber mit dieser Huldigung sondert er sich von den anderen
ab, vor deren Augen sie sich abspielt. Er beachtet sie nicht,
während er sich hervortut. Er ist von keinerlei Übelwollen
gegen sie erfüllt, aber er läßt sie aus dem Spiel, sie spielen nicht
mit und bestehen nur noch als Zuschauer. Da sie von der Substanz des Lehrers nicht ergriffen sind wie er, vermögen sie
nicht wahrzuhaben, daß er's ist, und müssen meinen, daß er
jenen zu niedrigen Zwecken in die Hand spielt. Sie grollen
ihm für ein Schauspiel, in dem ihnen keine Rolle zufällt, vielleicht beneiden sie ihn ein wenig dafür, daß er durchhält.
Aber hauptsächlich empfinden sie ihn als Störenfried, der ihre
natürliche Gegnerschaft zum Lehrer verwirrt, die er für sich,
aber vor ihren Augen in Huldigung verwandelt.

Die Petition

Im Herbst 1919, als ich in Tiefenbrunnen einzog, war die
Klasse wieder geteilt worden, wir waren unser 16; Färber und
ich waren die einzigen Juden in der Klasse. Geometrisch-
Zeichnen hatten wir in einem besonderen Saal, jedem war
darin ein eigenes Fach zugewiesen, das versperrt und mit
Namensschild bezeichnet war. Eines Tages im Oktober, mitten in der Zeit der Dramenschreiberei, die von Hochgefühlen
aller Art begleitet war, fand ich in diesem Saal mein Namensschild mit Beschimpfungen überschmiert. »Abrahamli,
Isaakli, Judeli, macht daß ihr fortkommt aus dem Gymi, wir
brauchen euch nicht.« Auf Färbers Schild standen ähnliche
Dinge, die Verschmierungen waren nicht identisch und es ist
möglich, daß ich in der Erinnerung einige seiner Beschimpfungen unter meine mische. Ich war so erstaunt, daß ich es
erst gar nicht glauben konnte. Niemand hatte mich bisher be-

schimpft oder bekämpft und mit den meisten meiner Kameraden war ich schon über zweieinhalb Jahre beisammen. Das Erstaunen schlug bald in Zorn um, ich empfand die Beleidigung sehr schwer, von ›honor‹, von Ehre, hatte ich seit früher Kindheit die Ohren voll und besonders die Mutter konnte sich in diesem Punkt der ›Ehre‹, ob es nun um die Spaniolen, die Familie oder jeden einzelnen von uns ging, gar nicht genugtun. – Natürlich war es niemand gewesen, auch andere Klassen hatten ihren Unterricht im Geometrisch-Zeichnen in diesem Raum, aber ich spürte etwas wie hämische Befriedigung bei ein oder zwei meiner Kameraden, als sie sahen, wie tief der Schlag saß.

Von diesem Augenblick an war alles verändert. Es mag auch früher Sticheleien gegeben haben, die ich wenig beachtete, von jetzt ab erlebte ich sie mit wachem Bewußtsein, nicht die geringste Bemerkung gegen Juden entging mir, die Sticheleien nahmen zu, und während sie früher von einem einzigen ausgegangen waren, schienen sie nun von mehreren Seiten zu kommen. Die geistig ausgeprägteren Knaben der ersten Zeit waren nicht mehr bei uns: Ganzhorn, der mit mir rivalisiert hatte und mir in vielem überlegen war, hatte das Literar-Gymnasium gewählt, wohin ich meinen Neigungen nach wohl auch gehört hätte. Ellenbogen, geistig der Erwachsenste, war in eine andere Abteilung gegangen. Mit Hans Wehrli war ich ein halbes Jahr zusammen gewesen, aber er war nun in die Parallel-Klasse gekommen, wir hatten noch denselben Heimweg, aber am inneren Leben der Klasse nahm er zu dieser Zeit nicht teil. Richard Bleuler, ein verträumter, phantasievoller Junge, den ich mir immer schon gern zum Freund gewünscht hätte, hielt sich von mir fern. Von einem anderen, einer Art von Gegenintelligenz in der Klasse, ging die Aktion, so schien mir, aus. Vielleicht empfand dieser einen besonders starken Widerwillen gegen mein ›lebhaftes Getue‹, wie die spätere Formel lautete. Er hatte seine eigene Gescheitheit, die damals nicht mit Schulgescheitheit zusammenfiel, er war auch reifer und begann sich schon für Dinge zu interessieren, von denen ich noch keine Ahnung hatte, Lebensdinge sozusagen, die auf die Dauer, wie er wohl denken mochte, wichtiger waren. Von der Gruppe der irgendwie Gleichgearteten, denen Wissensdinge wichtig waren oder die das wenigstens zur Schau trugen, war ich, so kam es mir vor, als einziger übriggeblieben und bedachte nicht, wie ärgerlich den anderen dieses ›Monopol‹ erscheinen mußte.

So sah ich mich nun durch die Angriffe auf Färber geworfen, mit dem ich eigentlich gar nichts gemein hatte. Er kannte Juden in anderen Klassen und berichtete mir über die Lage dort. Von allen kamen ähnliche Nachrichten, in allen schien die Abneigung gegen Juden zuzunehmen und sich immer offener zu äußern. Vielleicht übertrieb Färber, was er mir übermittelte, er war ein unbedacht-emotionaler Mensch. Auch fühlte er sich auf mehr als eine Weise bedroht: er war faul und er war ein schlechter Schüler. Er war groß und ziemlich schwer, und als der einzige in der Klasse hatte er rote Haare. Er war nicht zu übersehen, wenn er auf einem Gruppenbild der Klasse vorne stand, verdeckte er die dahinter. Auf einem solchen Foto war sein Gesicht von anderen in der Klasse ausgestrichen worden. Es sah aus, als hätten sie ihn nicht gern so weit vorn, doch es war ein Zeichen dafür, daß sie ihn ganz aus der Klasse draußen haben wollten. Er war aber Schweizer, sein Vater war Schweizer, seine Muttersprache war der Dialekt, die Vorstellung, daß er einmal woanders leben könnte, lag ihm fern. Er fürchtete, daß er nicht in die nächste Klasse aufsteigen würde, und empfand, da er meist vor ihnen versagte, die Unzufriedenheit der Lehrer mit ihm als Teil derselben Feindseligkeit, die ihm die Kameraden entgegenbrachten. Es war nicht zu verwundern, daß er die Nachrichten, die er mir von den Juden aus den Parallelklassen überbrachte, um seine eigene Unruhe steigerte. Ich kannte die anderen jüdischen Schüler nicht und trachtete auch nicht, mich einzeln mit ihnen zu besprechen. Diese Verbindung war von Anfang an sein Amt, das er eifrig und mit steigender Panik besorgte. Erst als er von einem Jungen berichtete: »Der

Dreyfus hat mir gesagt, er ist so verzweifelt, er mag nicht weiterleben«, geriet auch ich in Panik. Ich fragte ihn entsetzt: »Meinst du, er will sich umbringen?« »Er hält es nicht aus, er bringt sich um.« Ich glaubte es nicht wirklich, so schlimm war es, wie ich aus eigener Erfahrung wußte, nicht, es handelte sich um Sticheleien, die allerdings von Woche zu Woche zunahmen. Aber die Vorstellung, daß Dreyfus sich umbringen könnte, das Wort »sich umbringen« selbst benahm mir den Rest von Ruhe. Schon »umbringen« war ein entsetzliches Wort, während des Krieges hatte es sich mit tiefstem Abscheu geladen, aber nun war der Krieg seit einem Jahr zu Ende, und ich lebte in Hoffnung auf einen Ewigen Frieden. Die Geschichten zur Abschaffung des Krieges, die ich für mich und meine kleinen Brüder immer wieder ausgesponnen hatte, die alle in der Wiederauferstehung der Gefallenen ein immer selbes Ende nahmen, erschienen nicht mehr als Geschichten. In Wilson, dem amerikanischen Präsidenten, hatte der Ewige Frieden einen Fürsprecher gefunden, an den die meisten glaubten. Von der Stärke dieser Hoffnung, die die Welt damals erfaßte, macht man sich heute keine zureichende Vorstellung. Ich lebe als Zeuge dafür, daß sie auch Kinder erfaßte, ich war keineswegs der einzige, die Gespräche auf dem Nachhauseweg mit Hans Wehrli waren davon erfüllt, wir teilten diese Gesinnung, und der Ernst und die Würde, die unsere Gespräche erfüllten, waren zum guten Teil davon bestimmt.

Aber es gab etwas, das mich mit noch größerem Entsetzen erfüllte als ›umbringen‹, und das war, daß einer es sich selber antat. Es hatte mir schon gar nicht eingeleuchtet, daß Sokrates den Schierlingsbecher *ruhig* hinnahm. Ich weiß nicht, was mich auf den Gedanken brachte, daß jeder Selbstmord sich verhindern ließe, aber ich weiß, daß ich schon damals davon überzeugt war. Man müßte nur rechtzeitig von der Absicht erfahren und auf der Stelle etwas dagegen unternehmen. Ich dachte mir aus, was man dem Kandidaten sagen müsse: daß es ihm leid tun würde, wenn er nach einiger Zeit davon erfahren könnte, aber dann sei es zu spät. Er solle lieber warten und dann könne er's noch erfahren. Dieses Argument hielt ich für unwiderstehlich, ich übte es in Selbstgesprächen ein, bis sich eine Gelegenheit ergeben würde, es anzuwenden; aber es hatte sich noch keine ergeben. Die Sache mit Dreyfus stand anders, vielleicht spielten manche mit ähnlichen Gedanken. Ich wußte von Massenselbstmorden aus der griechischen und jüdischen Geschichte, und obwohl es bei ihnen gewöhnlich um Freiheit ging, hatten die Berichte darüber gemischte Gefühle hinterlassen. Ich verfiel auf den Gedanken einer ›öffentlichen Aktion‹, die erste und einzige jener frühen Jahre. In den insgesamt fünf Parallelklassen unseres Jahrgangs gab es 17 Juden. Ich schlug vor, daß wir alle einmal zusammenkämen, wir kannten uns meistens gar nicht, um miteinander zu beraten, was zu tun sei, wobei ich daran dachte, eine Petition an das Rektorat zu verfassen, das vielleicht gar nicht wußte, unter welchem Druck wir standen.

Wir trafen uns im Restaurant ›Rigiblick‹ am Zürichberg oben, an der Stelle, wo ich vor sechs Jahren den ersten Blick auf Zürich getan hatte. Alle 17 kamen, die Petition wurde beschlossen und auf der Stelle entworfen. In wenigen sachlichen Sätzen machten wir, die versammelten jüdischen Schüler der 3er Klassen, das Rektorat auf den zunehmenden Antisemitismus, der in diesen Klassen herrschte, aufmerksam und baten, Maßnahmen dagegen zu ergreifen. Alle unterschrieben, große Erleichterung herrschte. Wir vertrauten auf den Rektor, der zwar als streng ein wenig gefürchtet war, aber auch als sehr gerecht galt. Die Petition sollte ich im Rektorat abgeben. Wir erwarteten Wunder von ihrer Wirkung, und Dreyfus erklärte, daß er am Leben bleiben wolle.

Nun kamen Wochen des Wartens. Ich dachte mir, wir würden alle zusammen aufs Rektorat gerufen werden, und überlegte mir, was ich zu sagen hätte. Es sollten würdige Worte sein, wir durften uns nichts vergeben, alles möglichst knapp und klar und ja nicht wehleidig. Aber von Ehre mußte schon die Rede sein, denn darum ging es. Nichts geschah, und ich fürchtete, daß die Petition in den Papierkorb gewandert war. Jede Reaktion, auch ein Tadel über unsere eigenmächtige Aktion, wäre mir lieber gewesen. Die Sticheleien ließen zwar für den Augenblick nach, und das wunderte mich noch mehr, denn wenn die Kameraden hinter unserem Rücken einen Rüffler bekommen hätten, hätte ich es doch von irgendeinem von ihnen, der mir näher stand, erfahren müssen.

Nach fünf, sechs Wochen, vielleicht war es sogar länger, wurde ich allein aufs Rektorat gerufen. Ich wurde nicht vom strengen Rektor Amberg empfangen. Der Prorektor Usteri stand da, mit der Petition in der Hand, so, als ob er sie eben bekommen habe und zum erstenmal lese. Er war ein kleiner Mann, der durch seine hochgeschwungenen Augenbrauen so wirkte, als ob er immer lustig lächle. Aber er war jetzt nicht lustig, er fragte nur: »Hast du das geschrieben?« Ich sagte ja, es war meine Schrift, und ich hatte es ja wirklich aufgesetzt und nicht nur geschrieben. »Du streckst zuviel auf«, sagte er dann, als ob die Sache nur mich allein etwas anginge, zerriß vor meinen Augen das Papier mit den Unterschriften und warf die Fetzen in den Papierkorb. Damit war ich entlassen. Die Sache war so rasch gegangen, daß ich gar nichts sagen konnte. ›Ja‹ als Antwort auf seine Frage war mein einziges Wort gewesen. Ich fand mich vor der Tür des Rektorats, als hätte ich noch gar nicht angeklopft, und wenn die Fetzen der Petition, die in den Papierkorb wanderten, mich nicht so beeindruckt hätten, ich hätte gedacht, ich träume.

Mit der Schonzeit in der Klasse war es nun zu Ende, die Sticheleien setzten wieder ein wie zuvor, mit dem Unterschied, daß sie entschlossener waren und kaum mehr aufhörten. Jeden Tag kam eine wohlgezielte Bemerkung, und es verwirrte mich, daß sie gegen Juden im allgemeinen oder persönlich gegen Färber gingen, mich aber so ausließen, als gehörte ich nicht dazu. Ich hielt das für eine bewußte Taktik, um uns zu trennen, grübelte aber viel darüber nach, was der Prorektor mit dem Aufstrecken wohl gemeint habe. Es war mir bis zu diesem Augenblick, als er seine vier Worte ausgesprochen hatte, gar nicht eingefallen, daß ich etwas Falsches tat, wenn ich den Arm unaufhörlich in die Höhe streckte. Es war ja wirklich so, daß ich die Antwort parat hatte, bevor der Lehrer seine Frage noch ganz ausgesprochen hatte. Hunziker setzte dieser Eile Widerstand entgegen und beachtete mich nicht, bis ich die Hand wieder sinken ließ. Vielleicht war das die klügste Taktik, aber auch sie änderte wenig an meinen lebhaften Reaktionen. Ob man eine Antwort erlaubte oder nicht, der Arm schoß unaufhörlich in die Höhe. Nicht *einmal* in Jahren war mir der Gedanke gekommen, daß das die Kameraden ärgern könnte. Statt mir's zu sagen, hatten sie mir viel früher, in der zweiten Klasse, den Spitznamen Sokrates gegeben und mich durch diese Ehrung, denn als solche empfand ich sie, noch ermutigt. Erst der trockene Satz des Usteri: »Du streckst zuviel auf« lähmte meinen Arm, es war die höchste Zeit, und er blieb nun, so gut ich es vermochte, unten. Ich war auch unlustig geworden, die Schule freute mich nicht mehr. Statt auf die Fragen des Unterrichts wartete ich auf die nächste Stichelei in der Pause. Jede herabsetzende Bemerkung über Juden veranlaßte mich zu Gegengedanken. Ich hätte gern alles widerlegt, aber dazu kam es nicht, es ging nicht um ein politisches Streitgespräch, sondern wie ich es heute nennen würde, um die Bildung einer Meute. In meinem Kopf formten sich die Elemente einer neuen Ideologie; die Errettung der Menschheit von Kriegen hatte Wilson übernommen. Ich überließ sie ihm, ohne das Interesse daran zu verlieren, alle offenen Gespräche galten immer noch dieser Sache. Aber die geheimen Gedanken, die ich für mich behielt, denn zu wem hätte ich davon sprechen sollen, galten dem Schicksal der Juden.

Färber hatte es viel schwerer als ich, denn er versagte vor den Lehrern. Er war von Hause aus träg, aber nun gab er es ganz auf zu arbeiten. Er wartete dumpf auf die nächste Demütigung und brauste dann plötzlich auf. Er geriet in Wut und schlug zurück und merkte vielleicht gar nicht, wie er das Herz der Feinde durch seine zornige Reaktion erfreute. Es war aber eine interne Fehde, denn Beleidigungen gab er mit gutschweizerischen Beschimpfungen zurück, darin war er keinem unterlegen. Nach einigen Wochen entschloß er sich zu einem ernsten Schritt. Er ging in der Pause zu Hunziker und beschwerte sich über das feindliche Verhalten der Klasse. Sein Vater lasse Hunziker in aller Form bitten, diese Beschwerde an das Rektorat weiterzuleiten. Wenn nichts sich ändere, habe er vor, selbst am Rektorat zu erscheinen.

Nun warteten wir wieder auf eine Antwort und wieder kam nichts. Wir besprachen miteinander, was Färber sagen würde, wenn man ihn zur Einvernahme aufs Rektorat zitiere. Ich redete ihm zu, ja nicht die Geduld zu verlieren. Er müsse ruhig bleiben und einfach berichten. Er bat mich, es mit ihm einzuüben, und wir taten es mehr als einmal. Sogar mit mir bekam er einen roten Kopf, wenn er zu sprechen anfing, verhaspelte sich und beschimpfte die Gegner. Ich ging manchmal zu ihm nach Hause, um ihm bei seinen Aufgaben zu helfen. Das Ende jeder Nachhilfestunde bildete die Rede fürs Rektorat. Es verging so viel Zeit, daß sogar er sie lernte, und als ich ihm endlich sagen konnte: jetzt ist es gut, fiel mir Demosthenes ein, und ich tröstete ihn mit dessen Schwierigkeiten. Nun waren wir gerüstet und warteten weiter. Es kam nie eine Reaktion, das Rektorat schwieg, auch Hunziker, den wir während seiner Stunden auf das kleinste Zeichen einer Veränderung hin beobachteten, blieb sich immer gleich. Er wurde noch trockener, überbot sich in seiner Nüchternheit und gab uns ein Aufsatzthema auf, das ich ihm nicht verzieh: ein Brief an einen Freund, in dem wir diesen bäten, uns ein Zimmer, ein Velo oder einen Photographenapparat zu bestellen.

Dafür änderte sich die Atmosphäre in der Klasse. Im Februar, vier Monate nach dem Beginn der ganzen Kampagne, ließen die Sticheleien mit einem Schlag nach. Ich traute der Sache nicht, war sicher, daß es bald wieder losgehen würde, aber diesmal täuschte ich mich. Die Kameraden waren plötzlich wie früher, wie in alter Zeit. Sie griffen nicht mehr an, sie spotteten nicht, ja es kam mir so vor, als ob sie das Wort, das alle Demütigung konzentriert enthielt, mit Bedacht vermieden. Am meisten wunderte ich mich über die eigentlichen

Feinde, von denen die Aktion ihren Ausgang genommen hatte. In ihrer Stimme klang nun etwas Herzliches mit, wenn sie sich an mich wandten, und überglücklich war ich, wenn sie mich etwas, das sie nicht wußten, fragten. Das Aufstrecken blieb auf ein Minimum reduziert, und es gelang mir, das war der Gipfel der Selbstentsagung, manchmal Dinge, die ich wußte, ganz für mich zu behalten und stumpf dazusitzen, wenn es mich in allen Gliedern juckte.

Ostern war das alte Schuljahr zu Ende; es kam zu manchen einschneidenden Veränderungen, die wichtigste davon war, daß die Lehrer nun zu uns ›Sie‹ sagten. Aus dem quadratischen, zinnenbesetzten Hauptgebäude des Gymnasiums, das schräg und etwas nüchtern in eine Biegung der ansteigenden Rämistraße hineingebaut war und die nähere städtische Landschaft hier beherrschte, wurde die Klasse in den ›Schanzenberg‹ verlegt. Dieses Haus stand gleich nebenan auf einem eigenen Hügel und hatte, da es ursprünglich gar nicht als Schulgebäude gedacht war, einen beinahe privaten Charakter. Das Klassenzimmer hatte eine Veranda und öffnete sich gegen den Garten, während der Stunden hatten wir die Fenster offen, es duftete nach Bäumen und Blüten, die Lateinsätze waren von Vogellauten begleitet. Es war beinahe so wie in Tiefenbrunnen im Garten der ›Yalta‹. Färber war sitzengeblieben, was aber nach seinen Leistungen durchaus keine Ungerechtigkeit war, er war nicht der Einzige. Die Klasse war kompakter geworden und die Stimmung in ihr blieb verändert. Alle nahmen auf ihre Weise am Unterricht teil, ich hütete mich vor der maßlosen Aufstreckerei und der Groll der anderen dagegen schien verflogen. Soweit man sich etwas wie eine Gemeinschaft in einer Schulklasse vorstellen kann, war sie hier verwirklicht. Jeder hatte seine Eigenschaften und jeder zählte. Da ich mich nicht mehr bedroht fühlte, merkte ich, daß die Kameraden nicht uninteressant waren, auch die nicht, die sich durch kein besonderes Schulwissen auszeichneten. Ich hörte ihren Gesprächen zu, erkannte meine Ahnungslosigkeit auf vielen Gebieten, die außerhalb der Schule lagen, und verlor etwas von dem Hochmut, der zum Unglück des vergangenen Winters sicher beigetragen hatte. Es wurde offenkundig, daß manche, die sich langsam entwickelt hatten, nun nachholten. In einer Art von Schachklub, der sich bildete, wurde ich häufig gründlich geschlagen. Ich geriet in die Rolle, in der andere sich früher mir gegenüber befunden hatten, ich bewunderte die besseren Spieler und begann über sie nachzudenken. Von einem Aufsatz Richard Bleulers, der so gut war, daß er öffentlich vorgelesen wurde, war ich entzückt, er war frei von allem Schulmäßigen, erfinderisch, leicht, voller phantastischer Einfälle, er war so, als ob es keine Bücher gäbe. Ich war stolz auf Bleuler, ging in der Pause auf ihn zu und sagte ihm: »Du bist ein wirklicher Dichter«, ich wollte, was er nicht wissen konnte, damit sagen, daß ich keiner sei, denn über das ›Drama‹ waren mir die Augen inzwischen schon aufgegangen. Er muß zuhause eine wunderbare Erziehung genossen haben, denn er wehrte bescheiden ab und sagte: »Das ist nichts Besonderes.« Das meinte er auch, seine Bescheidenheit war echt. Denn vor ihm hatte ich meinen Aufsatz vorlesen müssen, voll des unerklärlichen Selbstvertrauens, mit dem ich geschlagen war, und als ich in die Klasse zurücktrat und er an mir vorüber nach vorn ging, mit seinem, hatte er mir rasch zugeflüstert: »Meiner ist besser.« Das wußte er also, und nun sah ich, wie sehr es stimmte, und nun sagte er mir, als ich mich ehrlich vor ihm verneigte, ebenso ehrlich: »Das ist nichts Besonderes.« Es war mir gegenwärtig, daß er zuhause unter Dichtern lebte: seine Mutter und ihre Freundin, die Ricarda Huch, ich stellte mir vor, daß er dabei war, wenn sie ihre neuen Werke vorlasen, und fragte mich, ob die auch sagten: »Das ist nichts Besonderes.« Es war eine Lehre: man konnte etwas Besonderes machen und sich gar nichts darauf einbilden. Etwas von dieser neu erfahrenen Bescheidenheit schlug sich nun in den Briefen an die Mutter nieder, es hielt nicht lange vor, aber in der Aufgeblasenheit war nun ein Wurm, der mich daran hinderte, weitere Dramenpläne von derselben Sorte auszuführen. Das war derselbe

Bleuler, der mich durch seine Ablehnung im vergangenen Winter besonders tief gekränkt hatte, denn ich mochte ihn immer, und nun wurde mir klar, daß er guten Grund hatte, vieles an mir nicht zu mögen.

Alles in allem war es ein tief einschneidender Winter gewesen: das Einleben in die ›Yalta‹ ohne ein einziges männliches Wesen, wo ich tat, was ich wollte, von blinder Zuneigung, ja einer Art von Verhimmelung durch weibliche Wesen jeden Alters getragen; die scharfe Attacke durch den Onkel, der mich in seinen Geschäften ersticken wollte; die täglich fortgesetzte Kampagne in der Klasse. Als sie vorüber war, im März, schrieb ich der Mutter, ich hätte eine Weile lang die Menschen gehaßt, ich hätte keine Lebenslust mehr gehabt. Aber jetzt sei es anders, jetzt sei ich versöhnlich und gar nicht mehr rachsüchtig. In der nun folgenden Periode des Schanzenbergglücks, der Versöhnlichkeit und neu erwachten Menschenliebe blieb zwar manches im Zweifel, doch die Zweifel – das war etwas Neues – richteten sich gegen mich selbst.

Die Angriffe waren übrigens, wie ich später erfuhr, auf eine kluge Weise von oben abgestellt worden, ohne Lärm und Aufhebens. Die Petition, auf die ich so stolz war, war zwar in den Papierkorb gewandert, aber man hatte einzelne Kameraden auf dem Rektorat einvernommen. Die Bemerkung, die der Usteri so nebenher gemacht hatte: »Du streckst zuviel auf«, war eines ihrer Ergebnisse gewesen. Sie hatte mich, eben wegen ihrer rätselhaften Isoliertheit, tief getroffen, und ich hatte mein Benehmen dank ihr geändert. Auch bei den Gegnern muß es zu nützlichen Bemerkungen gekommen sein, sonst hätten sie ihre Kampagne nicht plötzlich eingestellt. Da alles so still geschah, mußte ich in der Periode der Demütigung den Eindruck gewinnen, daß man sich überhaupt nicht darum kümmere, doch in Wirklichkeit war das Gegenteil der Fall.

Verbotsbereitschaft

Das früheste Verbot, dessen ich mich aus der Kindheit entsinne, war ein räumliches, es bezog sich auf die Lokalität unseres Gartenhofes, in dem ich spielte, den ich nicht verlassen durfte. Es war mir nicht erlaubt, die Straße vor unserem Tor zu betreten. Ich vermag aber nicht zu bestimmen, wer dieses Verbot aussprach, vielleicht war es der stockbewehrte Großvater, dessen Haus zunächst beim Tore stand. Über seine Einhaltung wachten die kleinen bulgarischen Mädchen und der Diener; die Vorstellung von Zigeunern auf der Straße draußen, die herrenlose Kinder, wie ich oft zu hören bekam, einfach in den Sack steckten und mitnahmen, mag zu seiner Einhaltung beigetragen haben. Es muß manche andere Verbote ähnlicher Art gegeben haben, aber sie sind mir verschollen, denn sie traten hinter eines zurück, das mit Feuer und Flamme über mich hereinbrach, in einem furchtbaren Augenblick, als ich, fünfjährig, daran war zum Mörder zu werden. Damals, als ich mit erhobenem Beil, den Kriegsgesang »Jetzt werde ich Laurica töten!« auf den Lippen, auf meine Spielgefährtin losging, die mir die Einsicht in ihre Schulbuchstaben immer wieder auf die quälendste Weise versagt hatte, damals, als ich bestimmt zugeschlagen hätte, wäre es mir nur gelungen, nah genug an sie heranzukommen, damals trat mir zornig wie Gott selbst der Großvater entgegen, den Stock hoch erhoben und entwand mir das Beil. Das Entsetzen, mit dem ich dann von allen angesehen wurde, der Ernst der Familienberatungen über das mörderische Kind, die Abwesenheit des Vaters, der nichts zu mildern vermochte, so daß die Mutter, ein ungewöhnlicher Vorgang, heimlich für ihn einsprang und schwerster Bestrafung zum Trotz mich für den ausgestandenen Schrecken zu trösten versuchte, das alles, aber ganz besonders das Verhalten des Großvaters, der mich noch nachträglich unter den schrecklichsten Drohungen mit seinem Stock verprügelte, hatte eine so nachhaltige Wirkung auf mich, daß ich es als das eigentliche, das Ur-Verbot in meinem Dasein bezeichnen muß: das Verbot des Tötens.

Nicht nur wurde mir verboten, das Beil je wieder zu berühren, ich durfte auch den Küchenhof nie mehr betreten, wo ich es geholt hatte. Der armenische Diener, mein Freund, sang nicht mehr für mich, denn selbst vom Platz am Fenster des großen Wohnzimmers, von wo ich ihm immer zugesehen hatte, wurde ich weggescheucht; damit ich das Beil nie wieder gewahre, wurde mir verboten, auch nur einen Blick in den Küchenhof zu tun, und als es mir einmal, aus Sehnsucht nach dem Armenier, gelang, unbemerkt ans Fenster zu schleichen, war das Beil verschwunden, das Holz lag unzerhackt da, der Armenier, der müßig dastand, blickte mich vorwurfsvoll an und hieß mich durch ein Zeichen der Hand schleunigst verschwinden.

Es war eine immer wiederkehrende Erleichterung für mich, daß ich nicht zugeschlagen hatte, der Großvater hielt mir noch Wochen danach vor, wie tot – wäre mir mein Vorhaben gelungen – Laurica gewesen wäre, wie sie in ihrem Blute liegend ausgesehen hätte, wie ihr Gehirn aus dem gespaltenen Schädel herausgequollen wäre, wie sie nie mehr aufgestanden wäre, nie mehr gesprochen hätte, wie ich, zur Strafe in eine kleine Hundehütte gesperrt, ganz allein, von allen ausgestoßen mein Leben zugebracht hätte, nie in die Schule gekommen, nie lesen und schreiben gelernt hätte, wie ich vergeblich darum gebettelt und geweint hätte, daß Laurica zum Leben zurückkehre und mir verzeihe, wie es keine Verzeihung für einen Mord gäbe, denn der Tote sei nie mehr in der Lage, sie zu gewähren.

Das also war mein Sinai, das mein Verbot, so ist meine wahre Religion aus einem ganz bestimmten, persönlichen, nie wiedergutzumachenden Ereignis entstanden, das trotz des Mißlingens mir anhaftete, solange ich dem Großvater auf dem Gartenhof begegnete. Wann immer ich ihn sah, in den Monaten danach, schwang er drohend seinen Stock und erinnerte mich an die Schlechtigkeit, deren ich fähig gewesen wäre, wäre er nicht im letzten Augenblick dazwischengekommen. Auch bin ich, ohne es beweisen zu können, davon überzeugt, daß der Fluch, mit dem er nicht viele Monate später meinen Vater vor der Übersiedlung nach England traf, mit dem wilden Gebaren des Enkels zusammenhing, so als hätte ich ihn zu den Strafen und Drohungen veranlaßt, an denen seine Herrschaft über uns schließlich zerbrach.

Unter der Herrschaft dieses Verbots zu töten bin ich aufgewachsen, und wenn auch kein späteres je seine Wucht und Bedeutung erlangte, so bezogen sie doch alle aus ihm ihre Kraft. Es genügte, etwas klar als Verbot zu bezeichnen, neue Drohungen wurden nicht ausgesprochen, die alte hielt vor, das Wirksamste waren die entsetzlichen Bilder, die man mir als die Folgen einer gelungenen Mordtat vorgemalt hatte: der gespaltene Kopf, das herausquellende Gehirn, und wenn später, nach dem Tode des Vaters, der Großvater sich mir gegenüber in den mildesten aller Tyrannen verwandelte, so änderte das nichts an den Schrecken, die er heraufbeschworen hatte. Erst jetzt, da ich diese Dinge ein wenig bedenke, begreife ich, warum ich Hirn und andere Innereien eines Tieres nie zu berühren vermochte, es waren Speiseverbote, die sich mir von selber auferlegten.

Ein anderes Speiseverbot, das dem frühesten Religionsunterricht in Manchester entsprang, wurde durch eine grausame Aktion der Mutter im Keim zerstört. Im Hause Florentin in der Barlowmore Road versammelten sich einige Knaben der näheren Bekanntschaft zu Religionsstunden. Sie wurden von Mr. Duke erteilt, einem jungen, spitzbärtigen Manne, der aus Holland stammte. Wir waren unser nicht mehr als sechs oder sieben. Arthur, der Sohn des Hauses, mein bester Freund, war dabei. Nur männliche Wesen waren zugegen, und wenn Mirry, die ältere Schwester Arthurs, das Zimmer betrat, in dem wir versammelt saßen, aus Neugier vielleicht oder um etwas zu suchen, verstummte Mr. Duke und wartete schweigend, bis sie das Zimmer wieder verlassen hatte. Es mußte etwas sehr Geheimnisvolles sein, was er uns zu sagen hatte. Die Geschichte von Noah und der Arche, die er erzählte, war mir nicht neu. Wohl aber überraschte er mich mit Sodom und

Gomorrha, vielleicht war das das Geheimnis, denn eben als Lots Frau daran war, zur Salzsäule zu erstarren, trat das englische Stubenmädchen ins Zimmer und holte etwas aus der Lade des Buffets. Diesmal verstummte Mr. Duke mitten im Satz. Lots Frau hatte sich leichtfertig umgesehen und wir erwarteten aufs höchste gespannt ihre Strafe. Mr. Duke machte ein finsteres Gesicht, er runzelte die Stirn und folgte den Bewegungen des Stubenmädchens mit unverhohlener Mißbilligung. Lots Frau bekam Aufschub, als das Stubenmächen draußen war, rückte er näher an uns heran und sagte, beinahe flüsternd:»Sie mögen uns nicht. Es ist besser, sie hören nicht, was ich euch sage.« Dann wartete er ein wenig und verkündete mit feierlicher Stimme:»Wir Juden essen kein Schweinefleisch. Das mögen sie nicht, sie essen gern ihren Bacon zum Frühstück. Ihr dürft kein Schweinefleisch essen.« Es war wie eine Verschwörung, und obwohl Lots Frau noch immer nicht erstarrt war, sank das Verbot tief in mich ein und ich beschloß, um nichts in der Welt je Schweinefleisch zu essen. Dann erst räusperte sich Mr. Duke, kehrte zu Lots Frau zurück und verkündete uns, die wir atemlos zuhörten, ihre salzige Strafe.

Ich kehrte, vom neuen Verbot erfüllt, in die Burton Road zurück, den Vater konnte ich nicht mehr fragen. Aber der Mutter berichtete ich, was geschehen war, Sodoms Untergang verband sich mit dem Schweinefleisch, sie lächelte, als ich erklärte, daß der Bacon, den die Gouvernante zum Frühstück aß, uns verboten sei, sie nickte nur, ohne mir zu widersprechen, und so nahm ich an, daß sie, obwohl eine Frau, wie Mr. Duke gesagt hätte, »zu uns« gehöre.

Nicht lange danach nahmen wir zu dritt, Mutter, Gouvernante und ich, im Speisezimmer das Mittagessen ein. Es gab ein rötliches Fleisch, das ich nicht kannte, es war sehr salzig und schmeckte mir gut. Ich wurde zu noch einem Stück davon aufgemuntert, das ich gerne aß. Dann sagte die Mutter in unschuldigem Ton:»Das hat dir doch geschmeckt, nicht wahr?«»O ja, sehr gut, kriegen wir das bald wieder?«»Das war Schweinefleisch«, sagte sie. Ich dachte, sie verspotte mich, aber es war ihr Ernst. Ich spürte, wie mir übel wurde, ging hinaus und erbrach mich. Sie nahm davon wenig Notiz. Die Sache mit dem Mr. Duke paßte ihr nicht, sie war entschlossen, das Tabu zu brechen, es war ihr gelungen, ich wagte mich nach dem Geschehenen nicht mehr unter seine Augen, und mit dieser Form von Religionsunterricht war es zu Ende.

Vielleicht lag der Mutter daran, zur einzigen Instanz zu werden, von der Verbote wie Gebote verkündigt wurden. Da sie sich entschlossen hatte, ihr Leben ganz uns zu widmen, die volle Verantwortung für uns zu übernehmen, litt sie keine Einwirkung von außen, die tiefer ging. Von den Dichtern, die sie las, wie andere die Bibel, bezog sie die Gewißheit, daß es auf die eigentliche Ausbildung der verschiedenen Religionen nicht ankomme. Sie dachte, man müsse das finden, was ihnen gemeinsam sei, und sich danach richten. Sie mißtraute allem, was zum akuten, blutigen Kampfe der Religionen gegeneinander führte, und meinte, daß es von wichtigeren Dingen ablenke, die der Mensch noch zu meistern habe. Sie war der Überzeugung, daß Menschen zum Schlimmsten imstande seien, und daß sie noch Kriege gegeneinander führten, sei es ein unwiderleglicher Beweis dafür, wie sehr alle Religionen gescheitert wären. Als gar nicht lange danach Geistliche aller Konfessionen sich dazu hergaben, die Waffen zu segnen, mit denen Menschen, die sich nie zuvor gesehen hatten, aufeinander losgingen, wurde ihr Abscheu so stark, daß sie ihn – schon in der Wiener Zeit – nicht ganz vor mir zu verbergen vermochte.

Vor den Einwirkungen solcher Instanzen wollte sie mich um jeden Preis bewahren und merkte nicht, daß sie dadurch selbst zur letzten Quelle aller Verkündigungen wurde. Die Kraft der höchsten Verbote war nun bei ihr. Da sie nie dem Wahnwitz verfiel, sich für etwas Göttliches zu halten, wäre sie sehr erstaunt gewesen, hätte ihr jemand erklärt, wie ungeheuerlich das war, was sie auf sich genommen hatte. Mit der armseligen Geheimtuerei des Mr. Duke war sie rasch fertig geworden. Viel schwerer war es für sie, gegen den Großvater zu bestehen. Seine Autorität war durch seinen Fluch erschüttert, und daß dieser, wie er glauben mußte, gewirkt hatte, nahm ihm seine Sicherheit uns gegenüber. Er fühlte sich wirklich schuldig, wenn er mich küßte und als Waise bedauerte. Das Wort berührte mich peinlich, wann immer er es gebrauchte, denn es klang so, als wäre die Mutter nicht auf der Welt, er sagte es aber, was ich nicht wußte, gegen sich, es war seine Art, sich seine Schuld vorzuwerfen. Nur halben Herzens führte er den Kampf um uns gegen die Mutter, und hätte sie selber nicht an ihrer Schuld getragen, sie hätte ihn sehr leicht bestanden. Sie waren beide geschwächt, aber da seine Schuld die unvergleichlich größere war, zog er den kürzeren.

Alle Autorität konzentrierte sich in ihr. Ich glaubte ihr blind, es bereitete mir ein Glücksgefühl, ihr zu glauben, und sobald es um etwas Folgenreiches und Gewichtiges ging, erwartete ich ihren Spruch wie andere den eines Gottes oder seines Propheten. Ich war zehn, als sie mir das zweite, große Tabu auferlegte, nach jenem viel früheren gegen das Töten, das vom Großvater ausging. Dieses richtete sich gegen alles, was mit geschlechtlicher Liebe zusammenhing: Sie wollte es möglichst lange vor mir verborgen halten und überzeugte mich davon, daß ich nicht daran interessiert sei. Ich war es damals wirklich nicht, aber ihr Tabu behielt seine Kraft während der ganzen Züricher Zeit, ich war beinahe 16 und hörte noch immer weg, wenn die Kameraden über die Dinge sprachen, die sie am meisten beschäftigten. Ich war dann nicht so sehr von Abscheu erfüllt – höchstens manchmal und bei besonders drastischen Gelegenheiten –, sondern von ›Langeweile‹. Ich, der ich Langeweile nie gekannt hatte, beschloß, daß es langweilig sei, von Dingen sprechen zu hören, die es gar nicht wirklich gäbe, und noch mit 17 in Frankfurt erregte ich das Staunen eines Freundes, als ich behauptete, daß Liebe eine Erfindung der Dichter sei, das gäbe es gar nicht, in Wirklichkeit sei es alles ganz anders. Zu dieser Zeit war ich gegen die Jambendichter, die meine Vorstellungen lange beherrscht hatten, mißtrauisch geworden und erweiterte sozusagen das Tabu der Mutter, indem ich auch die ›hohe‹ Liebe darin einbezog.

Während dieses Verbot dann bald auf natürliche Weise zerfiel, blieb das des Tötens unerschüttert bestehen. Es ist von den Erfahrungen eines ganzen, bewußten Lebens so sehr genährt worden, daß ich an seiner Berechtigung nicht zu zweifeln vermöchte, auch wenn ich es mir nicht durch meinen eigenen Mordversuch fünfjährig schon erworben hätte.

Die Mäuse-Kur

Vor Mäusen wurde die Mutter schwach und verlor jede Beherrschung. Kaum hatte sie etwas Schlüpfendes gewahrt, schrie sie auf, unterbrach, was immer sie eben tat – es konnte passieren, daß sie einen Gegenstand, den sie in der Hand hielt, fallen ließ –, und lief kreischend davon, wobei sie sich, wohl um auszuweichen, in den sonderbarsten Zickzacklinien bewegte. Das war ich gewöhnt; seit ich denken konnte, hatte ich es an ihr erlebt, aber solange der Vater da war, berührte es mich nicht sehr, er war gern ihr Schützer und verstand es, sie zu beruhigen. Im Nu hatte er die Maus verscheucht und nahm die Mutter in die Arme, hob sie vom Boden auf, trug sie wie ein Kind im Zimmer herum und fand für sie beschwichtigende Worte. Dazu machte er, fast möchte ich sagen, zwei verschiedene Gesichter: ein ernstes, durch das er ihren Schrecken anerkannte und teilte, ein lustiges, das seine Aufklärung verhieß und vielleicht auch für uns Kinder bestimmt war. Eine neue Mausefalle wurde dann bedächtig und umständlich aufgestellt, er hielt sie ihr erst vor die Augen, ihre Wirksamkeit preisend, lobte das unwiderstehliche Stück Käse darin und führte ein paarmal vor, wie sicher sie sich schloß. Dann, so rasch wie es gekommen war, war es alles vorüber. Die Mutter, die wieder auf ihren eigenen Füßen stand, lachte und sagte: »Was täte ich ohne dich, Jacques!« Es kam noch ein Seufzer: »Uff! Zu dumm!«, und sobald das »Uff!« einmal ausgestoßen war, erkannten wir sie und sie war wieder wie früher.

In Wien, als kein Vater mehr da war, versuchte ich, seine Rolle zu übernehmen, aber das war schwierig. Ich konnte sie nicht in die Arme nehmen, ich war zu klein, ich hatte nicht seine Worte, auf die Maus hatte ich nicht denselben Einfluß wie er, sie schoß hübsch lange im Zimmer hin und her, bevor ich sie los wurde. So trachtete ich zuerst einmal, die Mutter in ein anderes Zimmer zu verscheuchen, ob das gelang, hing von ihrer Panik ab, die nicht immer gleich stark war. Manchmal war sie so kopflos, daß sie erst recht im Zimmer blieb, wo die Maus sich gezeigt hatte, dann hatte ich besonders schwere Arbeit, denn ihre eigenen Zickzackbewegungen kreuzten sich mit denen der Maus, beide rannten eine Weile hin und her, aufeinander zu, als könnten sie es nicht lassen, sich gegenseitig Schrecken zu bereiten, voneinander fort, aufeinander zu, ein widersinniges Treiben. Fanny, die das Geschrei schon kannte, kam von selbst aus der Küche mit einer neuen Falle, das war *ihr* Amt, und sie war es eigentlich, die die wirksamen Worte fand, die immer an die Maus gerichtet waren: »Da ist Speck für dich, dummes Tier! Jetzt fang dich!«

Statt der Erklärungen, die ich später von der Mutter verlangte, kamen nur Geschichten aus ihrer Mädchenzeit: wie sie auf Tische zu springen pflegte, von denen sie nicht herunterging; wie sie ihre beiden älteren Schwestern mit ihrer Angst ansteckte, die dann auch im Zimmer herumzurennen pflegten, wie sie einmal alle drei sich auf denselben Tisch flüchteten, da standen sie nun oben nebeneinander und ein Bruder sagte: »Soll ich auch noch zu euch hinaufkommen?« Es gab keine Erklärung, sie versuchte nicht, eine zu finden, sie wollte sich in das Mädchen zurückverwandeln, das sie einmal war, und ihre einzige Gelegenheit dazu war das Erscheinen einer Maus.

Später, in der Schweiz, wann immer wir Hotelzimmer bezogen, war ihre erste Frage an das Stubenmädchen, dem sie zu diesem Zweck eigens klingelte, ob es hier Mäuse gebe. Mit einfachen Antworten gab sie sich nicht zufrieden, sie fragte auf mehrere, für die Antwortende verfängliche Weisen, um ihr auf Widersprüche zu kommen. Ganz besonderen Wert legte sie darauf zu erfahren, wann die letzte Maus im Hotel gesehen worden sei, in welchem Stock, in welchem Zimmer, wie weit entfernt von dem unseren, denn es läßt sich denken, daß in diesem keine Maus sich je gezeigt hatte. Es war schon merkwürdig, wie dieses Kreuzverhör sie beruhigte: Kaum war es zu Ende, ließ sie sich häuslich nieder und packte aus. Sie ging ein paarmal mit Kennermiene im Zimmer auf und ab, machte ihre Bemerkungen über die Einrichtung, trat auf den Balkon hinaus und bewunderte die Aussicht. Sie war dann wieder so souverän und sicher, wie ich sie mochte.

Je älter ich wurde, um so mehr schämte ich mich ihrer Verwandlung, wenn die Mäuseangst über sie kam. In der Yalta-Zeit unternahm ich einen wohlausgedachten Versuch, sie davon zu kurieren. Zweimal im Jahr kam sie mich besuchen und blieb dann mehrere Tage in der ›Yalta‹. Sie bekam ein schönes, großes Zimmer im ersten Stock, unterließ es nie, ihre Fragen an die Damen Herder zu stellen, die kein ganz reines Gewissen in dieser Sache hatten; sie eigneten sich auch gar nicht zu einem Kreuzverhör, wichen aus, lachten und nahmen die Sache so wenig ernst, daß die Mutter, um ruhig schlafen zu können, dann mit mir begann und mich vielleicht eine ganze Stunde lang befragte. Das war, da ich mich auf das Wiedersehen so sehr gefreut hatte und es unendlich viel Gespräche gab, die ich mit ihr vorhatte, ein unwürdiger Beginn. Auch die lügnerischen Antworten, die der Beruhigung dienten, waren nicht nach meinem Geschmack. Als früher Anhänger des Odysseus mochte ich wohl komplett erfundene Geschichten, in denen man zu jemandem anderen wurde und sich verbarg, nicht aber kurzbeinige Lügen, die keine dichtende Aktivität erforderten. So packte ich einmal, sie war eben angekommen, die Sache nach Art des Odysseus an und sagte kurz entschlossen, ich hätte etwas Wunderbares erlebt und müsse ihr davon berichten: in meinem kleinen Dachzimmer oben hätte eine Versammlung von Mäusen stattgefunden. Im Scheine des Vollmondes hätten sie sich eingefunden, viele, sicher ein Dutzend, und da hätten sie sich nun im Kreis bewegt und getanzt. Von meinem Bett aus hätte ich sie beobachten können, jede Einzelheit war zu sehen, es war so hell, es sei wirklich ein Tanz gewesen, kreisförmig, immer in einer Richtung, nicht so rasch, wie sie sich sonst bewegten, eher ein Schleifen als ein Schlüpfen, und eine Mäusemutter sei dabeigewesen, die ihr Junges im Maul hielt und mittanzte. Es sei nicht zu sagen, wie zierlich dieses Kleine, das ihr halb im Maule steckte, ausgesehen habe, aber ich hätte den Eindruck gehabt, daß die kreisende Bewegung der Mutter mit den anderen ihm nicht angenehm gewesen sei, es habe kläglich zu piepsen begonnen, und da die Mutter durch den Tanz gefesselt war und ihn nicht unterbrechen mochte, habe es immer lauter gepiepst, bis die Mutter zögernd, vielleicht sogar etwas unwillig aus der Reihe trat und ein wenig abseits vom Kreise, aber noch im Mondlicht, dem Kleinen zu trinken gab. Ein Jammer, daß sie das nicht selber gesehen habe, es sei wie bei Menschen gewesen, die Mutter biete dem Säugling die Brust, ich hätte vergessen, daß es Mäuse seien, so menschenähnlich sei es gewesen, und erst als mein Blick wieder auf die Tanzenden fiel, sei es mir zu Bewußtsein gekommen, aber auch das Tanzen habe nichts Mäuse-Ähnliches an sich gehabt, es sei zu regelmäßig, zu beherrscht dazu gewesen.

Die Mutter unterbrach mich und fragte hastig, ob ich zu jemandem davon gesprochen hätte. Nein, natürlich nicht, so was könne man doch nicht erzählen, das glaube einem ja niemand, die Bewohner der ›Yalta‹ würden denken, ich sei verrückt geworden, ich würde mich wohl davor hüten, ihnen etwas zu sagen. »Du weißt also, wie sonderbar deine Geschichte klingt. Du hast es geträumt.« Aber ich merkte, trotz der Zweifel, die sie äußerte, daß sie es lieber wahrgehabt hätte. Die säugende Mausmutter traf sie tief, sie fragte nach Einzelheiten, immer wieder, je genauer ich ihr Rede stand, um so mehr hatte ich das Gefühl, daß die Sache eigentlich wahr sei, obwohl mir sehr wohl bewußt war, daß ich die Geschichte erfunden hatte. Ihr ging es ähnlich, sie warnte mich davor, zu den Hausgenossen davon zu sprechen, je mehr ich darauf bestand, daß ich nicht geträumt hätte, je mehr Beweise ich dafür anführte, um so wichtiger schien es ihr, daß ich nichts darüber sage, ich solle lieber erst den nächsten Vollmond abwarten und sehen, was sich dann begebe. Ich hatte noch geschildert, wie der Tanz angedauert habe, bis der Mond sich so weit entfernt habe, daß er nicht mehr in mein Zimmer schien. Die Mausmutter sei aber nicht etwa in den Kreis der Tanzenden zurückgetreten, sie sei noch lange mit ihrem Kleinen beschäftigt gewesen, das sie abgeputzt habe, nicht mit den Pfötchen, sondern mit ihrer Zunge. Kaum schien der Vollmond nicht mehr ins Zimmer, seien sie alle zusammen verschwunden. Ich hätte dann gleich Licht gemacht und mir die Gegend am Fußboden genauer angeschaut, da hätte ich dann Spuren von Mäusen gefunden. Das hätte mich enttäuscht, denn der Tanz sei so feierlich gewesen, Menschen hätten sich während einer solchen Gelegenheit bestimmt nicht einfach gehen lassen. »Du bist ungerecht«, sagte sie, »das sieht dir ähnlich. Du erwartest zu viel. Es sind doch keine Menschen, selbst wenn sie eine Art von Tanz haben.« »Aber wie sie dem Kleinen zu trinken gab, das war wie bei Menschen.« »Das stimmt«, sagte sie, »das stimmt. Ich bin sicher, daß es nicht die säugende Mutter war, die sich gehen ließ.« »Nein, die war's nicht, die Spuren waren an anderen Stellen.« Mit solchen und ähnlichen Einzelheiten befestigte ich ihren Glauben. Wir kamen überein, die Sache für uns zu behalten. Ich möge nicht versäumen, ihr beim nächsten Vollmond nach Arosa zu berichten.

Damit war der Mäuse-Schrecken der Mutter aufgelöst. Auch in späteren Jahren hütete ich mich davor, ihr zuzugestehen, daß ich es alles erfunden hatte. Auf vielerlei Arten suchte sie an der Geschichte zu rütteln, sei es durch Spott über meine Einbildungskraft, die mir selber etwas vormache, sei es durch Besorgnis über meinen lügenhaften Charakter. Ich aber blieb dabei, daß ich's genau so gesehen hätte, allerdings nur dieses einzige Mal. Kein Vollmond brachte die Mäuse wieder, vielleicht hatten sie sich in meinem Dachzimmer beobachtet gefühlt und verlegten ihren Tanz an eine weniger gefährdete Stelle.

Der Gezeichnete

Nach dem Abendessen, das wir zusammen an einem langen Tisch im Untergeschoß des Hauses einnahmen, schlich ich in den Obstgarten. Er lag abseits, von den eigentlichen Gründen der ›Yalta‹ durch einen Zaun getrennt, man betrat ihn nur zur Zeit der Obsternte gemeinsam, sonst war er vergessen. Eine Bodenerhebung verbarg ihn vor den Blicken der Hausbewohner, niemand vermutete einen dort, man wurde nicht gesucht, selbst Rufe vom Haus klangen so gedämpft, daß man sie überhören durfte. Sobald man unbemerkt durch die kleine Öffnung im Zaun geschlüpft war, fand man sich allein in der Abenddämmerung und war für jedes stumme Ereignis offen. Es saß sich leicht neben dem Kirschbaum auf einer kleinen Erhöhung des Rasens. Von hier hatte man einen freien Blick auf den See und folgte der unaufhaltsamen Veränderung seiner Farbe.

An einem Sommerabend erschien ein beleuchtetes Schiff, es bewegte sich so langsam, daß ich dachte, es stehe still. Ich sah es, als hätte ich nie ein Schiff gesehen, es war das einzige, außer ihm war nichts. Neben ihm war Dämmerung und allmähliches Dunkel. Es war hell erleuchtet, seine Lichter bildeten ihr eigenes Gestirn, daß es auf Wasser war, empfand man an der schmerzlosen Ruhe seines Gleitens. Seine Lautlosigkeit breitete sich aus als Erwartung. Es leuchtete lang, ohne Flackern und nahm Besitz von mir, als wäre ich um seinetwillen in den Obstgarten gekommen. Ich hatte es nie zuvor gesehen, aber ich erkannte es wieder. In der vollen Stärke seiner Lichter entschwand es. Ich ging ins Haus und sprach zu niemand, worüber hätte ich sprechen können.

Ich ging Abend für Abend hin und wartete, ob es käme. Ich wagte nicht, es der Zeit anzuvertrauen, ich hatte Scheu davor, es der Uhr in die Zeiger zu legen. Ich war sicher, daß es wieder erscheinen würde. Aber es wechselte seine Zeiten und erschien nicht mehr, es wiederholte sich nicht und blieb ein unverfängliches Wunder.

Eine unheimliche Figur unter den Lehrern war Jules Vodier, den wir eine Zeitlang für Französisch hatten. Er fiel mir auf, schon bevor er zu uns kam: er trug einen Hut, wo immer er ging, auch auf den Korridoren der Schule, und ein düsteres, erstarrtes Lächeln. Ich fragte mich, wer er sei, aber ich hatte Scheu davor, andere nach ihm zu befragen. Sein Gesicht hatte keine Farbe, er schien vorzeitig gealtert, ich sah ihn nie mit einem anderen Lehrer sprechen. Er wirkte, als wäre er immer allein, nicht aus Hochmut, nicht aus Verachtung, sondern aus einer schrecklichen Entrücktheit, so, als höre und sehe er nichts um sich herum, als sei er ganz woanders. Ich nannte ihn »die Maske«, behielt aber den Namen für mich, bis er eines Tages in der Klasse erschien, den Hut auf dem Kopf, unser Französischlehrer. Er sprach – immer lächelnd – leise, rasch, mit französischem Akzent, sah keinem von uns ins Gesicht und nun war es, als ob er angestrengt in die Ferne höre. Er ging unruhig auf und ab, mit dem Hut sah es aus, als ob er jeden Augenblick davongehen wolle. Er trat hinter das Katheder, legte den Hut ab, kam wieder hervor und stellte sich vor die Klasse. Da hatte er, im oberen Teil der Stirn, ein tiefes Loch, das der Hut verdeckt hatte. Nun wußten wir, warum er ihn immer trug und sich ungern von ihm trennte.

Das Interesse der Klasse war durch dieses Loch geweckt und bald hatte man herausgebracht, wer Vodier war und worum es sich handelte. Von unseren Nachforschungen wußte er nichts, aber er war gezeichnet, und da er sein Loch auf dem Kopf nicht mehr verbarg, mußte er annehmen, daß wir sein Schicksal kannten. Vor vielen Jahren hatte er mit einem anderen Lehrer zusammen eine Klasse auf einem Ausflug in die Berge begleitet. Eine Lawine ging nieder und verschüttete sie. Neun Schüler und der andere Lehrer kamen um, die übrigen wurden lebend ausgegraben, Vodier mit einer schweren Verletzung am Kopf, es war zweifelhaft, ob er davonkommen würde. Vielleicht haben sich die Zahlen in meiner Erinnerung verändert, aber kein Zweifel kann daran bestehen, daß es das furchtbarste Unglück war, von dem die Schule je betroffen wurde.

Mit diesem Kainsmal behaftet lebte Vodier weiter und unterrichtete an derselben Schule. Wie hätte er mit der Frage der Verantwortung je fertig werden können. Der Hut, der ihn vor neugierigen Blicken schützen mochte, schützte ihn nicht vor sich. Er legte ihn nie für lange ab, bald holte er ihn wieder vom Katheder und setzte ihn auf und ging wieder seinen Weg des Gehetzten. Die Sätze, die er für den Unterricht gebrauchte, waren von ihm abgetrennt, als spräche sie ein anderer, sein Lächeln war sein Entsetzen, das war er. Ich dachte an ihn, er ging in meine Träume ein, ich horchte wie er auf das Sichnähern der Lawine. Wir hatten ihn nicht lange als Lehrer, ich war erleichtert, als er uns verließ. Ich glaube, er wechselte oft die Klassen. Vielleicht ertrug er es nicht, zu lange mit denselben Schülern zu sein, vielleicht verwandelten sie sich ihm alle bald zu Opfern. Ich sah ihn noch manchmal auf dem Gange und grüßte vorsichtig, er bemerkte es nicht, er bemerkte niemanden. In der Klasse wurde nicht über ihn gesprochen, er war der einzige Lehrer, den niemand nachzumachen versuchte. Ich vergaß ihn und habe nie wieder an ihn gedacht, erst mit dem beleuchteten Schiff ist sein Bild wieder vor mir erschienen.

Ankunft der Tiere

Ein Lehrer, wie man ihn sich wünscht, energisch und hell, war Karl Beck. Rasch wie ein Wind betrat er die Klasse, schon stand er vorn, er verlor keine Zeit, schon war er mitten in der

Sache. Er war aufrecht und schmal, er hielt sich sehr gerade ohne eine Spur von Steifheit. Lag es an seinem Gegenstand, daß sich sein Unterricht ohne private Komplikationen abspielte? Seine Mathematik war klar und wandte sich an jeden. Er machte zwischen uns keine Unterschiede, jeder bestand für ihn zu recht. Aber er freute sich ungescheut, wenn man gut mitging, er hatte eine Art, es zu zeigen, die man nicht als Bevorzugung empfand, auch seine Enttäuschung konnte keiner als Benachteiligung empfinden. Er hatte – für sein Alter – nicht sehr viel Haare, aber die, die er hatte, waren seidig und gelb, wenn ich ihn sah, hatte ich das freudige Gefühl von Strahlen. Es war aber nicht so, daß er einen durch Wärme bezwang, viel eher durch eine Art von Furchtlosigkeit. Er warb um uns so wenig, wie er uns bedrückte. Ein ganz leichter Spott lag auf seinem Gesicht, aber keine Spur von Ironie, Überlegenheit vormachen war nicht seine Sache, es war eher, als hätte er seinen Spott aus Schülertagen behalten und müsse sich nun ein wenig Mühe geben, als Lehrer ihn nicht zu zeigen. Er muß ein Mensch von Kritik gewesen sein, das erkenne ich in der Erinnerung an ihn: die Distanz, die er hielt, war eine geistige. Er wirkte nicht durch Gewicht, wozu Lehrer neigen, er wirkte durch das Gleichmaß seiner Vitalität und durch Klarheit. So wenig Furcht hatte die Klasse vor ihm, daß sie anfangs einen Versuch unternahm, sich über ihn herzumachen. Eines Tages empfing sie ihn mit Gebrüll, er stand schon in der offenen Tür, die Klasse brüllte weiter. Er sah sich die Sache sehr kurz an, sagte zornig: »Ich gebe keinen Unterricht!«, schlug die Türe hinter sich zu und war verschwunden. Keine Strafe, kein Gericht, keine Untersuchung, er war einfach nicht da. Die Klasse blieb mit ihrem Gebrüll allein, und was erst als Sieg betrachtet wurde, endete mit einem Gefühl von Lächerlichkeit und verpuffte.

Unser Lehrbuch für Geographie war von Emil Letsch verfaßt und wir hatten ihn auch als Lehrer. Ich kannte sein Buch, bevor er zu uns kam, ich kannte es halb auswendig, denn es enthielt sehr viel Zahlen. Die Höhe von Bergen, die Länge von Flüssen, die Bevölkerungszahlen von Ländern, Kantonen und Städten, was sich in Zahlen ausdrücken läßt, hatte ich mir eingeprägt und habe noch immer an diesen meist veralteten Zahlen zu leiden. Auf den Verfasser solchen Reichtums setzte ich große Erwartungen, wer ein Buch geschrieben hatte, war eine Art Gott für mich. Es stellte sich aber heraus, daß dieser Verfasser von Gott nur den Grimm hatte und sonst gar nichts. Letsch kommandierte mehr, als er unterrichtete, und zu jedem Gegenstand, den er erwähnte, fügte er den Preis hinzu. Er war so streng, daß er kein einziges Mal lächelte oder lachte. Mich langweilte er bald, weil er nie etwas sagte, was nicht schon in seinem Buche stand. Er war knapp bis zur Tollheit und erwartete dieselbe Knappheit von uns. Die schlechten Noten prasselten wie Prügel über die Klasse nieder, er war verhaßt, so sehr, daß dieser Haß bei vielen seiner Schüler zur einzigen Erinnerung an ihn wurde. Ich hatte noch nie einen so konzentriert grimmigen Menschen gesehen, denn andere, auch grimmig, äußerten sich ausführlicher. Vielleicht war es eine Gewöhnung ans Befehlen, vielleicht war es mehr Wortkargheit als Grimm. Aber die Nüchternheit, die sich von ihm ausbreitete, hatte eine lähmende Wirkung. Er trug einen Spitzbart, er war ein kleiner Mann, das mag zu seiner Entschiedenheit beigetragen haben.

Ich gab die Hoffnung nie auf, einmal etwas von ihm zu erfahren, was seine Befassung mit Geographie, er war sogar auf Expeditionen gewesen, gerechtfertigt hätte. Aber die Verwandlung, die ich an ihm erlebte, war anderer Art. Bei einem Vortrag über die Karolinen- und Marianen-Inseln, zu dem mich Fräulein Herder in ein Zunfthaus mitgenommen hatte, war er zugegen. Der Vortragende war General Haushofer aus München, ein gelehrter Geopolitiker, nicht nur im Rang unserem Letsch überlegen. Es war ein reichhaltiger Vortrag, bestimmt und klar, der mir den Anstoß zur späteren Befassung mit den Südseeinseln gab. In seiner Tendenz war er mir nicht angenehm, ich dachte, es sei der militärische Habitus des Sprechers, was mir mißfiel, und erfuhr Genaueres über ihn erst später. Aber ich lernte sehr viel in dieser kurzen Stunde und befand mich in der expansiven, heiteren Stimmung, die sich bei solchen Gelegenheiten einstellt, als Professor Letsch Fräulein Herder plötzlich grüßte. Sie waren alte Bekannte von einer gemeinsamen Kreta-Reise her, und da er in Zollikon wohnte, hatten wir denselben Heimweg. Ich traute meinen Ohren nicht, als ich ihn mit Fräulein Mina konversieren hörte. Er sprach drei, vier, fünf Sätze hintereinander, er lächelte, er lachte. Er drückte sein Erstaunen darüber aus, daß ich in der Villa ›Yalta‹ wohnte, die er noch als Mädchenpensionat in Erinnerung hatte. Er sagte: »Daher die Geographie bei unserem Jüngling. Das hat er von Ihnen, Fräulein Herder!« Aber das war das wenigste: er erkundigte sich nach den anderen Damen, die er mit Namen nannte. Er fragte Fräulein Herder, ob sie oft nach Italien komme. Die Gräfin Rasponi habe er vor einem Jahr auf der Insel Djerba getroffen. So ging es auf dem ganzen Heimweg hin und her, ein umgänglicher, ein fast höflicher Mann, der sich schließlich noch nachdrücklich, ja herzlich, wenn auch etwas heiser von uns verabschiedete.

Auf der Reise, sagte Fräulein Mina, habe er alle Preise gewußt und nie einen Schwindel geduldet. Die Preise, die der Mann im Kopf gehabt habe – sie könne es heute noch nicht fassen.

Letschs Unterricht hat mir nichts bedeutet und sein Buch hätte ebensogut ein anderer geschrieben haben können. Wohl aber danke ich ihm das Erlebnis seiner plötzlichen Verwandlung, das letzte gewiß, was ich von ihm erwartet hätte.

Besseres wäre von Karl Fenner zu berichten, dem Lehrer für Naturgeschichte. Hier verschwindet mir der Mann in der immensen Landschaft, die er vor mir auftat. Er hat nicht etwas weitergeführt, wozu zuhause der Grund gelegt wurde, er hat mit etwas vollkommen Neuem begonnen. Die Naturvorstellungen der Mutter waren konventioneller Art. Sie schwärmte nicht sehr überzeugend von Sonnenuntergängen und suchte die Wohnungen, die wir bezogen, gern so aus, daß die Zimmer, in denen wir uns zumeist aufhielten, nach Westen gingen. Sie liebte die Obstgärten ihrer Kindheit, weil sie Früchte und den Geruch von Rosen liebte. Bulgarien war für sie das Land der Melonen, der Pfirsiche und Trauben, das war Sache ihres stark entwickelten Geschmacks- und Geruchssinns. Wir hatten aber keine Tiere im Haus und sie hat über Tiere nie ernsthaft zu mir gesprochen, es sei denn, sie betrachtete sie als Leckerbissen. Sie schilderte, wie Gänse in ihrer Kindheit gemästet wurden, und während ich vor Empörung und Mitleid verging, bemerkte sie, wie gut solche fetten Gänse schmeckten. Sie war sich der Grausamkeit der Mastprozedur sehr wohl bewußt, und der unerbittliche Daumen einer Magd, die mehr und mehr Maisbrei in den Schnabel des Vogels stopfte, den ich nur aus ihrer Schilderung kannte, wurde zu einem Schreckensbild von Träumen, in denen ich selbst, zur Gans geworden, gestopft und gestopft wurde, bis ich schreiend erwachte. Sie war imstande zu lächeln, wenn sie von solchen Dingen sprach, und ich wußte, daß sie dann an den Geschmack von Gänsen dachte. Eine einzige Art von Tieren hat sie mir wirklich nahegebracht, die Wölfe auf der vereisten Donau, vor denen hatte sie Respekt, weil sie sie so gefürchtet hatte. In Manchester führte mich der Vater in den Tiergarten. Es geschah nicht oft, es blieb ihm zu wenig Zeit, sie kam nie mit, sie war nie dabei, vielleicht weil es sie langweilte, sie war ganz und gar Menschen verschrieben. Dank dem Vater hatten jene Erfahrungen an Tieren begonnen, ohne die eine Kindheit es nicht wert ist, gelebt zu werden. Er spielte sie mir zu meinem Entzücken vor, er war sogar imstande, sich in die kleine Schildkröte zu verwandeln, die wir wie alle Kinder in England im Garten hielten. Dann brach alles plötzlich ab. Sechs oder sieben Jahre lang lebte ich nun in der tierlosen Welt der Mutter. Es wimmelte bei uns von großen Figuren, aber keine trug das Angesicht eines Tieres. Die Heroen und Götter der Griechen waren ihr bekannt, obschon sie auch ihnen Menschen vorzog, von den doppelgestaltigen Göttern der Ägypter habe ich erst als Erwachsener erfahren.

Vom Küchenbalkon der Wohnung in der Scheuchzerstraße sahen wir auf einen unbebauten Platz hinunter. Da hatten sich die Bewohner der umliegenden Häuser kleine Gemüsegärten eingerichtet. Einer davon gehörte einem Polizisten, der sich ein Ferkel hielt, er mästete es mit Hingabe und allerhand Schlichen. Im Sommer begann die Schule um sieben, da stand ich um sechs schon auf und ertappte den Polizisten dabei, wie er über die Gitter der Nachbargärten sprang und hastig Futter für sein Ferkel zusammenrupfte. Er sah erst vorsichtig zu den Fenstern der Häuser hinauf, ob niemand ihn beobachte, alles schlief noch, mich bemerkte er nicht, vielleicht war ich zu klein, dann rupfte er hastig aus, was er konnte, und sprang zurück zu Sugie, so nannten wir sein Ferkel. Er hatte seine Polizistenhosen an, der lange Streifen an ihnen hinunter schien ihn bei seinem Unternehmen nicht zu stören, er sprang von einem kleinen Gemüsebeet zum anderen hinüber, ein guter Springer, bediente sich und schonte so seine eigenen Gewächse. Sugie war unersättlich, wir hörten gern sein Grunzen, und wenn Georg, der kleine Bruder, der sehr genäschig war, wieder einmal Schokolade gestohlen hatte, verspotteten wir ihn, unermüdlich grunzend, als Sugie. Er weinte dann und versprach, es nie wieder zu tun, doch das Vorbild des Polizisten wirkte unwiderstehlich auf ihn ein, und schon am nächsten Tag verschwand Schokolade wieder.

In der Früh weckte ich die kleinen Brüder, wir versteckten uns alle drei auf dem Küchenbalkon und warteten atemlos, bis der Polizist erschien, dann sahen wir, ohne zu mucksen, seinen Sprüngen zu, und erst wenn er fort war, grunzten wir heftig los, Sugie war unser Haustier geworden. Leider lebte es nicht sehr lang und wir blieben, als es verschwand, wieder allein zurück, ausgehungert nach Tieren, aber ohne es zu wissen. In dieser ganzen Zeit war die Mutter an Sugie uninteressiert und das einzige, was sie beschäftigte, war der unredliche Polizist, über den bekamen wir ausgiebig Lehren zu hören. Sie verbreitete sich genußvoll über Heuchelei, verstieg sich bis zum Tartuffe und gelobte uns, daß der Heuchler seiner Strafe nicht entgehen werde.

So armselig war damals noch unsere Beziehung zu Tieren. Das änderte sich erst mit Fenner und seiner Naturgeschichte in der Schule, es änderte sich gründlich. Er erklärte uns mit unendlicher Geduld den Bau von Pflanzen und von Tieren. Er hielt uns zu farbigen Zeichnungen an, die wir zu Hause auf das sorgfältigste ausführten. Er gab sich nicht leicht mit diesen Zeichnungen zufrieden, ging auf jeden Fehler darin ein, drängte sanft, aber hartnäckig auf Verbesserungen, und mir riet er öfters, das Ganze lieber wegzuwerfen und es noch einmal zu versuchen. Beinahe die volle Zeit der Hausarbeit verwandte ich auf diese Naturgeschichtshefte. Wegen der Mühe, die sie mich kosteten, hing ich mit Liebe an ihnen. Ich bewunderte die Zeichnungen der Kameraden, die mir prachtvoll erschienen, was gab es da für leicht und schön gezeichnete Hefte! Ich empfand keinen Neid, ich empfand Staunen, wenn mir so ein Heft gezeigt wurde, es gibt nichts Gesünderes für ein Kind, dem Lernen eher leicht fällt, als vollkommenes Versagen auf diesem oder jenem Gebiet. Ich war immer der Schlechteste im Zeichnen, so schlecht, daß ich das Mitleid Fenners spürte, der ein zärtlicher und warmer Mensch war. Er war klein und etwas fett, seine Stimme weich und leise, aber sein Unterricht war sachlich und genau bedacht, von einer Gründlichkeit, die eine Lust war, wir kamen nur langsam vorwärts, aber was man bei ihm durchgenommen hatte, vergaß man nie, es war einem für immer eingezeichnet.

Er unternahm Exkursionen mit uns, die wir alle mochten. Da ging es heiter und gelassen zu, da wurde nichts übersehen, am Rumensee holten wir uns allerhand kleine Wassergeschöpfe, die wir in die Schule zurücknahmen. Im Mikroskop zeigte er uns dieses phantastische Leben auf kleinstem Raum, und alles was wir sahen, wurde dann gezeichnet. Es kostet mich Überwindung, nicht darauf einzugehen und in einen Naturgeschichtskurs zu verfallen, den ich Lesern, die das ohnehin alles wissen, schwerlich zumuten kann. Aber ich muß erwähnen, daß er meine empfindsame Haltung in allen Fragen des Fressens und Gefressenwerdens, die damals begann, nicht teilte. Er nahm es, wie es war, was in der Natur geschah, unterstand nicht unseren moralischen Urteilen. Er war zu schlicht, vielleicht auch zu bescheiden, um sich mit seiner Meinung in diese unerschöpflich grausamen Prozesse einzumischen. Wenn ich bei den Exkursionen, wo zum Sprechen Zeit war, mir etwas Gefühlvolles in dieser Richtung entfahren ließ, schwieg er und antwortete nichts, was sonst nicht seine Art war. Er wollte uns an eine männlich-stoische Haltung in diesen Dingen gewöhnen, aber ohne Salbaderei und Geschwätz, einfach durch seine Haltung. So mußte ich sein Schweigen als Mißbilligung empfinden und hielt mich ein wenig zurück.

Er bereitete uns auf einen Besuch im Schlachthaus vor, den er plante. Während einiger Stunden vorher kam er öfters darauf zurück, immer wieder erklärend, daß man die Tiere nicht leiden lasse, es wäre, anders als früher, dafür gesorgt, daß sie eines raschen, schmerzlosen Todes stürben. Er ging so weit, in diesem Zusammenhang das Wort ›human‹ zu gebrauchen, und schärfte uns ein, wie wir uns, jeder in seinem Umkreis, zu Tieren zu benehmen hätten. Ich achtete ihn so sehr, ich war ihm so zugetan, daß ich auch diese etwas zu umsichtigen Vorbereitungen auf das Schlachthaus hinnahm, ohne mich mit Abneigung gegen ihn zu erfüllen. Ich spürte, daß er uns an etwas Unvermeidliches gewöhnen wollte, und daß er sich so viel Mühe damit gab und lange vor dem Besuch damit begann, gefiel mir. Ich stellte mir vor, wie Letsch an seiner Stelle uns ins Schlachthaus kommandieren und das heikle Problem auf die schroffste Weise, ohne jede Rücksicht auf irgendwen zu lösen versuchen würde. Aber dem Tag des Besuches, der näher rückte, sah ich mit großer Angst entgegen. Fenner, der ein guter Beobachter war, dem auch an Menschen nicht leicht etwas entging, bemerkte das wohl, obschon ich es hartnäckig in mich versperrte und vor den Kameraden, deren Witze ich fürchtete, nie etwas sagte.

Als es soweit war und wir durch das Schlachthaus gingen, ließ er mich nicht von seiner Seite. Jede Einrichtung erklärte er, als sei sie den Tieren zuliebe erdacht. Seine Worte legten sich als schützende Schicht zwischen mich und alles, was ich sah, so daß ich dieses gar nicht klar zu schildern vermöchte. Wenn ich es heute bedenke, kommt es mir vor, als habe er sich wie ein Priester aufgeführt, der einem den Tod wegredet. Es war das einzige Mal, daß seine Reden mir ölig vorkamen, obwohl sie dazu dienten, mich vor meinem Entsetzen zu schützen. Seine Absicht gelang ihm, ich nahm es alles ohne Gefühlsausbruch ruhig auf, er mochte zufrieden mit sich sein, bis seine Wissenschaft mit ihm durchging und er uns etwas zeigte, das alles zunichte machte. Wir kamen an einem eben geschlachteten Mutterschaf vorbei, das offen vor uns dalag. In seiner Fruchtblase schwamm winzig ein Lamm, kaum einen halben Daumen lang, Kopf und Füße waren deutlich zu erkennen, doch alles an ihm war so, als ob es durchsichtig wäre. Vielleicht hätten wir es nicht bemerkt, er hielt uns an und erklärte uns mit seiner weichen, aber ungerührten Stimme, was wir sahen. Wir waren alle um ihn versammelt, er hatte mich aus dem Auge gelassen. Doch jetzt sah ich ihn an und sagte leise: »Mord«. Das Wort kam mir von der eben verflossenen Kriegszeit her leicht über die Lippen, aber ich glaube, ich war in einer Art von Trance, als ich es sagte. Er muß es gehört haben, denn er unterbrach sich, sagte: »Jetzt haben wir alles gesehen«, und führte uns, ohne noch einmal anzuhalten, aus dem Schlachthaus hinaus. Vielleicht hatten wir wirklich alles gesehen, was er uns zeigen wollte, aber er ging rascher, es lag ihm daran, uns draußen zu haben.

Mein Vertrauen zu ihm war erschüttert. Die Hefte mit den Zeichnungen blieben liegen. Ich führte nichts Neues darin aus. Er wußte es, in den Stunden fragte er mich nicht mehr danach. Wenn er an uns vorüberging, um die Zeichnungen zu kritisieren und zu verbessern, blieb meines geschlossen. Er würdigte mich keines Blickes, ich blieb in seinen Stunden stumm, für die nächsten Exkursionen stellte ich mich krank und ließ mich entschuldigen. Niemand außer uns merkte, was geschehen war, ich glaube, er hat mich verstanden.

Heute weiß ich sehr wohl, daß er mir über etwas hinweghelfen wollte, über das hinwegzukommen mir nicht erlaubt war. Auf seine Weise hat auch er sich dem Schlachthaus gestellt. Hätte es ihm, wie den meisten, nichts bedeutet, er hätte uns nicht so rasch wieder hinausgeführt. Falls er, ein 90-, ein 100jähriger, noch auf der Welt sein sollte, so möge er wissen, daß ich mich vor ihm verneige.

Kannitverstan. Der Kanarienvogel

Schon früh, in der zweiten Klasse, hatten wir als Wahlfach Stenographie. Ich wollte sie erlernen, aber sie fiel mir schwer, wie schwer, erkannte ich an den Fortschritten, die Ganzhorn, der neben mir saß, darin machte. Es widerstrebte mir, neue Zeichen an Stelle von Buchstaben zu setzen, die ich gut kannte und schon lange gebrauchte. Auch nahmen mir die Verkürzungen etwas weg. Rascher schreiben wollte ich gern, aber ich hätte mir eine Methode gewünscht, das zu können, ohne irgend etwas an den Buchstaben zu ändern, und das war unmöglich. Ich prägte mir mit Mühe die Sigel ein, kaum hatte ich eines im Kopf, entfiel es mir wieder, es war, als hätte ich es schleunigst hinausgeworfen. Ganzhorn war erstaunt, ihm fielen die Sigel so leicht wie Latein oder Deutsch oder wie die griechischen Buchstaben, in denen er seine Dichtungen verfaßte. Er hatte keine Widerstände gegen *andere* Zeichen für dieselben Worte. Ich empfand jedes Wort, als sei es für die Ewigkeit gemacht, und die sichtbare Gestalt, in der es erschien, war für mich etwas Unantastbares.

An das Vorhandensein verschiedener Sprachen war ich von klein auf gewöhnt, aber nicht an das verschiedener Schriften. Es war ärgerlich, daß es zu den lateinischen Buchstaben noch gotische gab, doch waren es in beiden Fällen Buchstaben mit demselben Bereich und derselben Anwendung, einander auch ziemlich ähnlich. Die Silben der Kurzschrift brachten ein neues Prinzip, und daß sie das Schreiben gar so sehr verringerten, machte sie mir verdächtig. Bei Diktaten kam ich nicht mit, ich machte haarsträubende Fehler. Ganzhorn sah sich die Bescherung an und korrigierte mit hochgezogenen Augenbrauen meine Fehler. Vielleicht wäre es so weitergegangen und ich hätte schließlich Stenographie als für mich widernatürliche Sache aufgegeben. Aber da brachte uns Schoch, unser Lehrer auch für Kalligraphie, ein Lesebuch in Kurzschrift: das ›Schatzkästlein‹ von Hebel. Ich las einige Geschichten darin, und ohne zu wissen, um was für ein besonderes und berühmtes Buch es sich handle, las ich weiter. Ich las es in kürzester Zeit durch, es war nur eine Auswahl. So traurig war ich, als es zu Ende ging, daß ich gleich wieder von vorn begann. Das passierte mehrmals und die Kurzschrift, an die ich dabei gar nicht dachte – diese Stücke hätte ich in jeder Schrift gelesen –, war mir indessen von selber eingegangen. Ich las es so oft, bis das Heft in Stücke zerfiel, und auch als ich später das Buch in normalen Druckbuchstaben besaß, vollständig und in jeder Ausgabe, die es davon gab, kehrte ich am liebsten zu jenen zerfetzten Seiten zurück, solange, bis sie sich unter meinen Fingern aufgelöst hatten.

Die erste Geschichte ›Denkwürdigkeiten aus dem Morgenland‹ begann mit den Worten: »In der Türkei, wo es bisweilen etwas ungerade hergehen soll.« Mir war immer zumute, als käme ich aus der Türkei, der Großvater war dort aufgewachsen, der Vater noch dort geboren. In meiner Heimatstadt gab es viele Türken, alle zuhause verstanden und redeten ihre Sprache. Wenn ich sie selbst als Kind nicht wirklich gelernt hatte, so hatte ich sie doch oft gehört, kannte auch manche türkischen Worte, die in unser Spanisch eingegangen waren, und war mir in den meisten Fällen ihres Ursprungs bewußt. Es kamen alle Nachrichten aus frühesten Zeiten dazu: wie der türkische Sultan uns zu sich einlud, als wir Spanien verlassen mußten, wie gut die Türken uns seither behandelt hatten. Bei den ersten Worten, die ich im ›Schatzkästlein‹ las, war mir gleich warm zumute, was andere Leser als exotische Nachricht berühren mochte, war mir vertraut, als käme es aus einer Art von Heimat. Vielleicht war ich darum auch doppelt empfänglich für die Moral der Geschichte: »Man soll seinem Feind keinen Stein in der Tasche und keine Rache im Herzen nachtragen.« Zu ihrer Anwendung war ich damals gewiß nicht imstande. Die beiden, die ich zu den Hauptfeinden meines frühen Lebens ernannt hatte, den bärtigen Dozenten in Wien und den Oger-Onkel in Manchester, verfolgte ich nach wie vor mit unversöhnlichem Haß. Aber eine ›Moral‹ muß in Gegensatz zu dem stehen, wie man fühlt und handelt, damit sie einem auffällt, und sie muß lange in einem liegen bleiben, bevor sie ihre Gelegenheit findet, sich plötzlich ermannt und zuschlägt.

Von solchen Lehren, die sich nicht vergessen lassen, war Hebel voll und jede war an eine unvergeßliche Geschichte gebunden. Mit der Erfahrung Kannitverstans, als die Eltern in einer mir unbekannten Sprache zueinander redeten, hatte mein Leben begonnen, und was sich im Unverständnis einzelner Gelegenheiten erhöhte: das wunderschöne Haus mit den Fenstern voll Tulipanen, Sternblumen und Levkojen; die Reichtümer, die das Meer aus dem Schiff ans Land schwemmte; der große Leichenzug mit den schwarz vermummten Pferden, das hatte sich bei mir als Erhöhung einer ganzen Sprache ausgewirkt. Ich glaube nicht, daß es irgendein Buch gibt, das sich mir so vollkommen und in jeder Einzelheit eingeprägt hat, ich wünsche mir, allen Spuren, die es in mir hinterlassen hat, nachzugehen und ihm in einer Huldigung, die ihm allein gilt, meinen Dank zu erweisen. Als die pompöse Jambenmoral, die in jenen Jahren meine Oberfläche beherrschte, zusammensank und sich in Staub auflöste, blieb jeder Satz, den ich von ihm hatte, intakt bestehen. Kein Buch habe ich geschrieben, das ich nicht heimlich an seiner Sprache maß, und jedes schrieb ich zuerst in der Kurzschrift nieder, deren Kenntnis ich ihm allein schulde.

Karl Schoch, der uns das ›Schatzkästlein‹ brachte, hatte es mit sich und den Schülern schwer. Er hatte einen kleinen, eiförmigen Kopf von rötlicher Farbe und kanariengelbem Haar, das besonders an seinem Schnurrbart hervorstach – war er wirklich so gelb oder erschien er uns so? Vielleicht trugen seine Bewegungen, die etwas Abgehacktes oder Hüpfendes hatten, zu seinem Spitznamen bei: er hieß, sehr bald nachdem wir Bekanntschaft mit ihm gemacht hatten, »der Kanarienvogel« und behielt diesen Namen bis zu seinem Ende. Er war ein noch junger Mensch, dem das Sprechen nicht leicht fiel, es war so, als habe er Schwierigkeiten, die Zunge zu bewegen. Bevor sie hervorbrachte, was zu sagen war, mußte er einen Anlauf nehmen. Dann kamen die Sätze, aber immer nur wenige. Sie klangen trocken und monoton, die Stimme war hohl, sehr bald verstummte er wieder. Wir hatten zuerst Kalligraphie bei ihm, an diesem Fach, dem ich nie etwas abgewann, mag es liegen, daß er pedantisch wirkte. Er nahm das Schönschreiben so ernst wie ein Schüler, der es eben erst erlernt hatte. Da er so wenig sagte, gewann jedes seiner Worte eine übertriebene Bedeutung. Er wiederholte sich, auch wo es nicht notwendig war; was er uns einschärfen wollte, mußte er sich erst selber abgewinnen. An wen immer er sich wandte, sein Ton war derselbe. Man hatte den Verdacht, daß er vor der Stunde einüben müsse, was er uns sagen würde. Aber dann blieb er doch häufig und unerklärlich stecken und alles Einüben war umsonst gewesen. Er wirkte nicht etwa schwächlich, aber fehl am Platz. Er war nicht richtig zusammengefügt, er wußte es und mußte wohl immer daran denken.

Solange es um Kalligraphie ging, passierte er die grausame Prüfung der Schüler noch mit genügend. Es gab welche, die sich mit Schreiben Mühe gaben und eine gute Schrift bei ihm erlernten. Alles, was sie zu tun hatten, war, die Zeichen, die er an die Tafel malte, sauber nachzumachen. Es war das Fach, das die geringste geistige Anstrengung erforderte, und gab denen, die noch wenig entwickelt waren, Gelegenheit, sich zu bewähren. Er aber, während er etwas an die Tafel schrieb, gewann Zeit für sein Schweigen. Er bezog sich dann auf Buchstaben, nicht auf lebende Schüler, er schrieb groß und genau, für alle zusammen, statt für einzelne, und es muß ihn erleichtert haben, diesen Blicken, die er fürchtete, einstweilen den Rücken zu kehren.

Ein Verhängnis war es, daß er später den Unterricht in Geographie von Letsch übernahm. Er war nicht sicher darin und die Klasse ergriff mit Lust die Gelegenheit, sich für die Unterdrückung durch Letsch an Schoch zu rächen. Nach dem Oberst erschien Schoch wie ein kleiner Rekrut, und nun mußte er auch fortlaufend sprechen. Mit leisem Gezwitscher, das sich auf den Kanarienvogel bezog, wurde er empfangen. Mit lautem Gezwitscher wurde er nach der Stunde entlassen. Er hatte die Tür noch nicht hinter sich geschlossen, als das Gezwitscher losging. Er nahm nie Notiz davon, er verlor kein Wort darüber, und es ist nicht auszumachen, ob er wußte, was es bedeutete.

Wir waren bei Südamerika angelangt, die große Landkarte hing hinter ihm, er hieß uns einzeln vortreten und Flüsse auf ihr zeigen und benennen. Einmal, als ich dran kam, war unter den Flüssen, die ich aufzuzählen hatte, ein Rio Desaguadero. Ich sprach ihn richtig aus, was keine Kunst war, eines der häufigsten Worte, das ich von klein auf gehört hatte und gebrauchte, war agua, Wasser. Er verbesserte mich und sagte, es heiße Rio Desagadero, das ›u‹ dürfe hier nicht ausgesprochen werden. Ich bestand darauf, daß es ›agua‹ heiße, woher ich das wisse, fragte er. Ich ließ mich nicht beirren, ich müsse es doch wissen, sagte ich, spanisch sei meine Muttersprache. Vor der ganzen Klasse standen wir einander gegenüber, keiner gab nach, ich ärgerte mich, daß er mein Recht auf Spanisch nicht anerkannte. Er wiederholte, ausdruckslos und starr, aber entschlossener, als ich ihn je gesehen hatte: es heiße Rio Desgadero. Wir warfen uns ein paarmal die beiden Aussprachen an den Kopf, sein Gesicht wurde immer starrer, hätte er den Stock, mit dem ich zeigte, in der Hand gehabt, er hätte damit nach mir geschlagen. Dann hatte er einen rettenden Gedan-

ken und entließ mich mit den Worten: »In Südamerika
spricht man das anders.«

Ich glaube nicht, daß ich bei einem anderen Lehrer diese
Rechthaberei auf die Spitze getrieben hätte. Ich empfand kein
Mitleid mit ihm, das er in dieser blamablen Situation gewiß
verdient hätte. Wir hatten noch ein paar Stunden bei ihm,
dann einmal, als wir ihn erwarteten, das Vorgezwitscher hatte
schon eingesetzt, erschien ein anderer Lehrer und sagte:
»Herr Schoch wird nicht mehr kommen.« Wir dachten, er sei
krank, aber bald erfuhren wir die Wahrheit. Er war tot. Er
hatte sich die Adern aufgeschnitten und war verblutet.

Der Enthusiast

Das Schuljahr im Schanzenberg, das Jahr der Versöhnung,
brachte uns einige neue Lehrer. Sie sagten uns ›Sie‹, das war
die allgemeine Regel, ihre Befolgung fiel den ›Neuen‹ leichter
als denen, die uns schon lange kannten. Unter denen, die wir
zum erstenmal erlebten, gab es einen sehr alten und einen
ganz jungen. Emil Walder, der alte, war der Verfasser der
Grammatik, nach der wir Latein lernten, außer Letsch der
einzige Verfasser eines Lehrbuches, den ich in der Kantonsschule zum Lehrer hatte. Ich erwartete ihn mit der Neugier
und dem Respekt, die ich jedem ›Autor‹ entgegenbrachte. Er
hatte eine ungeheure Warze, die ich vor mir sehe, wenn ich an
ihn denke, aber ich vermag sie nicht zu lokalisieren. Sie war
rechts *oder* links in der Nähe eines Auges, ich glaube des linken, aber sie hat die fatale Eigenschaft, in meiner Erinnerung
zu wandern, je nachdem, von wo ich ein Gespräch mit ihm
führte. Sein Deutsch war sehr guttural, das Schweizerische
stach bei ihm kräftiger hervor als bei anderen Lehrern. Das
gab seiner Sprache, seinem Alter zum Trotz, etwas Emphati-
sches. Er war ungemein tolerant und ließ mich während der
Stunden lesen. Da das Lateinische mir leicht fiel, gewöhnte
ich mir eine Art von Doppelexistenz bei ihm an. Mit den Oh-

ren folgte ich seinem Unterricht, so daß ich, aufgerufen, immer antworten konnte. Mit den Augen las ich in einem kleinen Bändchen, das ich unter der Bank aufgeschlagen hatte. Er war aber neugierig und holte es, wenn er an meiner Bank vorbeikam, von unten hervor, hielt es nah vor seine Augen, bis er wußte, was es war, und gab es mir dann aufgeschlagen zurück. Wenn er nichts sagte, nahm ich das als Billigung meiner Lektüre. Er muß ein großer Leser gewesen sein, einmal hatten wir auch ein kurzes Gespräch über einen Autor, mit dem er nichts anfangen konnte. Ich war vertieft im ›Spaziergang‹ von Robert Walser, es war eine befremdliche Lektüre, die mich nicht losließ, ganz anders als alles, was ich sonst kannte. Es schien mir keinen Inhalt zu haben und bestand aus höflichen Floskeln, ich war gegen meinen Willen davon gefangen und mochte mit der Lektüre nicht aufhören. Walder näherte sich von der Linken, ich spürte die Gegenwart der Warze, sah aber nicht auf, so sehr zogen mich die Floskeln, die ich zu verachten glaubte, weiter. Seine Hand legte sich über das Buch und unterbrach meine Lektüre, zu meinem Verdruß mitten in einem längsten Satze. Dann hob er's vor die Augen und erkannte den Autor. Die Warze, diesmal links, schwoll an wie eine Zornesader, er fragte mich, als wäre es eine Prüfungsfrage und doch intim: »Wie finden Sie das?« Ich spürte seinen Ärger, mochte ihm aber nicht ganz recht geben, denn das Buch zog mich auch sehr an. So sagte ich vermittelnd: »Es ist zu höflich.« »Höflich?« sagte er. »Das ist schlecht! Das ist nichts! Das braucht man nicht zu lesen!« – ein Verdammungsurteil aus tiefster Kehle. Ich gab nach und schlug es kläglich zu und las es dann später, erst recht neugierig geworden, weiter. So unsicher begann die Passion für Robert Walser, vielleicht hätte ich ihn ohne den Professor Walder damals vergessen.

Das Gegenbild zu diesem Mann, den ich aber wegen seiner Rauheit mochte, war der junge Friedrich Witz. Er war vielleicht 23, wir waren seine erste Klasse, er kam frisch von der Universität und übernahm bei uns den Unterricht in Geschichte. Ich hatte Eugen Müller, den ›Griechenmüller‹, wie ich ihn für mich nannte, noch nicht verschmerzt. Seit über einem Jahr hatte ich ihn als Lehrer verloren und nichts Vergleichbares war nachgekommen. Ich wüßte nicht einmal zu sagen, wen wir nach ihm in Geschichte hatten – ein Protest des Gedächtnisses gegen diesen schweren Verlust. Und nun kam Friedrich Witz, die zweite Liebe meiner Schuljahre, ein Mann, den ich nie vergaß und den ich sehr viel später, beinahe unverändert, wiedergefunden habe.

Was war das für eine Schule, wie vielfältig ihre Atmosphären! Es gab Lehrer, für die Disziplin etwas Ungezwungenes war, sie herrschte dann, wie bei Karl Beck, ohne daß man sich dagegen gesträubt hätte. Es gab andere, die einen zur Praxis des späteren Lebens, zu Nüchternheit, Bedächtigkeit, Vorsicht, zu erziehen suchten. Fritz Hunziker war das Urbild einen solchen Lehrers, und gegen die Nüchternheit, die er auch mir gern eingeflößt hätte, führte ich einen zähen Kampf. Es gab reich veranlagte Phantasiemenschen, die einen beflügelten und beglückten, Eugen Müller und Friedrich Witz.

Dieser legte keinen Wert auf die gehobene Kathederposition eines Lehrers. Manchmal sprach er von oben, mit soviel Begeisterung und Vorstellungskraft, daß man vergaß, wo er stand, und sich im Freien mit ihm fühlte. Dann setzte er sich mitten unter uns auf eine der Bänke, und es war, als wären wir alle zusammen auf einem Spaziergang. Er machte keinen Unterschied, er bezog sich auf jeden, er sprach unaufhörlich, und was immer er sagte, schien mir neu. Alle Trennungen in der Welt waren aufgehoben, statt Furcht flößte er reine Liebe ein, niemand war über den anderen gesetzt, niemand war dumm, Autorität umging er, er verzichtete auf sie, ohne sie anzugreifen, acht Jahre älter war er als wir und behandelte uns, als wären wir alle gleich alt. Es war kein geregelter Unterricht, er schenkte uns, wovon er selbst erfüllt war. In der Geschichte waren wir bei den Hohenstaufen angelangt, statt Zahlen bekamen wir von ihm Figuren. Es hing nicht nur mit seiner Jugend zusammen, daß Macht ihm wenig bedeutete, wohl aber beschäftigte ihn die Wirkung, die sie von innen auf ihre Träger hatte. Im Grunde gingen ihn nur die Dichter etwas an, mit denen er uns bei jeder Gelegenheit konfrontierte. Er sprach sehr gut, lebendig, bewegend, aber ohne prophetische Obertöne. Ich spürte den Prozeß der Erweiterung am Werk, den zu nennen ich damals nicht imstande gewesen wäre, aber es war, in einem frühen, in einem Anfangsstadium, mein eigener Prozeß. Was Wunder, daß Witz auf der Stelle zu meinem Vorbild wurde, anders als es Eugen Müller gewesen war, weniger fest umrissen, aber näher, erreichbar wie ein Freund.

Statt die Taten eines Kaisers aneinanderzureihen und an ihre respektiven Daten zu binden, spielte er ihn uns vor, am liebsten in den Worten eines neueren Dichters. Er war es, der mich von der Existenz einer lebenden Literatur überzeugte. Ich hatte mich gegen sie gesperrt, von dem Reichtum überkommener Dichtung geblendet, den frühen Theatererlebnissen der Mutter hörig, und wie hätte ich je zu erschöpfen vermocht, was sie von allen literarischen Kulturen an mich herantrug. Ihren Erinnerungen folgte ich, ihren Urteilen war ich verfallen. Was ich für mich selbst entdeckte, zerfiel, wenn es vor ihren Augen nicht bestand; und nun erfuhr ich, daß Wedekind kein bloßer Bürgerschreck war und auch keine Wreschnersche Revolveraffäre. Als wir zu Heinrich VI. gelangten, verzichtete Witz auf eigene Worte. Dieser Hybris, die seinem Wesen ganz fremd war, fühlte er sich nicht gewachsen. Er öffnete einen Band Liliencron und las uns ›Heinrich auf Trifels‹ vor. Er las es von Anfang zu Ende, mitten unter uns, den rechten Fuß auf meine Bank gestellt, seinen Ellbogen aufs Knie gestützt, das Buch in einiger Höhe. Als er an die Stelle der leidenschaftlichen Werbung Heinrichs gelangte: »Irene von Griechenland, ich liebe dich!« fiel seine Stirnlocke über das Buch – immer ein Zeichen seiner Erregung –, und mir, der ich solche Liebe noch nie gefühlt hatte, liefen Schauer über den Rücken. Er las pathetisch, heute würde ich sagen, daß es das Pathos des Expressionismus war, es war anders als das Pathos der Wiener 8oer und 9oer Jahre, das ich zuhause zu hören gewöhnt war, aber doch so, daß es mir durch seine Emphase nicht fremd, ja vertraut war. Wenn ich ihm zusah, wie er die Locke, die ihn beim Weiterlesen störte, mit einer ungeduldigen Gebärde von der Stirn auf die Seite schüttelte, kam es mir vor, als hätte ich, der ich immer der Älteste gewesen war, plötzlich einen älteren Bruder.

Man kann sich denken, daß Witzs Stellung nicht unbestritten war. Manchen galt er als schlechter Lehrer, weil er sich Mühe gab, keine Distanz zu wahren, und äußerliche Autorität nicht als Ewigkeitswert betrachtete. Es herrschte, verglichen mit jedem anderen Unterricht, eine Art von absichtlicher Unordnung in der Klasse. In seiner Gegenwart lebte man immer mitten in einem Kraftfeld von Affekten. Vielleicht war, was mir Atem und Flügel gab, für andere eine Art von Chaos. Es kam vor, daß alles durcheinander geriet, als ob man sich aus seiner Gegenwart nichts mehr mache, und es war ihm dann nicht gegeben, durch Kommandoworte die übliche tote Ordnung zu schaffen. Er sperrte sich dagegen, gefürchtet zu sein, vielleicht gibt es wirklich gesegnete Menschen, die Furcht nicht einzuflößen vermögen. Es kam, in ungünstigen Momenten, zu Inspektionen älterer Lehrkräfte. Ihren Bericht nach oben stellte man sich ungern vor.

Die Herrlichkeit, für mich war es eine, dauerte nicht lange. Im Frühjahr kam er zu uns, im Oktober ging er. Unter uns, auch unter denen, die wenig mit ihm anzufangen wußten, hieß es, obwohl wir gar nichts Faktisches darüber wußten, er sei von der Schule entlassen worden.

Witz war so jung, daß er nicht anders konnte: er versuchte uns mit seiner Jugend anzustecken. Es ist nämlich keineswegs so, daß der Weg durch die Jahre für alle gleichen Charakter hat. Manche kommen alt in die Schule, vielleicht waren sie's schon früher, vielleicht waren sie alt von Geburt, und was immer ihnen nun in der Schule geschieht, sie werden nicht jünger. Andere entledigen sich allmählich des mitgebrachten Alters und holen nun versäumte Jahre nach. Für solche wäre Witz ein idealer Lehrer gewesen, aber sie sind naturgemäß in einer Minderzahl. Dann gibt es welche, denen die Schule so schwer fällt, daß sie erst unter ihrer Einwirkung zu altern beginnen, und so schwer ist der Druck, der auf ihnen lastet, und so langsam kommen sie voran, daß sie sich an ihr neugewonnenes Alter mit aller Gewalt anklammern und nie mehr etwas davon aufgeben. Es gibt aber auch solche, die alt und jung zugleich sind, in der Zähigkeit, mit der sie sich an alles Begriffene halten, alt, in der Begierde für alles Neue unterschiedslos jung. Zu diesen mag ich damals gehört haben und war darum wohl auch für sehr entgegengesetzt geartete Lehrer empfänglich. Karl Beck gab mir durch die zähe und disziplinierte Art seines Unterrichts ein Gefühl von Sicherheit. Die Mathematik, die ich bei ihm lernte, wurde zu einem tieferen Teil meines Wesens, als Konsequenz und etwas wie geistigem Mut. Von einem vielleicht sehr kleinen Areal, das nicht zu bezweifeln ist, geht man in ein- und dieselbe Richtung unentwegt weiter, fragt sich nicht, wohin man noch geraten könnte, versagt sich, nach rechts oder links zu blicken, bewegt sich, ohne es zu kennen, wie auf ein Ziel zu, und solange man keinen Fehltritt begeht und der Zusammenhang der Schritte bewahrt bleibt, passiert einem nichts, man kommt voran ins Unbekannte, die einzige Art, das Unbekannte *allmählich* zu erobern.

Eben das Gegenteil war es, was mir durch Witz geschah. Da wurden viele noch dunkle Punkte in mir zugleich berührt und leuchteten auf, zu keinem Zwecke. Man schritt nicht voran, man war bald da, bald dort, man hatte kein Ziel, auch kein unbekanntes, man erfuhr gewiß vieles, aber mehr als man erfuhr, erlernte man eine Empfindlichkeit für das Vernachlässigte oder noch Verborgene. Vor allem die Lust an der Verwandlung war es, die er bestärkte: wie viel es da gab, von dem man nichts geahnt hätte, es genügte davon zu hören, um dazu zu *werden*. Es war dasselbe, was mir früher die Märchen getan hatten, nur ging es jetzt um andere, weniger einfache Gegenstände, um Figuren wohl, doch jetzt waren diese Figuren Dichter.

Ich habe schon gesagt, daß er mir die Augen für moderne,

für lebende Literatur öffnete. Einen Namen, den er einmal nannte, vergaß ich nicht wieder, er wurde zu einer eigenen Atmosphäre, in die er mich mitnahm, und die Flügel, die er mir zu solchen Fahrten anschnallte, ohne daß ich's merkte, blieben mir auch, wenn er mich verlassen hatte, und nun flog ich selber hin und tat mich staunend um.

Es widerstrebt mir, im einzelnen von den Namen zu sprechen, die durch ihn zuerst in mich eingingen. Manche von ihnen hatte ich wohl früher gehört, ohne daß sie mich berührten, wie Spitteler, andere hatten eine bloß passive Neugier geweckt, so als genüge es, sie für später in Bereitschaft zu halten, wie Wedekind. Die meisten von ihnen sind heute ein so selbstverständlicher Teil der tradierten Literatur, daß es lächerlich erscheint, ein besonderes Wesen daraus zu machen. Aber es stand auch das meiste, das ich jetzt nicht nenne, in großem Gegensatz zu dem, was ich von zuhause mitbekommen hatte, und wenn ich mir auch noch sehr weniges davon zu eigen machte, das Vorurteil gegen alle, die erst vor kurzem gestorben oder noch am Leben waren, war ein für allemal gebrochen.

Zwei Ausflüge unternahm Witz mit uns, in den gezählten vier, fünf Monaten, die wir ihn als Lehrer hatten. Der eine war ein Mostbummel in die Trichtenhauser Mühle, der andere ein historischer Ausflug auf die Kyburg. Vom Mostbummel wurde schon lange vorher gesprochen, und er erwog einen geradezu revolutionären Plan: er verhieß uns eine Cousine, die er mitbringen wolle, eine Geigerin, sie werde für uns spielen.

Damit wurde er wahrhaft populär in der Klasse. Auch die, die seinen literarischen Räuschen verständnislos gegenüberstanden, auch die, die ihn für seinen Mangel an Disziplin und das Nichtverhängen von Strafen mißachteten, waren durch die Aussicht auf ein Wesen weiblichen Geschlechts, eine leibhaftige Cousine, gefangen. Von Mädchen war nun in der Klasse schon mehr und mehr die Rede, zur Höheren Töchterschule hatten sich Beziehungen angesponnen, die allerdings hauptsächlich aus Wünschen und großsprecherischen Ankündigungen bestanden. Ein Teil der Kameraden war schon in heftiger Bewegung, es gab große und physisch reife Burschen darunter, die kaum noch von etwas anderem sprachen. Dabei ging es nicht ohne Giggeln und physische Anzüglichkeiten ab, es war schwierig, nicht in Gespräche dieser Art hineingezogen zu werden. In all diesen Dingen war ich zurückgeblieben, jenes Balkontabu der Mutter in Wien wirkte sich noch immer aus, und noch lange nachdem ich die Passion der Eifersucht in voller Kraft erlitten, ja sogar aus den Kämpfen, in die sie mich verwickelt hatte, als ›Sieger‹ hervorgegangen war, hatte ich keine Ahnung davon, was wirklich zwischen Mann und Frau vorging. Aus der Naturgeschichte beim Fenner lernte ich vieles über Tiere, ihre geschlechtlichen Einrichtungen zeichnete ich mit eigener Hand in mein Heft ein, aber es fiel mir nicht ein, etwas davon auf Menschen zu beziehen, Liebe bei ihnen spielte sich auf Höhen ab, die nur in Blankvers-Szenen auszudrücken waren, alle Vorgänge der Liebe eine Jamben-Affäre. Von den anzüglichen Reden der Kameraden verstand ich nichts, es war nichts aus mir herauszubekommen, auch durch noch so aufmunterndes Grinsen nicht, unter Kichern und auftrumpfendem Prahlen blieb ich immer gleich ernst, und so mochte als Mißbilligung wirken, was in der Hauptsache Unverständnis war.

Im Grunde war es eine groteske Situation, denn während andere für ein paar Worte mit einem leibhaftigen Mädchen ihre Seele hingegeben hätten, ging ich jeden Tag in die ›Yalta‹ nach Hause, zu einem Dutzend Mädchen, alle älter als ich und heimlich mit demselben Problem wie meine Kameraden beschäftigt, manche von ihnen schöner als alle umschwärmten höheren Töchter; zwei Schwedinnen darunter, Hettie und Gulli, die ich heute unwiderstehlich finden würde, die auf schwedisch untereinander endlos kicherten und lachten, daß es um junge Männer dabei ging, vermochte sogar ich zu ahnen; andere, wie Angèle, die aus Nyon am Genfersee stammte, so schön wie verschämt, vielleicht in derselben Verfassung wie ich, aber um zwei Jahre älter; Nita, eine Genferin, geistig die Reifste von allen, ausgebildete Tänzerin, Schülerin von Dalcroze, die Abende in der ›Yalta‹ für uns veranstaltete; Pia, aus Lugano, eine üppige Schwarze, strotzend von etwas, was ich erst in der Erinnerung als Sinnlichkeit erkenne, und alle diese Geschöpfe, auch die weniger anziehenden unter ihnen, doch junge Mädchen, immer mit mir zusammen in der Halle, stundenlang, oder auf dem Tennisplatz bei unseren Spielen, wo wir uns kräftig tummelten und während heftiger Raufereien uns auch körperlich nahekamen; alle um mein Ohr und mein Interesse wetteifernd, denn für ihre Aufgaben gab es immer etwas zu fragen, das ich, da es meist um deutsche Sprachregeln ging, zu beantworten vermochte; manche, keineswegs alle, auch über private Dinge, wie über briefliche Vorwürfe ihrer Eltern sich mit mir beratend. Ich aber, auf der Höhe dieses allgemeinen Wohlgefallens, von solchen Geschöpfen verwöhnt wie kein Knabe meines Alters, ängstlich darauf bedacht, daß die Kameraden nichts von diesem häuslichen Leben erführen, denn ich war überzeugt davon, daß sie mich für eine so ausschließlich weibliche Atmosphäre verachten müßten, während sie mich in Wirklichkeit nur grimmig beneidet hätten. Mit allen Schlichen hielt ich sie von der ›Yalta‹ fern, ich glaube nicht, daß ich einem einzigen von ihnen je erlaubte, mich da zu besuchen. Hans Wehrli, der selbst in Tiefenbrunnen wohnte, war wohl der einzige unter ihnen, der eine Vorstellung davon hatte, wie mein Zuhause aussah, aber er war auch der einzige, der bei all unseren Diskussionen nie auf Mädchen zu sprechen kam, er blieb immer ernst und behielt auch in diesem Punkt seine Würde; vielleicht stand er, ich vermag es nicht mit Sicherheit zu sagen, unter einem ähnlichen Tabu wie ich, vielleicht litt er noch nicht die zwingende Not der anderen.

Und nun warf Witz seine geigende Cousine ins Gespräch der Klasse, von diesem Augenblick an war von ihr viel mehr die Rede als von ihm, er wurde über sie befragt, er stand geduldig Rede. Der Mostbummel aber wurde von Woche zu

Woche verschoben, das lag wohl an der Cousine, um die er sich bemühte, vielleicht war es sein Wunsch, ihr als Geigerin Mut zu machen, und ihr statt Blumen ein Publikum zu Füßen zu legen, das sie triumphal empfangen würde. Erst war sie nicht frei, dann war sie krank, die Erwartung der Klasse erreichte Fieberhitze. ›Irene von Griechenland‹ verlor an Interesse, ich wurde von der allgemeinen Stimmung angesteckt, wir hatten keine Geigerin in der ›Yalta‹ und Geige als das Instrument des Vaters war für mich verklärt – wie die anderen bestürmte ich Witz mit Fragen und spürte, wie er immer zurückhaltender wurde und schließlich verlegen. Es war nicht mehr sicher, daß die Cousine kommen würde, sie stand vor Prüfungen, und als wir uns schließlich zum Mostbummel trafen, erschien er ohne sie, sie habe abgesagt, sie lasse sich bei uns entschuldigen. Mit dem unbegreiflichen Instinkt für diese Dinge, von denen ich doch gar nichts wußte, fühlte ich, daß Witz etwas schiefgegangen war. Er schien mir enttäuscht, er war gedrückt, er gab sich nicht gleich heiter und gesprächig wie während seinen Stunden. Aber dann, vielleicht in Erinnerung an seinen Verlust, begann er sich über Musik zu verbreiten. Die Cousine hatte sich ans Violinkonzert von Beethoven gewagt, ich war's zufrieden, als er sich diesmal an ihm statt an einem Dichter berauschte und als gar das für Beethoven obligate Wort ›gewaltig‹ fiel und mehrmals wiederholt wurde, war ich glücklich.

Ich habe mich gefragt, was passiert wäre, wenn die Cousine damals erschienen wäre. An ihrem geigerischen Können habe ich nie gezweifelt. Aber sie hätte schon sehr gut spielen müssen und immer die richtigen Stücke, um das glühende Interesse der Klasse für sie zu bändigen. Vielleicht hätte sie es nicht mehr gewagt, die Geige abzusetzen und uns spielend durch den Wald in die Stadt zurückgeführt. Witz wäre verstummt und als eine Art Voranbeter wäre er gleich hinter ihr gegangen, um ihr Platz zu verschaffen. Aber zum Schluß hätte unsere Begeisterung sie auf die Schultern genommen, von wo sie, immer weiterspielend, ihren königlichen Einzug in die Stadt gehalten hätte.

Eigentlich war es also ohne sie doch eine Enttäuschung. Sie wurde wettgemacht durch die Exkursion auf die Kyburg, da war von ihr nicht mehr die Rede, dafür um so mehr von Geschichte, die Witz uns angesichts der gut erhaltenen Burg auf seine farbig-lebhafte Weise nahebrachte. Der Höhepunkt war die Rückfahrt im Zug, da saß ich im selben Abteil, genau ihm gegenüber, und las in einem Führer, den ich mir auf der Burg gekauft hatte. Er berührte mit einem Finger leicht meinen Arm und sagte: »Das ist wohl ein junger Historiker.« Daß er etwas bemerkte, was ich tat, daß er sich persönlich an mich wandte, war, was ich mir am tiefsten wünschte, aber nun, da es geschah, enthielt es die bittere Kränkung, daß er einen künftigen Historiker in mir sah und nicht einen Dichter. Wie hätte er es wissen sollen, da ich nie ein Wort davon sagte, und daß er einen Historiker in mir vermutete, wovon er damals bestimmt nicht viel hielt, war die gerechte Strafe für die Vielwisserei, durch die ich mich schließlich auch in seinen Stunden hervortat. Ich war sehr betreten, und um ihn von der Geschichte abzubringen, fragte ich ihn nach einem Dichter, von dem man damals sprach und von dem ich nichts gelesen hatte: Franz Werfel.

Er sprach von seiner Lyrik, die von Liebe zur Menschheit gespeist sei. Da gäbe es niemanden, in den er sich nicht einzufühlen vermöge. Kein Dienstmädchen sei ihm zu gering, kein Kind, aber auch kein Tier, eine Art heiliger Franz, als habe ihm sein Name den Weg gewiesen. Nicht ein Prediger sei das, sondern einer, der die Fähigkeit habe, sich in jedes lebende Wesen zu verwandeln, um uns die Liebe dafür durch sein Beispiel zu lehren.

Ich nahm das wie alles, was von ihm kam, gläubig auf (zu einer ganz anderen, selbständigen Meinung in dieser Sache gelangte ich erst später). Aber nicht das war das eigentliche Ereignis dieser Bahnfahrt. Durch meine zaghaften, unsicheren und verehrungsvollen Fragen gerührt, begann er von sich selbst zu sprechen und gab sich darin so wahrhaftig, so ohne jeden Gedanken an Schutz vor der Meinung anderer, daß ich nicht ohne Verwirrung das Bild eines Menschen bekam, der noch daran war zu *entstehen*, gar nicht sicher über seinen Weg, noch wirklich offen, ohne Verachtungen und Verdammungen, wie ich sie von zuhause her so gut kannte. Seine Worte, die ich vielleicht nicht einmal richtig verstand, habe ich behalten wie die Proklamation einer rätselhaften Religion: Er sei voller Tatendrang und dann wieder ganz verzweifelt. Er suche immer und er finde nicht. Er wisse nicht, was tun, wie leben. Dieser Mann, der vor mir saß, der mir solche Liebe einflößte, dem ich blindlings überallhin gefolgt wäre, wußte gar nicht, wohin er ging, wandte sich bald diesem, bald jenem zu, sicher an ihm war nur, daß er unsicher sein wollte, und so sehr mich das anzog, denn es kam in seinen Worten, aus seinem Mund, es war auf wunderbare Weise verwirrend – doch wohin hätte ich ihm folgen sollen?

Geschichte und Schwermut

›Freiheit‹ war um diese Zeit ein wichtiges Wort geworden. Die Saat der Griechen ging auf, seit ich den Lehrer verloren hatte, der uns die Griechen geschenkt hatte, verfestigte sich das eigentümliche Gebilde, das aus Griechenland und der Schweiz in mir entstanden war. Eine besondere Rolle spielten dabei die Berge. Ich dachte nie an die Griechen, ohne Berge vor mir zu sehen, und es waren, das war das Merkwürdige, dieselben Berge, die ich täglich vor Augen hatte. Sie sahen näher oder ferner aus, je nach der Atmosphäre, man freute sich, wenn sie nicht verdeckt waren, man sprach und man sang von ihnen, sie waren der Gegenstand eines Kultes. Am schönsten war es bei Nebelmeer, vom nahegelegenen Ütliberg aus, da waren die Berge zu Inseln geworden, gleißend, beinahe greifbar, der Verehrung in allen Spitzen einzeln dargeboten. Sie hatten Namen und wurden genannt, manche von ihnen klangen lapidar und bedeuteten nichts als sie selber: der Tödi, andere wie Jungfrau und Mönch bedeuteten zuviel, am liebsten hätte ich für jeden Berg eine neues und eigenes Wort gehabt, das zu nichts anderem verwendet wurde. Es gab keine zwei von ihnen, die die gleiche Höhe hatten. Ihr Gestein war hart, undenkbar, daß sie sich änderten. Von dieser Unveränderlichkeit hatte ich eine starke Vorstellung. Ich dachte sie mir unberührbar, wenn man von ihrer Eroberung sprach, empfand ich ein Unbehagen, und wenn ich mir selber ihre Besteigung vornahm, hatte ich das Gefühl von etwas Unerlaubtem.

Um so mehr Leben spielte sich dicht an den Seen ab, da waren die aufregendsten Dinge geschehen, ich wünschte mir diese Seen wie das griechische Meer, und sie flossen mir in eins zusammen, als ich in nächster Nähe des Zürichsees lebte. Es war nicht etwa so, daß sich an seiner Gestalt etwas änderte, jede Lokalität hatte ihre Bedeutung und behielt ihre Eigenheit, Buchten, Hänge, Bäume, Häuser, aber im Traum davon war es alles ›der See‹, was an einem von ihnen geschehen war, gehörte auch den anderen, die Eidgenossenschaft, zu der man sich verschworen hatte, war für mich eine von Seen. Als ich von den Pfahlbauten hörte, die man da und dort entdeckt hatte, beschäftigte mich der Gedanke, daß ihre Bewohner voneinander nichts gewußt hätten. In dieser Entfernung von ihresgleichen, ohne Verbindung mit ihnen, war es ziemlich gleichgültig, wo sie lebten, es kam ihnen auf ein winziges Stück Wasser an, das konnte überall sein, wer sie waren, würde man nie wissen, wieviel Scherben immer man von ihnen fand, wieviel Pfeilspitzen, wieviel Knochen – Schweizer waren sie nicht.

Das also war für mich Geschichte: der Bund der Seen, vorher gab es gar keine Geschichte, und auch diese reichte nur bis zu mir, weil ich von ihrer wahren Vorgeschichte, den Griechen, erfahren hatte. Dazwischen zählte wenig, den Römern mißtraute ich, die Ritter Walter Scotts, die mir als ihre Abkömmlinge erschienen, Gliederpuppen aus Rüstung, langweilten mich, interessant wurden sie erst, als sie von Bauern geschlagen wurden.

In dieser Zeit der Verzauberung durch Seen fiel mir ›Huttens letzte Tage‹ in die Hände, und ich wundere mich nicht, daß dieses früheste Werk C. F. Meyers mich mit solcher Sicherheit traf. Wohl war Hutten ein Ritter, aber er war auch ein Dichter, und er war dargestellt als einer, der gegen die falschen Mächte gekämpft hatte. Er war krank und geächtet, von allen verlassen, er lebte von Gnaden Zwinglis allein auf der Ufenau. Die Taten, durch die er seine Widerspenstigkeit bewiesen hatte, stiegen in seiner Erinnerung auf, und so sehr man ihr Feuer fühlte, man vergaß doch nie, in welcher Verfassung er jetzt auf der Ufenau war. Es war dafür gesorgt, daß man ihn immer im Kampf gegen eine Übermacht sah; so fiel weg, was einen an Rittern irritiert hatte, daß sie sich, auch die tapfersten unter ihnen, durch die Art ihrer Rüstung als Stärkere fühlten.

Begeistert war ich vom Besuch Loyolas auf der Insel, das war ein Loyola, den niemand, auch Hutten noch nicht kannte: ein Pilger, den er während eines Gewitters in seine kleine Behausung aufnimmt, dem er die eigene Decke, den eigenen Mantel zum Schlafen überbreitet. Nachts erwacht Hutten an einem Donnerschlag und sieht im Licht der Blitze den Pilger, der seinen Rücken blutig geißelt, und dazu hört er die Worte seines Gebets, in dem er sich dem Dienst der Maria widmet. Am Morgen ist die Stätte des Pilgers leer und Hutten erkennt, daß jetzt, da sein Tag vertan ist, der schlimmste Feind sich gezeigt hat. – Dieses Naherücken des Entgegengesetzten, am Ende eines Lebens, sein Belauschtwerden, ohne daß es ahnt, von wem es belauscht wird, die Einsicht in die Vergeblichkeit des eigenen Kampfes, denn der wahre Feind ist erst jetzt erschienen, die nachträgliche Regung, da es zu spät ist: »Hätt ich den Spanier umgebracht!« – wie hätte ich nicht fühlen sollen, daß ich eben hier, wo es um etwas Erfundenes ging, der ›Wirklichkeit‹ nahe war?

Der See, an dem die Ufenau lag, reichte bis zu mir hinunter, der Dichter hatte am Ufer gegenüber in Kilchberg gelebt. Ich fühlte mich in diese Dichtung eingeschlossen, die Landschaft war mir durch ihn erleuchtet, ein Satz darin bezeichnete in simpelster Form das Maß der Einsicht in menschliche Dinge, zu der ich damals fähig geworden war: »Ich bin kein ausgeklügelt Buch, ich bin ein Mensch mit seinem Widerspruch.« Der Kontrast zwischen Buch und Mensch, zwischen dem, was mit Vorwissen gemacht wird, und dem, was von Natur gegeben ist, zwischen der Faßlichkeit des Buches und der Unbegreiflichkeit des Menschen, hatte mich zu quälen begonnen. Ich hatte Feindschaft erlebt, wo ich keine erwartete, von außen auferlegte Feindschaft, die nicht eigenen Regungen entsprang, deren Wurzeln ich nicht begriff, über die ich viel nachdachte. Da ich eine Lösung dafür nicht hatte, bot sich mir die Auffassung des Menschen als eines Widerspruchs als vorläufige Lösung an. Ich ergriff sie begierig und zitierte den Satz sooft, bis er von der Mutter in einer vernichtenden Attacke zertrümmert wurde.

Aber vorher blieb mir mehr als ein Jahr Zeit, in der sie mich gewähren ließ. Ich folgte Meyer in die Bartholomäusnacht und in den Dreißigjährigen Krieg. Ich begegnete bei ihm Dante in Person, und das Bild des Dichters, wie er aus seinem Verbanntsein heraus sprach, prägte sich mir ein. – Auf Wanderungen hatte ich die Bündner Täler kennengelernt, zwei Sommer hintereinander, die ersten in der Schweiz, war ich auf dem Heinzenberg im Domleschg gewesen, ›dem schönsten Berg Europas‹, wie ihn der Herzog Rohan nannte. Auf Schloß Rietberg in der Nähe hatte ich einen Blutfleck betrachtet, der mit Jürg Jenatsch in Verbindung gebracht wurde, das hatte mich wenig beeindruckt. Aber nun, als ich von ihm las, fühlte ich mich als Kenner auf seinen Spuren. – Als Frau des Pescara traf ich Vittoria Colonna, durch Michelangelo geheiligt; ich kam nach Ferrara, wie schrecklich, wie unheimlich war dieses Italien, von dem ich nichts als idyllische mündliche Berichte hörte. Immer ging es um aufregende Ereignisse, die sich durch ihre ›Bedeutung‹ von meiner täglichen Umgebung abhoben. Das Kostüm sah ich nicht, ich sah die Vielfalt der Zeiten und Schauplätze. Ich merkte nichts von der Beschönigung durch das Kostüm, da es meist düster ausging, hielt ich es für Wahrheit.

In der unbeirrbaren, in der wütenden Lernbegier jener Jahre war ich der Meinung, daß es eben diese abwechslungsreiche Belebung der Geschichte sei, was mich an Meyer einnahm. Ich dachte allen Ernstes, daß ich durch ihn etwas erführe. Kein Zweifel kam mir, ich ergab mich willig seiner Darstellung, ich ahnte nicht, was sich hinter ihr verbarg, alles lag klar zutage, es geschah soviel – was konnte dahinter sein, das an diesem Reichtum gemessen nicht irrelevant und des Erwähnens völlig unwert gewesen wäre?

Heute, da ich gestaltete Geschichte nicht mehr ertrage, da ich nur die Quellen selbst, naive Berichte oder harte Gedanken zu ihnen suche, glaube ich, daß es anderes von ihm war, das tiefer auf mich einwirkte: ein Gefühl für Ernten und für fruchtbeladene Bäume, »Genug ist nicht genug«, und die Schwermut seiner Seegedichte. Eines von ihnen begann mit den Zeilen:

›Trüb verglomm der schwüle Sommertag,
Dumpf und traurig tönt mein Ruderschlag.
. . . .
Fern der Himmel und die Tiefe nah –
Sterne, warum seid ihr noch nicht da?
Eine liebe, liebe Stimme ruft
Mich beständig aus der Wassergruft –‹

Ich wußte nicht, wessen Stimme es war, aber ich fühlte, daß es ein naher Toter war, und die Rufe aus dem Wasser berührten mich, als wäre es mein Vater, der riefe. In diesen letzten Züricher Jahren dachte ich nicht oft an ihn, um so unerwarteter, um so geheimnisvoller war seine Rückkehr aus diesem Gedicht. Es war, als habe er sich im See verborgen, weil ich diesen so liebte.

Ich hatte damals noch nichts über das Leben des Dichters erfahren, über den Selbstmord seiner Mutter, die sich im See ertränkt hatte. Nie wäre ich, hätte ich es gewußt, auf den Gedanken gekommen, daß ich die Stimme meines Vaters hörte, wenn ich selber gegen Abend auf dem See ruderte. Ich ruderte selten allein, und nur dann sagte ich die beiden Zeilen vor mich hin, unterbrach sie und horchte: um der Zeilen willen wünschte ich mir, allein auf dem See zu sein, niemand erfuhr von diesem Gedicht und wieviel es mir bedeutete. Seine Schwermut ergriff mich, ein für mich neues Gefühl, das sich mit dem See verband, ich empfand sie auch, wenn es nicht schwül und trüb war, sie tropfte aus den Worten. Ich spürte, daß es den Dichter in den See zog, und obwohl meine Schwermut eine bloß übernommene war, empfand ich die Verlockung und wartete mit Ungeduld auf die ersten Sterne. Ich begrüßte sie, meinem Alter gemäß, nicht mit Erleichterung, sondern mit Jubel. Der Drang, mich auf Sterne zu beziehen, die unerreichbar und unberührbar waren, hat, glaube ich, damals eingesetzt und steigerte sich während der nächsten Jahre zu einer Sternenreligion. Ich hielt sie zu hoch, um ihnen eine Einwirkung auf mein Leben einzuräumen, ich wandte mich an sie um ihres bloßen Anblicks willen, ich war ängstlich, wenn sie sich mir entzogen, und fühlte mich stark, wenn sie sich dort, wo ich sie erhoffen konnte, wieder zeigten. Ich erwartete von ihnen nichts, als die Regel ihrer Wiederkehr, den selben Ort und die gleichbleibende Beziehung zu ihresgleichen, mit denen sie Konstellationen, wunderbar benannte, bildeten.

Die Sammlung

Von der Stadt kannte ich damals die Teile, die dem See zugewandt waren, und den Weg in die Schule und zurück. In wenigen öffentlichen Gebäuden war ich gewesen, in der Tonhalle, im Kunsthaus, im Theater, und sehr selten in der Universität zu Vorträgen. Die ethnologischen Vorträge fanden in einem der Zunfthäuser an der Limmat statt. Sonst bestand die Altstadt für mich aus den Buchhandlungen, in denen ich mir die ›wissenschaftlichen‹ Bücher ansah, die als nächste auf dem

Programm standen. Dann gab es die Hotels in der Gegend des Bahnhofs, wo Verwandte abstiegen, wenn sie in Zürich zu Besuch waren. Die Scheuchzerstraße in Oberstrass, wo wir drei Jahre gewohnt hatten, geriet beinahe in Vergessenheit, sie hatte zu wenig zu bieten, sie lag ziemlich weit abseits vom See, und wenn ich doch einmal an sie dachte, war es, als hätte ich damals in einer anderen Stadt gelebt.

Von manchen Vierteln kannte ich nicht mehr als die Namen und ergab mich widerstandslos den Vorurteilen, mit denen man sie bedachte, ich hatte keine Vorstellung davon, wie die Menschen dort aussahen, wie sie sich bewegten und zueinander benahmen. Alles Ferne nahm mich in Anspruch, was in einer bloßen halben Stunde zu erreichen war und in der unerwünschten Richtung, war wie die Hinterseite des Mondes, unsichtbar, nicht vorhanden. Man meint sich für die Welt zu öffnen und zahlt dafür mit Blindheit in der Nähe. Unfaßbar ist der Hochmut, mit dem man darüber entscheidet, was einen angeht und was nicht. Alle Linien der Erfahrung sind einem vorgeschrieben, ohne daß man's weiß, was ohne Buchstaben noch nicht zu fassen wäre, bleibt ungesehen, und der wölfische Appetit, der sich Wißbegier nennt, merkt nicht, was ihm entgeht.

Ein einziges Mal erfuhr ich, woran ich vorüberging; ich geriet in Quartiere der Stadt, die ich bis dahin nur vom Hörensagen kannte. Die Gelegenheit war eine Sammlung zu wohltätigem Zweck, es war angefragt worden, wer sich dafür zur Verfügung stelle. Jeder, der sich meldete, erhielt zur Begleitung eine ›höhere Tochter‹ beigestellt. Meine war größer und älter als ich, schien sich aber nichts daraus zu machen. Sie trug die Geldbüchse, ich trug, was wir verkaufen sollten, große Tafeln Schokolade. Sie sah mit begütigenden Augen auf mich herab und hatte eine verständige Art zu sprechen. Sie trug einen weißen, plissierten Rock, der sehr fein wirkte, ich hatte noch keinen aus solcher Nähe gesehen und merkte, daß auch andere ihm Beachtung schenkten.

Die Sache begann schlecht, es wimmelte von sammelnden

Paaren. Man fragte nach dem Preis und wandte sich entrüstet ab. Billig waren wir nicht, in einer Stunde wurden wir eine einzige Tafel los; meine Begleiterin fühlte sich beleidigt, gab sich aber nicht geschlagen. Sie meinte, wir müßten in die Häuser und in Gaststätten gehen, am besten im Aussersihl. Das war ein Arbeiterquartier, ich war nie dort gewesen, es schien mir widersinnig, daß sie von den ärmeren Leuten dort erwartete, was die reichen bisher uns verweigert hatten. Sie war anderer Meinung und begründete sie ohne Anwandlung von Gefühlen: »Die sparen nicht«, sagte sie, »die geben alles gleich aus. Am besten ist es in den Gaststätten, da vertrinken sie alles, was sie in der Tasche haben.«

Wir machten uns auf den Weg in die bezeichnete Gegend. Hie und da betraten wir ein Haus und grasten die Wohnungen ab. Noch waren die Inhaber Leute mit bürgerlichen Berufen. Unter dem Namen an einer Wohnung im zweiten Stock stand ›Bankdirektor‹. Wir läuteten, ein Herr mit einem strotzenden roten Kopf und einem gefühlvollen Schnauzbart öffnete. Er war mißtrauisch und jovial zugleich und fragte erst einmal, ob wir Schweizer wären. Ich schwieg, um so liebenswürdiger erwiderte das Mädchen, wobei sie mich in ihre Antwort miteinbezog, ohne etwas geradezu Falsches zu sagen. Dem Mann war es angenehm, sie zu examinieren, er fragte sie nach dem Beruf ihres Vaters aus, und daß dieser Arzt war, paßte gut mit dem Zweck unserer Sammlung zusammen. Am Beruf meines Vaters war er nicht interessiert, er konzentrierte sich auf das Mädchen, das sich mit klugen Allüren aufs Sprechen verstand, die Büchse nicht zudringlich und in richtiger Höhe hielt und sich wohl davor hütete, mit ihr, die noch beinahe leer war, zu scheppern. Es dauerte ziemlich lang, aber das Lächeln auf dem Gesicht des Herren verwandelte sich in ein befriedigtes Grinsen, er nahm die Tafel entgegen, wog sie in der Hand, ob sie nicht zu leicht sei, und warf die Münze in die Büchse ein, nicht ohne hinzuzufügen: »Es ist für einen guten Zweck. Schokolade haben wir genug.« Er behielt die Tafel aber doch und entließ uns im vollen Bewußtsein seiner Wohltat; als er die Wohnungstür schloß, blieben wir betäubt von soviel Güte stehen und taumelten dann unsicher in den ersten Stock hinunter, wo wir, ohne auf das Türschild zu achten, anläuteten. Die Türe öffnete sich, hochrot und zornig stand vor uns der Mann von oben: »Was, schon wieder! Unverschämtheit!« Mit seinem doppeldicken Finger wies er auf sein Namensschild, da stand derselbe Name. »Ihr könnt wohl nicht lesen! Macht daß ihr fortkommt oder ich ruf die Polizei. Soll ich die Büchse vielleicht konfiszieren?« Er schlug uns die Tür vor der Nase zu, wir machten uns kläglich aus dem Staub. Es mußte eine Treppe zwischen den beiden Stockwerken geben, innerhalb der Wohnungen. Wer hätte das wissen können, im Glückstaumel des gelungenen Verkaufs hatten wir auf keinen Namen geachtet.

Meine Begleiterin hatte nun von Wohnungen genug und sagte: »Jetzt gehen wir aber in die Wirtshäuser.« Wir gingen mißmutig noch ein Stück, bis wir im richtigen Aussersihl waren. An einer Ecke sahen wir ein großes Lokal, sie bat mich nicht einmal voranzugehen und betrat es ruhig. Eine erstikkende Tabakluft schlug uns entgegen, das Lokal war voll, alle Tische waren besetzt, Arbeiter jeden Alters, an den Mützen kenntlich, saßen vor ihren Gläsern, man hörte viel Italienisch. Das Mädchen schlängelte sich furchtlos zwischen den Tischen durch, da war keine einzige Frau, an die sie sich wenden konnte, aber das schien ihre Sicherheit nur zu erhöhen, sie hielt den Männern ihre Büchse nah vors Gesicht, was ihr leicht fiel, denn sie saßen. Ich beeilte mich, ihr nachzukommen, um gleich mit den Tafeln zur Stelle zu sein, merkte aber bald, wie wenig wichtig diese waren. Wichtig war das Mädchen, und am wichtigsten ihr plissierter Rock, der in dieser dunklen Umgebung hell glänzte. Alle blickten auf ihn, alle staunten ihn an, ein junger Bursche, der eigentlich schüchtern wirkte, griff nach einer Falte des Rocks und ließ sie langsam und bewundernd durch die Finger gleiten. Es war, als gelte sein Griff dem feinen Stoff und nicht dem Mädchen. Er lächelte nicht, er sah sie feierlich an, das Mädchen hielt vor ihm still, er sagte »Bellissima«, sie nahm die Huldigung für den plissierten Rock entgegen, er hatte die Münze gleich bei der Hand, warf sie, als wäre es nichts, in die Büchse und fragte nicht nach der Schokolade, die ich ihm etwas verspätet entgegenhielt, er legte sie achtlos neben sich auf den Tisch, er schämte sich, für seine Spende etwas entgegenzunehmen. Das Mädchen war indessen schon weitergegangen, ein grauhaariger Mann war der nächste. Er lächelte sie freundlich an, holte, ohne zu fragen, sein Geld heraus, warf alle Münzen, die er in der Tasche hatte, auf den Tisch, suchte ein Zweifrankenstück heraus und warf es rasch, wobei er es mit den Fingern ein wenig verbarg, in die Büchse. Dann winkte er mich herrisch zu sich heran, zog mir die Tafel aus der Hand und überreichte sie mit einem bezwingenden Schwung dem Mädchen. Das gehöre ihr, das sei für sie, das solle sie für sich behalten und fügte dann noch hinzu, diese Tafel sei nicht zum Verkaufen.

So begann es, so ging es weiter, wer immer Geld hatte, gab etwas her, doch behielten sie nun ihre Tafeln. Wer keines hatte, entschuldigte sich, es herrschte eine herzliche Höflichkeit, der Lärm an jedem Tisch ließ nach, sobald das Mädchen an ihn herantrat, ich hatte freche Worte befürchtet, statt dessen gab es nichts als bewundernde Blicke und manchmal einen Ausruf des Staunens. Ich spürte, daß ich ganz überflüssig war, aber das machte mir nichts, von der verehrenden Stimmung der Männer angesteckt, sagte ich mir, daß meine Begleiterin schön sei. Als wir das Lokal verließen, schüttelte sie die Büchse und wog sie: die sei jetzt mehr als halbvoll. Noch ein, zwei solche Gaststätten und es ginge nichts mehr hinein. Sie war sich der Huldigung, die sie empfangen hatte, wohl bewußt, doch hatte sie ihre praktische Seite und vergaß nicht einen Augenblick, worauf es ankam.

Wie sehr ich mich verändert hatte, erkannte ich an den Besuchen des Großvaters. Er kam erst nach Zürich, als er mich allein wußte. Die Spannung zwischen ihm und der Mutter war wohl gewachsen, einige Jahre ging er ihr aus dem Weg, aber sie schrieben sich regelmäßig. Während des Krieges bekam er Postkarten, auf denen ihm unsere neuen Adressen mitgeteilt wurden, später wechselten sie formelle und unpersönliche Briefe.

Kaum wußte er mich in der ›Yalta‹, erschien er in Zürich. Er stieg im Hotel ›Central‹ ab und bestellte mich zu sich. Seine Hotelzimmer, ob in Wien oder Zürich, sahen sich ähnlich, es herrschte in ihnen derselbe Geruch. Er war in Riemen verschnürt bei seinem Abendgebet, als ich kam, während er mich küßte und in Tränen badete, betete er weiter. Er wies auf eine Schublade, die ich statt seiner öffnen sollte, drin lag ein dickes Kuvert mit Briefmarken, die er für mich gesammelt hatte. Ich leerte es auf der niederen Kommode aus und musterte sie, manche hatte ich schon, manche hatte ich nicht, er folgte mit Argusaugen dem Mienenspiel auf meinem Gesicht, das ihm in rascher Abwechslung Freude oder Enttäuschung verriet. Da ich ihn in seinem Gebet nicht unterbrechen wollte, sagte ich nichts, das hielt er aber nicht aus und unterbrach selbst den feierlichen Ton seiner hebräischen Worte mit einem fragenden »Nu?« Ich gab einige unartikulierte, begeisterte Laute von mir, das befriedigte ihn und er betete weiter. Das dauerte ziemlich lange, alles war festgesetzt, er ließ nichts aus und verkürzte nichts, da es ohnehin in maximaler Geschwindigkeit vor sich ging, ließ sich auch nichts beschleunigen. Dann war er fertig, er prüfte mich, ob ich die Länder wußte, aus denen die Briefmarken stammten, und überschüttete mich mit Lob für die richtige Auskunft. Das war, als ob ich noch in Wien und erst zehn Jahre alt wäre, es war mir so lästig wie seine Freudentränen, die schon wieder flossen. Er weinte, während er zu mir sprach, er war überwältigt davon, mich am

Leben zu finden, seinen Namensenkel, wieder ein Stück größer, und vielleicht auch davon, daß er selbst noch da war, es zu erleben.

Sobald er mich zu Ende geprüft und sich ausgeweint hatte, führte er mich aus, in ein alkoholfreies Restaurant, wo ›Saaltöchter‹ bedienten. Für solche hatte er ein eifriges Auge, und es war ihm unmöglich, etwas zu bestellen, ohne ein umständliches Gespräch. Es begann damit, daß er auf mich zeigte und sagte: »Mein Enkeli!« Dann zählte er alle Sprachen auf, die er könne, es waren ihrer immer noch 17. Die Saaltochter, die zu tun hatte, hörte sich die Liste, in der Schweizerdeutsch nicht figurierte, ungeduldig an, sobald sie Anstalten machte zu verschwinden, legte er ihr beschwichtigend die Hand auf die Hüfte und ließ sie da liegen. Ich schämte mich für ihn, aber das Mädchen hielt still; als ich den Kopf, den ich gesenkt hatte, wieder hob, er war mit seinen Sprachen zu Ende, lag seine Hand noch an Ort und Stelle. Er nahm sie erst weg, wenn es ans Bestellen ging, das mußte er mit der Tochter beraten, dazu brauchte er beide Hände, nach einer längeren Prozedur bestellte er dann doch dasselbe wie immer, für sich einen Joghurt, für mich einen Kaffee. Während die Tochter fort war, redete ich auf ihn ein: das hier sei nicht Wien, in der Schweiz sei es anders, man könne sich nicht so benehmen, es könne ihm passieren, daß er von einer Saaltochter eine Ohrfeige bekomme. Er antwortete nichts, er meinte es besser zu wissen. Als die Tochter mit Joghurt und Kaffee zurückkam, lächelte sie ihn freundlich an, er dankte emphatisch, legte ihr nochmals die Hand auf die Hüfte und versprach beim nächsten Besuch in Zürich wiederzukommen. Ich beeilte mich mit dem Trinken, um nur rasch von hier fortzukommen, gegen jeden Augenschein davon überzeugt, daß er sie beleidigt habe.

Ich war unvorsichtig genug, ihm von der ›Yalta‹ zu erzählen, er bestand darauf, mich da zu besuchen, und kündigte sich an. Fräulein Mina war nicht zuhause, Fräulein Rosy empfing ihn. Sie führte ihn durch Haus und Garten, er war an allem interessiert und stellte unzählige Fragen. Bei jedem Obstbaum fragte er danach, wieviel er trage. Er fragte nach den Mädchen, die da wohnten, nach Namen, Herkunft und Alter. Er zählte sie zusammen, damals waren es neun, und meinte, daß mehr im Hause unterzubringen wären. Fräulein Rosy sagte, daß fast jede ein eigenes Zimmer habe, da wollte er die Zimmer sehen. Sie, von seiner Lustigkeit und seinen Fragen hingerissen, führte ihn ahnungslos in jedes der Zimmer. Die Mädchen waren in der Stadt oder in der Halle, Fräulein Rosy fand nichts dabei, ihm die leeren Schlafzimmer zu zeigen, die ich noch nie gesehen hatte. Er bewunderte die Aussicht und prüfte die Betten. Er schätzte jedes Zimmer nach seiner Größe ab und meinte, daß da leicht ein zweites Bett hineinginge. Er hatte sich die Herkunftsländer der Mädchen gemerkt und wollte wissen, wo die Französin, wo die Holländerin, wo die Brasilianerin und ganz besonders, wo die beiden Schwedinnen schliefen. Schließlich fragte er nach dem Spatzennest, dem Atelier von Fräulein Mina. Ich hatte ihn vorher gewarnt, er müsse sich die Bilder genau ansehen und manche müsse er loben. Das tat er nun auf seine Weise: wie ein Kenner blieb er erst in einiger Entfernung davor stehen, trat dann ganz nahe heran und besah sich genau die Malweise. Er schüttelte den Kopf über soviel Können und brach dann in begeisterte Superlative aus, wobei er die Schlauheit hatte, statt spanischer italienische Worte zu gebrauchen, die Fräulein Rosy verstand. Manche Blumen kannte er von seinem Garten zuhause, Tulpen, Nelken und Rosen, und bat, der Malerin seine Glückwünsche für ihr Können auszurichten: so etwas habe er noch nie gesehen, was auch stimmte, und ob sie auch Obstbäume und Früchte male? Er bedauerte, daß keine zu sehen waren, und riet inständig zu einer Erweiterung des Repertoires. Damit verblüffte er uns beide, weder Fräulein Rosy noch mir war der Gedanke je gekommen. Als er anfing, nach dem Wert der Bilder zu fragen, sah ich ihn streng, doch vergeblich an. Er ließ sich nicht beirren, Fräulein Rosy holte eine Liste von der letzten Ausstellung und unterrichtete ihn über die Preise. Da gab es manche, die zu mehreren hundert Franken verkauft worden waren, kleinere waren billiger gewesen, er ließ sich alle Preise der Reihe nach sagen, zählte sie auf der Stelle im Kopf zusammen und überraschte uns mit dem ansehnlichen Resultat, das wir beide gar nicht gekannt hatten. Dann fügte er noch großartig hinzu, daß es darauf nicht ankomme, es käme auf die Schönheit, »la hermosura« der Bilder an, und als Fräulein Rosy den Kopf schüttelte, weil sie das Wort nicht verstand, fiel er mir, bevor ich es übersetzt hatte, blitzschnell ins Wort und sagte italienisch: »la bellezza, la bellezza, la bellezza!«

Dann wollte er nochmals den Garten sehen, diesmal gründlicher. Auf dem Tennisplatz fragte er danach, wie groß der Grund sei, der zum Haus gehöre. Fräulein Rosy wurde verlegen, denn sie wußte es nicht: schon maß er den Tennisplatz mit Schritten ab, die Länge und die Breite, schon hatte er die Zahl seiner Quadratmeter berechnet, platzte damit heraus und überlegte ein wenig. Er verglich die Größe des Tennisplatzes mit der des Gartens, auch mit der der Wiese nebenan, machte ein pfiffiges Gesicht und sagte: so und so groß sei das Ganze. Fräulein Rosy war überwältigt, der Besuch, den ich so gefürchtet hatte, war ein Triumph. Für den frühen Abend nahm er mich zu einer Aufführung im Waldtheater überm Dolder mit. Als ich nach Hause kam, erwarteten mich die Damen in ihrem Zimmer. Fräulein Mina konnte sich nicht verzeihen, daß sie ausgewesen war, eine Stunde lang hörte ich das Lob des Großvaters singen. Sogar die Größe des Grundes hatte er richtig berechnet, ein wahrer Hexenmeister.

Die schwarze Spinne

Das Tal der Täler war für mich das Wallis, ein wenig hing es auch mit dem Namen zusammen, das lateinische Wort für Tal war zum Begriff des Kantons geworden, es *bestand* aus dem Rhonetal und seinen Seitentälern. Auf der Karte war kein

Kanton so kompakt wie dieser, es war nichts dabei, was nicht natürlich dazu gehörte. Ich war von allem beeindruckt, was ich über das Wallis las: daß es zweisprachig war, es gab deutsche wie französische Teile und beide Sprachen wurden wie früher dort gesprochen, sie erschienen in ihren ältesten Formen, ein sehr altes Französisch im Val d'Anniviers, im Lötschental ein sehr altes Deutsch.

Den Sommer 1920 verbrachte die Mutter mit uns dreien wieder in Kandersteg. Da saß ich oft über der Karte: alle Wünsche konzentrierten sich nun auf das Lötschental, das war das Interessanteste, das es überhaupt zu sehen gab, und leicht erreichbar. Man fuhr durch den Lötschbergtunnel – den drittgrößten Tunnel der Welt – bis Goppenstein, der ersten Station danach. Von da wanderte man zu Fuß durchs Lötschental bis an den letzten Ort, Blatten. Diesen Plan betrieb ich mit Eifer, brachte die Gesellschaft zusammen, der ich mich anschließen würde, und bestand darauf, daß die kleinen Brüder diesmal zuhause blieben. »Du weißt, was du willst«, sagte die Mutter, die Rücksichtslosigkeit, mit der ich die Brüder ausschloß, befremdete sie nicht, sie gefiel ihr. Sie lebte in der Befürchtung, daß ich über Büchern und Gesprächen zu einem unmännlichen, unentschlossenen Geschöpf würde. Rücksicht auf Kleinere und Schwächere, die sie theoretisch guthieß, enervierte sie in der Praxis, besonders wenn sie einen davon abhielt, auf ein Ziel loszugehen. Sie unterstützte mich, indem sie sich etwas anderes für die Brüder ausdachte, der Tag für die Unternehmung wurde festgelegt, morgens mit dem frühesten Zug würden wir den Tunnel durchfahren.

In Goppenstein war es noch unwirtlicher und verlassener, als ich erwartet hatte. Auf dem Saumpfad, der seine einzige Verbindung mit der Außenwelt war, stiegen wir ins Lötschental hinauf. Ich erfuhr, wie schmal er noch vor kurzem gewesen war, nur die einzelnen Tiere vermochten ihn mit ihrer Last auf dem Rücken zu begehen. Vor weniger als hundert Jahren habe es in der Gegend noch Bären gegeben, schade, daß man jetzt keinem mehr begegnen würde. Ich trauerte den verschwundenen Bären nach, als das Tal sich plötzlich auftat, in Sonne gebadet, strahlend hell, hoch an die weißen Berge hinaufgerückt, in einem Gletscher endend. In gar nicht langer Zeit konnte man bis an sein Ende gelangen, aber vorher wand sich der Weg, von Ferden bis Blatten, durch vier Ortschaften. Es war alles altertümlich und anders. Alle Frauen trugen den Kopf bedeckt, schwarze Strohhüte, aber nicht nur Frauen, auch ganz kleine Mädchen. Selbst Drei- oder Vierjährige hatten so etwas Feierliches, als wären sie sich der Besonderheit ihres Tals schon von Geburt auf bewußt und müßten uns Eindringlingen beweisen, daß sie nicht zu uns gehörten. Sie hielten sich nah an die alten Frauen mit verwittertem Gesicht, in deren Begleitung sie waren. Der erste Satz, den ich sprechen hörte, klang wie vor tausend Jahren. Ein sehr kleiner, unternehmender Knabe ging ein paar Schritte auf uns zu, da rief ihn eine alte Frau, die ihn von uns fernhalten wollte, zu sich, und die zwei Worte, die sie gebrauchte, klangen so schön, daß ich meinen Ohren nicht traute. »Chuom, Buobilu!« sagte sie, was waren das für Vokale! Statt ›Büebli‹, das ich für Büblein zu hören gewöhnt war, sagte sie ›Buobilu‹, ein reicher, dunkler Zusammenhang von u, o und i, mir fielen die althochdeutschen Verse ein, die wir in der Schule lasen. Ich wußte, wie nahe die schweizerdeutschen Dialekte dem Mittelhochdeutschen waren, aber daß es etwas gab, das noch wie Althochdeutsch klang, hatte ich nicht erwartet und hielt es für meine Entdeckung. Es blieb mir um so kräftiger in Erinnerung, als es das Einzige war, was ich hörte. Die Leute waren schweigsam und schienen uns zu meiden. Während unserer ganzen Wanderung kam es zu keinem Gespräch. Wir sahen die alten Holzhäuser, die schwarzgekleideten Frauen, die Blumenstöcke vor den Fenstern, die Weiden. Ich spitzte die Ohren nach weiteren Sätzen, alles blieb stumm, vielleicht war es nur ein Zufall, aber ›Chuom Buobilu‹ blieb mir als einziger Sprachklang des Tals in den Ohren.

Wir waren eine recht gemischte Gesellschaft, es gab Engländer unter uns, Holländer, Franzosen, Deutsche; man hörte lebhafte Ausrufe in allen Sprachen, selbst die Engländer erschienen gesprächig, gegen das Schweigen des Tals gehalten, alle waren betroffen, alle staunten, ich fühlte keine Scham für die blasierten Bewohner unseres Hotels, über die ich sonst bissige Bemerkungen zu machen pflegte, die Einheit des Lebens hier, in dem alles ineinander paßte, das Lautlose, Langsame, Gehaltene überkam ihre Blasiertheit, und sie reagierten auf das Unfaßbare, dem sie sich nicht überlegen fühlten, mit Bewunderung und mit Neid. Wir zogen durch die vier Dörfer, als kämen wir von einem anderen Stern, ohne die Möglichkeit einer Berührung mit den Bewohnern, ohne daß man das Geringste von uns erwartete, nicht einmal eine Regung der Neugier ließ man uns merken und alles, was während dieser Wanderung geschah, war, daß eine alte Frau einen winzigen Knaben, der noch gar nicht ganz in unserer Nähe war, von uns wegrief.

Ich bin nie wieder in diesem Tal gewesen, es wird sich in einem halben Jahrhundert, besonders diesem letzten, wohl sehr verändert haben. Ich habe mich davor gehütet, das Bild, das ich von ihm bewahre, anzutasten. Ich verdanke ihm, eine Folge eben seiner Fremdheit, das Gefühl der Vertrautheit mit Lebenszuständen altertümlicher Art. Wieviel Menschen damals im Tale lebten, vermag ich nicht zu sagen, vielleicht waren es fünfhundert. Ich sah sie nur als Einzelne, nicht mehr als zwei oder drei von ihnen zusammen. Daß sie es schwer hatten, war offenkundig. Ich bedachte nicht, daß manche von ihnen ihr Brot außerhalb suchten, mir schien, daß es ihnen fern lag, ihr Tal auch nur für eine Zeit zu verlassen. Hätte ich mehr von ihnen erfahren, das Bild hätte sich aufgelöst, und sie wären mir, auch sie, zu Menschen unserer Zeit geworden, wie ich sie überall kannte. Es gibt, zum Glück, Erfahrungen, die ihre Kraft aus ihrer Einmaligkeit und Isoliertheit beziehen. Wenn ich später von Stämmen und Völkern las, die in geringer Zahl und von allen anderen abgesondert leben, stieg die Erinnerung ans Lötschental in mir auf, und ich mochte noch so Sonderbares über sie lesen, ich hielt es für möglich und nahm es an.

Die Bewunderung für Ein- oder eigentlich Viersilbigkeit, wie ich sie in diesem Tal erfahren habe, war aber damals etwas Rares. Etwa zur selben Zeit erlag ich der Beredsamkeit Gotthelfs. Ich las ›Die schwarze Spinne‹, und ich fühlte mich von ihr verfolgt, es war mir, als habe sie sich in mein eigenes Gesicht vergraben. Im Dachzimmer oben duldete ich keinen Spiegel, nun bat ich mir beschämt einen von Trudi aus, verzog mich damit hinauf, sperrte die Türe hinter mir zu, was in diesem Hause nicht üblich war, und suchte auf beiden Wangen nach den Spuren der schwarzen Spinne. Ich fand keine, wie hätte ich sie finden sollen, mich hatte der Teufel nicht geküßt, aber ich spürte trotzdem ein Kribbeln wie von ihren Beinen und wusch mich häufig am Tage ab, um sicher zu sein, daß sie sich nicht doch an mir festgesetzt habe. Ich sah sie, wo sie am wenigsten zu erwarten war, auf der Passerelle oben schien sie mir einmal an Stelle der aufgehenden Sonne. Ich stürzte mich in den Zug, da hatte sie mir gegenüber Platz genommen, neben einer alten Frau, die sie nicht bemerkte. »Sie ist blind, ich muß sie warnen«, doch ich ließ es beim Vorsatz bewenden; als ich in Stadelhofen aufstand, um den Zug zu verlassen, hatte sich die Spinne davongemacht, und die alte Frau saß allein, wie gut, daß ich sie nicht gewarnt hatte, sie wäre vor Schreck gestorben.

Die Spinne konnte auf Tage verschwinden, manche Örtlichkeiten mied sie, sie erschien nie in der Schule, auch die Mädchen in der Halle wurden nie von ihr belästigt. Was aber die Damen Herder anlangt, so waren sie in ihrer einfältigen Unschuld der Spinne nicht einmal würdig. Sie hielt sich an mich, obwohl ich mir keiner bösen Tat bewußt war, und an meine Wege, wenn ich allein war.

Ich hatte mir vorgenommen, der Mutter nichts von der schwarzen Spinne zu sagen, ich fühlte Unruhe über die Wirkung, die sie auf sie haben könnte, als sei sie besonders für kranke Menschen gefährlich, und es wäre vielleicht manches anders gekommen, hätte ich die Kraft gehabt, bei diesem Entschluß zu bleiben. Denn schon bei ihrem nächsten Besuch platzte ich damit heraus und erzählte ihr die Geschichte ausführlich, in jeder schrecklichen Einzelheit; die behagliche Kindstaufe und alles Tröstlich-Moralische, durch das Gotthelf ihre Wirkung zu lindern sucht, ließ ich aus. Sie hörte mir zu, ohne mich ein einziges Mal zu unterbrechen, es war mir noch nie gelungen, sie so vollkommen zu faszinieren. Als wären unsere Rollen vertauscht, fragte sie mich, ich war eben zu Ende, nach diesem Gotthelf aus, wer das denn sei und wie es komme, daß sie von einer so ungeheuren Geschichte noch nie etwas gehört habe. Ich hatte mich in Angst erzählt und suchte es zu verbergen, indem ich auf einen alten Disput zwischen uns ablenkte, über Wert oder Unwert des Dialekts. Das sei eben ein Berner Dichter, seine Sprache sei die des Emmentals, manches verstünde man kaum, ohne den Dialekt sei Gotthelf undenkbar, aus diesem beziehe er seine ganze Kraft. Ich ließ durchblicken, daß mir die ›Schwarze Spinne‹ entgangen wäre, daß ich nie Zugang dazu gefunden hätte, wenn ich mich nicht immer schon dem Dialekt geöffnet hätte.

Wir waren beide in einer Erregung, die der Sache selbst entsprang, auch die Feindseligkeit, die wir füreinander fühlten, hatte etwas mit der Geschichte zu tun, aber alles, was wir *sagten*, bewegte sich in der Sphäre oberflächlichen Eigensinns. Sie wollte vom Emmental nichts wissen, diese Geschichte sei biblisch und aus der Bibel geradeswegs komme sie her. Die schwarze Spinne sei eine elfte ägyptische Plage und der Dialekt sei daran schuld, daß man sie in der Welt so wenig kenne. Es wäre gut, sie in ein literarisches Deutsch zu übersetzen, damit sie allgemein zugänglich wäre.

Sobald sie wieder im Sanatorium zurück war, erkundigte sie sich bei ihren Gesprächspartnern, die fast alle aus dem nördlichen Deutschland stammten, nach Gotthelf und erfuhr, daß es nichts als ungenießbare, lange Bauernromane von ihm gäbe, die hauptsächlich aus Predigten bestünden. ›Die schwarze Spinne‹ sei die einzige Ausnahme, auch sie sei ungeschickt geschrieben, voll überflüssiger Längen; kein Mensch, der etwas verstünde, nehme Gotthelf heute noch ernst. Ihrem Brief, in dem sie mir das mitteilte, fügte sie die höhnische Frage an: was ich jetzt eigentlich werden wolle, Prediger oder Bauer, warum nicht gleich beides, ich solle mich entscheiden.

Ich aber blieb bei meiner Meinung, und bei ihrem nächsten Besuch fiel ich über die ästhetischen Herrschaften her, von denen sie sich beeinflussen lasse. ›Ästhet‹ war in ihrem Mund immer ein Schimpfwort gewesen, das Letzte auf Gottes Erdboden waren ›Wiener Ästheten‹. Das Wort traf sie empfindlich, ich hatte es gut gewählt, sie verteidigte sich und verriet dabei eine Sorge um das Leben ihrer Freunde, so ernst, daß mir war, es käme stracks aus der ›Schwarzen Spinne‹. Menschen, die vom Tode bedroht seien, könnte man nicht als Ästheten beschimpfen. Die wüßten nicht, wie lange sie noch zu leben hätten. Ob ich denn glaubte, daß Menschen in dieser Verfassung nicht sehr wohl überlegten, was sie läsen? Es gebe Geschichten, die wie Wasser von einem abliefen, und Geschichten, an die man sich mit jedem Tag besser erinnere. Das besage etwas über *unsere* Verfassung, und nicht über den Dichter. Sie sei sicher, daß sie trotz der ›Schwarzen Spinne‹ nie eine Zeile von Gotthelf lesen werde. Sie war entschlossen, gegen diesen Dialekt-Sünder recht zu behalten, und berief sich auf Autoritäten. Sie sprach von Theodor Däubler, der im Waldsanatorium vorgelesen hatte, manche Dichter lasen dort vor, sie hatte sich bei dieser Gelegenheit ein wenig mit ihm angefreundet, obwohl er, was eigentlich nicht ihre Sache war, Verse gesprochen hatte, und behauptete nun sogar, daß auch er eine geringe Meinung von Gotthelf habe. »Das ist nicht möglich!« sagte ich, ich war so empört, daß ich an der Wahrheit ihrer Worte zweifelte. Sie wurde unsicher und schwächte ihre Behauptung ab: jedenfalls hätten andere sich in seiner Gegenwart so geäußert und er habe nicht widersprochen, sei also damit einverstanden gewesen. Unser Gespräch artete in pure Rechthaberei aus, beide beharrten wir beinahe gehässig auf unseren Standpunkten. Ich spürte, daß sie meine Passion für alles Schweizerische als Gefahr zu sehen begann. »Du wirst eng«, sagte sie, »kein Wunder, wir sehen uns zu wenig. Du wirst zu eingebildet. Du lebst unter alten Jungfern und jungen Mädchen. Du läßt dich von ihnen beweihräuchern. Eng und eingebildet, dafür habe ich nicht mein Leben geopfert.«

Michelangelo

Anderthalb Jahre, nachdem wir Eugen Müller als Geschichtslehrer verloren hatten, im September 1920, kündigte er eine Vortragsreihe über die Kunst von Florenz an. Sie fand in einem Hörsaal der Universität statt, ich versäumte keine Stunde. Schon das Gehobene der Lokalität, ich war ja noch lange nicht Student, bedeutete eine gewisse Distanzierung des Vortragenden. Zwar saß ich vorn und er hatte mich bemerkt, aber es waren viel mehr Hörer als in der Schule da, aus allen Jahrgängen, auch Erwachsene saßen unter uns, und ich nahm das als Zeichen für die Beliebtheit des Mannes, der mir mehr bedeutet hatte als alle anderen Lehrer. Es war dasselbe begeisterte Rauschen und Schlürfen, das ich so lange entbehrt hatte, unterbrochen von Lichtbildern, auf die er zeigte. Sein Respekt vor den Werken der Kunst war so groß, daß er dann verstummte. Sobald ein Lichtbild erschienen war, gab er nur noch zwei, drei Sätze von sich, die sich möglichst bescheiden ausnahmen, und schwieg dann, um die Versenkung, die er von uns erwartete, nicht zu stören. Mir war das gar nicht recht, es tat mir um jeden Augenblick leid, in dem das Rauschen aussetzte, und von seinen Worten allein hing es ab, was in mich einging und was ich mochte.

Schon in der ersten Stunde führte er uns die Türen des Baptisteriums vor, und daß Ghiberti daran 21 und 28 Jahre gearbeitet hatte, berührte mich tiefer, als was ich an den Türen sah. Nun wußte ich, daß man ein ganzes Leben an ein oder zwei Werke wenden kann, und Geduld, die ich immer bewundert hatte, bekam für mich etwas Monumentales. Es vergingen keine fünf Jahre danach, und ich hatte das Werk gefunden, an das ich *mein* Leben wenden wollte. Daß ich es gleich aussprechen konnte, nicht nur für mich, daß ich mich nicht schämte, es später auch den Menschen zu sagen, an deren Achtung mir gelegen war, schulde ich der Nachricht über Ghiberti aus Eugen Müllers Mund.

In der dritten Stunde kamen wir zur Kapelle der Medicäer, sie war ihr ganz gewidmet. Die Schwermut der liegenden Frauenfiguren ergriff mich, der düstere Schlaf der einen, das schmerzvolle Kaum-Erwachen-Können der anderen. Schönheit, die nichts als Schönheit war, schien mir leer, Raffael bedeutete mir wenig, Schönheit aber, die etwas zu tragen hatte, die von Leidenschaft, Unglück und bösen Ahnungen belastet war, bezwang mich. Es war, als sei sie nicht abgelöst für sich, von den Launen der Zeitläufte unabhängig, sondern als habe sie im Gegenteil sich an Unglück zu bewähren, als müsse sie großem Druck ausgesetzt werden, und nur wenn sie daran sich nicht verzehre, stark und gebändigt bleibe, habe sie ein Recht darauf, schön zu heißen.

Es waren aber nicht nur diese beiden Frauenfiguren, die mich erregten, es war auch, was Eugen Müller über Michelangelo selbst sagte. Er muß sich noch kurz vor seinen Vorträgen mit den Biographien von Condivi und Vasari beschäftigt haben, er brachte manche konkreten Einzelzüge vor, die ich einige Jahre später in diesen Biographien wiederfand und erkannte. Sie lebten mit solcher Frische und Unmittelbarkeit in seinem Gedächtnis, daß man meinen konnte, er habe sie eben erst durch mündliche Berichte erfahren. Nichts schien durch die seither verflossene Zeit oder gar durch kalte geschichtliche Forschung verringert. Schon die früh zerschlagene Nase gefiel mir, als wäre Michelangelo dadurch zum Bildhauer geschlagen worden. Dann seine Liebe für Savonarola, dessen Predigten er noch als alter Mann las, obwohl dieser sich so heftig gegen den Götzendienst der Kunst gewandt hatte, obwohl er ein Feind schon des Lorenzo Medici war. Lorenzo hatte den Knaben Michelangelo entdeckt, er hatte ihn in sein

Haus und an seinen Tisch gezogen, sein Tod hatte den noch nicht Zwanzigjährigen erschüttert. Aber das bedeutete nicht, daß er die Niedertracht seines Nachfolgers nicht erkannte, und der Traum seines Freundes, der ihn zum Verlassen von Florenz veranlaßte, war der erste in einer langen Reihe überlieferter Träume, die ich sammelte und bedachte. Ich notierte ihn mir gleich während der Stunde und las ihn oft und entsinne mich des Augenblicks zehn Jahre später, ich schrieb an der ›Blendung‹, als ich diesen Traum bei Condivi wiederfand.

Ich liebte den Stolz Michelangelos, den Kampf, den er gegen Julius II. wagte, als er, ein Beleidigter, aus Rom entfloh. Ein wahrhafter Republikaner, wehrte er sich auch gegen den Papst, es gab Augenblicke, in denen er ihm entgegentrat, als wäre er gleich auf gleich mit ihm. Ich vergaß nie wieder die acht einsamen Monate in der Nähe von Carrara, als er die Blöcke für das Grabmal des Papstes herausschlagen ließ, und die plötzliche Versuchung, die ihn dort überkam, ungeheure Plastiken gleich aus der Landschaft zu schlagen, weithin schon für Schiffe auf dem Meere draußen sichtbar. Dann die Decke der Sixtina, durch die ihn seine Feinde, die ihn für keinen Maler hielten, zerstören wollten: vier Jahre arbeitete er daran, und welches Werk entstand! Die Drohung des ungeduldigen Papstes, ihn vom Gerüst hinunterwerfen zu lassen. Seine Weigerung, die Fresken durch Gold aufzuputzen. Auch hier beeindruckten mich die Jahre, aber diesmal ging das Werk selbst ebenso in mich ein, und nie ist etwas für mich so bestimmend gewesen wie die Decke der Sixtina. Ich lernte daraus, wie sehr Trotz schöpferisch werden kann, wenn er sich mit Geduld verbündet. Acht Jahre dauerte die Arbeit am ›Jüngsten Gericht‹, und obschon ich die Größe dieses Werkes erst später ganz begriff, brannte mich die Schande der Übermalung seiner Figuren ihrer Nacktheit wegen, die er als 8ojähriger erlebte.

So entstand in mir die Legende des Mannes, der für das Größte, das er erfindet, Qual erduldet, und sie übersteht. Prometheus, den ich liebte, übertrug sich mir in die Welt der

Menschen. Was der Halbgott getan hatte, hatte er *ohne Furcht* getan; erst als es vorüber war, wurde er zum Meister der Qual. Michelangelo aber hatte in Furcht gearbeitet, die Figuren der Medicäer-Kapelle entstanden, als er für den in Florenz regierenden Medicäer als Feind galt. Seine Angst vor ihm war wohlbegründet, es hätte ihm schlecht ergehen können, der Druck, der auf den Figuren lastete, war sein eigener. Aber es wäre nicht richtig zu sagen, daß dieses Gefühl entscheidend war für den Eindruck jener anderen Gebilde, die mich von nun an während Jahren begleiteten: die Figuren der Sixtina.

Es ist nicht nur das Bild Michelangelos, das damals in mir aufgerichtet wurde. Ich bewunderte ihn, wie ich seit den Forschungsreisenden niemanden bewundert hatte. Er gab mir als erster den Sinn für Schmerz, der sich nicht in sich erschöpft, der zu etwas wird, das dann für andere da ist und dauert. Es ist eine besondere Art von Schmerz, nicht der körperliche, zu dem alle sich bekennen. Als er bei der Arbeit am Jüngsten Gericht vom Gerüst fiel und sich schwer verletzte, sperrte er sich in seinem Hause ein, ließ keinen Pfleger und keinen Arzt zu sich und lag allein. Diesen Schmerz erkannte er nicht an, schloß jeden davon aus und wäre an ihm zugrundegegangen. Ein Freund, der Arzt war, fand mühselig über Hintertreppen den Weg in sein Zimmer, wo er erbärmlich lag, und verließ ihn dann Tag und Nacht nicht mehr, bis die Gefahr gebannt war. Es war eine ganz andersgeartete Qual, die in sein Werk einging und das Ungeheure seiner Figuren bestimmte. Seine Empfindlichkeit für Erniedrigung brachte ihn dazu, nur das Schwerste zu unternehmen. Ein Vorbild konnte er mir nicht sein, denn er war mehr: der Gott des Stolzes.

Er war es, der mich zu den Propheten führte: Ezechiel, Jeremias und Jesaja. Da ich nach allem strebte, was mir nicht nahe war, war das einzige, was ich damals nie las, was ich mied, die Bibel. Die Gebete des Großvaters, die an ihre regelmäßigen Zeiten gebunden waren, erfüllten mich mit Widerwillen. Er ratschte sie in einer Sprache herunter, die ich nicht verstand, was sie bedeuteten, mochte ich nicht wissen. Was konnten sie schon bedeuten, wenn er sie unterbrach, um mich mit komischen Gesten auf die Briefmarken, die er mir mitgebracht hatte, zu verweisen. Nicht als Jude bin ich den Propheten begegnet, nicht in ihren Worten. Sie traten mir in den Figuren Michelangelos entgegen. Wenige Monate nach den Vorträgen, über die ich berichtet habe, bekam ich, was ich mir am meisten wünschte, zum Geschenk: eine Mappe mit großen Reproduktionen der sixtinischen Bilder, es fügte sich, daß es die Propheten und Sibyllen waren.

Mit ihnen habe ich auf vertrautem Fuße gelebt, zehn Jahre lang, man weiß, wie lang diese jungen Jahre sind. Ich lernte sie besser kennen als Menschen. Ich hing sie bald auf, ich hatte sie immer vor mir, es war aber keine Gewöhnung, die mich an sie band; vor dem halboffenen Mund des Jesaja blieb ich angewurzelt stehen und rätselte über die bitteren Worte nach, die er Gott gab, und fühlte den Vorwurf seines gehobenen Fingers. Ich habe mir seine Worte zu denken versucht, bevor ich sie kannte, sein neuer Schöpfer hat mich auf sie vorbereitet.

Vielleicht war es anmaßend, daß ich mir solche Worte dachte, sie sprangen aus seiner Geste, ich empfand nicht das Bedürfnis, sie in ihrer genauen Gestalt zu erfahren, ich suchte nicht nach ihrem eigentlichen Wortlaut, dort, wo sie leicht zu erfahren gewesen wären: das Bild, die Geste enthielt sie so stark, daß ich mich ihr immer wieder von neuem zuwenden mußte, das war der Zwang, das Eigentliche und nie zu Erschöpfende der Sixtina. Auch der Gram des Jeremias, die Heftigkeit und das Feuer des Ezechiel zogen mich an, nie betrachtete ich den Jesaja, ohne auch sie zu suchen. Es waren die *alten* Propheten, die mich nicht losließen, den Jesaja, der in dieser Darstellung nicht eigentlich alt war, rechnete ich zu ihnen. Die jungen Propheten bedeuteten mir so wenig wie die Sibyllen. Ich hatte von den kühnen Verkürzungen gehört, die an manchen dieser Figuren bewundert wurden, von der Schönheit der Sybillen, der delphischen, der libyschen, doch das nahm ich bloß auf wie etwas Gelesenes, ich wußte es durch die Worte, in denen es mir beschrieben wurde, aber sie blieben Bilder, sie standen nicht vor mir wie übersteigerte Menschen, ich vermeinte sie nicht zu hören wie die alten Propheten, diese hatten ein Leben für mich, wie ich es noch nie erfahren hatte, ich kann es – sehr unzulänglich – nur ein Leben der Besessenheit nennen, neben der nichts anderes bestand. Es ist wichtig, zu bemerken, daß sie mir nicht zu Göttern wurden. Ich empfand sie nicht als Macht, die sich über mich setzte; wenn sie zu mir sprachen oder gar ich zu ihnen zu sprechen versuchte, wenn ich mich ihnen stellte, fürchtete ich sie nicht, ich bewunderte sie, ich wagte ihnen Fragen zu stellen. Vielleicht war ich auf sie vorbereitet durch die frühe Gewöhnung an die dramatischen Figuren der Wiener Zeit. Was ich damals als reißenden Strom empfand, in dem ich unter vielem, das ich noch nicht zu differenzieren verstand, in einer Art von konfuser Betäubung schwamm, artikulierte sich mir jetzt zu scharf unterschiedenen, überwältigenden, aber klaren Gestalten.

Das verworfene Paradies

Im Mai 1921 hatte ich Besuch von der Mutter. Ich führte sie durch den Garten und zeigte ihr, was alles blühte. Ich spürte, daß sie in finsterer Stimmung war, und suchte sie durch Wohlgerüche zu besänftigen. Aber sie sog sie nicht ein, sie schwieg und schwieg, es war unheimlich, wie ruhig ihre Nüstern blieben. Am Ende des Tennisplatzes, wo niemand uns hören konnte, sagte sie: »Setz dich!« und setzte sich selber nieder. »Das hat jetzt ein Ende!« sagte sie ganz unvermittelt, und ich wußte, wieviel es geschlagen hatte. »Du mußt weg von hier. Du verblödest!«

»Ich will nicht weg von Zürich. Bleiben wir hier, hier weiß ich, wozu ich auf der Welt bin.«

»Wozu du auf der Welt bist! Masaccio und Michelangelo!

Glaubst du, das ist die Welt! Blümchen zum Malen, das Spatzennest von Fräulein Mina. Diese jungen Mädchen, die Geschichten, die sie mit dir machen. Eine respektvoller und ergebener als die andere. Deine Schulhefte vollgestopft mit der Phylogenie des Spinats. Der Pestalozzi-Kalender, das ist deine Welt! Die berühmten Leute, unter denen du herumblätterst. Hast du dich je gefragt, ob du ein Recht darauf hast? Das Angenehme weißt du, ihren Ruhm, hast du dich je gefragt, wie sie gelebt haben? Glaubst du, sie saßen so in einem Garten wie du jetzt, unter Blumen und Bäumen? Glaubst du, ihr Leben war ein Wohlgeruch? Die Bücher, die du liest! Dein Conrad Ferdinand Meyer! Diese historischen Geschichten! Was haben die damit zu tun, wie es heute ist? Du glaubst, wenn du etwas über die Bartholomäusnacht liest oder über den Dreißigjährigen Krieg, dann weißt du's! Nichts weißt du! Nichts! Es ist alles anders. Es ist schrecklich!«

Nun kam es alles. Ihre Abneigung gegen die Naturwissenschaft: ich hatte mich an der Einrichtung der Welt, wie sie im Bau von Tieren und Pflanzen zutage trat, begeistert und in Briefen an sie zur Auffassung bekannt, daß es gut sei, daß man eine Absicht dahinter erkenne, und war der damals noch unerschütterten Meinung, daß diese Absicht eine gute sei.

Sie aber glaubte nicht daran, daß die Welt gut eingerichtet sei. Sie war nie gläubig und ergab sich nie in das, was war. Der Schock über den Krieg verlor sich ihr nie. Er ging über in die Erlebnisse ihrer Sanatoriumszeit, damals kannte sie Menschen, die sozusagen vor ihren Augen dahinstarben. Darüber sprach sie zu mir nicht, es war ein Teil ihrer Erfahrung, der mir verborgen blieb, aber in ihr bestand er und hatte seine Wirkung.

Noch weniger mochte sie mein Mitgefühl für Tiere. Ihre Abneigung dagegen war so groß, daß sie sich die grausamsten Späße mit mir erlaubte. In Kandersteg, auf der Straße vor unserem Hotel, sah ich ein ganz junges Kalb, das fortgezerrt wurde. Es sperrte sich bei jedem Schritt, der Metzger, den ich vom Sehen kannte, hatte mit ihm seine Mühe, ich begriff nicht, was vor sich ging, sie stand daneben und erklärte mir seelenruhig, daß es zum Schlachten fortgeschleppt würde. Gleich danach war es Zeit zur Table d'Hôte, wir setzten uns zum Essen nieder, ich weigerte mich, Fleisch zu essen. Einige Tage hielt ich daran fest, sie ärgerte sich; ich nahm mir Senf zu Gemüsen, da sagte sie lächelnd: »Weißt du, wie man das macht? Zu Senf braucht man Hühnerblut.« Damit verwirrte sie mich, ich durchschaute ihren Hohn nicht; als ich begriff, hatte sie meinen Widerstand gebrochen und sagte: »So ist es. Du bist wie das Kalb, das muß sich schließlich auch ergeben.« Ihre Mittel waren nicht wählerisch. Dabei spielte ihre Überzeugung mit, daß humane Regungen Menschen allein gelten sollten, würde man sie auf alles Leben beziehen, so müßten sie ihre Kraft verlieren und unbestimmt und unwirksam werden.

Ein anderes war ihr Mißtrauen gegen Lyrik. Das einzige Interesse an Lyrik, das sie je verriet, galt den ›Fleurs du Mal‹ von Baudelaire, das ergab sich aus der besonderen Konstellation ihrer Beziehung zum Herrn Dozenten. Es störte sie an Gedichten die Kleinheit der Form, sie gingen ihr zu rasch zu Ende. Sie sprach einmal davon, daß Gedichte einen einlullten, im Grunde seien es Wiegenlieder. Erwachsene hätten sich vor Wiegenliedern zu hüten, es sei verächtlich, wenn sie ihnen noch ergeben blieben. Ich glaube, daß ihr das Maß der Leidenschaft in Gedichten ein zu niedriges war. Passion galt ihr sehr viel, sie fand sie glaubwürdig nur im Drama. Shakespeare war ihr der Ausdruck für die wahre Natur des Menschen, da war nichts verringert oder gelindert.

Es ist zu bedenken, daß der Schock des Todes sich auf sie mit derselben Kraft ausgewirkt hatte wie auf mich. Sie war 27, als der Vater plötzlich starb. Dieses Ereignis hat sie Zeit ihres Lebens, also noch 25 Jahre, beschäftigt; in vielen Verwandlungen, deren Wurzel aber immer dieselbe war. Sie war darin, ohne daß ich es wußte, gefühlsmäßig für mich vorbildlich gewesen. Der Krieg war die Vervielfältigung dieses Todes, das Sinnlose ins Massenhafte gesteigert.

In der letzten Zeit kam dazu, daß sie die überwiegend weiblichen Einflüsse in meinem Leben zu fürchten begann. Wie sollte ich durch bloßes Wissen, zu dem es mich immer heftiger zog, ein Mann werden? Sie verachtete ihr Geschlecht. Ihr Held war nicht irgendeine Frau, sondern Coriolan.

»Es war ein Fehler, daß wir von Wien fortgegangen sind«, sagte sie. »Ich habe dir das Leben zu leicht gemacht. Ich habe Wien nach dem Krieg gesehen, *ich* weiß, wie es dann dort aussah.«

Es war eine jener Szenen, in denen sie alles niederzureißen versuchte, was sie in jahrelanger, geduldiger Bemühung in mir aufgerichtet hatte. Auf ihre Weise war sie ein revolutionärer Mensch. Sie glaubte an Plötzlichkeiten, die einbrechen und sämtliche Konstellationen auch im Menschen erbarmungslos verändern.

Mit besonderem Zorn bedachte sie meinen Bericht über die beiden Hydroplane, die in nächster Nähe von uns in den Züricher See abgestürzt waren. Das war in einem Abstand von acht Tagen geschehen, im Herbst 1920, und ich hatte ihr erschrocken und erschüttert davon geschrieben. Die Verbindung mit dem See, der mir so viel bedeutete, empörte sie. Diese Tode seien für mich etwas Lyrisches. Sie fragte mich höhnisch, ob ich auch darüber Gedichte geschrieben hätte. »Dann hätte ich sie dir doch gezeigt«, sagte ich, der Vorwurf war ungerecht, ich sprach zu ihr über alles. »Ich dachte«, sagte sie dann, »dein Mörike hätte dich angeregt«, und erinnerte mich an das Gedicht ›Denk es, o Seele!‹, das ich ihr vorgelesen hatte. »Du steckst in der Idylle vom Zürichsee. Ich will dich von hier wegnehmen. Dir gefällt alles so gut. Du bist so weich und rührselig wie deine alten Jungfern. Am Ende möchtest du wohl ein Blümchenmaler werden?«

«Nein, mir gefallen nur die Propheten von Michelangelo.«

»Der Jesaja, ich weiß. Das hast du mir gesagt. Wie glaubst du, war dieser Jesaja?«

»Er hat mit Gott gehadert«, sagte ich.

»Und weißt du auch, was das heißt? Hast du eine Vorstellung davon, was das bedeutet?«

Nein, das wußte ich nicht. Ich schwieg. Ich schämte mich plötzlich sehr.

»Du meinst, es besteht darin, daß man den Mund halboffen hält und finster dreinschaut. Das ist die Gefahr von Bildern. Sie werden zu erstarrten Posen für etwas, das sich unaufhörlich, lang, immerzu abspielt.«

»Und der Jeremias ist auch eine Pose?«

»Nein, beide sind es nicht, weder der Jesaja noch der Jeremias. Aber für dich werden sie zur Pose. Du bist es zufrieden, wenn du sie ansehen kannst. Damit ersparst du dir alles, was du selbst zu erleben hättest. Das ist die Gefahr der Kunst. Tolstoi hat das gewußt. Du bist noch gar nichts und bildest dir ein, alles zu sein, was du aus Büchern oder Bildern kennst. Ich hätte dich nie zu Büchern bringen dürfen. Jetzt durch die Yalta sind die Bilder dazugekommen. Das hat noch gefehlt. Du bist ein Vielleser geworden und alles ist dir gleich wichtig. Die Phylogenie des Spinats und Michelangelo. Nicht einen Tag deines Lebens hast du dir noch selbst verdient. Für alles, was damit zu tun hat, hast du ein Wort: Geschäfte. Du verachtest Geld. Du verachtest die Arbeit, durch die man es verdient. Weißt du, daß du der Parasit bist und nicht die, die du verachtest?«

Vielleicht war dieses furchtbare Gespräch der Beginn unserer Entzweiung. Als es sich abspielte, empfand ich es keineswegs so. Ich hatte nur einen Gedanken, den, mich vor ihr zu rechtfertigen. Von Zürich wollte ich nicht fort. Ich spürte, daß sie während dieses Gesprächs den Entschluß faßte, mich von Zürich wegzunehmen und in eine ›härtere‹ Umgebung zu bringen, über die sie selber auch eine Kontrolle hatte.

»Du wirst schon sehen, daß ich kein Parasit bin. Dazu bin ich zu stolz. Ich will ein Mensch sein.«

»Ein Mensch mit seinem Widerspruch! Das hast du dir gut ausgesucht! Du solltest dich hören, wenn du das sagst. Als hättest du das Schießpulver erfunden. Als hättest du weiß Gott was getan, das du nun bereuen müßtest. Nichts hast du getan. Nicht eine einzige Nacht in deiner Dachkammer hast du dir selbst verdient. Die Bücher, die du liest, haben andere für dich geschrieben. Du suchst dir aus, was dir angenehm ist, und verachtest alles andere. Glaubst du denn wirklich, daß du ein Mensch bist? Ein Mensch ist jemand, der sich mit dem Leben herumgeschlagen hat. Bist du schon einmal in Gefahr gewesen? Hat dich jemand bedroht? Dir hat niemand die Nase eingeschlagen. Du hörst etwas, was dir gefällt, und nimmst es dir einfach, aber es kommt dir nicht zu. Ein Mensch mit seinem Widerspruch! Du bist noch kein Mensch. Du bist nichts. Ein Schwätzer ist kein Mensch.«

»Ich bin aber kein Schwätzer. Ich meine es, wenn ich etwas sage.«

»Wie kannst du etwas meinen? Du kennst doch gar nichts. Du hast alles bloß gelesen. Geschäfte, sagst du, und weißt gar nicht, was das ist. Du glaubst, Geschäfte bestehen darin, daß man Geld einscheffelt. Aber bevor es so weit ist, muß einem auch etwas einfallen. Da müssen einem Dinge einfallen, von denen du keine Ahnung hast. Da muß man Menschen kennen und sie von etwas überzeugen. Umsonst gibt niemand etwas her. Meinst du, es ist damit getan, daß man etwas vorschwindelt? Da käme man weit!«

»Du hast mir nie gesagt, daß du das bewunderst.«

»Vielleicht bewundere ich es nicht, vielleicht gibt es Dinge, die ich mehr bewundere. Aber ich rede jetzt von dir. Du hast überhaupt kein Recht, etwas zu verachten oder zu bewundern. Du mußt erst wissen, wie es wirklich zugeht. Du mußt es am eigenen Leib erfahren. Du mußt herumgestoßen werden und beweisen, daß du dich zur Wehr setzen kannst.«

»Das tu ich doch. Ich tu's mit dir.«

»Da hast du's aber leicht. Ich bin eine Frau. Es geht anders zu unter Männern. Die schenken dir nichts.«

»Und die Lehrer? Sind das keine Männer?«

»Ja, ja, aber das ist eine künstliche Situation. In der Schule stehst du unter Schutz. Die nehmen dich nicht voll. Für die bist du ein Junge, dem man noch helfen muß. Das zählt nicht.«

»Gegen den Onkel habe ich mich gewehrt. Der hat mich nicht herumgekriegt.«

»Das war ein kurzes Gespräch. Wie lange hast du den gesehen? Da müßtest du schon bei ihm sein, in seinem Geschäft, Tag für Tag, Stunde für Stunde, da würde sich erst zeigen, ob du dich wehren kannst. Du hast im Sprüngli seine Schokolade getrunken und bist von ihm fortgelaufen: das war deine ganze Leistung.«

»In seinem Geschäft wäre er der Stärkere. Da könnte er mir kommandieren und mich herumstoßen. Da hätte ich seine Gemeinheit jeden Moment vor Augen. Gewinnen würde er mich da erst recht nicht. Das kann ich dir sagen.«

»Möglich. Aber das gehört zu deinen Reden. Bewiesen hast du nichts.«

»Ich kann nichts dafür, daß ich noch nichts bewiesen habe. Was könnte ich mit 16 bewiesen haben?«

»Nicht viel, das ist wahr. Aber andere werden in dem Alter schon in die Arbeit gesteckt. Zwei Jahre wärst du jetzt schon ein Lehrling, wenn es mit rechten Dingen zuginge. Davor habe ich dich bewahrt. Ich merke nicht, daß du dankbar dafür bist. Du bist nur hochmütig und wirst es von Monat zu Monat mehr. Ich muß dir die Wahrheit sagen; dein Hochmut irritiert mich. Dein Hochmut geht mir auf die Nerven.«

»Du wolltest immer, daß ich alles ernstnehme. Ist das Hochmut?«

»Ja, denn du siehst auf andere herab, die nicht so denken wie du. Du bist auch schlau und richtest's dir in deinem bequemen Leben gut ein. Deine einzige wirkliche Sorge ist, daß genug Bücher zum Lesen übrig bleiben!«

»Das war früher, in der Scheuchzerstraße. Daran denke ich jetzt gar nicht. Jetzt will ich alles lernen.«

»Alles lernen! Alles lernen! Das kann man gar nicht. Man muß zu lernen aufhören und etwas tun. Drum mußt du weg von hier.«

»Aber was kann ich denn tun, bevor ich mit der Schule fertig bin?«

»Du wirst nie etwas tun! Du wirst die Schule fertig machen, dann willst du studieren. Weißt du, warum du studieren willst? Bloß um immer weiter lernen zu können. So wird man ein Ungeheuer und kein Mensch. Lernen ist kein Selbstzweck. Man lernt, um sich unter den anderen zu bewähren.«

»Ich werde immer lernen. Ob ich mich bewähre oder nicht, lernen werde ich immer. Ich will lernen.«

»Aber wie? Aber wie? Wer wird dir das Geld dazu geben?«

»Das werde ich mir verdienen.«

»Und was wirst du mit dem Gelernten machen? Du wirst daran ersticken. Es gibt nichts Schrecklicheres als totes Wissen.«

»Mein Wissen wird nicht tot sein. Es ist auch jetzt nicht tot.«

»Weil du's noch nicht hast. Erst wenn man's hat, wird es zu etwas Totem.«

»Ich werde aber damit etwas tun, nicht für mich.«

»Ja, ja, ich weiß. Du wirst es verschenken, weil du noch nichts hast. Solange du nichts hast, läßt sich das leicht sagen. Erst wenn du wirklich etwas hast, wird sich zeigen, ob du etwas verschenkst. Alles andere ist Geschwätz. Würdest du jetzt deine Bücher verschenken?«

»Nein. Die brauche ich. Ich habe nicht ›verschenken‹ gesagt, sondern daß ich etwas tun werde, nicht für mich.«

»Aber du weißt noch nicht, was. Das sind Allüren, leere Phrasen, und du gefällst dir darin, weil es nobel klingt. Es kommt aber nur darauf an, was man *wirklich* tut, alles andere zählt nicht. Es wird dir auch kaum etwas übrig bleiben, was du tun könntest, du bist mit allem um dich so zufrieden. Ein zufriedener Mensch tut nichts, ein zufriedener Mensch ist faul, ein zufriedener Mensch hat sich zur Ruhe gesetzt, bevor er begonnen hat, etwas zu tun. Ein zufriedener Mensch tut dasselbe immer wieder, wie ein Beamter. Du bist so zufrieden, daß du am liebsten immer in der Schweiz bleiben möchtest. Du kennst noch nichts von der Welt und möchtest dich mit 16 hier zur Ruhe setzen. Drum mußt du weg von hier.«

Ich dachte, daß etwas sie besonders erbittert haben müßte. War es noch immer die ›Schwarze Spinne‹? Sie schlug so heftig auf mich ein, daß ich nicht gleich wagte, die Sprache darauf zu bringen. Ich hatte ihr von der Freigebigkeit der italienischen Arbeiter erzählt, als ich mit dem Mädchen sammeln war, das hatte ihr gefallen. »Die müssen schwer arbeiten«, hatte sie gesagt, »und sind doch nicht verhärtet.«

»Warum fahren wir nicht nach Italien?« Ich meinte es nicht ernst, es war ein Versuch, sie abzulenken.

»Nein, du möchtest in Museen herumspazieren und alte Geschichten über jede Stadt lesen. Das eilt nicht. Das kannst du später. Ich spreche jetzt nicht von Vergnügungsreisen. Du mußt dorthin, wo es kein Vergnügen für dich ist. Ich will dich nach Deutschland bringen. Da geht es den Leuten jetzt schlecht. Da sollst du sehen, wie es zugeht, wenn man einen Krieg verloren hat.«

»Das wolltest du doch, daß sie den Krieg verlieren. Du hast gesagt, daß sie den Krieg begonnen haben. Wer einen Krieg beginnt, soll ihn verlieren, das hab ich von dir gelernt.«

»Nichts hast du gelernt! Sonst wüßtest du, daß man daran nicht mehr denkt, wenn die Leute ins Unglück geraten sind. Ich hab's in Wien gesehen und ich kann's nicht vergessen, ich hab's immer vor Augen.«

»Warum willst du, daß ich es sehe? Ich kann's mir doch vorstellen.«

»Wie aus einem Buch, nicht wahr! Du denkst, es genügt, daß man von etwas *liest*, um zu wissen, wie es ist. Es genügt aber nicht. Die Wirklichkeit ist etwas für sich. Die Wirklichkeit ist alles. Wer sich vor der Wirklichkeit drückt, verdient es nicht zu leben.«

»Ich will mich nicht drücken. Ich hab dir von der ›Schwarzen Spinne‹ erzählt.«

»Da hast du dir aber das schlechteste Beispiel gewählt. Damals sind mir die Augen über dich aufgegangen. Die Geschichte hat dich beschäftigt, weil sie ins Emmental gehört. Du denkst nur noch an Täler. Seit du im Lötschental warst, bist du am Verblöden. Da hast du zwei Worte gehört, und was waren diese Worte? Komm Büblein, oder wie es dort heißt. Dort sind sie auf den Mund gefallen und reden nichts. Was sollen sie reden, abgesperrt von der Welt und wissen nichts. Dort werden sie nie etwas reden: dafür hast du um so mehr von ihnen geredet. Die hätten gestaunt, wenn sie dich gehört hätten! Damals bist du von eurem Ausflug zurückgekommen und hast tagelang von Althochdeutsch gesprochen. Althochdeutsch! Heute! Die haben vielleicht nicht einmal genug zu essen, aber das interessiert dich nicht. Du hörst zwei Worte, die hältst du für Althochdeutsch, weil sie dich an etwas erinnern, was du gelesen hast. Das regt dich mehr auf, als was du mit eigenen Augen siehst. Die alte Frau wird schon gewußt haben, warum sie mißtrauisch war, die hat ihre Erfahrungen mit Leuten wie ihr gemacht. Aber ihr seid schnatternd durch das Tal gezogen, glücklich und gehoben durch *ihre* Armut, habt sie zurückgelassen, sie schlagen sich weiter mit ihrem Leben herum und ihr erscheint im Hotel wie Eroberer. Am Abend wird getanzt, dafür hast du nichts übrig, du hast etwas Besseres mitgebracht, du hast etwas gelernt. Und was? Zwei Worte althochdeutsch, angeblich, du weißt nicht einmal sicher, ob das stimmt. Und ich soll das mit ansehen, wie du dich in nichts verkriechst! Ich werde dich in die Inflation nach Deutschland bringen, da wird dir das althochdeutsche Büblein vergehen.«

Nichts, was ich ihr je erzählt hatte, war vergessen. Alles kam zur Sprache. Sie drehte mir jedes Wort im Mund herum, ich fand kein neues, das sie wankend machte. So hatte sie noch nie auf mich losgeschlagen. Es ging ums Leben, und doch bewunderte ich sie sehr, hätte sie gewußt, wie ernst ich sie nahm, sie hätte aufgehört, jedes ihrer Worte traf mich wie eine Peitsche, ich spürte, daß sie mir unrecht tat, und spürte, wie sehr sie recht hatte.

Immer wieder kam sie auf die ›Schwarze Spinne‹ zurück, die war ihr ganz anders eingegangen als mir, unser früheres Gespräch darüber war *unwahr* gewesen, sie hatte sie nicht ableugnen wollen, sie wollte *mich* davon abbringen. Was sie über Gotthelf gesagt hatte, war ein Geplänkel gewesen, er interessierte sie gar nicht. Sie wollte ihm absprechen, was sie als ihre eigene Wahrheit empfand, es war ihre Geschichte, nicht seine, nicht das Emmental war der Ort der Spinne, sondern das Waldsanatorium. Von den Leuten, mit denen sie darüber gesprochen hatte, waren zwei indessen gestorben. Sie hatte mich früher mit den Todesfällen, die dort nicht selten waren, verschont und ließ mich nicht einmal erraten, was geschehen war, wenn wir uns wiedersahen. Ich wußte, was es bedeutete, wenn sie einen Namen nicht mehr nannte, hütete mich aber, sie danach zu fragen. Ihre Abneigung gegen ›Täler‹ galt nur zum Schein der Enge. Was sie mir als Hang zur Idylle, als Ahnungslosigkeit und Selbstzufriedenheit vorwarf, war von *ihrer* Angst gespeist; die Gefahr, vor der sie mich retten wollte, war eine größere, es war die Gefahr, von der unser Leben seit jeher gezeichnet war, und das Wort ›Inflation‹, das sie im Zusammenhang mit Deutschland gebrauchte, ein Wort, das mir in ihrem Munde fremd war, klang wie eine Buße. Ich hätte es nicht so klar zu sagen gewußt, aber sie hatte noch nie so viel über Armut gesprochen, das machte mir großen Eindruck, und obwohl ich alle Kräfte zusammennehmen mußte, um mich meiner Haut zu wehren, gefiel mir, daß sie ihren Angriff damit begründete, wie schlecht es anderen ginge.

Aber das war nur ein Teil davon und die Drohung, mich von Zürich wegzunehmen, empfand ich stärker. Seit über einem Jahr war Friede in der Schule. Ich hatte begonnen, die Kameraden zu begreifen, und dachte über sie nach. Ich fühlte mich ihnen und vielen unter den Lehrern zugehörig. Es war mir nun bewußt, daß die Stellung, die ich in Tiefenbrunnen genoß, eine usurpierte war. Daß ich als einziges männliches Wesen dort regierte, war ein wenig lächerlich, aber es war angenehm, sich sicher zu fühlen und nicht immer in Frage gestellt zu werden. Auch war der Prozeß des Lernens unter diesen günstigen Umständen immer üppiger geworden, es verging kein Tag, an dem nicht etwas dazukam, es sah aus, als könnte es kein Ende nehmen, ich stellte mir vor, daß es ein ganzes Leben so weiter gehen würde, und davon hätte mich kein Angriff abzubringen vermocht. Es war eine *furchtlose* Zeit, das hing mit der Expansion zusammen, man verbreitete sich überallhin, aber man war sich keines Unrechts bewußt, dieselben Erfahrungen waren ja allen zugänglich; und sie verblüffte und verwirrte mich jetzt, als sie mich wegen der Schwärmerei für das Lötschental gegen seine Bewohner ins Unrecht zu setzen suchte.

Ihr Hohn brach diesmal nicht plötzlich ab, sondern steigerte sich mit jedem Satze. Nie zuvor hatte sie mich als Parasit traktiert, nie war davon die Rede gewesen, daß ich mir mein Leben schon jetzt verdienen müßte. Das Wort ›Lehrling‹, das sie mir an den Kopf warf, verband ich mit der Vorstellung einer praktischen oder mechanischen Tätigkeit, das letzte, was sie mir je nahegelegt hatte. Ich war den Buchstaben und den Worten verfallen, und wenn das ein Hochmut war, so hatte sie mich beharrlich dazu erzogen. Nun hieß es plötzlich ›Wirklichkeit‹, sie meinte damit alles, was ich noch nicht erfahren hatte und wovon ich nichts wissen konnte. Es war, als wollte sie eine ungeheure Last auf mich wälzen und mich darunter zermalmen. Wenn sie sagte »Du bist nichts«, war es, als wäre ich wirklich zu nichts geworden.

Diese Sprünge, diese rasenden Widersprüche in ihrer Natur waren mir nicht fremd, ich hatte sie oft unter Staunen und Bewunderung erlebt, eben sie standen für die Wirklichkeit, deren Kenntnis sie mir absprach. Vielleicht hatte ich mich zu sehr darauf verlassen. Auch in der Zeit unserer Trennung bezog ich mich immer auf sie. Ich war nie sicher, wie sie auf meine Berichte reagieren würde, alle Initiative blieb bei ihr, ich wünschte mir ihre Widerrede, und ich wollte sie heftig; nur wo es um anerkannte Schwächen von ihr ging, vermochte ich sie durch Erfindungen wie jene über den Mäusetanz im Mondlicht zu täuschen. Aber auch dann hatte ich immer das Gefühl, daß es an ihr lag, daß sie sich täuschen lassen wollte. Sie war eine wunderbar lebendige letzte Instanz, ihre Verdikte so unerwartet, so phantastisch und dabei so ausführlich, daß sie unweigerlich Gegenregungen auslösten, die einem die Kraft zu Appellationen verliehen. Sie war eine immer höhere letzte Instanz und obwohl sie Anspruch darauf zu erheben schien, war es dann doch nie die letzte.

Diesmal aber hatte ich das Gefühl, daß sie mich vernichten wollte. Sie sagte Dinge, an denen kaum zu rütteln war. Vieles davon leuchtete mir auf der Stelle ein und lähmte meine Abwehr. Wenn ich doch etwas fand, das sich vorbringen ließ, sprang sie zu einer ganz anderen Sache über. Sie wütete im Leben der vergangenen zwei Jahre, als hätte sie von all seinen Ereignissen eben erst erfahren, und worüber sie früher scheinbar zustimmend oder gelangweilt geschwiegen hatte – das erwies sich plötzlich als Delikt. Vergessen hatte sie nichts, sie hatte eine eigene Art, sich zu erinnern, als habe sie vor sich und vor mir verborgen gehalten, womit sie mich jetzt verdammte.

Es dauerte sehr lange. Ich war von Schrecken erfüllt. Ich begann mich vor ihr zu fürchten. Ich fragte mich nicht mehr, warum sie das alles sage. Solange ich nach ihren vermutlichen Beweggründen gesucht und auf sie erwidert hatte, fühlte ich mich weniger befangen, so als stünden wir uns auf gleich und gleich gegenüber, jeder auf seinen Verstand gestützt, zwei freie Menschen. Allmählich zerbröckelte diese Sicherheit, ich fand nichts mehr in mir, das ich mit genügend Kraft hätte vorbringen können, ich bestand nur noch aus Trümmern und gab mich verloren.

Sie war nach diesem Gespräch durchaus nicht erschöpft, wie sonst nach den Gesprächen, die mit ihren Krankheiten, ihrer körperlichen Schwäche, ihren physischen Verzweiflungen zusammenhingen. Sie schien, ganz im Gegenteil, stark und wild und so unerbittlich, wie ich sie zu anderen Gelegenheiten am liebsten mochte. Von diesem Augenblick an ließ sie nicht mehr locker. Sie betrieb die Übersiedlung nach Deutschland, ein Land, das, wie sie sagte, vom Krieg gezeichnet war. Sie hatte die Vorstellung, daß ich da in eine härtere

Schule kommen würde, unter Männer, die im Krieg gewesen waren und das Schlimmste kannten.

Mit allen Mitteln wehrte ich mich gegen diese Übersiedlung, aber sie hörte auf nichts und nahm mich fort. Die einzig vollkommen glücklichen Jahre, das Paradies in Zürich, waren zu Ende. Vielleicht wäre ich glücklich geblieben, hätte sie mich nicht fortgerissen. Es ist aber wahr, daß ich andere Dinge erfuhr als die, die ich im Paradies kannte. Es ist wahr, daß ich, wie der früheste Mensch, durch die Vertreibung aus dem Paradies erst entstand.

Inhalt

Elias Canetti
Werkausgabe in Einzelbänden

Die Blendung
Roman.
Sonderausgabe. 1973. 515 Seiten.

Dramen
Hochzeit. Komödie der Eitelkeit. Die Befristeten
2. Auflage 1976. 256 Seiten.

Das Gewissen der Worte
Essays.
2. erweiterte Auflage 1976. 260 Seiten.

Der Ohrenzeuge
Fünfzig Charaktere.
1974. 112 Seiten.

Die Provinz des Menschen
Aufzeichnungen 1942–1972.
1973. 360 Seiten.